W0188950

Sir Francis Drake

Sir Francis Drake

Reuiued :

Calling vpon this Dull or Effeminate Age,
to folowe his Noble Steps for Golde & Siluer,

By this Memorable Relation, of the Rare Occurrances
(neuer yet declared to the World) in a Third Voyage,
made by him into the West-Indies, in the Yeares 72. & 73.
when *Nombre de Dios* was by him and 52. others
only in his Company, surprised.

Faithfully taken out of the Reporte of Mr. *Christofer Ceely, Ellis
Hixon*, and others, who were in the same Voyage with him.
By *Philip Nichols*, Preacher.

Reviewed also by Sr. *Francis Drake* himselfe before his Death,
& Much holpen and enlarged, by diuers Notes, with his owne
hand here and there Inserted.

Set forth by Sr. *Francis Drake* Baronet
(his Nephew) now liuing.

LONDON
Printed by *E. A.* for *Nicholas Bourne* dwelling at the
South Entrance of the *Royall Exchange.* 1626.

Sir Francis Drake Revived (»Der unvergeßliche Sir Francis
Drake«). Titelseite der Ausgabe von 1626.

Sir Francis Drake

Pirat
im Dienst
der Queen

Berichte / Dokumente und Zeugnisse
des Seehelden und seiner Zeitgenossen
1567–1596

Herausgegeben von John Hampden
Aus dem Englischen übertragen
von Günther Thimm

Mit 40 zeitgenössischen Darstellungen und Karten

Thienemann
Edition Erdmann

Sir Francis Drake, Pirat im Dienst der Queen:
Berichte, Dokumente u. Zeugnisse d. Seehelden u. seiner
Zeitgenossen 1567 – 1596 / hrsg. von John Hampden. Aus d. Engl.
übertr. von Günter Thimm. – 3. Bindequote. – Stuttgart:
Thienemann, Edition Erdmann, 1985.
    (Alte abenteuerliche Reiseberichte)
    Einheitssacht.: Francis Drake privateer ⟨dt.⟩
    ISBN 3-522-61060-1
NE: Hampden, John [Hrsg.]; Pirat im Dienst der Queen; EST

Alle Rechte vorbehalten
© 1977 by Horst Erdmann Verlag
für internationalen Kulturaustausch, Tübingen und Basel
(für die deutsche Fassung)
© The Estate of the late John Hampden 1972
© 1985 Edition Erdmann in K. Thienemanns Verlag, Stuttgart
Umschlag und Einband: Hilda und Manfred Salemke
Druck: Moritz Schauenburg GmbH & Co. KG, Lahr/Schwarzw.
Bindung: Josef Spinner, Ottersweier

INHALT

VORWORT

Ziel dieses Buches ist es, in geeigneter Form und mit Anmerkungen versehen, die wichtigsten zeitgenössischen Berichte der frühen Reisen von Francis Drake zusammenzutragen. Offensichtlich ist dies bisher noch nicht geschehen, sieht man von einigen Teilsammlungen ab. Alle Darstellungen und Dokumente, die in dieses Buch aufgenommen werden, sind schon früher gedruckt worden, aber die meisten sind nicht mehr erhältlich oder sind in zahllosen und unschätzbaren gelehrten Veröffentlichungen verstreut.

Dies ist keine Lebensbeschreibung von Drake. Meine kurzen Einleitungen sollen, zusammen mit den Fußnoten und dem Glossar, nicht mehr als das Mindestmaß an Information geben, das zum Verständnis der Texte notwendig ist.

Die Texte sind in bezug auf Rechtschreibung, Zeichensetzung und den Gebrauch der Großschreibung und Kursivschrift modernisiert worden, andere Änderungen wurden nicht vorgenommen. Die wenigen Zusätze des Herausgebers stehen in den üblichen Klammern.

Für die freundliche Genehmigung zum Nachdruck urheberrechtlich geschützter Materialien schulde ich Dank der Hakluyt Society, der Cambridge University Press, der Society for Nautical Research, dem Britischen Museum, der Bancroft Library, der Universität von Kalifornien, der Folio Society Ltd. und der Argonaut Press. Genauere Angaben über die Herkunft erfolgen im Text. Besonderen Dank schulde ich Donald C. Biggs von der California Historical Society für die Kopien von »Drake landet 1579 in der Bucht von San Franzisko« und von der »Messingplatte«, und Dr. K. R. Andrews für eine Kopie seines Essays »Die Ziele von Drakes Expedition 1577 bis 1580«.

Großen Dank schulde ich zwei Bibliothekarinnen, Diane Crook und Mandy Powys, und vor allem meiner Assistentin Margaret Weston, ohne deren gewissenhafte Mitarbeit dieses Buch niemals vollendet worden wäre.

John Hampden
(zur englischen Originalausgabe 1972)

50.tonne)we eſcaped which barke *A ſtorme*
the ſame nighte forſoke vs in oure
greate miſerie,we were nowe re=
moued wyth the Mynion from the
Spanyſhe ſhippes two bowe ſho=
tes & there rode all that night: the
next morning we recouered an Iſ=
land a myle from the Spainyards
where there toke vs a north wind
and being lefte onely with .ii. An=
cres and.ij.cables(for in this con=
flycte we loſt.iiij. cables and.ii.an=
cres)we thoughtealwayes vppon
drathe whiche euer was preſent,
but God preſerued vs to a longer
tyme. The weather waxed reaſo= *Small ho-*
nable and ꝑ ſatterday we ſet ſaile, *pe of lyffe*
and hauing a great nomber of mē
and lytell victuals our hope of life
waxed leſſe & leſſe:ſome deſired to
yelde to ꝑ Spaniards,ſome rather
deſpzed to obtaine a place where
thei might geue thēſelues to ꝑ Infi
dels,& ſome had rather abide wᵗ a *Harde*
littell pit= *choyſe.*

Eine Seite aus der Schrift: »*Eine wahre Beschreibung der unglückseligen
Reise des Kapitän John Hawkins nach Guinea und Westindien in den Jahren
des Herrn 1567 und 1568*« (von John Hawkins 1569). Wiedergegeben mit
freundlicher Genehmigung der Kuratoren des Britischen Museums. Die
Desertion der »Judith« (vgl. S. 43 und 51) geht aus den ersten drei Zeilen
hervor; es ist dies die erste gedruckte Stelle, die auf Drake Bezug nimmt.
Zudem ist dieser Bericht die erste Publikation eines Engländers über
Abenteuer von Engländern in den Gewässern Amerikas. Es gibt heute nur
noch zwei Exemplare: eines befindet sich in der Bibliothek des Britischen
Museums, das andere in der Huntingdon-Bibliothek in Kalifornien. Der
Bericht wurde von Hakluyt nachgedruckt.

EINLEITUNG

Mit dem Aufbruch der Seefahrt im 16. Jahrhundert traten in England hervorragende Kapitäne in Erscheinung. Noch bewahrt die Erinnerung einige von ihnen, und die Taten vieler sind schriftlich in Hakluyts umfangreicher Sammlung »Seereisen« dokumentiert. Aber es gab nur einen Kapitän zur See, der fraglos ein Genie und obendrein ein großer Volksheld war: *Francis Drake.*

Das beste zeitgenössische Urteil über ihn finden wir in den »Annalen« von *John Stow:*

»Auf allen Gebieten der Seefahrt war er bei weitem geschickter, als je einer vor ihm . . . auch besaß er ein glänzendes Gedächtnis, eine vorzügliche Beobachtungsgabe, war von Natur aus beredt, geschickt als Artillerist sowie als Feldscher, konnte seine Leute zur Ader lassen und sie sogar unter den jeweiligen klimatischen Bedingungen medizinisch betreuen. Er hatte eine untersetzte Statur mit kräftigen Gliedern, eine breite Brust, einen runden Kopf, braunes Haar, trug einen Vollbart, seine schönen Augen blickten mit hellem, fröhlichem Ausdruck groß und klar in die Welt.

Sein Name versetzte Franzosen, Spanier, Portugiesen und Indianer in Schrecken. Viele Fürsten Italiens, Deutschlands und anderer Staaten, Freunde sowohl wie Feinde, bemühten sich noch zu seinen Lebzeiten, ein Portrait von ihm zu erhalten. Kurz, er war in Europa und Amerika ebenso berühmt wie Tamburlane in Asien und Afrika. Bereits im Alter von fünfundfünfzig Jahren starb er. Was seine Schwächen anbelangt, so galt er als äußerst ehrsüchtig, als wankelmütig in Freundschaften und besonders anfällig gegenüber der öffentlichen Meinung.«

Diesen Punkten muß hinzugefügt werden, daß er arrogant, prahlerisch und unduldsam war; auch hatte er die Neigung, bei Schiffsgottesdiensten ausführliche Predigten zu halten. Ansonsten mochte er Musik, malte gern mit Wasserfarben und war bemerkenswert menschlich im Umgang mit seinen Gefangenen.

Betrachtet man seine Heldentaten leidenschaftslos mit dem Abstand von drei Jahrhunderten, so erscheinen sie einem von sehr unterschiedlicher Bedeutung. In seinen frühen Jahren, bis zu seinem glänzenden Angriff auf Cadiz im Jahre 1587, gelangen ihm Siege gegen einen Feind, der auf Verteidigung nicht eingestellt und fast ohne Waffen war, Siege, die ihm teils durch geschicktes Verhalten, teils durch pures Draufgängertum zufielen. Den Höhepunkt seiner Karriere erreichte er mit der Ernennung zum Vizeadmiral von England gegen die spanische Armada. Zweifellos ein Mann von großer Tapferkeit, war sein Ruf bereits damals nicht mehr der beste. Seine späteren Jahre sind ein einziger Abstieg. Er hatte einen schweren Lebensweg hinter sich, und nun mag er durch Krankheit oder Alter geschwächt gewesen sein, wir wissen es nicht. Jedenfalls hatte er in den Jahren 1589 und 1595 den Oberbefehl über eine Flotte, die wohl größer war als seine organisatorischen Fähigkeiten. Beide Male waren die Spanier gut bewaffnet und präpariert, und es ist zu einem guten Teil Drakes Zaudern zuzuschreiben, daß sie gewarnt werden konnten und genügend Zeit fanden, ihrerseits Vorbereitungen zu treffen. Dennoch gebührt Francis Drake zweifelsohne ein Ehrenplatz in der Geschichte Englands. Waren es doch seine Heldentaten, die entscheidend dazu beitrugen, daß England, zerrissen von inneren Religionsstreitigkeiten und gequält von der Furcht vor dem spanischen Feind, in patriotischem Hochgefühl geeint, wieder zu neuem Selbstvertrauen gelangte.

Er gab der Freibeuterei, die die spanische Moral schwächte, einen großen Anstoß, bewirkte ein ständiges Anwachsen der englischen Seemacht und eröffnete dem Handel, der Eroberung und »Gründung« von Kolonien neue Horizonte. Sein Name inspirierte englische Seeleute auf Generationen. Darüber hinaus war er der arme Junge, der es zu etwas gebracht hatte, eine Art Siegfried, der den Drachen tötete, will sagen: der den größten Monarchen Europas herausforderte und demütigte, ein Robin Hood der See. Dergestalt gewann er einen Platz im Herzen seines Volkes. Sein eigener Ausspruch, er werde »den Bart des Königs von Spanien ansengen«, zudem die Geschichte von seinem Kegelspiel und die Mär von seiner Trommel – dies alles lieferte gerade jene malerischen Pinselstriche, die nötig sind, um einen Mann zum legendären Helden zu machen.

Gleich wie zwei seiner Zeitgenossen, William Shakespeare und Richard Hakluyt, hatte Drake das große Glück, in einem Jahrhundert geboren zu sein, das seinem Genie alle Möglichkeiten zur Entfaltung bot. Bei seiner Geburt freilich waren die Vorzeichen nicht sonderlich günstig; England lag in seiner Bedeutung als Seemacht weit hinter anderen Nationen zurück. Als er um 1543 –

Sir Francis Drake

ein genaueres Datum fehlt – auf einem kleinen Bauernhof in Devonshire geboren wurde, hatten die Portugiesen sich bereits in Brasilien festgesetzt, Grönland erkundet, Indien, Ostindien, China und Japan erreicht und einen sagenhaft gewinnbringenden Handel mit Gewürzen, Seide und anderen orientalischen Luxusgütern aufgebaut, der den Neid ganz Europas erregte. Die Spanier hatten einen neuen Kontinent und einen neuen Ozean entdeckt, deren Existenz nicht einmal vermutet worden war, und ein spanisches Schiff hatte bereits die erste Reise um die Welt gemacht. Die Reiche der Inkas und Azteken wurden zerstört und ausgeplündert, über den Atlantik ergoß sich ein unvorstellbarer Reichtum in die Schatzkammern Spaniens. 1493 hatte Papst Alexander VI. die Neue Welt aufgeteilt, hatte den östlichen Teil in die Gewalt Portugals gegeben, den westlichen in die Gewalt Spaniens, und beide Länder hielten sich an dieses Abkommen mit Ausnahme von Brasilien, das portugiesisch, und den Philippinen, die spanisch wurden. Beide Staaten beanspruchten das Handels- und Ausbeutungsmonopol in ihren weiten Gebieten. Drake war noch ein Junge, als Philipp II. den Thron bestieg und vom Escorial aus das größte, reichste und mächtigste Reich Europas regierte und von einer spanisch-katholischen Hegemonie der Alten und Neuen Welt träumte.

Während dieser Zeit gab es keinerlei Anzeichen, daß England sich zu einer großen Seemacht entwickeln würde, wenn auch die englischen Seeleute nicht völlig untätig bei der Weltverteilung zugesehen hatten. Seit etwa 1480, möglicherweise auch schon früher, unternahmen Schiffe von Bristol aus Erkundungsfahrten in den Atlantik, die vielleicht durch mündliche Überlieferungen der Seereisen der Wikinger oder des legendären Prinzen Madoc angeregt waren. Die beiden iberischen Mächte verdankten den italienischen Seefahrern viel, und es war deshalb nicht überraschend, daß ein Venezianer, John Cabot, das Schiff aus Bristol befehligte und Nordamerika 1497 entdeckte oder wiederentdeckte. Zur gleichen Zeit trieben Schiffe aus dem westlichen Teil Englands Handel mit den Kanarischen Inseln, heimlich und unerlaubterweise mit Westafrika und der Karibik, während William Hawkins und andere dem portugiesischen Verbot offen trotzten und Seereisen nach Brasilien unternahmen.

Dies waren erst Anfänge. Die reichen Londoner Kaufleute zogen es vor, untätig zu bleiben, solange ihr traditioneller Wollhandel mit Europa weiterhin blühte. Als im Jahre 1521 Heinrich VIII. und sein Kanzler Wolsey die Gründung einer nationalen Gesellschaft zur Erschließung des ozeanischen Handels vorschlugen, lehnten sie es ab, sich daran zu beteiligen. Dreißig Jahre später jedoch ließen eine Flaute im Wollhandel und der wachsende Neid auf den iberischen Reichtum sie nach neuen Märkten Ausschau halten. Thomas Windhams Reisen nach der Berberei, nach Guinea und Benin folgten früheren sporadischen Abstechern und leiteten einen gewinnbringenden Handel mit Zucker, Pfeffer, Elfenbein, Gold und anderen Waren ein, während Willoughby und Chancellor sich daran machten, eine Nordostpassage um Asien herum nach China, Japan und den Gewürzinseln ausfindig zu machen.

Sie blieben erfolglos, aber Chancellor erreichte Moskau, wo Iwan der Schreckliche englischen Kaufleuten Handelserleichterungen gewährte. Der Moskauer Gesellschaft wurde 1555 von Königin Maria ein Privileg erteilt. Während Drake seine harte Lehrzeit zur See auf einer kleinen Küstenbark durchlief, verletzte John Hawkins ein anderes iberisches Monopol, indem er seine erste Sklavenfahrt nach Westafrika und dem zentralen spanischen Kolonialgebiet unternahm, und der furchtlose Anthony Jenkinson fand einen Weg durch Rußland und das Kaspische Meer und leitete den Handel mit Persien ein. Dies waren die Anfänge des englischen Aufstiegs zur Seemacht.

Drakes verwandtschaftliche Beziehungen zu der Familie Hawkins und wohl auch das richtige Gespür für seine besten Zukunftschancen veranlaßten ihn, bei einer weiteren Erkundungsfahrt in Hawkins' Dienste zu treten. Danach konzentrierten sich alle seine Gedanken und sein Ehrgeiz auf die Neue Welt. Seine Karriere wurde bestimmt von der wachsenden Spannung zwischen England und Spanien. Forciert wurde diese Spannung ständig durch religiöse Divergenzen. Die meisten englischen Seeleute, so auch Drake, waren überzeugte Protestanten. Sie mußten die Verbrennung protestantischer Märtyrer durch Maria die Katholische, die Exkommunikation und »Thronenthebung« Elisabeths im Jahr 1570 durch den Papst, die Mordverschwörungen gegen ihre Königin und die Grausamkeiten, die Landsleuten zugefügt wurden, welche in die Hände der Inquisition gefallen waren, als brutale und rücksichtslose

Gewaltakte ansehen, charakteristisch für die katholische Kirche. Drake hatte auch einen persönlichen Grund zur Verbitterung: In seiner Kindheit wurde bei einem Aufruhr von seiten der Katholiken seine Familie vom eigenen Bauernhof in Devonshire vertrieben.

Mehr und mehr englische Seeleute folgten dem Beispiel der französischen Hugenotten, kaperten iberische Schiffe und überfielen die Ansiedlungen in der Karibik. Freibeuterbriefe, die nominal den ehrbaren Freibeuterkapitän vom bloßen Piraten unterschieden, waren leicht vom Admiralsgericht oder vom Großadmiral zu erhalten. Es gab ständig spanische Beschwerden, aber weder Philipp noch Elisabeth wollten einen offenen Krieg, bis Philipp sich 1585 zum Angriff auf England entschloß. In der Zwischenzeit blühte im schönsten Widerspruch der Handel zwischen den beiden Ländern aufgrund des politischen und wirtschaftlichen Bündnisses von 1489.

Englands Aktivität zur See wurde von den zwei Richard Hakluyts, die beide unermüdliche Publizisten waren, und von John Dee, dem größten Geographen und Mathematiker seiner Zeit, stark gefördert. Kaufleute, Seekapitäne, Adlige, Mitglieder des Hofes und des Marineministeriums sowie die Königin selbst beteiligten sich an den ad hoc gegründeten Aktiengesellschaften, die jede wichtige Unternehmung, sei sie nun offiziell oder inoffiziell, finanzierten. Die Königin verlieh Schiffe der Kriegsmarine, um sich an den Kaperfahrten zu beteiligen, und wie alle anderen »Unternehmer« erwartete auch sie Gewinn. Die öffentliche Meinung in England wurde immer weltoffener und, beiläufig, immer freundlicher gegenüber Drakes aufsehenerregenden Taten.

Der Schiffsbau, der viel von den bahnbrechenden iberischen Mächten lernte, machte rasche Fortschritte. Im Mittelalter hatten sich die englischen Schiffe nur selten über die Gewässer Nordwesteuropas hinausgewagt. Es waren »runde Schiffe«, nur doppelt so lang wie breit, an zwei oder drei Masten quadratisch getakelt, dickbauchig, plump und nur schwerfällig dem Ruder gehorchend. Die hohen Aufbauten im Vor- und Achterschiff boten dem Wind Widerstand und strapazierten den Schiffskörper, wenn das Schiff schlingerte. Solche Schiffe waren für Ozeanreisen gänzlich ungeeignet. Das wurde Hawkins und Drake an der massigen *Jesus of Lübeck* endgültig klar, noch bevor sie durch spanischen Verrat in

San Juan de Ulua gekapert wurde. Die Portugiesen und Spanier hatten, mit italienischer Hilfe, die Galeone entwickelt, die dreimal so lang war wie die größte Schiffsbreite oder noch länger: ziemlich niedrige Aufbauten besaß und dreieckige Segel an den Besanmasten führte. Drakes *Golden Hind*, eine kleine Galeone, wurde wahrscheinlich von den Franzosen verfertigt, aber englische Schiffbauer begannen bald, diesen Typ nachzuahmen. Mehr und mehr Schiffe wurden als Kaperschiffe gebaut, und auch Handelsschiffe mußten gut bewaffnet sein, wollten sie sich der Piraten im Kanal oder im Mittelmeer erwehren. Dieser Schiffstyp machte den Großteil der Flotte aus, die sich der spanischen Armada entgegenstellte. Die Kaperschiffahrt war Gewinn, Abenteuer und Dienst am Vaterland zugleich. Bereits 1581 schrieb der spanische Botschafter an Philipp: »Sie bauen pausenlos Schiffe und sind dabei, sich selbst zu den Herren der Meere zu machen.«

Zur gleichen Zeit entwickelten sich die navigatorischen Kenntnisse: Kompaß, Astrolab und Jakobsstab kamen in Gebrauch und später Sextant und Quadrant. Aber es gab keine Möglichkeit, die geographische Länge zu messen, und war ein Schiff einmal außer Sichtweite bekannten Landes, so mußte die Schiffsposition mehr oder minder geschätzt werden, was von der Erfahrung des Kapitäns abhing. Land- und Seekarten fehlten oft oder waren unzulänglich, wurden aber mit Hilfe der Seefahrer ständig verbessert. In England waren die Karten von Ortelius und Mercator im Umlauf. Was man auf portugiesischen und spanischen Schiffen an Land- und Seekarten erbeutete, wurde eifrig kopiert. So verlief Drakes Fahrt von der amerikanischen Küste nach Ostindien nicht allein dank seiner genialen Navigation reibungslos; er bediente sich erbeuteter spanischer Seekarten.

Die Flotte war klein. Sie war das persönliche Eigentum des Monarchen, der für die Kosten ihrer Unterhaltung aufzukommen hatte. Heinrich VIII. hatte begonnen, sie zu modernisieren, ja zu revolutionieren. In der mittelalterlichen Vorstellung von einer Seeschlacht waren die Schiffe schwimmende Festungen, die mit Enterhaken derart an den feindlichen Schiffen befestigt wurden, daß die Soldaten an Bord den Kampf im Handgemenge ausfechten konnten. Die Schiffskanonen waren klein, entweder an Deck oder in den Aufbauten montiert, und dienten dazu, Enterer niederzustrecken.

Die schweren Geschütze, die von Hans Popenruyter von Mechlin erfunden worden waren, brachten Heinrich VIII. auf den revolutionären Gedanken, sie innerhalb der Schiffe in Stellung zu bringen. Und seitdem sie zu schwer waren, um in den schwachen Aufbauten montiert zu werden, brachte man sie unter Deck in Stellung. Geschützluken – eine andere revolutionäre Neuerung –, eingelassen in die Schiffswand, ließen den Kanonen Raum zum Feuern. Derart bewaffnete Schiffe versuchten nicht mehr, den Feind zu entern, sondern ihn aus weiter Entfernung zu versenken oder kampfunfähig zu machen.

Heinrich hinterließ eine mächtige Flotte von fünfzig Schiffen, aber nach seinem Tode wurden sie vernachlässigt und verrotteten schnell. In seiner Jugend muß Drake sie in ihrem elenden Zustand gesehen haben, denn sein Zuhause, ein abgetakelter Kasten, der im Medway vor Anker lag, war von Schiffen der Flotte umgeben.

Elisabeth erbte nur etwa dreißig Schiffe, viele in schlechtem Zustand, die weiterhin unter der im Marineministerium herrschenden Korruption litten, bis Burghley 1577 John Hawkins zum Schatzmeister der Flotte ernannte. Da er mit Sicherheit annahm, daß es zu einer Kraftprobe mit Spanien kommen würde, ließ er längere und schmalere Galeonen bauen. Er beseitigte das Vorderdeck, senkte das Ladedeck bis zur Wasserlinie und baute darüber ein eigenes Kanonendeck. Seine Schiffe waren leichter zu manövrieren als andere und konnten höher an den Wind gehen. Sie waren wahrscheinlich die brauchbarsten Kriegsschiffe ihrer Zeit. Drake – und keiner konnte es besser beurteilen als er – wählte eins von ihnen, die *Revenge*, zu seinem Flaggschiff gegen die spanische Armada. Auf eben diesem Schiff, einer Galeone von etwa 500 Tonnen, mit einer Länge von 92 und einer Breite von 32 Fuß und einer schweren Bewaffnung von 40 Kanonen, kämpfte dann Grenville seinen letzten verzweifelten Kampf.

Noch schwieriger als der Schiffsbau war die Zusammenstellung von erfahrenen Mannschaften, hauptsächlich wegen der schrecklichen Verluste durch Krankheit. Die Seeleute waren auf Monate oder Jahre zusammengepfercht in engen, unbequemen und verlausten Quartieren, fast unerträglich in den tropischen Zonen, ohne irgendwelche sanitären Einrichtungen, zudem fehlte es an Wissen um richtige Ernährung und Gesundheitspflege, obwohl Drake und die einsichtigen Kapitäne ihre Mannschaften an Land ließen, sooft sie konnten, um ihnen frische Luft und frische Nahrung zu verschaffen. Die Lebensmittelvorräte waren oft knapp und schlecht. Natürlich variierte das ein wenig von Schiff zu Schiff, und sicher wurden sie manchmal durch frische oder eingesalzene Pinguine, durch Fische, Fleisch und Früchte und – was besonders wichtig war – durch sauberes Wasser ergänzt. Der Expeditionsplan von 1577, der nachstehend abgedruckt ist, weist eine Vorratsliste auf, die Drake entweder selbst aufgestellt hat oder der er zumindest zustimmte: Schiffszwieback, Roggenmehl, Bier, Wein (Wasser in Fässern wurde bald faulig), Rindfleisch, Schweinefleisch, Fisch, Butter, Käse, Reis, Hafermehl, Erbsen, Essig, Honig, Olivenöl und Salz. Lebensmittellieferanten waren notorisch unehrlich und lieferten oftmals Fleisch, das bereits verdorben war, Bier, das bereits stank, und alle anderen Waren schlecht bemessen. Krankheiten wüteten: Lebensmittelvergiftung, Ruhr, Typhus, fiebrige Erkrankungen und auf jeder längeren Reise vor allem »die Pest des Meeres und das Verderben der Seeleute«: Skorbut. Sir Richard Hawkins schätzte, daß in zwanzig Jahren zehntausend englische Seeleute durch Skorbut umkamen. Es war nicht außergewöhnlich, daß mehr als die Hälfte der Besatzung auf einer Reise starb, und oft müssen Schiffe verlorengegangen sein, weil die Überlebenden zu gering an Zahl und zu schwach waren, um das Schiff noch zu manövrieren. Trotz allem aber werden die Männer an Bord eines Schiffes es besser gehabt haben als diejenigen, die in den von der Pest heimgesuchten Elendsvierteln bei den Docks ein jämmerliches Leben fristeten, denn es gab viel Arbeitslosigkeit. Und natürlich hoffte jede Schiffsbesatzung auf Beute. Ein Drittel davon ging an die Aktionäre, die die Reise finanziert hatten, ein Drittel an die Lebensmittelhändler, und ein Drittel wurde, gestaffelt nach Rang, an die Besatzung verteilt.

Die Seeleute waren zum größten Teil unwissend, abergläubisch und wankelmütig; sie schwankten zwischen Feigheit, Prahlerei und unbeugsamem Mut und ließen sich äußerst schwer führen. »Ich weiß«, sagte Francis Drake, »daß Seeleute die mißtrauischsten Leute auf der Welt sind«. Dennoch konnte er ganz gut mit ihnen umgehen. Meuterei und Fahnenflucht waren an der Tagesordnung. Es ist nicht sicher, ob die *Elisabeth* Drake auf seiner Reise um die

Welt verließ, weil ihr Kapitän, John Winter, von sich aus den Befehl dazu gab oder aber, weil seine Mannschaft ihn zur Rückkehr nach England zwang.

Die Zeit brachte eine Anzahl von bemerkenswerten Kapitänen hervor. Einige haben keine Spuren hinterlassen. Viele haben einen dauernden Platz im Buch der Geschichte, unter ihnen Männer von so unterschiedlichem Charakter und Erfolg wie Richard Chancellor, Sir John Hawkins, Sir Walter Raleigh, John Davis, Sir Martin Frobisher und Sir Richard Grenville. Man könnte eine weit längere Liste aufstellen, aber, wie beeindruckend sie auch sein mag, immer wird sie beginnen müssen mit dem Namen *Francis Drake.*

1489	Anglo-spanisches politisches und wirtschaftliches Bündnis.
1492	Die Mauren in Spanien werden endgültig von den Spaniern unter Ferdinand und Isabella besiegt. Eine spanische Expedition unter der Führung des Genuesen Christoph Columbus entdeckt Westindien.
1493	Papst Alexander VI. erläßt eine Bulle, die die neuen, unbekannten Länder in West und Ost zwischen Spanien und Portugal aufteilt.
1494	Vertrag von Tordesillas, mit dem Spanien und Portugal die Aufteilung ratifizieren, aber den Grenzmeridian auf einen Punkt 370 Meilen westlich der Azoren verlegen.
1497	Ein Schiff aus Bristol, unter der Führung des Venezianers John Cabot, entdeckt Neufundland.
1498	Die Portugiesen (Vasco da Gama) erreichen Indien.
1502	Die Gesellschaft der wagemutigen Kaufleute für die neu entdeckten Länder mit Sitz in Bristol wird privilegiert und entsendet bis 1505 oder später Expeditionen nach Nordamerika.
1509	Die Portugiesen erreichen Ostindien. Sebastian Cabot führt eine Expedition von Bristol nach Nordamerika und erhebt den Anspruch, die Zufahrt zur Nordwestpassage gefunden zu haben. Heinrich VIII. König von England.
1516	Karl V. König von Spanien.
1518–21	Die Spanier unter Cortez erobern Mexico.
1519–22	Ein spanisches Schiff unter der Führung des Portugiesen Magellan macht die erste Reise um die Welt.
1530–40	William Hawkins unternimmt einträgliche Handelsreisen nach Guinea und Brasilien.
1531–34	Die Spanier unter Pizarro erobern Peru.
1536	Heinrich VIII. beginnt mit dem Wiederaufbau der Flotte.
1542	Die Portugiesen erreichen Japan.
1543	*Francis Drake wird in Crowndale bei Tavistock in Devon geboren.*

1547	Eduard VI. König von England.
1549	*Die Familie Drake wird durch einen Aufstand der Katholiken aus Devon vertrieben und findet auf dem Medway Zuflucht.*
1551–54	Beginn des englischen Handels mit Marokko, der Goldküste und Guinea.
1553	Maria, Königin von England. Maria heiratet Philipp von Spanien.
1553–54	Chancellor eröffnet den Seeweg nach Nordrußland. Die Moskauer Gesellschaft wird gegründet.
1556	Philipp II. König von Spanien.
1557	Krieg mit Frankreich. Verlust von Calais, der letzten englischen Besitzung auf dem Kontinent.
1558	Elisabeth I. Königin von England. William Cecil, der spätere Lord Burghley, wird zum Minister ernannt.
1561–64	Anthony Jenkinson reist durch Rußland nach Persien.
1562–63	John Hawkins unternimmt seine erste Sklavenreise.
1564	Die Spanier gründen eine Niederlassung auf den Philippinen.
1566–67	*Drake begleitet John Lovell auf seiner Sklavenreise nach Westafrika und den spanischen Kolonien.*
1567–68	John Hawkins unternimmt seine dritte Sklavenreise. *Drake erhält das Kommando auf der »Judith«.* Die Schlacht von San Juan de Ulua.
1568	Maria, Königin von Schottland, flieht nach England. Die Niederlande erheben sich gegen Spanien.
1569	Die Rebellion des Nordens. *Drake heiratet Mary Newman, eine Seemannstochter.*
1570	Papst Pius V. exkommuniziert und »entthront« Elisabeth I.
1572	Ridolfiverschwörung zur Ermordung Elisabeths.
1572–73	*Drakes Überfall auf Panama.*
1573–75	*Drake dient unter dem ersten Earl of Essex in Irland.*
1574	Vertrag von Bristol mit Spanien.
1576	Martin Frobishers erste Reise zur Erkundung der Nordwestpassage.

1577	John Hawkins beginnt, nach seiner Ernennung zum Schatzmeister der Flotte, mit dem Bau hochseetüchtiger Kriegsschiffe.
1577–80	*Drakes Reise um die Welt.*
1580	Spanien annektiert Portugal.
1581	*Drake wird auf der »Golden Hind« zum Ritter geschlagen, kauft Buckland Abbey und wird Bürgermeister von Plymouth.*
1581	Die Türkische Gesellschaft wird gegründet.
1583	*Drakes erste Frau stirbt.*
1583–91	Ralph Fitch besucht Indien, Siam und Malaya.
1584	*Drake wird Parlamentsabgeordneter für Bossiney in Nord-Cornwall.* Die erste englische Reise nach Virginia.
1585	Eine englische Armee unter Leicester kommt den Niederlanden zu Hilfe. Krieg mit Spanien. *Drake heiratet Elisabeth Sydenham, die Tochter von Sir George Sydenham.*
1585–86	*Drakes großer Überfall auf Westindien.*
1585–87	John Davis unternimmt drei Reisen zur Erkundung der Nordwestpassage.
1586	Babingtonverschwörung zur Ermordung Elisabeths.
1586–88	»Die dritte Reise um die Welt« von Thomas Cavendish.
1587	Maria, Königin von Schottland, hingerichtet. *Drakes Überfall auf Cadiz.*
1588	Die unbesiegbare Armada: *Drake wird Vizeadmiral.*
1589	*Die Lissabon-Expedition.*
1591	Der letzte Kampf der »Revenge«.
1591–94	»Die erste englische Reise nach Ostindien« von Sir James Lancaster.
1592	Die Levantinische Gesellschaft wird durch Zusammenschluß der Venezianischen und der Türkischen Gesellschaft gegründet.
1595	Raleigh durchforscht Guinea erfolglos nach Gold.
1595–96	*Der erfolglose Überfall auf Westindien unter dem gemeinsamen Kommando von Hawkins und Drake. Beide sterben auf See, Hawkins am 12. November 1595, Drake am 23. Januar 1596.*

1596   Cadiz wird von Howard und Essex geplündert.

1598   Philipp II. und Lord Burghley sterben.

1598–1600 Die zweite, erweiterte Ausgabe von Hakluyts »*Bedeu-tendsten Seereisen, Fahrten, Unternehmungen und Entdeckungen der englischen Nation . . .*«

1600   Die Ostindische Gesellschaft wird privilegiert.

1601–03   Sir James Lancasters Handelsreise nach Ostindien.

1603   Elisabeth I. stirbt.

1604   Frieden mit Spanien.

TEIL EINS

DRAKES ERSTE REISEN

ÆTATIS SVÆ LVIII
Ano Dñi 1591

Sir John Hawkins
nach einem Gemälde von Frederigo Zuccaro

1. DRAKES LEHRZEIT

Francis Drakes Lehrzeit als Seemann begann in der Kindheit. Er
wurde in den letzten Jahren der Regierungszeit Heinrichs VIII.,
irgendwann zwischen 1540 und 1545, auf einem Bauernhof in
Crowndale, nahe bei Tavistock in Devon, geboren. Sein Vater,
Edmund Drake, war vermutlich Seemann, bevor er heiratete und
seßhaft wurde. Nach elisabethanischen Maßstäben war er kein
»Gentleman«, aber er scheint einige gesellschaftliche Beziehungen
gehabt zu haben, und der Sohn Lord Russells, Francis, der spätere
Earl of Bedford, war Francis Drakes Pate. Wie viele andere Seeleute
jener Zeit war Edmund Drake ein glühender Protestant, und als die
Katholiken in Devon und Cornwall sich am Pfingstsonntag 1549
gegen die Einführung des ersten englischen Gebetsbuches gewaltsam auflehnten, mußte die Familie Drake, wie viele andere, fliehen,
um ihr Leben zu retten. Wahrscheinlich verloren sie alles, was sie
besaßen; der Überlieferung nach gehörten sie zu denen, die auf
einer kleinen Insel, heute »Drakes Insel« benannt, eine armselige
Zuflucht im Sund von Plymouth fanden. So lernte Francis im Alter
von etwa fünf Jahren die Katholiken hassen.

Auf irgendeine Weise gelangte Drakes Familie dann zum Medway, einem Fluß in Kent, wo die königliche Flotte vor Anker lag und
die königliche Werft in Chatham sich rasch zu entwickeln begann.
Hier wurde Edmund Drake später Prediger und Bibelvorleser für
die Matrosen der Kriegsmarine und für die Schiffsbauer. Die
Familie, die sehr arm gewesen sein muß, wohnte auf einem alten,
abgetakelten Schiff. So wuchs Francis, als ältestes Kind von zwölf
Geschwistern, inmitten von Kriegsschiffen und Seeleuten auf.
Allem Anschein nach besuchte er nicht die Schule, sondern lernte
bei seinem Vater Lesen und Schreiben. Dieser war ein geübter
Prediger und konnte bei entsprechenden Anlässen mit Beredsam-
keit und Nachdruck sprechen.

Als Maria im Jahr 1553 Eduard VI. auf den Thron folgte,
entschlossen, den Katholizismus in England wieder einzuführen,
rebellierten die Protestanten. Sir Thomas Wyatt der Jüngere, der
sein Hauptquartier in Rochester hatte, führte den Aufstand in Kent
an und erhielt Waffen und Munition von den Schiffen am Medway.
Sein Angriff auf London schlug fehl. Er wurde hingerichtet, und

bald baumelten protestantische Rebellen überall an Londons Straßenecken und an den Ufern des Medway. Wieder gaben diese Ereignisse dem Knaben Francis Anlaß, die Katholiken zu fürchten und zu hassen, und dieses Gefühl muß sich durch die Verfolgungen und Verbrennungen während der Regierungszeit Marias noch verstärkt haben. Es ist wahrscheinlich, daß die Familie Drake erneut in Gefahr geriet und fliehen mußte. Jedoch im Jahre 1558, nach dem Regierungsantritt Elisabeths, wurde Edmund Drake zum Pfarrer von Upchurch am Medway ernannt, und von da an konnte die Familie in Frieden leben.

Während der Zeit, so erzählt William Camden, war Drake »um nur das zu berichten, was ich selbst von ihm weiß«, Gehilfe eines Lotsen aus der Nachbarschaft, der ihn durch tagtägliche Schufterei auf einer kleinen Bark an die harte Arbeit des Seemanns gewöhnte. Er segelte an der Küste entlang, immer hin und her, lotste die Schiffe in die Häfen und geleitete sie wieder hinaus auf See, und manchmal beförderte er Waren bis nach Frankreich und Seeland. Dieser junge Mann, fleißig und gewandt wie er war, überzeugte den alten Lotsen derart von seiner Tüchtigkeit, daß dieser, als er kinderlos starb, Drake zum Erben der Bark einsetzte. Mit ihr verdiente sich Drake einen hübschen Batzen Geld[1], und als er davon hörte, daß John Hawkins mit einigen Schiffen in Plymouth Vorbereitungen traf für eine Reise nach Amerika, in die Neue Welt, da verkaufte er seine Bark, verließ in Begleitung von einigen mutigen und fähigen Matrosen Kent und schloß sich auf gut Glück Hawkins an«. (Camden, 2. Buch, Seiten 417–418). Drake hatte, wie erwähnt, verwandtschaftliche Beziehungen zur Familie Hawkins, die damals bereits zu den reichsten Kaufmanns- und berühmtesten Abenteurerfamilien der Zeit zählte.

All das geschah höchstwahrscheinlich im Jahr 1566, als Drake, Anfang der Zwanzig, ein kleiner, untersetzter, kräftig gebauter junger Mann war mit einem fröhlichen Gesichtsausdruck, braunem Haupt- und Barthaar, wettergegerbtem Gesicht und großen, runden, durchdringenden blauen Augen. War er damals auch noch

---

[1]Edmond Howes berichtet, daß Drake im Alter von 18 Jahren als Zahlmeister eine Reise in die Biscaya mitmachte und mit 20 Jahren eine Reise nach Guinea. (Stow, Seite 807).

unbekannt und wenig erprobt, so müssen sein Mut und seine Kraft doch großen Eindruck gemacht haben. Jedenfalls nahm John Hawkins, ein überaus fähiger und umsichtiger Mann, etwa zehn Jahre älter als Drake, ihn sogleich in seine Dienste.

William Hawkins aus Plymouth, der 1553 oder 1554 starb, war ein alter, rauher Seebär gewesen, Freibeuter und Kaufmann zugleich; er hatte die ersten englischen Seereisen nach Brasilien unternommen und war Bürgermeister und Parlamentsabgeordneter von Plymouth geworden. Heinrich VIII. schätzte ihn wegen seiner »Weisheit, Tapferkeit, Erfahrung und Geschicklichkeit in seemännischen Angelegenheiten«. Seine Söhne William und John führten diese Tradition fort. Sein Enkel, der dritte William, segelte mit Drake auf der *Golden Hind* um die Welt.

John Hawkins hatte damals schon zwei sehr »einträgliche« Seereisen als Sklavenhändler hinter sich; die zweite Reise war mit einem Reingewinn von sechzig Prozent für die Aktionäre abgeschlossen worden. Er und einige andere englische und französische Sklavenhändler machten, ungeachtet des portugiesischen Anspruchs auf das Handelsmonopol, an der Westküste Afrikas Jagd auf Neger und verkauften sie dann an die Spanier, die auf den westindischen Inseln und in den eroberten Kolonialgebieten Mittelamerikas sowie im nördlichen Südamerika siedelten. Obwohl die spanische Regierung hier den Anspruch auf ein Handelsmonopol erhob, weigerten sich doch die anderen europäischen Kaufleute, dies zu akzeptieren, und oft waren die Siedler froh, die Negersklaven von den Schleichhändlern kaufen zu können, gleichgültig ob offen oder heimlich, da der Nachschub unzureichend war und ohne Sklaven der Betrieb der Bergwerke und Plantagen nicht aufrecht erhalten werden konnte.

Dieser grauenhafte Handel verursachte bei den Beteiligten offenbar keinerlei Gewissensbisse, obwohl einige andere ihn anzuprangern versuchten. Neger galten eben nicht als Menschen. John Hawkins, nach elisabethanischen Kategorien gewiß ein Menschenfreund, spricht einmal von »unseren Negern und unseren sonstigen Waren«. Diese absonderliche Ansicht wurde jedoch allgemein ebenso unkritisch akzeptiert, wie die Grausamkeiten jeder Gemeinschaft von den meisten Menschen jeder Zeit hingenommen werden.

Es besteht kein Zweifel, daß Drake diese gängige Ansicht teilte.

Seine erste Hochseefahrt in den Jahren 1566–67 war eine Sklavenexpedition, bestehend aus vier Schiffen, die William und John
Hawkins gehörten und die von Kapitän John Lovell befehligt
wurden. Sie hatten im Gefecht mit portugiesischen Schiffen an der
Küste von Guinea und bei den Kapverdischen Inseln zu bestehen
(dies war vermutlich Drakes Feuertaufe) und erbeuteten verschiedene wertvolle Ladungen Neger, Elfenbein, Wachs, Zucker und
andere Dinge. Ein Schiff kehrte mit einem Teil der Beute direkt nach
Plymouth zurück; die restlichen drei – Drake war an Bord eines
dieser Schiffe – segelten mit den Passatwinden westwärts nach
Westindien und machten vermutlich einträgliche Geschäfte im
spanischen Kolonialgebiet, auch wenn es zu einem Zwischenfall in
Rio de la Hacha kam, als neunzig Neger an Land gebracht wurden
und der spanische Statthalter, Miguel de Castellanos, sich standhaft weigerte, die Ware nun auch zu bezahlen. Noch fünfundzwanzig Jahre später schrieb Drake (oder jemand in seinem Namen)
empört über diese Ereignisse und sprach vom »großen Unrecht, das
auf der Fahrt unter Kapitän John Lovell in Rio Hacha geschehen
war«.

Alles, was wir über Drakes Rolle während dieser Expedition
wissen, enthält die Episode, daß er auf der Hinfahrt einen walisi-
schen Katholiken zum Protestantismus bekehrt habe. Zu vermuten
ist freilich, daß er eine Menge von der Hochseeschiffahrt und den
Verhältnissen an der spanischen Kolonialküste hinzulernte. Er
kehrte wahrscheinlich zurück mit einem Herzen voll Groll gegen
Spanien, was seinen längst vorhandenen Haß auf Spanien als Land
des Katholizismus noch verstärkte.

2. DIE SCHLACHT VON SAN JUAN

John Hawkins' dritte Fahrt auf Sklavenjagd

Die dritte und letzte Fahrt, die John Hawkins persönlich leitete, wurde in den Jahren 1567–69 durchgeführt. Sie war von weit größerer Bedeutung als die vorhergehenden, denn die Schlacht von San Juan de Ulua, mit der sie endete, wurde zum Markstein in der englischen Seegeschichte.

Wie viele andere Expeditionen dieser Zeit wurde auch sie von einem Konsortium finanziert, das sich aus diesem Anlaß gebildet hatte. In dem Fall gehörten zu den Aktionären die Gebrüder Hawkins und vielleicht andere Kaufleute aus Plymouth, Londoner Kaufleute, Angehörige des Hofes, des Marineministeriums und des Staatsrates und Ihre Majestät, die Königin selbst. Nach den Angaben des Cotton-Manuskripts (siehe Bibliographie) gab die Königin Hawkins den Befehl, in Guinea Sklaven zu laden und sie in Westindien zu verkaufen. Die königliche Flotte war das persönliche Eigentum des Monarchen, und Elisabeth, ständig ohne Bargeld und äußerst sparsam, verlieh ihre Schiffe lediglich für Handelsreisen. Dieses Mal waren es die *Jesus of Lübeck* mit 700 Tonnen und die *Minion* mit 300 Tonnen. Die Familie Hawkins stellte die *William and John* mit 150 Tonnen zur Verfügung, die *Swallow* mit 100 Tonnen, die *Judith* mit 50 Tonnen und die *Angel* mit 33 Tonnen. Die Mannschaften umfaßten insgesamt 408 Offiziere und Matrosen, »Gentlemen-Abenteurer« und Soldaten.

Heinrich VIII. hatte im Jahre 1544 die *Jesus* von der Hanse aus zweiter Hand gekauft, und seitdem war sie sehr heruntergekommen.

Hawkins muß genau gewußt haben, daß sie morsch war, denn auf seiner zweiten Sklavenfahrt 1564–65 war sie sein Flaggschiff gewesen. Vielleicht hatte er keine andere Wahl, vielleicht auch war ihm das große und mächtige Schiff willkommen, das mit seinen hoch aufragenden Masten auf Vor- und Achterdeck, selbst wenn diese bei jedem schweren Seegang abzubrechen drohten, einen imposanten Anblick bot, außerdem verfügte das Schiff über große Ladekapazität. Der Zustand der *Minion* hingegen war etwas besser.

Die Jesus of Lübeck, *Flaggschiff von John Hawkins*

Hawkins machte die *Jesus* natürlich wieder zu seinem Flaggschiff, und da er im königlichen Auftrag fuhr, hißte er die königliche Standarte, das Löwen- und Lilienbanner, sowie das St. Georgskreuz. Zum Befehlshaber dieses Schiffes ernannte er einen vielversprechenden jungen Seemann namens Robert Barrett, einen Vetter von Drake, der fließend Spanisch und Portugiesisch sprach. Drake muß die *Jesus* oft in seiner Jugend auf dem Medway gesehen haben, mag wohl auch an Bord gewesen sein. Jetzt segelte er auf ihr, wahrscheinlich als zweiter Offizier; bald sogar wurde ihm ein Kommando übertragen, zunächst auf einer erbeuteten Karavelle, dann auf der *Judith*. Offensichtlich begann Hawkins seine Fähigkeiten sehr zu schätzen.

Es gibt zahlreiche zeitgenössische Berichte und Dokumente in englischer und spanischer Sprache, die diese Fahrt zum Thema haben, denn ihr sensationelles Ende erregte in beiden Ländern große

Aufmerksamkeit. Die Hauptquellen sind in der Bibliographie aufgeführt. Sie werden von James S. Williamson in seinem Buch »Hawkins of Plymouth«, Seite 105, nur knapp, aber in seinem anderen Buch »Sir John Hawkins« auf den Seiten 142–144 ausführlich erörtert. Der beste Bericht des ersten Teils der Reise ist das anonyme Cotton-Manuskript (siehe Bibliographie), das jedoch kurz vor der Schlacht endet und Drake nicht einmal erwähnt. Der geeignetste Bericht für den Zweck dieses Buches ist der von *John Hawkins* selbst geschriebene, der nun folgt. Er sagt nichts über die politischen Schikanen oder die merkwürdigen Vorfälle aus, die der Reise vorangingen; soweit wir wissen, war Drake nicht in diese verwickelt. Es ist ein offizieller Bericht, dessen Schreiber einerseits wachsam auf die Königin und den Staatsrat, andererseits auf den spanischen Botschafter achtete. Im Jahre 1569 wurde der Bericht als selbständige Flugschrift publiziert. Er enthält nicht die ganze Wahrheit, ist aber, so weit er reicht, klar und zuverlässig.

DIE DRITTE BESCHWERLICHE REISE, UNTERNOMMEN IN DEN JAHREN 1567 UND 1568 MIT DER »JESUS OF LÜBECK«, DER »MINION« UND VIER ANDEREN SCHIFFEN NACH GUINEA UND WESTINDIEN, BESCHRIEBEN VON *KAPITÄN JOHN HAWKINS.*[1]

Die Schiffe verließen Plymouth am zweiten Tag des Oktober im Jahre des Herrn 1567 und hatten erträgliches Wetter bis zum siebenten Tag, an dem sich, vierzig Meilen nördlich von Kap Finistère, ein gewaltiger Sturm erhob, der vier Tage lang mit solcher Macht tobte, daß die Flotte auseinandergetrieben wurde und alle unsere großen Boote verlorengingen. Die »Jesus«, unser Hauptschiff, befand sich in einem solchen Zustand, daß wir dachten, sie könne die Reise nicht fortsetzen. So gingen wir noch während des Sturms auf Heimatkurs, entschlossen, unsere Reise aufzugeben. Aber am elften Tag des Monats legte sich der Sturm, das Wetter schlug um, und wir sahen uns ermutigt, unser Unternehmen fortzusetzen, was wir auch taten. Wir nahmen Kurs auf die Kanarischen Inseln, wo sich, gemäß eines zuvor erteilten Befehls, alle auseinandergetriebenen Schiffe bei der Insel Gomera wieder sammelten, und wo wir frisches Wasser einholen konnten. Von dort segelten wir am vierten Tage des November auf die Küste Guineas zu und erreichten am achtzehnten November Kap Verde;[2] dort setzten wir 150 Mann an Land und hofften, etliche Neger einfangen zu können. Wir bekamen aber nur wenige zu fassen, und diese auch nur unter großen Verlusten und zahlreichen Verwundungen unserer Leute,

[1]Dieser Bericht ist der Hakluyt-Society-Edition von Hakluyts »Reisen« Bd. X, Seiten 64–74 entnommen und erfolgt mit freundlicher Genehmigung sowohl der Hakluyt-Gesellschaft als auch der Cambridge University Press.

[2]»Auf unserer Fahrt dorthin trafen wir einen Franzosen aus Rochelle, Kapitän Bland, der eine portugiesische Karavelle gekapert hatte; unser zweites Flaggschiff (die *Minion*) jagte und eroberte diese. Kapitän Drake, jetzt Sir Francis Drake, wurde zum Herrn und Kapitän dieser Karavelle ernannt.« So Job Hortop (siehe Bibliographie). Später willigte Bland ein, unter Hawkins zu dienen und erhielt das Kommando über die Karavelle zurück, Drake wurde Kapitän der *Judith.*

was vor allem verursacht wurde durch vergiftete Pfeile. Und obwohl es am Anfang nur kleine Verletzungen zu sein schienen, kam doch kaum jemand mit dem Leben davon, der verwundet worden war; sie starben alle auf sonderbare Art und Weise: etwa zehn Tage lang verkrampfte sich der Mund und blieb fest verschlossen, dann starben sie, wenngleich die Wunden inzwischen verheilt waren, während ich, der ich eine der schwersten Verletzungen davongetragen hatte, durch die Gnade Gottes genas.[1]

Von da an verbrachten wir unsere Zeit vor der Küste Guineas und suchten mit allem Eifer die Flußgebiete vom Rio Grande bis nach Sierra Leone ab, bis zum zwölften Tag des Januar. In all der Zeit hatten wir keine hundertfünfzig Neger zusammenbekommen. Nichtsdestoweniger zwang die Krankheit unserer Männer, wie auch die fortgeschrittene Jahreszeit uns zur Abfahrt; und da uns alles fehlte, um noch die Küste Westindiens zu erreichen, hielt ich Rat unter der übriggebliebenen Mannschaft und beschloß, nach El Mina[2] zu segeln, in der Hoffnung, unsere Ware gegen Gold eintauschen und damit die Unkosten abdecken zu können. Aber gerade in dem Augenblick erreichte uns von einem König, der von benachbarten Königen bedrängt wurde, ein Bote, der um unsere Hilfe bat, mit dem Versprechen, alle Neger, die bei diesen Kämpfen gefangengenommen würden, gleichgültig ob von seinem Stamm oder von uns, sollten uns gehören. Daraufhin entschlossen wir uns, Hilfe zu leisten, und entsendeten 120 unserer Leute, die am 15. des Januar eine Stadt des Feindes unseres Verbündeten angriffen, welche 8000 Einwohner zählte, nach der Art dieser Leute von einem starken Palisadenzaun umgeben. Die Stadt wurde jedoch so gut verteidigt, daß unsere Leute den Sieg nicht davontragen konnten; statt dessen hatten sie sechs Tote und vierzig Verletzte zu beklagen. Sogleich wurden

[1] »Ein Neger lehrte unseren General, das Gift mit einer Knoblauchzehe aus seiner Wunde zu ziehen, wodurch er geheilt wurde.« Job Hortop.
[2] El Mina, ein portugiesisches Fort an der Goldküste.

Boten zu mir abgesandt mit der Bitte um Verstärkung. Da ich der Meinung war, der gute Erfolg dieses Unternehmens könne dem Zweck unserer Reise sehr förderlich sein, ging ich selber hin und griff mit der Hilfe des uns verbündeten Königs die Stadt an, und zwar zu Lande und zu Wasser und nur unter geringfügiger Anwendung von Feuer (ihre Häuser waren nämlich mit trockenen Palmenblättern gedeckt). Wir eroberten die Stadt und schlugen einen Teil der Einwohner in die Flucht. Den Rest nahmen wir gefangen, 250 Stück Männer, Frauen und Kinder. Unser Freund und Verbündeter machte 600 Gefangene, aus denen wir unsere Auswahl zu treffen hofften. Aber der Neger, Angehöriger eines Volkes, bei dem Aufrichtigkeit selten oder nie zu finden ist, dachte nicht im geringsten an die Einhaltung seines Versprechens und verschwand in der Nacht mitsamt seinem Lager und seinen Gefangenen, so daß wir uns mit den wenigen begnügen mußten, die wir selbst gefangen hatten.

Damit besaßen wir etwa vier- bis fünfhundert Neger, und es schien nunmehr ratsam, mit diesen die Küste Westindiens anzulaufen. Dort hofften wir, für unsere Neger und unsere sonstigen Waren etwas einzuhandeln, das unsere Mühen mit einigem Gewinn aufwog. Wir machten uns also mit Eifer an die Arbeit, nahmen frisches Wasser und Nahrungsmittel an Bord, legten am dritten Februar von der Küste Guineas ab und stachen in See. Die Überfahrt war rauher als gewohnt und dauerte bis zum siebenundzwanzigsten März, als wir die Insel Dominica sichteten, vierzehn Grad vor der Küste Westindiens. Von dort fuhren wir von Ort zu Ort die Küste entlang und machten unsere Geschäfte mit den Spaniern so gut wir konnten; allerdings war das etwas beschwerlich, da der spanische König alle seine Statthalter in diesen Gebieten streng angewiesen hatte, um keinen Preis unseren Handel zu dulden. Trotzdem machten wir einträgliche Geschäfte und wurden überall höflich aufgenommen, von der Insel Margarita bis nach Cartagena, ohne daß irgend etwas Bemerkenswertes geschehen wäre, außer in Capo de la

Vela, in einer Stadt namens Rio de la Hacha, von wo alle Perlen herkommen. Der Schatzmeister, der dort das Kommando führte, wollte nämlich um keinen Preis seine Zustimmung zum Handel mit uns erteilen, ja er wollte uns nicht einmal erlauben, frisches Wasser an Bord zu holen. Er hatte seine Stadt an allen Stellen, an denen sie möglicherweise anzugreifen war, mit verschiedenen Bollwerken versehen, hatte sie mit 100 Hakenbüchsenschützen besetzt und dachte nun, durch Hunger und Durst uns zwingen zu können, unsere Neger an Land zu setzen. Damit hätte er beinahe Erfolg gehabt, wären wir nicht mit Gewalt in die Stadt eingedrungen, eine aufgezwungene Notwendigkeit, da wir durch nichts seine Gunst hatten erringen können. So erstürmten wir mit zweihundert Mann die Bollwerke, besetzten die Stadt und verloren nur zwei unserer Leute; die Spanier erlitten keine Verluste, denn nachdem sie ihre Geschützsalven abgefeuert hatten, flohen sie alle. So setzten wir uns in den Besitz der Stadt und schlossen, teils auf Wunsch der spanischen Siedler, die Sklaven brauchten, teils durch plötzliches Entgegenkommen des Schatzmeisters, insgeheim einen Handel ab. Die Spanier kamen bei Nacht zu uns und kauften ungefähr zweihundert Neger. An allen anderen Orten, die wir aufsuchten, waren die Spanier froh über unser Erscheinen und trieben bereitwillig Handel mit uns.

In Cartagena, der letzten Stadt, die wir an der Küste anzulaufen gedachten, konnten wir auf keine Art mit den Spaniern ins Geschäft kommen, so streng war der Statthalter. Und da unser Handel fast beendet war, hielten wir es für gut, keine Landungen mehr zu riskieren und auch keine Zeit mehr zu vergeuden. So fuhren wir am 24. Juli friedlich von dannen, in der Hoffnung, der Zeit, die nahe bevorstand, entrinnen zu können, in der die Stürme, von den Spaniern nicht umsonst furicanos genannt, einsetzen. Als wir jedoch am westlichen Teil Kubas vorbei auf die Küste von Florida zusegelten, gerieten wir am 12. Tage des August in einen entsetzlichen Sturm, der vier Tage lang heftig wütete und der Jesus derart zusetzte, daß wir die *höheren Aufbauten kappen mußten[1]. Das Ruder war auch ernsthaft beschädigt, und obendrein wurden uns gewaltige Lecks geschlagen[2], so daß wir schon drauf und dran waren, sie aufzugeben. Dennoch hofften wir, alles zu einem guten Ende zu bringen. Wir steuerten also die Küste von Florida an, konnten dort aber keinen geeigneten Landeplatz oder Hafen für unsere Schiffe finden, weil die Küstengewässer so seicht sind[3]. Da wir in großer Verzweiflung waren, zudem ein neuer Sturm über uns hereinbrach, der weitere drei Tage tobte, sahen wir uns gezwungen, im Hafen der mexikanischen Stadt St. John de Ulua, die auf dem neunzehnten Grad liegt, Zuflucht zu suchen. Auf der Fahrt dorthin brachten wir noch drei Schiffe auf, die einhundert Passagiere an Bord hatten. Mit diesen Leuten hofften wir Druck ausüben zu können, um uns leichter Lebensmittel zu verschaffen für unser Geld und auch, um einen ruhigen Platz für die Ausbesserung unserer Schiffe zu finden.*

Bald danach, am 16. September, liefen wir in den Hafen von St. John de Ulua ein. Da die Spanier bei unserer Einfahrt mutmaßten, wir wären die erwartete spanische Flotte[4], kamen hohe Militäroffiziere zu uns an Bord, und wie bestürzt waren sie, als sie ihre Täuschung bemerkten, beruhigten sich aber wieder, als sie hörten, daß wir lediglich Lebensmittel einkaufen wollten. Freilich lagen im selben Hafen auch zwölf Schiffe, die, wie zu hören war,

[1]Als sie so heftig stampfte und schlingerte, drohten die hoch aufragenden Vor- und Achterdecks den ganzen Schiffskörper zu zerreißen.

[2]»Die Lecks waren so groß wie ein Männerarm (im Umfang); lebende Fische schwammen über die Ladung dahin, als wären sie im Meer.« Cotton MS, vgl. Bibliographie.

[3]Während dieses Sturms verlor die »William and John« den Anschluß an die Flotte und mußte selbständig die Heimfahrt antreten.

[4]»Unser General befahl, die St. Georgsflaggen auf allen Schiffen einzuholen; die königliche Standarte ließ er allenthalben auf Großmast setzen und nur bei der *Minion* auf Fockmast; die Farben der Standarten waren aber durch das schlechte Wetter fast völlig ausgeblichen, so daß die Spanier sie fälschlich für die Farben ihres Landes hielten, was genau Hawkins' Absicht entsprach.« Cotton MS.

zweihunderttausend Pfund Gold und Silber an Bord hatten[1]. So gab ich alles, was in meiner Hand war, wieder frei, selbst die Passagiere, die ich auf dem Weg hierhin an Bord genommen hatte, ließ ich, ohne auch nur einen Heller dafür zu verlangen, wieder laufen. Und all das nur, um durch rasche Erledigung der Angelegenheit keine Verzögerungen in Kauf nehmen zu müssen. Bloß zwei Männer von Rang hielt ich als Geiseln. An die Präsidenten und den Rat von Mexico, die zweihundert Meilen von uns entfernt residierten, schickte ich sogleich Nachricht von unserer Landung, zu der wir durch das mißgünstige Wetter gezwungen worden waren, und setzte sie von der Notwendigkeit in Kenntnis, unsere Schiffe instand zu setzen und Lebensmittel an Bord zu nehmen. Diese Bedürfnisse wollten wir, als Freunde des Königs Philipp, für Geld erfüllt wissen. Die Präsidenten und der Rat sollten uns in aller gebotenen Eile Erlaubnis erteilen, damit bei Ankunft der spanischen Flotte, die täglich zu erwarten war, kein Grund entstehe für eine Auseinandersetzung zwischen ihr und uns. Um die Freundschaft aufrechtzuerhalten und zu sichern, könnte ihr Erlaß von großem Nutzen sein. Diese Botschaft wurde in der Nacht des sechzehnten September, dem Datum unserer Ankunft, losgeschickt. Bereits am folgenden Morgen sahen wir draußen vor dem Hafen dreizehn große Schiffe. Es war die spanische Flotte. Sogleich ließ ich ihrem General die Nachricht von unserem Aufenthalt zukommen und teilte ihm mit, daß ich die Einfahrt der spanischen Schiffe in den Hafen nur dann zulassen würde, wenn zuvor verbindliche Vereinbarungen getroffen wären für unsere Sicherheit und die Aufrechterhaltung des Friedens.

Nun muß man wissen, daß dieser Hafen aus einer kleinen steinigen Insel besteht, die an ihrer höchsten Stelle keine drei Fuß aus dem Wasser ragt und im Durchmesser nirgendwo mehr mißt als eine Bogenschußlänge. Diese Insel liegt zwei oder drei Bogenschüsse vom Festland

[1]Diese Summe muß vielfach multipliziert werden, um den heutigen Wert zu berechnen. Siehe: Fußnote Seite 142.

entfernt. Auch muß man wissen, daß es an dieser ganzen Küste keinen anderen Platz gibt, an dem Schiffe sicher landen könnten, weil der Nordwind dort mit solcher Gewalt bläst, daß den Schiffen, wenn sie nicht sehr sicher an dieser Insel vertäut und fest verankert sind, keine andere Zuflucht bleibt als der sichere Tod. Auch war so wenig Platz im Hafen, daß die Schiffe zwangsläufig Seite an Seite hätten ankern müssen und unsere Schiffe durch die ihren behindert worden wären und umgekehrt die ihren durch unsere. Und jetzt begann ich auch zu befürchten, was nachher wirklich geschah, denn ich schwebte in doppelter Gefahr und konnte einer von beiden nicht entrinnen. Das hieß, ich mußte die Flotte entweder daran hindern, in den Hafen einzulaufen, wozu ich mit Gottes Hilfe durchaus in der Lage gewesen wäre; oder ich mußte zulassen, daß sie in verräterischer Absicht, wie das bei ihnen erfahrungsgemäß gang und gäbe ist, in den Hafen einlaufen, wo ihnen dann Gelegenheit geboten wäre, schändliche Absicht durchzuführen. Hätte ich sie am Einlaufen gehindert, hätte das Schiffbruch für ihre gesamte Flotte bedeutet, deren Wert schätzungsweise sechs Millionen betrug, was in unserm Geld etwa 1 800 000 Pfund entspricht. Das aber glaubte ich nicht verantworten zu können, da ich den Unwillen Ihrer Königlichen Majestät in einer so gewichtigen Angelegenheit fürchtete. Auf diese Art von Zweifeln geplagt, hielt ich es doch für besser, den Stachel der Ungewißheit dem der Gewißheit vorzuziehen.

Was mich quälte und was ungewiß und zweifelhaft blieb, war die Möglichkeit ihres Verrats; ich hoffte jedoch, durch geschicktes Taktieren ihn vermeiden zu können, und wählte das kleinere Übel: ich entschloß mich zu Verhandlungen.

Nun war unser erster Bote zurückgekehrt mit der Nachricht von der Ankunft eines Vizekönigs[1], der die Befehlsgewalt besaß sowohl in der gesamten Provinz

[1] Don Martin Enriquez war soeben zum Vizekönig ernannt worden und war damit Ranghöchster, nach dem König von Spanien.

38

Mexico, von den Spaniern Nueva España genannt, als auch auf See. Er ließ uns ausrichten, daß wir unsere Bedingungen nennen sollten, welche von seiner Seite zur Wahrung der Freundschaft zwischen den Königen gewiß gnädig gewährt und auch getreulich beachtet würden. Mit vielen schönen Worten versicherte er uns, er hätte bei einem Besuch entlang der Küste bereits von unserem ehrbaren Verhalten gegenüber den Einwohnern gehört, wo immer wir mit diesen in Berührung gekommen seien, besonders aber im Hafen jener Stadt, die zu nennen ich lieber unterlassen möchte. Wir forderten, gemäß unseren Bedürfnissen, Lebensmittel für unser Geld, und die Genehmigung, so viele Ware zu verkaufen, wie wir mochten; weiterhin, daß jede der Parteien zwölf Männer als Geiseln zur Gewährleistung des Friedens stellen sollte, daß die Insel zu unserer größeren Sicherheit während unseres Aufenthalts von uns in Besitz genommen werden sollte, ebenso die Geschütze, elf Messingkanonen, die auf der Insel stationiert waren; schließlich, daß kein Spanier mit irgendeiner Waffe seinen Fuß auf die Insel setzen sollte. Diese Bedingungen mißfielen ihm zunächst ein wenig, vor allem, daß wir die Kontrolle über die Insel beanspruchten; hätten wir die Kontrolle ihnen überlassen, so wären bestimmt beim erstbesten Nordwind unsere Taue gekappt und unsere Schiffe vernichtet worden. Doch am Ende schloß er den Vertrag nach unseren Wünschen ab, die Zahl der Geiseln wurde von zwölf auf zehn herabgesetzt und der Austausch in aller Eile vorgenommen. Sobald uns der schriftliche Vertrag, der alle vereinbarten Bedingungen enthielt, mit Unterschrift und Siegel des Vizekönigs ausgehändigt wurde, ließen wir die Trompete blasen und laut ausrufen, daß unter Androhung der Todesstrafe keine der beiden Parteien es wagen solle, den Frieden zu verletzen, und daß die Befehlshaber der Flotte sich treffen sollten, um sich gegenseitig das Versprechen zur Einhaltung des Friedens zu geben; dies geschah dann auch. So schien nach Ablauf von drei Tagen alles bestens geregelt, und die andere Flotte lief unter gegenseitigem

Salut, wie es auf See Brauch ist, in den Hafen ein. Wie bereits gesagt, erreichten wir am Donnerstag den Hafen, am Freitag sahen wir die spanische Flotte und am Montag abend fuhr diese in den Hafen ein. Dann dauerte es noch zwei arbeitsvolle Tage, bis die englischen Schiffe miteinander Seite an Seite vertäut waren. Kapitäne und Mannschaften beider Seiten versicherten sich bei der Gelegenheit gegenseitig großer Freundschaft, von uns völlig aufrichtig gemeint, nicht aber von den Spaniern; sie holten sich nämlich vom Festland her etwa tausend Mann Verstärkung und beabsichtigten, kommenden Donnerstag, also am 23. September, zur Essenszeit von allen Seiten über uns herzufallen.

Am Donnerstag morgen wiesen mancherlei Anzeichen darauf hin, daß der Verrat nahe bevorstand. Waffen wurden von Schiff zu Schiff gereicht, ihre Schiffsgeschütze wurden auf die Insel ausgerichtet, auf der unsere Männer Wache hielten, ein großes Hin und Her war bei allen Mannschaften, und zwar mehr, als für die üblichen Verrichtungen notwendig gewesen wäre, und viele andere böse Vorzeichen, die bei uns heftigen Verdacht auslösten. Währenddessen schickten wir einen Eilboten zum Vizekönig, um zu erfahren, was das alles bedeuten solle. Dieser gab sofort den strikten Befehl, alle verdächtigen Handlungen einzustellen, und ließ uns ausrichten, daß er bei seinem Ehrenwort als Vizekönig alle Schurkereien verhindern würde. Mit dieser Antwort waren wir jedoch nicht zufrieden, da vermutlich eine große Anzahl von Männern in einem 900-Tonnen-Schiff, das nahe der Minion vertäut lag, sich versteckt hielt. Wir schickten nun den Kapitän[1] der Jesus, der Spanisch sprach, erneut zum Vizekönig und verlangten Auskunft darüber, ob etwas im Schilde geführt würde oder nicht. Der Vizekönig, als er jetzt erkannte, daß der Verrat entdeckt sei, setzte unseren Kapitän gefangen, ließ die Trompete blasen, und von allen Seiten fielen die Spanier über uns her. Unsere Männer, die auf der Insel Wache hielten, wurden plötzlich von Furcht ergriffen,

[1]Robert Barrett. Siehe Seite 30 und 47.

wichen zurück, flohen und versuchten ihre Schiffe zu erreichen. Die Spanier aber, auf diese Schandtat vorbereitet, kamen von allen Seiten in hellen Scharen herab von ihren Schiffen, was leicht ohne Boote möglich war, und erschlugen unsere Männer gnadenlos. Nur einige wenige entkamen an Bord der Jesus. Das große Schiff mit insgeheim schätzungsweise dreihundert Mann an Bord fiel sofort über die Minion her; Gott sei Dank war die Minion in der Zeit, in der wir Verdacht geschöpft hatten – es war nur eine halbe Stunde –, zum Auslaufen vorbereitet worden, konnte nun, die Bugstange zurücklassend, an den Hecktauen vom Landeplatz gezogen werden und kam frei. Auf diese Weise gelang es ihr mit Gottes Hilfe, den ersten heftigen Angriff dieser dreihundert Mann abzuschlagen. Nachdem die Minion entronnen war, attackierten sie die Jesus, die jedoch unter viel Geschrei und großen Verlusten unsererseits verteidigt werden konnte und ebenfalls davonkam. Es gelang ihr auch, die beiden anderen Schiffe, von denen sie zusätzlich angegriffen wurde, nach einiger Zeit abzuschütteln, nachdem die Bugtaue gekappt und das Schiff an den Hecktauen vom Land weggezogen worden war. Als nun die Jesus und die Minion sich ungefähr zwei Schiffslängen von der spanischen Flotte entfernt befanden, begann der Kampf von allen Seiten so heiß zu toben, daß innerhalb einer Stunde den Spaniern

die Admiral[1] versenkt, die Vizeadmiral in Brand geschossen wurde und obendrein eines ihrer großen Schiffe vermutlich auf den Grund sank, so daß diese Schiffe uns kaum noch belästigen konnten.

[1] *Admiral* und *Vizeadmiral* hießen die beiden Kriegsschiffe, die kämpfenden Gallionen, von denen die Flotte eskortiert worden war.

[2] In einer eidesstattlichen Erklärung, von einem Notar in San Juan zu Papier gebracht und an König Philipp adressiert, bezeichnet der Vizekönig John Hawkins als »englischen Seeräuber« und berichtet ferner, daß im Kriegsrat, den er einberufen hatte, am Ende alle der Meinung waren, daß es »klüger sei, das Einlaufen der Flotte nicht mit Gewalt zu erzwingen«, sondern ihn unter »friedlichen Bedingungen« zu vollziehen, »bis die Schiffe im Hafen verankert und vertäut seien«. Er erklärt auch, wie der Angriff organisiert wurde,

Um so mehr Schwierigkeiten bereiteten uns die Geschütze auf der Insel, die mittlerweile alle in spanischer Hand waren. Sie zerschossen uns alle Masten und Rahen der Jesus und nahmen uns alle Hoffnung, sie wegzusegeln. Zudem versenkten sie uns alle kleinen Schiffe. Daraufhin entschlossen wir uns, die Jesus längsseits vor die Minion zu binden, damit sie die Geschützsalven vom Land her nach Möglichkeit abfangen und der Minion bis zur Nacht Schutz bieten könnte. Bis dahin sollten alle Lebensmittel und andere Notwendigkeiten von Bord der Jesus geschafft werden, soweit die Umstände und die Zeit das zuließen. Dann wollten wir sie aufgeben. Nachdem der Entschluß gefaßt und die Minion derart verbarrikadiert worden war, daß sie vom Land aus nicht mehr beschossen werden konnte, kamen plötzlich zwei große Schiffe, von den Spaniern in Brand gesteckt, direkt auf uns zu. Es schien keinen Weg zu geben, dem Feuer auszuweichen. Schreckliche Angst breitete sich unter den Männern aus. Die einen schrien: laßt uns mit der Minion auf und davon, die anderen riefen: laßt uns abwarten, wohin der Wind das Feuer treibt. Um es kurz zu machen, die Mannschaft der Minion, stets segelbereit, wollte offenbar kein Risiko mehr eingehen. Sie setzte die Segel, und ohne Zustimmung ihres Kapitäns oder Oberbefehlshabers fuhren sie los. Ich konnte gerade noch mit Müh und Not an Bord der Minion gelangen.

Der größte Teil der Männer, die von der Mannschaft der Jesus lebend zurückblieb, setzte uns nach und folgte der Minion in einem kleinen Boot. Wen das kleine Boot nicht aufnehmen konnte, mußte sich auf Gnade und Ungnade den Spaniern ergeben. Es war zu befürchten, daß die kaum Milde würden walten lassen. Wir entkamen also lediglich mit der Minion und der Judith, einer kleinen Bark von 50 Tonnen; jedoch in selbiger Nacht verließ sie

und daß ihm der volle Erfolg deshalb versagt geblieben, weil Kapitän Juan de Ubilla, Admiral der Flotte, vorzeitig das Zeichen zum Angriff gab, das von ihm selbst, dem Vizekönig hätte gegeben werden sollen. I. Wright, Seiten 131–134.

*uns in unserem großen Elend[1]. Zwei Bogenschüsse von
den spanischen Schiffen entfernt, nahmen wir die Fahrt
auf und segelten die ganze Nacht hindurch. Am nächsten
Morgen – wir hatten eine Meile zurückgelegt – wurde die
Minion in der Nähe einer Insel von einem Nordwind
erfaßt. Da wir nur über zwei Anker und zwei Tauer
verfügten – im Kampf waren drei Tauer und zwei Anker
verlorengegangen –, stand uns der Tod ständig nahe vor
Augen; doch Gott rettete uns auch diesmal.*

*Das Wetter besserte sich ein wenig, und am Sonnabend
setzten wir Segel. Doch bei der großen Anzahl von
Menschen und den wenigen Lebensmitteln an Bord wurde
unsere Hoffnung auf Rettung immer geringer. Einige
verlangten, sich den Spaniern auszuliefern, andere wieder
wollten irgendeinen Ort erreichen, um dort in die Hände
der Heiden zu geraten, und wieder andere wollten lieber,
mit Gottes Hilfe, auf See ausharren und sich mit kleinen
Nahrungsrationen zufriedengeben. Bedrückt von all dem
Elend segelten wir vierzehn Tage lang in unbekannten
Gewässern umher, bis der Hunger uns an Land zwang.
Alle Lebewesen mit Fell galten als Leckerbissen: Ratten,
Katzen, Mäuse, Hunde, nichts wurde verschont, was
erbeutet werden konnte. Auch Papageien und Affen wurden verspeist. Sie standen hoch im Kurs, wenn sie genügend Fleisch für eine Mahlzeit hatten.*

*Am achten Oktober erreichten wir endlich in der Höhe
von dreiundzwanzigeinhalb Grad in der Bucht von Mexico*

[1]»Kapitän Francis Drake erhielt den Befehl, mit der *Judith* längsseits an der
Minion anzulegen, Leute zu übernehmen und andere notwendige Dinge und
wieder loszufahren, was er auch tat.« Job Hartorp, »Die Reisen des Job
Hartorp, den Sir John Hawkins im Golf von Mexico an Land setzte . . .«
(Hakluyt, Bd. VI, S. 344)
»In der gleichen Nacht, als wir in großer Not waren, verlor uns die erwähnte
Bark *Judith* völlig aus den Augen.« Eine Abhandlung, geschrieben von
einem Miles Philips, . . . der nördlich von Panuco von Kapitän John
Hawkins an Land gesetzt wurde . . . (Hakluyt, Bd. VI, S. 305)
Die *Judith* erreichte Plymouth am 20. Januar 1569. Über weitere Einzelhei-
ten der Schlacht, über den spanischen Gebrauch von »Brandern« sowie über
die Leiden der englischen Gefangenen berichten Hortorp, Philips und
Rayner Unwin in ihrer Schrift »Die Niederlage des John Hawkins«.

festes Land. Dort hofften wir, mit spanischen Bewohnern zusammenzutreffen, Lebensmittel zu erhalten und einen Platz zu finden für die Reparatur an unserem Schiff, das durch den feindlichen Beschuß, aber auch durch unser eigenes Geschützfeuer derart beschädigt war, daß unsere müden, arg geschwächten Kräfte kaum hinreichten, um es über Wasser zu halten. Aber alle Hoffnungen verkehrten sich ins Gegenteil: wir fanden weder Menschen, noch Lebensmittel, noch einen Hafen für die Reparatur; es gab lediglich eine Stelle, wo wir bei gutem Wetter mit einiger Gefahr ein Boot hätten landen können. Viele meiner Leute, gepeinigt vom Hunger, wollten an Land, koste es, was es wolle, so daß ich meine Zustimmung schwerlich verweigern konnte. Doch sonderte ich einerseits die aus, die unbedingt an Land gehen wollten, und andererseits diejenigen, die heimwärts segeln wollten, etwa hundert Mann auf jeder Seite. Alle, die entschlossen waren, das Schiff zu verlassen, wurden an der erwähnten Stelle gebührlich an Land gebracht. Mit den übrigen Leuten, die mit den kümmerlichen Nahrungsresten vorlieb nahmen, wollte ich, nach Übernahme von frischem Wasser, in See stechen.

Am nächsten Tag, als ich mit der Hälfte der heimkehrwilligen Männer an Land ging, um die Wasserversorgung so rasch als möglich durchzuführen, erhob sich plötzlich ein Sturm, daß wir drei Tage lang keine Möglichkeit sahen, an Bord des Schiffes zurückzukehren. Doch Gott hatte wieder Erbarmen mit uns und schickte uns gutes Wetter. So fuhren wir, mit Frischwasser an Bord, am sechzehnten Oktober los. Einen vollen Monat lang segelten wir bei gutem Wetter und günstigem Wind. Endlich, am 16. November, dem Herrn sei Preis und Dank, hatten wir die Küste Westindiens und den Kanal und Golf von Bahama hinter uns, der zwischen Kap Florida und den Lucayo Inseln liegt.

Als wir uns den kälteren Regionen näherten, begannen wir sehr unter Hunger zu leiden; die Männer starben in großer Zahl, und wer noch am Leben blieb, war so schwach, daß das Schiff kaum noch manövriert werden konnte. Zudem vereitelte ein anhaltend ungünstiger Wind unsere rasche Rückkehr nach England. Selbst das Schiff geriet jetzt derart in Bedrängnis, daß wir jeden Augenblick seinen Untergang befürchten mußten.

So entschlossen wir uns, Galicien in Spanien anzulaufen, um neuen Proviant zu besorgen. Am letzten Tag im Dezember erreichten wir, nahe bei Vigo, den Hafen von Ponte Vedra. Hier geschah es, daß viele unserer Männer, durch ungewohnten, übermäßigen Genuß von frischem Fleisch schwer erkrankten. Nicht wenige starben sogar davon. Wir versuchten dies, so lang wir eben konnten, geheimzuhalten, und obwohl niemand mehr an Land durfte, bekamen die Spanier doch Wind von unserem elenden Zustand. Und da sie sich nun alle erdenkliche Mühe gaben, uns in jeder Hinsicht zu betrügen, sahen wir uns genötigt, unverzüglich nach Vigo zu fahren, wo wir von einigen englischen Schiffen etwas Hilfe und zwölf neue Leute bekamen. Damit konnten wir unseren Bedarf notdürftig soweit decken, daß wir am zwanzigsten Januar 1568 (1569 nach der neuen Zeitrechnung) losfahren konnten und am fünfundzwanzigsten Januar in Mount's Bay, Cornwall, ankamen. Gott dem Herrn, sei Dank dafür.

Sollten alle Trübsale und all die ungeheueren Mühen und Plagen dieser unglückseligen Reise genau und ausführlich geschildert werden, müßte ein unendlich fleißiger Mann, geschickt im Umgang mit der Feder, ebensoviel Zeit dazu verwenden, wie jener Mann benötigte, der über Leben und Tod der Märtyrer[1] schrieb.

JOHN HAWKINS

---

[1]John Foxe verfaßte das berühmte »Buch der Märtyrer«, ein sehr umfangreiches und heftig antikatholisches Geschichtswerk, das von den Protestanten viel gelesen wurde. Foxe und Drake waren Freunde.

Sobald die *Judith* am 20. Januar 1569 mit den ersten Neuigkeiten über die Katastrophe Plymouth erreichte, erstattete Drake Bericht an William Hawkins. Dieser schrieb dem Ersten Minister, Sir William Cecil, dem späteren Lord Burghley, einen Brief und schickte Drake damit nach London. Das war vermutlich Drakes erster Kontakt zum Hof.

Zu dem Zeitpunkt schien der Verlust der *Minion* und der *William and John* ziemlich sicher. Überraschend erreichte am 25. Januar die *Minion* den Hafen von Mount's Bay in Cornwall. Von den hundert Männern, die an Bord gewesen waren, als sie die Karibik verließ, hatten nur etwa 15 Mann total erschöpft überlebt. John Hawkins ließ seinem Bruder die Nachricht zukommen mit der Bitte um eine neue Besatzung, die das Schiff nach Plymouth bringen sollte. Später kehrte die *Minion* an den Medway zurück. Dann hören wir nichts mehr von ihr; es scheint, als sei sie nicht mehr reparabel gewesen. Die *William and John* erreichte, dank der freundlichen Hilfe eines spanischen Schiffes, im Februar 1569 Irland, aber auch von ihr hören wir dann nichts mehr. Nur die kleine *Judith* blieb im Dienst. Von den fünf Schiffen, die verlorengingen oder so beschädigt wurden, daß sie nicht mehr zu reparieren waren, gehörte der Königin eines der größten. Die *Jesus of Lübeck* und Grenvilles *Revenge* waren die einzigen englischen Kriegsschiffe, die während des ganzen Seekrieges an die Spanier verlorengingen.

Die Matrosen hatten schrecklich gelitten. Von den vierhundert Mann am Anfang der Expedition waren vielleicht siebzig oder achtzig zurückgekehrt. Von denen, die den Spaniern in San Juan in die Hände gefallen oder von John Hawkins ausgesetzt worden waren, kamen nur ganz wenige mit dem Leben davon; obwohl Hawkins über diplomatische und wirtschaftliche Beziehungen alles versuchte, um ihre Rückkehr zu erreichen, hatte er nur wenig Erfolg. Zwei von denen, die überlebten, berichteten ihre Erlebnisse: Miles Philips und Job Hortop, letzterer, nachdem er eine Irrfahrt von dreiundzwanzig langen Jahren überstanden hatte, zwölf davon als Galeerensklave (siehe Bibliographie). Die meisten starben an Hunger oder Mißhandlungen. Wer der Inquisition in die Hände gefallen war, mußte widerrufen und wurde zu etwa zweihundert

Peitschenhieben und acht Jahren Sklaverei auf den Galeeren verurteilt. Robert Barrett, der fest zu seinem protestantischen Glauben stand, wurde lebendig auf dem Marktplatz von Sevilla verbrannt.

Es muß nur ein schwacher Trost gewesen sein, daß Hawkins den größten Teil der Schätze, die er erbeutet hatte, mit nach Hause brachte. Der spanische Botschafter berichtete seinem gewiß erzürnten König: »Hawkins hat London mit vier Pferden, vollgepackt mit Gold und Silber, betreten, was meiner Meinung nach die Kosten wohl nicht wird decken können.« Bei einer Untersuchung, die im März und April 1569 durchgeführt wurde, stimmte das Admiralitätsgericht mit dem Konsortium darin überein, daß die Spanier ihnen Verluste von insgesamt 28 000 Pfund zugefügt hätten; aber diese Summe mag absichtlich übertrieben hoch sein.

Der Bericht von Don Martin Enriques über die Schlacht läßt klar erkennen, daß er als Vizekönig von Anfang an nicht beabsichtigte, sein Wort zu halten. Für ihn war Hawkins ein Ketzer und Pirat und obendrein ein Feind Gottes, der die Majestät Spaniens gröblich beleidigt hatte: also stellte sich ihm die Frage ja nicht, ob er zu seinem Wort stehen solle oder nicht. Den Engländern freilich galt dieser Wortbruch des Vizekönigs als niederträchtiger Verrat, den sie niemals vergeben oder vergessen konnten. Noch elf Jahre später rief Drake einem spanischen Gefangenen zu: »Lieber als alles Gold und Silber Westindiens wär mir dieser Schuft, zu gern würd ich ihn unterrichten, wie ein Ehrenmann zu seinem Wort zu stehen hat.« Wahrscheinlich hätte Drake ihn in seiner Takelage aufgehängt, ein weit schnellerer Tod, als umgekehrt die Spanier Drake zugestanden hätten. Und als die Nachrichten über die Qualen der Gefolterten nach England drangen, steigerte das natürlich die Bitterkeit unter den englischen Seeleuten noch mehr.

Die Schlacht von San Juan war ein Markstein aus zwei Gründen. Erstens machte sie allen wagemutigen Kaufleuten deutlich, daß ein ehrenvoller und friedlicher Handel mit Spanisch-Westindien unmöglich und nur verbotener Handel in kleinem Maßstab möglich war. Und zweitens stieß sie Hawkins, Drake und andere auf eine schicksalsschwere Bahn von Vergeltungsmaßnahmen.

Fast zwei weitere Jahrzehnte konnte sich Elisabeth einer kriegerischen Entscheidung entziehen und durch ihre Schaukelpolitik einen unsicheren Frieden bewahren. Geldmangel und unzulängliche

Mannschaftsstärken halfen ihr dabei und hinderten sie zugleich, die Möglichkeiten, die einer Seemacht geboten waren, zu ergreifen und die bestehende Schwäche Spaniens auszunützen. Für die englischen Seeleute aber begann der Krieg bereits in San Juan. Und obwohl niemand es zu diesem Zeitpunkt ahnen konnte, hatten die Spanier bereits dort ihre erste Niederlage erlitten, denn John Hawkins und Francis Drake waren mit dem Leben davongekommen. Hawkins sollte, als Schatzmeister der Flotte, diese von Korruption und Verfall befreien und die langen niedrigen Kampfgaleonen bauen, die damals die tüchtigsten Kriegsschiffe waren, die es gab. Drake hingegen sollte ein ausgezeichneter Freibeuter werden, mit dem brennenden Wunsch, »den Bart des Königs von Spanien anzuzünden«, nicht nur im Hafen von Cadiz, sondern entlang der ganzen Küsten, die in spanischem Besitz war. Und letztendlich sollte Drake der unbesiegbaren Armada als Vizeadmiral entgegentreten.

TEIL ZWEI

DRAKES ÜBERFALL
AUF PANAMA 1572–73

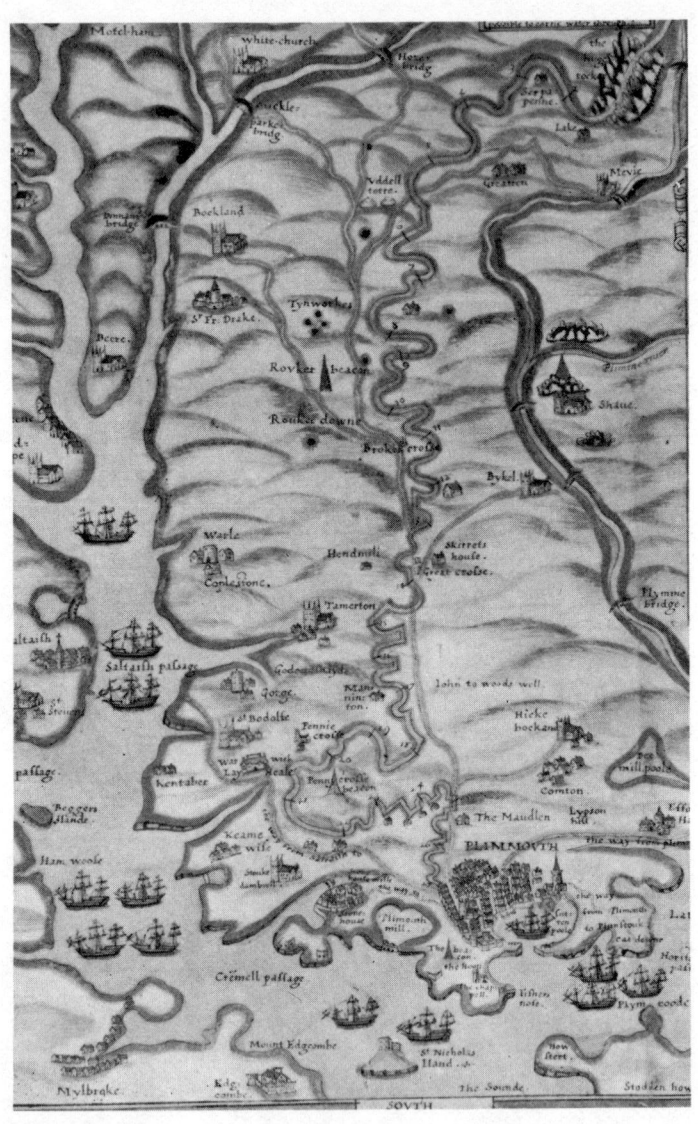

Plymouth zur Regierungszeit Elisabeth I.

1. VORBEREITUNGEN

»Die *Judith* . . . ließ uns in unserer großen Not im Stich.« Das war John Hawkins wohlbedachtes Urteil über Drakes Verhalten nach der Schlacht von San Juan.

Wir haben keine Information, um uns eine unabhängige Meinung zu bilden, denn wir wissen nichts über die Bedingungen an Bord der *Judith* oder über das, was ihr zustieß, außer daß sie in Dunkelheit und Sturm verschwand und vier Monate brauchte, um Plymouth zu erreichen. Die *Minion,* die nur noch unzureichend Anker und Taue zur Verfügung hatte, suchte jene ganze Nacht hindurch, aber Hawkins war ein weit erfahrenerer Kapitän als Drake, und wir wissen nicht, wie viele Taue und Anker (wenn überhaupt) die *Judith* noch besaß, oder ob sie sogar noch schwerer beschädigt war als die *Minion.* Wichtig ist die Tatsache, daß Hawkins Drake in England wiedergesehen und alles, was dieser vorzubringen hatte, angehört haben muß, bevor er seinen Bericht abfaßte. Hawkins war ein vorsichtiger, diplomatischer Mann, und sein Bericht ist wohlabgewogen und gemäßigt im Ton. Er unterläßt es, Drake namentlich zu nennen, aber er kann es nicht unterlassen, diesen einen Satz der Verurteilung niederzuschreiben. Ihm kommt große Bedeutung zu. Außerdem wurde Drake nicht aufgefordert, vor dem Untersuchungsgericht als Zeuge auszusagen, obwohl mehrere jüngere Mitglieder der Expedition sich vor Gericht verantworten mußten. Dieses mag im Falle Drakes jedoch einzig und allein deswegen unterblieben sein, weil er sich bereits 1569 auf eine weitere Reise nach Westindien begeben hatte, vielleicht im Dienste der Familie Hawkins, vielleicht im Bunde mit französisch-hugenottischen Freibeutern. Solche Bündnisse waren üblich.

Soweit wir wissen, hat Hawkins nie wieder auf die Angelegenheit angespielt, und später arbeitete er mit Drake zusammen und diente unter ihm, aber Drakes Verhalten geriet nie völlig in Vergessenheit; Jahre später noch spielten Martin Frobisher und William Borough auf diese Angelegenheit an, als sie sich mit Drake stritten. Hawkins' Bericht wurde 1569 als Flugschrift gedruckt. Sie muß viel gelesen und noch mehr diskutiert worden sein, denn Hawkins war eine sehr bekannte Persönlichkeit und die Schlacht eine richtige Sensation.

Drake konnte es sich kaum leisten, gebrandmarkt zu werden. Er war außerordentlich ehrgeizig, aber er war jung, unbekannt und unerfahren, außer durch seine Fahrt mit der *Judith*; er besaß nur wenig Bildung, weder Rang noch Namen und höchstwahrscheinlich noch keinerlei gesellschaftliche Vorrechte. Er muß noch sehr arm gewesen sein, wenn er von San Juan nur »unter Verlust aller seiner Mittel« entkam (Camden, Buch 2, S. 418). Aber es liegen keine Anzeichen vor, daß er dadurch in seiner zielstrebigen Karriere gehindert wurde. Ohne vorherige Hochsee-Erfahrung mit eigenverantwortlichem Kommando und entsprechender Navigation hat Drake sich unter äußerst schwierigen Umständen behaupten müssen, und gewiß war es keine kleine Leistung, die *Judith* in ihrem Zustand noch nach Hause gesegelt zu haben. Wenn nicht durch andere, so hatte er Bestätigung durch sich selbst erfahren, und er mag durchaus schon zu dieser Zeit den großen Überfall auf Panama geplant haben, der ihn innerhalb von vier Jahren reich und berühmt machen sollte. Die Möglichkeit solcher Überfälle war allgemeiner Gesprächsstoff unter den zahlreichen englischen und französischen Freibeutern an den Küsten des spanischen Kolonialgebietes.

Drake war anscheinend in Plymouth nicht in Mißkredit geraten. Wenn er nicht in der Lage war, seine nächste Expedition selbst zu finanzieren, muß er bald Leute gefunden haben, die ihn unterstützten, und es ist sehr wahrscheinlich, daß er mit Schiffen segelte, die der Familie Hawkins gehörten, und daß er noch in deren Diensten stand. Wie bereits erwähnt, kann er 1569 wieder in die Karibik zurückgekehrt sein.[1]

Was sonst auch immer er in diesem Jahr machte, am 4. Juli heiratete er Mary Newman in St. Budeaux in Devon. Sie war die Tochter von Harry Newman, der an Bord der *Jesus of Lübeck* gewesen war, ein streitbarer Lutheraner, der heftig gegen die römische Kirche zu Felde zog und für die protestantische Lehre focht.

1570 hielt sich Drake wieder in der Karibik auf und befehligte nach Angaben in *Der unvergeßliche Sir Francis Drake* (siehe

---

[1]Diese dunkle Periode in Drakes Karriere wird in I. A. Wrights Einführungen zu den *Dokumenten . . . 1569–1580* erörtert. Die Annahme, er habe 1569 in der Marine gedient, wird von Sir Julien Corbett in »*Drake und die Tudor-Marine*«, Band I, S. 126–27 untersucht. Siehe Bibliographie.

unten) zwei kleine Schiffe, die *Dragon* und *Swan;* es ist vermutet worden, daß die *Dragon* ein französisches Freibeuterschiff war, denn der Name Dragon war ein gängiger französischer Schiffsname. Jedenfalls ist es wohl ohne Bedeutung, daß beide Wörter, »Drake« wie »Dragon«, Drache bedeuten.

1571 segelte er allein mit der *Swan.* Er errichtete zum zukünftigen Gebrauch den geheimen Stützpunkt Port Pheasant an der spanischen Kolonialküste, und »nachdem er auf diesen beiden Reisen[1] einige notwendige Kenntnisse von gewissen Personen und Orten, die er im Auge hatte, erlangt hatte«, plante er endgültig seinen großen Überfall auf die Schätze der Landenge von Panama. Freilich waren seine Informationen unzulänglich und teilweise ungenau, wie sich im Verlauf des Überfalls herausstellen sollte.

Er gewann sie durch persönliche Erkundung der Küsten und Häfen, durch Kreuzverhöre gefangener Spanier, die er immer unversehrt freigelassen zu haben scheint, und durch freundschaftliche Beziehungen zu den Cimarrons. Diese waren von großer Bedeutung für die Verhältnisse auf der Landenge: Negersklaven, die ihren spanischen Herren entkommen waren und eigene, unabhängige Gemeinwesen inmitten der Wälder und Dschungel errichtet hatten. Sie waren zahlreich: der Bischof von Panama führte 1570 beim spanischen König Klage darüber, daß »menschliche Sprache den Schimpf nicht beschreiben kann, den sowohl die Franzosen wie auch die *cimarrones* in diesem Jahr hier allen möglichen Leuten zugefügt haben; und von tausend Negern, die jährlich hier ankommen, fliehen dreihundert oder mehr in die Wildnis«. Die Cimarrons kannten die spanischen Ansiedlungen, die spanischen Gewohnheiten und alle Pfade des Waldes. Drake hätte keine besseren Verbündeten finden können, und der Bericht zeigt, wie sehr er ihnen für ihre Hilfe Dank schuldete – eine ironische Fußnote zu seiner eigenen früheren Beteiligung am Sklavenhandel. Aber es scheint, daß er erst 1572 während seines Aufenthalts im spanischen Kolonialgebiet ganz ihre Hilfe gewann.

Er erfuhr, daß die spanischen Ansiedlungen klein waren, schwache Garnisonen hatten, oft von Freibeutern geplündert, niedergebrannt oder erpreßt wurden. Selbst die Stadt Nombre de Dios war

---

[1]Es existieren keine bekannten Berichte über diese Reisen.

schlecht beschützt, trotz ihrer entscheidenden Bedeutung für den Transport der Schätze nach Europa, von denen Spaniens Reichtum sowie seine Gefährlichkeit für England abhingen. Von dem weiten Gebiet des heutigen Peru wurden große Mengen von Gold, Silber und Edelsteinen auf dem Seewege entlang der Pazifikküste zum Pazifikhafen Panama befördert und dann mit Packeseln über die Landenge nach Nombre de Dios gebracht, während umfangreichere, weniger wertvolle Waren mit dem Schiff den Chagresfluß hinunter bis zur Atlantikküste bei Nombre de Dios geschafft wurden. Zwischen den beiden Haupthäfen an diesem Fluß lag Venta Cruces, eine kleine Ansiedlung mit einem Binnenhafen. Drake entschied, daß der Platz zum Losschlagen das große Lagerhaus in Nombre de Dios sein solle, wo die Schätze zum Weitertransport nach Spanien gesammelt wurden; und offensichtlich hatte er sich den Plan der Stadt und des Hafens gut eingeprägt.

Die letzten Vorbereitungen für die Reise wurden sehr sorgfältig getroffen; er hatte »eine ausreichende Geldsumme durch seinen Handel und seine Seeräuberei zusammengebracht« (Camden, Buch 2, S. 418). Zweifellos wurden die Vorbereitungen auch mit großer innerer Anteilnahme vorgenommen, denn alle seine Motive wirken zusammen: sein rücksichtsloses Verlangen nach Ruhm und Reichtum, sein glühender, ernsthafter Protestantismus, insbesondere sein Haß auf Katholiken und Spanier, seine Vaterlandsliebe und seine Abenteuerlust. Der günstige Wind, der seine beiden kleinen Schiffe, die *Pascha* und die *Swan,* in fünfunddreißig Tagen von Plymouth bis zur Karibik trieb, war für ihn ein von Gott gesandter Wind.

Es gibt zwei zeitgenössische Berichte von dem Überfall. Der eine Bericht, der aus dem Portugiesischen übersetzt und von Hakluyt in seinen *Seereisen* abgedruckt wurde, stammt von »einem gewissen Lopez Vaz«, er ist kurz, entstellt und ungenau. Der andere, *Der unvergeßliche Sir Francis Drake,* ist hier abgedruckt.

Die gemeinsame Autorenschaft dieser bemerkenswerten Darstellung ist auf der Titelseite der ersten Ausgabe von 1626, die nachstehend wiedergegeben wird, ausdrücklich vermerkt. Sie basiert, so heißt es, auf Berichten verschiedener Teilnehmer; sie wurde von »Philip Nichols, dem Prediger«, zu Papier gebracht, der, soweit wir wissen, nicht selber an der Expedition teilnahm; und schließlich wurde sie von Drake persönlich »überprüft, stark verbessert und erweitert«. Anscheinend wurde sie nicht vor 1592, also erst zwanzig Jahre nach den hier geschilderten Ereignissen, fertiggestellt. Das Datum ist aufschlußreich, denn Drake war seit dem Fehlschlag der Lissaboner Expedition, der »Gegenarmada« von 1589, in Ungnade gefallen und hoffte nun offensichtlich, mit dieser Darstellung die Gunst der Königin zurückgewinnen zu können, was der Widmung ihren besonderen Akzent verleiht. Niemand kennt die Gründe, weshalb die Schrift seinerzeit nicht gleich veröffentlicht wurde. Die Königin erhielt wohl nur eine Reinschrift; der Druck erschien erst dreiundzwanzig Jahre nach ihrem Tod. Eine Wirkung auf die Königin zeigte sich erst viel später, denn erst 1595 schickte sie Drake wieder auf See.

Der unvergeßliche Sir Francis Drake ist mithin kein objektiver Bericht des großen Überfalls. Er wurde in einer bestimmten Absicht geschrieben und zweifellos von Drake sorgfältig redigiert, um diesen allenthalben im bestmöglichen Licht zu zeigen. Zieht man jedoch seine sonst übliche Anmaßung und Prahlsucht in Betracht, so zeigt er sich hier von geradezu taktvoller Mäßigung.

Aber wenn man dem Bericht auch nicht in allen Einzelheiten Glauben schenken kann, ist er doch zweifellos insgesamt recht genau, denn alle wichtigen Ereignisse werden durch spanische Dokumente in ihrer Richtigkeit durchaus bestätigt. Übersetzungen dieser Dokumente, die in den Generalarchiven für Westindien in Sevilla in Spanien aufbewahrt werden, sind zu finden in den *Dokumenten über englische Reisen ins spanische Kolonialgebiet 1569–1580,* herausgegeben von I. A. Wright (siehe Bibliographie). Dieser Band enthält auch den *Unvergeßlichen Sir Francis Drake* in ursprünglicher Rechtschreibung, Zeichensetzung etc. sowie auch weitere »Seereisen«; er ist für jeden wesentlich, der dieser Frage im einzelnen nachgeht.

Dieser Bericht ist auch deshalb bemerkenswert, weil er unter den elisabethanischen »Seereisen« durch seine menschliche Anteilnahme, seine Stimmung, seinen Humor und durch die farbigen Schilderungen von Einzelheiten auffällt, durch die eine Geschichte erst lebendig wird. Nur Augenzeugen können so etwas geschrieben haben. Und selbst wenn man in Abzug bringt, daß Drake alles redigiert hat, so wird doch deutlich, daß nur eine starke Persönlichkeit mit unerschütterlichem Mut und großen Fähigkeiten die kleine Schar bei guter Stimmung hat halten und auch die Treue der schwarzen Cimarrons durch all die Monate der Niederlagen und wiederholten Fehlschläge, der Gefahren, Krankheiten und Nöte hindurch hat bewahren können bis zum glorreichen Ende der Reise.

Sir Francis Drake

Reuiued :

Calling vpon this Dull or Effeminate Age,
to folowe his Noble Steps for Golde & Siluer,

By this Memorable Relation, of the Rare Occurrances
(neuer yet declared to the World) in a Third Voyage,
made by him into the Weſt-Indies, in the Yeares 72. & 73.
when *Nombre de Dios* was by him and 52. others
only in his Company, ſurpriſed.

Faithfully taken out of the Reporte of M^r. *Chriſtofer Ceely*, *Ellis
Hixon*, and others, who were in the ſame Voyage with him.
By *Philip Nichols*, Preacher.

Reviewed alſo by S^r. *Francis Drake* himſelfe before his Death,
& Much holpen and enlarged, by diuers Notes, with his owne
hand here and there Inſerted.

Set forth by S^r. *Francis Drake* Baronet
(his Nephew) now liuing.

LONDON

Printed by *E. A.* for *Nicholas Bourne* dwelling at the
South Entrance of the *Royall Exchange*. 1626.

An den
Hohen und Mächtigen
Karl I.
König von Großbritannien, Frankreich und Irland. Mit
allen Segnungen für dieses und ein anderes, besseres
Leben.

Allergnädigster Herrscher,
dieser kurze Bericht soll Euch zugehören, sowohl rechtmä-
ßig als auch durch Euern Anspruch als Nachfolger, wie
man aus der anschließend folgenden Widmung des Ver-
fassers ersehen kann, der zugleich Held dieser Geschichte
ist. Und wer da meint, es sei wohl schicklich, die Herrin zu
loben, nicht aber den Diener, dem halte ich entgegen: Quis
eos unquam sanus vituperavit, wem Lob gebührt, der soll
auch Lob empfangen. Und beider Ruhm erstrahl' in
vollem Glanze.
Die Gegenwart verliert nichts, wenn sie einen Blick auf
frühere Taten wirft, und das Kennenlernen überstandener
Abenteuer kann sehr wohl für künftige Unternehmungen
von Nutzen sein. Auch Caesar schrieb über seine eigenen
Taten und war Held und Verfasser in einem. Es fehlt nicht
an Zeugen unter den Lebenden, welche die Wahrheit
dieser Aufzeichnungen bekräftigen können. Um ihretwil-
len schätzt man, was gut daran ist; ich meinerseits werde
mich gern damit begnügen, das, was schlecht daran ist,
nach Möglichkeit zu bessern. Fändet Ihr an diesem Werk
Gefallen, wäre das für mich Ermutigung genug zum
Sammeln weiterer unbekannter Aufzeichnungen.
Und obgleich Tapferkeit und Erfolg nicht (wie Länder)
vererbbar sind, so hat er doch einen seines Namens
hinterlassen, der willens und auch fähig wäre, etwas
Tüchtiges zu leisten und sich zu bewähren als

Euer allerergebenster und treuer
Untertan
Francis Drake[1]

[1]Gemeint ist der erste Baronet, Neffe des großen Seefahrers und Sohn von
Thomas Drake.

Der
Königin Elisabeth
zugedachte Widmung,

Verfaßt von dem verstorbenen Sir Francis Drake.
An Ihre vortrefflichste
Majestät, die Königin,
meine ehrfürchtig geliebte Herrscherin.

Madame,
in Kenntnis dessen, daß mehrere Leute auf verschiedene
Art und Weise über die von mir unternommenen Seereisen
und Unternehmungen berichtet und geschrieben haben,
sehe ich, daß ein jeder nur bestrebt ist, seine eigenen
Mutmaßungen, gleich welcher Art, zum besten zu geben.
Dadurch sind viele Unwahrheiten in Umlauf gebracht, die
sichere Wahrheit aber ist verschleiert worden. Ich erachte
es deshalb für notwendig, von mir aus die wichtigsten
Punkte meiner Laufbahn wie auf einer Karte aufzuzeigen:
Beginnend bei den Beratungen am Anfang über die Versu-
che ihrer Durchführung bis zu den Erfolgen, die ich
während meiner Tätigkeit in Euren Diensten gegen die
Spanier errungen habe; ich tue das nicht, um erneut die
Segel zugunsten meines Ansehens im Urteil der Men-
schen zu setzen, sondern allein, um zu zeigen, daß ich am
Ruder stehe, falls die Zukunft ähnliche Taten erfordern
sollte.
So habe ich es für meine Pflicht angesehen, diese Abhandlung Eurer Majestät vorzulegen, und zwar einmal von
Rechts wegen, da dieses die ersten Früchte aus Eures
Dieners Feder sind; zum anderen um der Sache wegen, da
es um die Dienste geht, die Euer armer Knecht Eurer
Majestät gegen Euren größten Feind geleistet hat zu
Zeiten, an Orten und auf solche Art und Weise, die denen,
die mit der ganzen Angelegenheit nicht vertraut sind,
seltsam erscheinen mögen, die aber für Eure Hoheit eine
angenehme Erinnerung sein werden. Diese Ereignisse
sind die sichersten Beweise der großen Gnade, die der

Allmächtige Euch gewährt hat. Demütig unterwerfe ich mein Werk in Inhalt und Darstellung Eurer gnädigen Kritik, auf daß die Nachwelt nicht eines Gewinns verlustig gehe, der leicht aus dem Folgenden gezogen werden kann; möge die Gegenwart diese Taten, zumindest in ihrer Rechtmäßigkeit, anerkennen, die bisher verschwiegen worden sind; und mögen die Mühen Eures Dieners nicht ganz und gar verloren sein, sowohl was die Reisen selbst zu Wasser und zu Land betrifft, als auch die Verfertigung dieses Berichts, eine Arbeit, die Eurem Diener gleich mühevoll war, jedoch insofern angenehm und erfreulich, als sie zu Eurer Majestät Befriedigung geschah, geschieht und geschehen wird. Euch habe ich mich geweiht, im Leben wie im Tode.

Francis Drake

1. Januar 1592

Elisabeth I. von England

An den geneigten Leser

Lieber Leser,

im folgenden Bericht wirst Du mit mir die Macht und Gerechtigkeit des Herrn der himmlischen Heerscharen erkennen, der einen seiner geringsten Knechte beauftragen konnte, Rache zu üben an einem so mächtigen Fürsten. Auch wirst Du die Güte und Vorsehung Gottes erblicken, dem es gefiel, diesen Mann aus niedriger Herkunft zu erheben und aus den Händen seiner Verfolger zu erretten. Sein leiblicher Vater hatte schwer unter eben dieser Verfolgung zu leiden und war gezwungen, Haus und Hof in der Nähe von South Tavistock in Devon zu verlassen und nach Kent zu fliehen. Dort hauste er in einem abgewrackten Schiff, in dem viele seiner jüngeren Söhne geboren wurden. Er hatte insgesamt zwölf Kinder; und da es Gott gefiel, die meisten von ihnen ihren Lebensunterhalt auf See verdienen zu lassen, kam es, daß der größte Teil von ihnen auch auf See starb. Der Jüngste jedoch, obwohl er weiter als alle übrigen in der Welt herumkam, starb zu Hause. Seine Nachkommen erben, was von ihm und seinem ältesten Bruder, der zu Rang und Namen kam, mit Mühen, jedoch in Ehren erworben wurde.

Ich möchte ausführlich berichten von seiner dritten[1] Seereise, die er nach Westindien machte; danach von den vortrefflichen Diensten, die er zu Wasser und zu Lande in Irland unter dem Kommando von Sir Walter, dem Earl of Essex geleistet hat. Seine nächste Reise führte ihn um die ganze Welt; auf einer anderen eroberte er Santiago, Cartagena, Santo Domingo und San Augustin; weitere Taten folgten in Cadiz; außerdem brachte er die erste Karracke nach England. Seine Unternehmungen von 1587, seine bemerkenswerten Taten im Jahre 1588, seine Bemühungen in der Angelegenheit mit Portugal, sein letztes großes, vom Tode überschattetes Unternehmen;

[1] Möglicherweise die dritte Reise, die er befehligte. Insgesamt hat er mindestens fünf Reisen unternommen.

schließlich die Versorgung von Plymouth mit Trinkwasser: dies alles sei hier nur erwähnt; mir wäre lieber, Du
erkundigtest Dich bei anderen, als daß ich selbst zu
prahlerisch erscheine.

Ich beabsichtige nicht, mir ein Loblied zu singen. Ich will
nur unseren gütigen Gott preisen und ihm danken, daß Er
mich in Seiner Wahrheit geleitet und auf allen Wegen
beschützt hat. Mein Ziel ist, Dich durch dieses Beispiel zur
Verehrung Gottes und zum Dienst an unserem König und
an unserem Land zu beflügeln. Und wenn Dir irgend
etwas in all dem eindrucksvoll erscheint, dann wisse: Der
Herr allein vollbringt große Dinge.

Francis Drake

2. DER UNVERGESSLICHE FRANCIS DRAKE[1]

Wie es eine Rachegöttin gibt, die insgeheim die Übeltäter verfolgt
und dafür sorgt, daß diese, obwohl von niemandem unter Anklage
gestellt, ihrer gerechten Strafe nicht entgehen, so gibt es eine Art
Empörung, die tief in der Brust all derer sitzt, denen Unrecht
widerfahren ist; und diese werden mit allen ihnen zur Verfügung
stehenden Mitteln versuchen, das erlittene Unrecht zu rächen.
Insofern scheinen all die großen und mächtigen Leute, die durch
außerordentlichen Besitz zur Selbstanmaßung verführt, ihren Un-
tergebenen Unrecht tun und sie deshalb auch noch verachten, einen
sehr gefährlichen Kurs für ihre Sicherheit und ihre Ruhe zu steuern.
Denn, wie Aesop schon sagt, selbst die Fliege kennt Zorn und der
Wurm kennt Empörung, und beide zusammen finden häufig Mittel,
durch die der Adler, wenngleich er auch seine Eier in Jupiters Schoß
legt, der Strafe für das ihnen zugefügte Unrecht nicht entgeht.

Unter den zahlreichen Beispielen hierfür, die frühere Zeiten uns
überliefert haben oder die unsere Zeit ans Tageslicht gebracht hat,
vermute ich, hat es kein bemerkenswerteres gegeben als das hier
vorliegende, sowohl hinsichtlich der Größe dessen, durch den das
erste Unrecht zugefügt wurde, als auch der Niedrigkeit dessen, der
sich selbst sein Recht holte. Der eine war in seinen Augen der
mächtigste Monarch der Welt, der andere war ein englischer
Kapitän, ein einfacher Untertan Ihrer Majestät, der, außer dem
Unrecht, das ihm auf der Reise mit Kapitän John Lovell in den
Jahren 1565 und 1566 in Rio Hacha zugefügt wurde, auch noch
ernsthaften Schaden auf seiner Reise mit Kapitän John Hawkins in
den Jahren 1567 und 1568 in San Juan de Ulua im Golf von Mexiko
erlitt; nicht nur durch den Verlust seiner sämtlichen Habe, sondern
auch seiner Verwandten und Freunde, und das durch die Falschheit
des Don Martin Henriquez, der damals Vizekönig von Mexiko war.
Da dieser Kapitän herausfand, daß er weder von sich aus noch
durch Schreiben Ihrer Majestät irgendeine Entschädigung von
Spanien erlangen konnte, griff er zu Mitteln, wie sie ihm zur
Verfügung standen, und unternahm zwei Fahrten nach Westindien:

[1] Dieser Text wird mit freundlicher Genehmigung der Folio Society Ltd.
abgedruckt aus *Sir Francis Drake's Überfälle auf die Schatzflotten,* herausgegeben von Janet und John Hampden, 1954.

die erste 1570 mit zwei Schiffen, der *Dragon* und der *Swan,* die zweite 1571 mit der *Swan* allein; er wollte Auskünfte einholen, die ihm förderlich sein konnten, um Entschädigung für seine Verluste zu bekommen. Nachdem er auf diesen beiden Seereisen die notwendigen Kenntnisse über bestimmte Personen und Orte erworben hatte, entschloß er sich nach gründlicher Überlegung zu einer dritten Reise, deren Beschreibung hier vorliegt. Schiffe und Mannschaften wurden gut ausgerüstet, und er ergriff die erste Gelegenheit bei günstigem Winde. Wie erfolgreich sein Unternehmen war, soll im Folgenden genauer beschrieben werden.

Am Vorabend des Pfingstsonntag, dem 24. Mai des Jahres 1572, verließ Kapitän Drake mit der *Pascha*[1] aus Plymouth, die 70 Tonnen hatte und sein Flaggschiff war, und der *Swan,* die aus dem gleichen Hafen stammte und 25 Tonnen hatte und auf der sein Bruder John Drake Kapitän war, den Sund von Plymouth mit der Absicht, erst wieder in Nombre de Dios an Land zu gehen. Beide Schiffe hatten zusammen dreiundsiebzig Matrosen und Schiffsjungen an Bord, alles Freiwillige. Der älteste war fünfzig, alle übrigen unter dreißig. Die Mannschaften waren so aufgeteilt, daß siebenundvierzig Mann auf dem einen und sechsundzwanzig auf dem anderen Schiff fuhren. Beide Schiffe waren reichlich mit Lebensmitteln und Ausrüstung für ein ganzes Jahr versehen und nicht weniger sorgfältig mit allen möglichen Sorten von Munition, Artillerie, mit Feuerwerkern und sonstigem Material und Werkzeugen ausgestattet, wie sie für ein Kriegsschiff bei einem solchen Unternehmen erforderlich sind. Besonders zu erwähnen sind aber die drei in Plymouth gebauten ausgezeichneten Pinassen, die, in Teile zerlegt, an Bord verstaut wurden, um bei entsprechender Gelegenheit zusammengesetzt zu werden.

Der Wind wehte weiterhin äußerst günstig aus Nordost und verhalf uns so zu einer äußerst raschen Überfahrt. Am zwölften Tag nach unserer Abreise (am 3. Juni[2]) sichteten wir Porto Santo, eine der Madeira-Inseln, und bald auch die Kanarischen Inseln. Dennoch hatten wir nicht ein einziges Mal die Segel gerefft, geworfen

[1]Es ist vermutet worden, daß dies die *Pasco* gewesen sein könnte, eines der Schiffe von Hawkins, das bei Lovells Sklavenexpedition dabeigewesen war.
[2]Im Original sind die Daten, die hier in runden Klammern im Text angegeben sind, am Rande gedruckt.

oder sonst aus irgendeinem Grund irgendwo haltgemacht, als wir fünfundzwanzig Tage nach unserer Abfahrt (am 28. Juni) die Insel Guadeloupe sichteten, eine der Westindischen Inseln mit anmutigem Hochland.

Am nächsten Morgen (29. Juni) segelten wir zwischen Dominica und Guadeloupe hindurch, wo wir zwei Kanus erspähten, die von einer Felseninsel drei Seemeilen von Dominica entfernt kamen, um nach ihrem Brauch Fische zu fangen, die es dort in großer Menge gibt. Wir landeten an der Südseite dieser Insel und blieben drei Tage dort, damit sich unsere Leute erholen konnten und um frisches Wasser aus einem jener anmutigen Flüsse, die von den Bergen herunterkommen, an Bord zu nehmen. Dort sahen wir einige ärmliche Hütten, aus Palmzweigen und Ästen erbaut, aber zu der Zeit ohne Bewohner, weder zivilisierte noch wilde. Diese Hütten waren – so mochte es sein, denn wir konnten uns ihre Verlassenheit nicht anders erklären – wohl keine ständigen Wohnstätten, sondern nur Gelegenheitsunterkünfte für die Fischer, die zu bestimmten Zeiten an diesen Ort kamen.

Drei Tage später (1. Juli), etwa gegen drei Uhr nachmittags, segelten wir von dort los und begaben uns auf die Fahrt zum Festland. Am fünften Tag (6. Juli) nach unserer Abfahrt sichteten wir das Hochland von Santa Marta, näherten uns aber der Küste nicht mehr als zehn Seemeilen, sondern steuerten einen Ort an, den wir Port Pheasant nannten. Unser Kapitän hatte ihn auf seiner früheren Reise so getauft, weil es dort eine große Menge dieser schönen Vögel gibt, die er und seine Leute damals jagten und von denen sie dort lebten. Ungeachtet zweier windstiller Tage kamen wir doch innerhalb von sechs Tagen (am 12. Juli) in Port Pheasant an, einer schönen runden Bucht mit sehr sicherem Hafen bei allen Winden, da die Einfahrt, die nicht breiter ist als eine Kabellänge, an beiden Seiten von hohen Felsen geschützt wird. Die Bucht selbst hat einen Durchmesser von acht bis zehn Kabellängen und eine Wassertiefe von etwa zehn oder zwölf Faden und ist sehr fischreich; auch der Boden ist sehr fruchtbar; das geht aus der Tatsache hervor, daß unser Kapitän, der vor weniger als einem Jahr an diesem Ort gerodet und viele Wege und Pfade angelegt hatte, jetzt alles wieder völlig zugewachsen fand, so daß wir zunächst Zweifel hegten, ob dies der gleiche Ort sei oder nicht.

Nach unserer Ankunft in dieser Bucht hatte unser Kapitän seinem Bruder aufgetragen, was zu tun sei, falls irgend etwas in seiner Abwesenheit geschehen sollte, und wollte sich mit nur einigen wenigen seiner Leute auf den Weg ins Landesinnere begeben, da er wußte, daß innerhalb von fünfunddreißig Seemeilen kein Spanier anzutreffen sei; die nächstgelegenen Ansiedlungen der Spanier waren Tolu im Osten und Nombre de Dios im Westen. Aber als wir auf das Ufer zuruderten, sahen wir Rauch aus den Wäldern steigen, sogar sehr nahe der Stelle, die unser Kapitän damals besucht hatte. Deshalb hielt er es für angeraten, Verstärkung zu holen, ließ auch sein zweites Boot bemannen und nahm Musketen und andere Waffen mit, um gegen Feinde an Land gerüstet zu sein.

Als wir landeten, fanden wir sichere Anzeichen dafür, daß an dieser Stelle vor kurzem noch ein Engländer aus Plymouth, ein gewisser John Garret, gewesen sein mußte, der von englischen Seeleuten, die mit unserem Kapitän auf einer seiner früheren Reisen hier gewesen waren, ausgesetzt worden war. Er hatte eine Bleiplatte fest an einen Baum genagelt, der so mächtig war, daß vier Männer ihn mit ausgestreckten Armen nicht umfassen konnten. Auf der Bleiplatte waren diese Worte eingraviert:
Kapitän Drake! Wenn Ihr je wieder zu diesem Hafen kommen solltet, so kehrt auf der Stelle um. Denn die Spanier, die letztes Jahr mit Euch hier waren, haben diesen Ort verraten und alles mitgenommen, was Ihr hinterlassen hattet.

Ich breche von hier auf am 7. Juli 1572.
Euer Euch liebender Freund

John Garret[1]

Der Rauch, den wir sahen, wurde durch ein Feuer verursacht, das besagter Garret und seine Leute vor ihrem Aufbruch in einem großen Baum, nicht weit von dem entfernt, an den die Bleiplatte genagelt war, entfacht hatten und das mindestens seit fünf Tagen brannte.

[1]Garret stammte aus Plymouth, und das Schiff, das er befehligte, kann eines der Schiffe von Hawkins gewesen sein.

Ungeachtet dieser Botschaft beabsichtigte unser Kapitän nicht früher aufzubrechen, als dies das Zusammensetzen der Pinassen, die noch zerlegt an Bord waren, erlauben würde, denn er hielt den Hafen für einen zu diesem Zweck höchst geeigneten Ort. Deshalb befahl er, nachdem unsere Schiffe Anker geworfen hatten, die Pinassen[1] an Land zu schaffen, damit die Zimmerleute sie zusammensetzten. Er selbst brauchte alle übrigen Leute dazu, einen dreiviertel Morgen großen Platz zu befestigen, der ihm dazu besonders geeignet erschien und der für den Augenblick einigen Unterschlupf und Sicherheit bot, soweit das mit den zur Verfügung stehenden Mitteln überhaupt möglich war. Sie bewerkstelligten dies, indem sie große Bäume fällten und sie mit Flaschenzügen und Trossen an die richtige Stelle schafften, bis diese zur Wasserseite hin abgeschlossen war; dann fällten sie weitere Bäume, bis sie ringsherum einen dreißig Fuß hohen Wall aus Bäumen und Ästen errichtet hatten, der nur ein einziges Eingangstor in der Nähe der Wasserseite hatte, das jede Nacht, um uns einen ruhigen und sicheren Schlaf zu erlauben, geschlossen und mit einem großen Baum als Querbalken gesichert wurde. Die ganze Anlage war als Fünfeck errichtet, das heißt mit fünf gleichen Seiten und Winkeln, von denen zwei Winkel zur See hin lagen. Die Seite zwischen diesen beiden Winkeln war offengelassen, um einen leichten Stapellauf unserer Pinassen zu ermöglichen; die anderen vier Seiten waren, mit Ausnahme des oben erwähnten Tores, ganz fest miteinander verbunden. An Stelle eines Grabens wurde ein Gelände von fünfzig Fuß ringsherum gerodet.

Die übrige Fläche war dicht mit Bäumen bewachsen, von denen viele solcher Art waren, daß sie immergrüne Blätter tragen, wenn sie nicht völlig abgestorben sind – mit Ausnahme einer Baumart,

---

[1] Die französischen Freibeuter hatten herausgefunden, daß Pinassen von unschätzbarem Wert bei Überfällen auf die spanischen Kolonien waren. Wenn sie von stärkeren spanischen Schiffen verfolgt wurden, konnten sie in flachere Gewässer entkommen, wohin ihnen die Spanier nicht folgen konnten. Wenn Windstille eintrat, konnte man sie rudern, und wenn es notwendig war, konnten sie völlig versteckt zwischen den bewaldeten Inseln liegen. Es besteht eine überraschende Ähnlichkeit in Taktik und Situation zu den Verhaltensweisen der getarnten britischen Armeekaiks in der von den Deutschen besetzten ägäischen Inselwelt während des Zweiten Weltkrieges.

die, recht ähnlich unserer Esche, plötzlich, wenn die Sonne senk-
recht steht und heftige Regenfälle verursacht, alle ihre Blätter
abwirft, d. h. innerhalb von drei Tagen, und doch innerhalb von
sechs Tagen wieder ganz grün wird. Die Blätter der anderen Bäume
fallen auch teilweise ab, jedoch so, daß die Bäume weiterhin grün
bleiben. Die Bäume, die uns umgaben, waren von beeindruckender
Höhe und wurden von fünf oder sechs Stützwurzeln getragen, die
aus dem Stamm herauswuchsen und so breit waren, daß sich drei
Männer hinter jeder von ihnen verstecken konnten und diejenigen,
die hinter der nächsten Stützwurzel standen, sie nicht sehen
konnten. Besonders einer dieser Bäume hatte sieben dieser Stützen
oder Stützwurzeln, um seine Größe und Höhe abzufangen. Als er
dicht an der Rinde und nahe am Erdboden gemessen wurde, zeigte
er einen Umfang von mehr als neununddreißig Yards. Das Holz
dieser Bäume ist ebenso schwer oder schwerer noch als Rotholz oder
Guajakholz, seine Farbe ist weiß.

Am Tage nach unserer Ankunft (am 13. Juli) kam auch eine
englische Bark von der Insel Wight in jene Bucht. Sie gehörte Sir
John Horsey, ihr Kapitän war James Rance[1] und ihr Steuermann
John Overy. Sie hatte dreißig Mann an Bord, von denen einige im
Vorjahr mit unserem Kapitän an dem gleichen Ort gewesen waren.
Sie führten eine spanische Karavelle aus Sevilla mit sich, die Rance
am Vortage gegenüber der Bucht gekapert hatte und die eine
Kurierkaravelle mit dem Bestimmungsort Nombre de Dios gewesen
war, außerdem eine Schaluppe mit Ruderern, die er am Kap Blanco
gekapert hatte. Als Kapitän Rance von der Absicht unseres Kapitäns erfuhr, wollte er gerne gemeinsame Sache mit ihm machen,
und sie kamen zu einem Übereinkommen, nachdem die Bedingungen untereinander abgesprochen worden waren.

Innerhalb von sieben Tagen nach seiner Ankunft hatten wir
unsere Pinassen zusammengebaut und alle unsere Vorkehrungen
getroffen; alle notwendigen Dinge waren von unseren Schiffen auf
die Pinassen geschafft worden. Wir verließen (am 20. Juli) jenen
Hafen und segelten am Morgen in Richtung Nombre de Dios. Wir
setzten unsere Fahrt bis zur Insel Pinos fort, wo wir nach drei Tagen

---

[1]Rance war bei Lovells Expedition Steuermann der *Salomon* und bei
Hawkins' dritter Reise Steuermann auf *William and John*.

ankamen; dort stießen wir auf zwei Fregatten aus Nombre de Dios, die Bretter und Bauholz luden.

Die Neger auf diesen Fregatten gaben uns (am 22. Juli) genaue Auskunft über den gegenwärtigen Zustand der Stadt und erzählten uns außerdem, sie hätten gehört, daß in Kürze, ja täglich, Soldaten[1] vom Statthalter von Panama und dem dortigen Gebiet erwartet würden, um die Stadt gegen die Cimarrones[2] zu schützen. (Diese sind ein schwarzes Volk, das vor ungefähr achtzig Jahren wegen der Grausamkeit ihrer spanischen Herren diesen entfloh und das sich seitdem zu einer Nation unter zwei eigenen Königen entwickelt hat. Der eine Teil bewohnt das Gebiet westlich, der andere östlich des Weges von Nombre de Dios nach Panama.) Sie erzählten, diese hätten Nombre de Dios vor ungefähr sechs Wochen beinahe überrumpelt.

Unser Kapitän, in der Absicht, jene Neger für seine Zwecke zu gebrauchen (und sich selbst vor Schaden zu bewahren), setzte sie an der Küste des Festlandes ab, damit sie sich ihren Landsleuten, den Cimarrones, anschließen und ihre Freiheit zurückgewinnen könnten, falls sie wollten; falls nicht, so würden sie jedoch durch die Länge und Beschwerlichkeit des Landweges nach Nombre de Dios daran gehindert, Nachricht von seinem Kommen zu geben. Er war nicht geneigt, die Stadt zu großer Wachsamkeit zu veranlassen, was gewiß geschehen würde, wenn vor der Zeit etwas von seinem Unternehmen durchsickerte; deshalb beeilte er sich, schnell und so heimlich wie möglich dorthin zu gelangen.

Aus diesem Grunde teilte er seine Mannschaft nach ihren eigenen Wünschen auf und ließ die drei Schiffe und die Karavelle unter der Obhut von Kapitän Rance zurück. Er wählte für seine vier Pinassen (Kapitän Rances Schaluppe war die vierte) neben dreiundfünfzig von unseren Leuten noch weitere zwanzig aus der Mannschaft von Kapitän Rance, mit welchen er stark genug schien, um seine Absicht zu verwirklichen, besonders nachdem er, entsprechend seinem Ziel und der Ausbildung seiner Leute, verschiedene Waffen

[1] Die Neger können versucht haben, Drake zu täuschen. Die spanischen Dokumente sagen nichts über irgendwelche Verstärkungen, die in der Zeit vor dem englischen Angriff nach Nombre de Dios geschickt worden wären.
[2] In Westindien werden noch heute die Nachkommen entwichener Sklaven Maronen genannt.

in richtigem Verhältnis an sie ausgegeben hatte, nämlich sechs Tartschen, sechs Feuerpiken, zwölf Piken, vierundzwanzig Musketen, sechzehn Bogen und sechs Spieße, dazu zwei Trommeln und zwei Trompeten.

Nachdem wir uns so (am 28. Juli) von unserer Truppe getrennt hatten, kamen wir etwa fünf Tage später zur Insel Cativas, die fünfundzwanzig Seemeilen entfernt liegt. Dort landeten wir ganz zeitig am Morgen. Unser Kapitän begann mit seinen Männern Kampfübungen, nachdem er ihnen die verschiedenen Waffen und Feuerwaffen ausgehändigt hatte, die bislang unter sicherem Verschluß waren. Er ermutigte sie auf seine Weise, stellte ihnen den Wert der zu erbeutenden Dinge vor Augen, erklärte ihnen die Schwäche der unbefestigten Stadt und sprach von der alles beherrschenden Hoffnung, Wiedergutmachung für erlittene Unbill zu erlangen. Besonders jetzt, da er mit einer solchen Mannschaft komme, die gleichen Sinnes mit ihm sei, und das zu einem Zeitpunkt, zu dem sie gänzlich unentdeckt seien.

Deshalb ließ er noch am gleichen Nachmittag Segel setzen, um nach Nombre de Dios zu fahren, und vor Sonnenuntergang waren wir bis Rio Francisco gekommen. Von dort fuhren wir ganz nahe am Ufer entlang, um von den Wachen unbemerkt zu bleiben, bis wir weniger als zwei Seemeilen von der Einfahrt zur Bucht entfernt einen Schiffsrumpf anlaufen konnten, an dem wir unsere Enterhaken befestigten und wo wir blieben, bis es dunkle Nacht war.

Dann stießen wir wieder ab und setzten Segel und ruderten mit größtmöglicher Behutsamkeit hart an der Küste entlang, bis wir an die Einfahrt zum Hafen unterhalb der Steilküste kamen. Dort machten wir in aller Stille Rast, in der Absicht, die Stadt im Morgengrauen zu überrumpeln, nachdem wir uns eine Zeitlang ausgeruht hatten.

Aber als unser Kapitän hörte, daß seine Leute sich über die Größe der Stadt und über ihre mögliche Stärke Gedanken machten, besonders nach dem, was sie von den Negern gehört hatten, die wir bei der Insel Pinos gefangengenommen hatten, hielten er und einige seiner besten Leute es für das beste, diese Gedanken aus den Köpfen zu vertreiben. Er machte sich deshalb den Mondaufgang dieser Nacht zunutze und stellte seinen Leuten vor, es sei dies der hereinbrechende Tag. Auf diese Weise gelangten wir eine gute

Stunde früher zu der Stadt als ursprünglich beabsichtigt, nämlich um drei Uhr nach Mitternacht. Zu dieser Zeit geschah es, daß ein Schiff von sechzig Tonnen aus Spanien, das mit kanarischen Weinen und anderen Artikeln beladen und erst vor kurzem in die Bucht eingelaufen war und noch nicht das Sprietsegel eingerollt hatte, unsere vier Pinassen entdeckte, die einen ungewöhnlichen Anblick boten und von vielen Rudern vorangetrieben wurden. Darauf schickte dieses Schiff sein Beiboot zur Stadt, um sie zu warnen. Es wurde aber von unserem Kapitän rechtzeitig bemerkt, so daß er sich zwischen die Stadt und das Boot setzen und dieses zwingen konnte, auf die andere Seite der Bucht auszuweichen. So konnten wir ohne Behinderung landen, obwohl wir an genau der Stelle, an der wir an Land gingen, einen Kanonier in der Artillerie-stellung vorfanden.

Die Bucht war sandig, ohne Kaimauer, die Häuser lagen keine zwanzig Yards vom Landeplatz entfernt. Dort fanden wir sechs Messingkanonen, die auf Lafetten montiert waren, einige waren halbkalibrige, andere vollkalibrige Feldschlangen. Wir montierten sie sofort ab. Der Kanonier floh. Jetzt geriet die Stadt in Aufruhr (wozu sie schnell bereit war wegen der häufigen Beunruhigung durch ihre Nachbarn, die Cimarrones), was wir nicht nur an dem Lärm und dem Geschrei der Bewohner bemerkten, sondern auch an dem Läuten der Glocken und dem Gedröhn der Trommeln, die überall in der Stadt zu hören waren.

Unser Kapitän ließ zwölf ausgewählte Männer mit den entspre-chenden Anweisungen zum Schutze der Pinassen zurück, um den Rückzug zu sichern, falls uns etwas zustoßen sollte. Nachdem er noch vor Betreten der Stadt so gute Arbeit an der Artilleriestellung geleistet hatte, dachte er, es sei besser, erst einmal den Berg auf der Ostseite der Stadt in Augenschein zu nehmen, wo, wie er im Vorjahr erfahren hatte, die Spanier die Absicht hatten, Kanonen in Stellung zu bringen, um so die ganze Stadt bestreichen zu können.

Er ließ die eine Hälfte seiner Truppe am Fuße des Berges zur Sicherung zurück und marschierte eiligst auf die Anhöhe, um aus Gründen größerer Sicherheit die Wahrheit dieser Information zu überprüfen. Dort fanden wir keine Kanonen, sondern nur einen geeigneten Platz für eine Artilleriestellung. So eilten wir, ohne einen unserer Männer zurückzulassen, so schnell wie möglich wieder den Berg hinab.

Dann befahl unser Kapitän seinem Bruder, sich mit John Oxenham[1] und sechzehn anderen seiner Leute hinter das königliche Schatzhaus zu begeben und vom östlichen Ende des Marktplatzes her in die Stadt einzudringen. Er selbst wollte mit den übrigen unter dem Klang der Trommeln und Trompeten über die breite Straße auf den Marktplatz marschieren.

Die Feuerpiken, die jeweils zur Hälfte auf die beiden Gruppen verteilt waren, dienten nicht nur dazu, den Feind in Schrecken zu versetzen, sondern auch unseren Männern den Weg zu zeigen. Auf diese Weise konnten sie jede Stelle sehr gut erkennen, als ob es fast Tag wäre, wohingegen die Einwohner bei einem so seltsamen Anblick erstaunt dastanden und sich fragten, was das wohl zu bedeuten habe; und da unsere Trommeln und Trompeten an so mannigfachen Stellen ertönten, glaubten sie, daß die Zahl unserer Leute weit größer sei, als sie tatsächlich war.

Doch in der Zeit, die wir damit vertan hatten, den Berg zu inspizieren, hatten die Soldaten und Einwohner sich bewaffnet und einige Ordnung in ihre Einheiten gebracht. Am Südostende des Marktplatzes, in der Nähe des Hauses des Statthalters und nicht weit von dem einzigen Stadttor, das nach Panama führte, hatten sie sich versammelt. Es schien, als seien sie dort hingekommen, um entweder unter den Augen des Statthalters ihre Tapferkeit zu beweisen, falls sie die Oberhand gewinnen sollten, oder aber, um rasch Lebewohl zu sagen und schnellstens durch das Tor entweichen zu können.

Sei es, um auch bei uns den Eindruck einer weit größeren Anzahl von Schützen zu erwecken, sei es, weil sie mit diesem Mittel sonst erfolgreich die Cimarrones erschreckten, hatten sie quer über den westlichen Teil des Marktplatzes, zwischen der Kirche und dem Kreuz, Seile mit brennenden Hölzern gespannt, so als ob dort eine Kompanie von Schützen feuerbereit stünde; dabei waren es tatsächlich nicht mehr als zwei oder drei Mann, die diese Seile tanzen ließen. Sobald sie bemerkten, daß sie durchschaut waren, liefen sie davon.

[1] Im Original findet sich die Schreibung »Oxnam«

Aber die Soldaten und alle, die sich ihnen angeschlossen hatten, begrüßten uns mit einer recht heißen Salve von Schüssen, die voll am Ende der Straße einschlugen, auf der wir marschierten; sie zielten so niedrig, daß die Kugeln oft in den Sand schlugen. Wir versäumten nicht, ihnen mit gleicher Münze heimzuzahlen, gaben unsere erste Salve ab und überschütteten sie mit Pfeilen. (Unser Kapitän hatte sie wohlbedacht in England anfertigen lassen – keine großen Jagdpfeile, sondern gute Langbogenpfeile – und sie sehr sorgfältig für diesen Zweck aufgehoben.) Dann kam es zum Nahkampf mit der Pike, wobei uns unsere wohlgeladenen und gut präparierten Feuerpiken große Dienste leisteten. Unsere Männer bewirkten binnen kurzem mit ihren Schuß- und Stoßwaffen eine solche Verwirrung unter diesen Helden (einige gebrauchten sogar das stumpfe Ende ihrer Waffen statt des richtigen, daß schließlich alle – teils wegen unserer Pfeile, die uns beachtliche Dienste leisteten, teils wegen dieses neuartigen und überraschenden An- griffs in einer für sie gänzlich unvorhergesehenen Weise; vor allem aber auch deswegen, weil gerade in diesem Augenblick der Bruder unseres Kapitäns mit der anderen Gruppe und ihren Feuerpiken über die östliche Straße auf den Marktplatz vordrang – ihre Waffen wegwarfen und durch das oben erwähnte Tor aus der Stadt flohen. Dies war eigentlich als Hindernis zur Abwehr der Cimarrones gebaut worden, die die Stadt oft angegriffen hatten; jetzt aber wurde es zum Schlupfloch für die Spanier, durch das sie entwichen.

Bei dem darauffolgenden Hin und Her wurden viele unserer Leute durch die Waffen verletzt, die der Feind auf der Flucht weggeworfen hatte – teils weil wir mit einer solchen Geschwindigkeit vordrangen, mehr aber noch, weil so viele Waffen kreuz und quer übereinander- lagen.

Dann sammelten wir uns wieder und bezogen in der Mitte des Marktplatzes Stellung, wo ein Baum dicht bei einem Kruzifix stand.

Unser Kapitän sandte einige Leute los, um das Läuten der Sturmglocke abzustellen, das während der ganzen Zeit ertönte. Da aber die Kirche sehr massiv gebaut und fest verschlossen war, konnten sie ohne Waffengewalt (die unser Kapitän verboten hatte) nicht in den Turm eindringen.

In der Zwischenzeit waren zwei oder drei Spanier auf der Flucht ergriffen worden. Unser Kapitän befahl ihnen, uns das Haus des

Statthalters zu zeigen. Er wußte, daß dies der übliche Entladeplatz für all die Schätze war, die auf Befehl des Königs auf Maultieren von Panama kamen, wenn auch nur das Silber dort gelagert wurde. Gold, Perlen und Juwelen wurden, nachdem sie dort erst einmal von den königlichen Beauftragten registriert worden waren, in das nicht weit entfernte königliche Schatzhaus in Sicherheit gebracht, ein sehr solides Gebäude aus Kalk und Stein.

Bei unserer Ankunft am Haus des Statthalters fanden wir das große Tor, an dem üblicherweise entladen wurde, offen; eine Kerze brannte am oberen Ende der Treppe, und ein schönes spanisches Pony wartete fertig gesattelt entweder auf den Statthalter selbst oder sonst ein Mitglied seines Haushaltes. Beim Scheine der Kerze erblickten wir eine riesige Menge Silber im unteren Raum: Silberbarren auf einem Stapel von schätzungsweise siebzig Fuß Länge, zehn Fuß Breite und zwölf Fuß Höhe. Jeder Barren wog zwischen fünfunddreißig und vierzig Pfund.

Bei diesem Anblick untersagte uns unser Kapitän strengstens, auch nur einen Silberbarren anzurühren, und befahl, unter allen Umständen unter Waffen zu bleiben, da die Stadt voller Leute sei und das königliche Schatzhaus[1] in der Nähe mehr Gold und Juwelen biete, als alle vier Pinassen befördern könnten. Er würde sofort einige von uns hinschicken, um es aufzubrechen, ungeachtet der spanischen Berichte über seine Uneinnehmbarkeit.

Wir hatten uns gerade erst wieder gesammelt, als einer unserer Männer die Meldung brachte, daß unsere Pinassen in Gefahr seien, erobert zu werden; und wenn wir nicht alle vor Tagesanbruch zurück an Bord kämen, würden wir von der großen Zahl der Soldaten und Stadtbewohner erdrückt.

Dieser Bericht stammte von einem gewissen Diego, einem Neger, der gleich zu Beginn der Auseinandersetzungen gekommen war und zu unseren Pinassen herübergerufen und gefragt hatte, ob sie

---

[1]Drake muß sich hinsichtlich des Goldes und der Juwelen geirrt haben. Das Lagerhaus war geleert worden, als die jährliche Schatzflotte vor einigen Wochen nach Spanien gesegelt war. Es war die übliche Praxis, keine weiteren Lieferungen an Gold- und Silberbarren nach Nombre de Dios zu senden, das durch Angriffe leicht verwundbar war, bevor die nächste Silberflotte nicht tatsächlich im Hafen dort vor Anker lag. Diese war erst nach weiteren sechs Monaten fällig.

die des Kapitän Drake seien. Nach Bestätigung der Frage hatte er fortwährend dringend darum gebeten, an Bord genommen zu werden, obwohl zunächst drei oder vier Schüsse auf ihn abgefeuert wurden. Schließlich holten wir ihn und erfuhren von ihm, daß keine acht Tage vor unserer Ankunft der König ungefähr 150 Soldaten hierher geschickt hatte, um die Stadt gegen die Cimarrones zu sichern, und daß außerdem zur Zeit die Stadt voller Leute sei. Wir waren geneigt, ihm zu glauben, da seine Aussagen mit denen der Neger übereinstimmten, die wir bei der Insel Pinos gefangengenommen hatten.

Und deshalb schickte unser Kapitän seinen Bruder und John Oxenham aus, um die Wahrheit dieser Nachricht zu prüfen.

Wir fanden unsere Leute, die wir bei den Pinassen zurückgelassen hatten, in großer Aufregung, weil sie viele Truppen und Verbände hin- und herlaufen sahen, zum Teil mit brennender Lunte, zum Teil mit anderen Waffen, fortwährend *Que gente? Que gente?*[1] rufend. Diese waren bei der ersten Auseinandersetzung nicht dabeigewesen, sondern kamen von den Außenbezirken der Stadt, die mindestens so groß wie Plymouth ist. Sie näherten sich uns viele Male, und als sie hörten, daß wir Engländer seien, schossen sie ihre Gewehre ab und liefen davon.

Bald danach ging ein mächtiger Regenschauer nieder, und ein schrecklicher Sturm mit Donner und Blitz setzte ein. Es schüttete so heftig – wie es gewöhnlich in diesen Ländern der Fall ist – daß einige unserer Bogensehnen und ein Teil unserer Lunten und unseres Pulvers feucht wurden, bevor wir Schutz unter einem Wetterdach an der Westseite des königlichen Schatzhauses finden konnten. Dieses schien zu dem Zweck gebaut worden zu sein, gegen Regen und Sonne Schutz zu gewähren. Während wir die Waffen wieder instand setzten, sprachen etliche von uns immer wieder über die Berichte, die wir zuletzt erhalten hatten, und munkelten von starken Streitkräften in der Stadt. Unser Kapitän hörte das und entgegnete, er hätte uns jetzt an die Quelle des Reichtums dieser Welt gebracht: Wenn sie Reichtum wollten und jetzt kniffen, könnten sie später niemandem außer sich selbst einen Vorwurf machen.

Sobald sich die Wut des Sturms nach einer guten halben Stunde

[1]Que gente? Wer da?

gelegt hatte, wollte Drake seinen Männern nicht länger Muße
geben, diesen Gedanken nachzuhängen, noch seinen Feinden einen
weiteren Aufschub gönnen, ihre Kräfte zu sammeln. So schritt
unser Kapitän zur Tat: Er befahl seinem Bruder, zusammen mit
John Oxenham und der dafür bestimmten Mannschaft das königliche Schatzhaus aufzubrechen. Der Rest der Mannschaft solle ihm
folgen und auf dem Marktplatz solange in Stellung gehen, bis die
Aufgabe erledigt sei, deretwegen sie gekommen waren. Aber als er
sich ans Werk machen wollte, verließen ihn die Kräfte, er konnte
nicht mehr sehen und sprechen, und wegen großen Blutverlustes
wurde er ohnmächtig. Erst jetzt bemerkten wir im Sand einen
großen Blutfleck, verursacht durch eine klaffende Wunde an seinem
Bein, die er sich zu Beginn des Kampfes zugezogen hatte. Da er
bemerkt hatte, daß etliche aus seiner Mannschaft sich bereits viele
wertvolle Beutestücke angeeignet hatten, um sich bei erstbester
Gelegenheit aus der eingebildeten Gefahr davonzustehlen, hatte er
trotz seiner Schmerzen niemandem etwas von seiner Verwundung
gesagt, bis seine Ohnmacht ihn gegen seinen Willen verriet. Zur
großen Bestürzung unserer gesamten Mannschaft, der es unglaub-
lich schien, daß ein Mensch soviel Blut verlieren und doch leben[1]
könne, hatten sich seine Fußspuren mit Blut gefüllt.

Selbst diejenigen, die am meisten für eine so beachtliche Beute
gewagt hätten, wollten nun nicht das Leben ihres Kapitäns aufs
Spiel setzen. Nachdem sie ihm etwas zu trinken gegeben hatten,
erholte er sich wieder. Sie banden ihm sein Halstuch um das Bein,
um das Blut zu stillen, und baten ihn dringend, mit ihnen an Bord
zurückzukehren, dort seine Wunde untersuchen und verbinden zu
lassen und dann wieder an Land zu gehen, wenn er es für gut hielte.

Sie konnten ihn aber nicht dazu überreden, weil er wußte, daß es
absolut unmöglich, zumindest jedoch höchst unwahrscheinlich
war, daß sie zu einem späteren Zeitpunkt zurückkommen und die
gleiche günstige Situation vorfinden würden; so meinte er, daß es
ehrenwerter sei, sein Leben für einen so großen Gewinn aufs Spiel

---

[1] »In einem Bein hat Drake die Kugel einer Hakenbüchse, die auf ihn in
Westindien abgefeuert wurde.« Silva, »Depositum« (1579), (Nuttall,
S. 301).

zu setzen, als ein solches Unternehmen unvollendet zu lassen. Daraufhin taten sie sich alle zusammen und schafften ihn, teils mit Gewalt, teils durch gutes Zureden, an Bord seiner Pinasse und begaben sich so der Aussicht auf eine höchst umfangreiche Beute, nur um das Leben ihres Kapitäns zu retten. Sie meinten wohl, später noch genügend Beute machen zu können, solange er ihnen nur als Befehlshaber erhalten bliebe; sollten sie ihn jedoch verlieren, wären sie kaum in der Lage, jeweils wieder heil nach Hause zurückzukehren und sich der bereits gemachten Beute zu erfreuen.

So schifften wir uns bei Tagesanbruch (am 29. Juli) ein. Außer unserem Kapitän waren noch viele unserer Leute verwundet, aber nur ein Trompeter war ums Leben gekommen. Unsere Ärzte waren eifrig am Werk, mit Heilmitteln und Salben unseren Verwundeten zu helfen; ihre Hauptsorge jedoch galt unserem Kapitän, was von allen respektiert wurde. Bevor wir den Hafen verließen, kaperten wir noch ohne großen Widerstand das bereits erwähnte Weinschiff, um unsere Mannschaft bei Stimmung zu halten.

Und während wir noch dieses Schiff aus dem Hafen bugsierten, hatten die Bewohner in der Stadt Gelegenheit gefunden, von den Lafetten, die wir demontiert hatten, eine wieder in Stellung zu bringen und einen Schuß auf uns abzufeuern; was uns jedoch nicht daran hinderte, unsere Prise zur Insel Bastimentos, der »Insel der Lebensmittel« zu bringen. Diese liegt ungefähr eine Seemeile westlich von der Stadt außerhalb der Bucht. Wir blieben dort die nächsten zwei Tage, um die Wunden unserer Leute zu kurieren und in den prächtigen Gärten, die wir dort vorfanden, neue Kräfte zu schöpfen. Es gab dort eine große Menge schmackhafter Wurzeln und Früchte, außerdem viel Geflügel und andere jagdbare Vögel, die ebenso fremdartig wie wohlschmeckend sind.

Kurz nach unserem ersten Eintreffen auf dieser Insel sandten der Statthalter von Nombre de Dios und sein Stab einen korrekten, höflichen Mann von kleinem Wuchs und gutem Aussehen, einen führenden Soldaten zu unserem Kapitän, um auf diese Weise festzustellen, in welchem Zustand wir uns befänden. Bei seiner Ankunft betonte er, daß er uns lediglich aus guter Absicht aufsuche, voller Bewunderung, weil wir ein so großes und unglaubliches Unterfangen mit so wenigen Männern gewagt hätten. Zunächst hätte man befürchtet, wir seien Franzosen, von denen keine Gnade[1] zu erhoffen wäre; aber nachdem sie an unseren Pfeilen festgestellt hätten, daß wir Engländer seien, habe sich ihre Furcht verringert, denn man wisse ja, daß, wenn wir auch ihre Schätze raubten, wir uns doch ihnen gegenüber nicht grausam verhalten würden. Aber obwohl dies Grund genug sei, an Bord derer zu kommen, deren Tugenden er so hoch schätze, habe auch der Statthalter seine Einwilligung zu diesem Kommen gegeben, ja ihn direkt hierherge-schickt, und zwar darum, weil etliche Bewohner der Stadt versi-cherten, unseren Kapitän gut zu kennen, der während der letzten zwei Jahre oft an ihrer Küste gewesen sei und sie immer gut behandelt habe. Deshalb wollten sie zunächst wissen, ob unser Kapitän wirklich derselbe Kapitän Drake sei, und des weiteren, ob unsere Pfeile, durch die viele ihrer Männer verwundet worden seien, vergiftet seien oder nicht und wie diese Wunden am besten geheilt werden könnten. Schließlich fragte er, welche Lebensmittel oder anderen notwendigen Dinge wir benötigten. Der Statthalter lasse durch ihn ausrichten, er wolle uns mit allem versorgen, soweit er dies wagen könne.

Obwohl unser Kapitän diesen Soldaten sogleich als Spion durch-schaute, behandelte er ihn doch sehr höflich und antwortete auf die Anfragen des Statthalters, daß er derselbe Drake sei, den sie meinten, und daß es nie seine Art gewesen sei, Pfeile zu vergiften; sie könnten ihre Verwundeten mit den üblichen Mitteln der ärztli-chen Kunst heilen. Was unsere Bedürfnisse anbelange, so wisse er gut, daß die Insel Bastimentos genügend biete und uns versorgen könne, wenn es nötig sein sollte, aber er wünsche weiter nichts als etwas von dem besonderen Erzeugnis, das das Land zu bieten habe, um sich und seine Mannschaft zufriedenzustellen. Deshalb rate er dem Statthalter, die Augen offenzuhalten, denn er beabsichtige, sofern ihm Gott das Leben und eine Gelegenheit gebe, vor Abfahrt noch einiges von der Ernte einzubringen, die ihnen diese Erde schenkt und die sie sonst nach Spanien senden, um den ganzen Erdball in Unruhe zu versetzen.

Auf diese unerwartete Antwort erwiderte dieser Herr, »ob er,

[1] Französische Freibeuter hatten die Karibik seit 1536 ständig überfallen und waren für ihre Grausamkeiten, die denen der Spanier nicht nachstanden, berüchtigt.

ohne beleidigend zu sein, die Frage stellen dürfe«, was denn der Grund für unser Verlassen der Stadt gewesen sei, in der doch dreihundertundsechzig Tonnen Silber zur Verschiffung bereit lägen und noch mehr Gold, das in eisernen Truhen im königlichen Schatzhaus aufbewahrt werde?

Und als unser Kapitän ihm den wahren Grund seines ungewollten Rückzugs nannte, meinte er, daß wir nicht weniger Grund zur Aufgabe unseres Unternehmens gehabt hätten, wie wir Mut beim Versuch der Durchführung bewiesen hätten. Zweifellos erkannte er, daß es für die Stadt besser sei, sich nicht durch den Einsatz der dort liegenden Fregatten und anderen Schiffe an uns zu rächen, sondern sich ruhig zu verhalten und die eigene Verteidigung besser vorzubereiten.

So wurde er mit viel Aufmerksamkeit und Höflichkeit behandelt und bekam von unserem Kapitän Geschenke, die ihm sehr gut gefielen. Nach dem Essen, als er sich aufmachte, um Bericht zu erstatten, was er gesehen hatte, wurde er derart zuvorkommend verabschiedet, daß er nachdrücklich betonte, ihm sei in seinem ganzen Leben von niemandem je so große Ehre widerfahren.

Nach seiner Abfahrt verhörten wir den bereits erwähnten Neger genauer. Er bestätigte diesen Bericht über das Gold und Silber, ebenso viele andere wichtige Informationen, und sagte uns, wie wir, wenn wir wollten, mit Hilfe der Cimarrones an genügend Gold und Silber herankommen könnten. Obwohl er sie etliche Male verraten habe (wozu ihn seine Herren verleitet hätten) und natürlich wisse, was ihn erwarte, falls er in ihre Gewalt gerate, sei er dennoch bereit, sein Leben zu riskieren, wenn unser Kapitän ihm seinen Schutz angedeihen lasse, denn er wisse wohl, daß der Name unseres Kapitäns viel bei ihnen gelte und in hohen Ehren stehe.

Dies Verhör gab Anlaß zu weiterer Beratung, und weil unser Platz weder besonders sicher noch sehr zuträglich oder ruhig zu sein schien, brachen wir am nächsten Morgen nach der Insel Pinos oder, wie wir es nannten, nach Fort Plenty auf, wo wir unsere Schiffe zurückgelassen hatten. Unsere Reise dauerte diesen und den nächsten Tag, bis wir gegen Abend dort ankamen.

Wir brauchten länger für diese Reise, weil unser Kapitän seinen Bruder und Ellis Hixom in westliche Richtung aussandte, um den Fluß Chagres zu erkunden, an dem er vor einem Jahr gewesen war und von dem er unbedingt mehr wissen wollte. Es ist ein Fluß, der sechs Seemeilen von Panama entfernt in südlicher Richtung fließt. An ihm liegt eine kleine Stadt namens Venta Cruz, von der aus alle Schätze, die gewöhnlich auf Mauleseln von Panama[1] dort hinge-bracht wurden, auf Fregatten den Fluß hinunter zur Nordsee[2] und nach Nombre de Dios befördert wurden. Ebbe und Flut sind nicht weit in das Land hinein spürbar, und so bedurfte es dreitägigen Ruderns mit einer guten Pinasse, um von der Mündung bis nach Venta Cruz zu kommen, aber nur einen Tag und eine Nacht, um wieder den Fluß hinunterzufahren.

Nach unserer Rückkehr zu unseren Schiffen (am 1. August) äußerte Kapitän Rance etliche Zweifel an der sicheren Fortsetzung unserer Reise entlang der Küste, da wir jetzt doch entdeckt seien, und war geneigt, uns zu verlassen. Unser Kapitän war nicht weniger geneigt, ihn ziehen zu lassen. Sobald unsere Pinassen (am 7. August) vom Chagres mit den Meldungen zurückkamen, derent-wegen sie acht Tage zuvor ausgeschickt worden waren, segelte Kapitän Rance ab und ließ uns auf der vorher erwähnten Insel zurück, auf der wir fünf oder sechs Tage blieben.

In dieser Zeit wurden alle unsere Angelegenheiten in Ordnung gebracht. Dann beschloß unser Kapitän, mit seinen beiden Schiffen und drei Pinassen nach Cartagena zu fahren. Zu dieser Fahrt brauchten wir wegen der häufigen Windstille etwa sechs Tage. Während dieser ganzen Zeit unternahmen wir nichts, was wir sonst wohl getan hätten, weder in Tolu noch anderswo, weil wir nicht entdeckt werden wollten.

Wir gingen mit unseren beiden Schiffen am Abend (des 13. August) zwischen den Inseln Charesha und Bernado in sieben Faden tiefem Wasser vor Anker. Unser Kapitän fuhr mit den drei Pinassen um die Insel herum in den Hafen von Cartagena. Gerade an der Einfahrt in den Hafen fand er eine Fregatte vor Anker liegen, auf der nur ein alter Mann saß. Befragt, wo die übrige Mannschaft sei, antwortete er, sie sei am Abend mit dem Beiboot an Land gegangen, um sich um eine Dirne zu schlagen. Er erzählte uns

[1]Wiederum scheint Drake falsch informiert gewesen zu sein. Es war nicht üblich, die Schätze auf dem Chagres, wo so häufig Freibeuter auftauchten, zu befördern.
[2]Die Nordsee war der Atlantische Ozean, die Südsee der Pazifik.

Cartagena mit seinem vorzüglichen Naturhafen zur Zeit des Über-
falls durch Francis Drakes Flotte. Cartagena ist heute Provinz-
hauptstadt in Kolumbien mit mehr als 250 000 Einwohnern.

Cartagena.

[The lower portion of the page contains columns of small, heavily degraded text describing the features of Cartagena, keyed by letters. The text is largely illegible, but the following reference markers are discernible:]

K Certaine Pinnaces of ours which intertained a little skirmish with the forte of the haven, but returned to the Fleete without being able to do any matter of importance.

L The Fleete which kept the inner haven, which was built of faire Freestone, and had in it both good store of ordnaunce and men to defend it, but it was abandoned the day after we had wonne the towne...

M The place where the two Gallies were burned.

N The place where our Fleete anchored the second time, which was after the towne was wonne.

O Ships of theirs which we burned.

P The market place of the towne.

Q The Church, which uniformely builded of very faire stone workes...

R A bridge by the which the Spaniards tooke their flight...

T An Island wherein is planted ... in an orchard, a great ... edificio feate, more then can be well conceived, at Orange, Plantens, Mamey, Apples, Sugarcane, &c. ...

V A beast called a Guana bearing this shape and fashion...

X Two lakes of standing water being brackish.

bereitwillig, daß zwei Stunden vor Anbruch der Dunkelheit eine Pinasse vorbeigekommen sei, die äußerst schnell mit Segeln und Rudern gefahren sei, und aus der man ihm zugerufen habe, ob kürzlich irgendwelche Engländer oder Franzosen aufgetaucht seien. Auf die Antwort hin, daß keine dagewesen seien, drangen sie darauf, achtzugeben. Eine Stunde nachdem diese Pinasse sich Cartagena genähert habe, seien mehrere schwere Kanonen abgefeuert worden, daraufhin sei einer in den Mast gestiegen, um den Grund herauszufinden, und habe etliche Fregatten und kleinere Fahrzeuge erspäht, die sich dem Kastell näherten.

Diesem Bericht schenkte unser Kapitän Glauben, um so mehr, als er selbst den Donner der Kanonen auf See vernommen hatte und hinlänglich deutlich war, daß er jetzt entdeckt sei. Dennoch nahm unser Kapitän den alten Seemann an Bord seiner Pinasse und verhörte ihn weiter. Er erfuhr, daß am nächsten Ankerplatz ein großes Schiff aus Sevilla liege, welches seine Ladung hier gelöscht hatte und jetzt mit eingerollten Rahsegeln vor Anker lag, um am nächsten Morgen nach Santo Domingo zu segeln. Um die Wahrheit dieser Auskünfte zu überprüfen, ruderten wir mit drei Pinassen auf dieses Schiff zu. Als wir näherkamen, grüßte uns die Besatzung und fragte, woher unsere Schaluppen kämen. Wir antworteten, wir seien aus Nombre de Dios. Sofort fluchten sie und verunglimpften uns. Wir schenkten ihren Worten keine Beachtung. Auf Befehl unseres Kapitäns begannen die Mannschaften unserer Pinassen – eine am Bug Steuerbord, die andere zwischen Mast und Heck Steuerbord und die des Kapitäns mittschiffs Backbord – das Schiff zu entern. Es war etwas schwierig, wegen der Höhe und Größe des Schiffes, das zweihundertundvierzig Tonnen hatte. Aber sobald wir an Deck waren, rissen wir die Aufbauten und Spardecks nieder, um die Spanier daran zu hindern, mit uns den Nahkampf aufzunehmen. Als diese sahen, daß wir uns in Besitz ihres Schiffes gesetzt hatten, drängten sie sich mit ihren Waffen alle im Lagerraum zusammen, mit Ausnahme von zwei oder drei Schiffsjungen, die wir vor dem Ankerspill fanden. Als wir nach Verlassen unserer Pinassen feststellten, daß der Feind keine Gefahr mehr darstellte, kappten wir seine Taue an der Klüse und schleppten das Schiff mit unseren drei Pinassen in den Sund vor der Stadt, ohne in den Gefahrenbereich ihrer großen Kanonen zu kommen.

In der Zwischenzeit wurde in der Stadt, die von diesem Geschehen durch ihre Wache unterrichtet worden war, Alarm gegeben, die Sturmglocken wurden geläutet, ungefähr dreißig große Kanonen wurden abgefeuert und alle Leute zu Fuß und zu Pferd in Bereitschaft versetzt. Sie kamen an die bewaldete Landzunge und schossen von dort mit ihren leichten Musketen, als könnten sie uns auf die Art an der Weiterfahrt hindern.

Am nächsten Morgen (dem 14. August) kaperten unsere Schiffe zwei Fregatten, auf denen sich zwei Männer befanden, die sich selbst königliche Sekretäre nannten, der eine aus Cartagena, der andere aus Veragua, sowie sieben Seeleute und zwei Neger. Die Sekretäre waren in Nombre de Dios gewesen und sollten mit Avisbriefen nach Cartagena fahren. Aus diesen Dokumenten ging hervor, daß Kapitän Drake in Nombre de Dios gewesen war, es eingenommen hatte und, wäre er nicht glücklicherweise verwundet worden, es aller Wahrscheinlichkeit nach geplündert hätte. Er sei noch immer an der Küste, und man sollte sich deshalb sorgfältig auf ihn vorbereiten.

Nachdem unser Kapitän seine gesamte Flotte wieder vereint hatte, entsprach er gerne den dringenden Bitten der Sekretäre und setzte sie und alle ihre Begleiter an Land. Dann segelten wir zu den San Bernardo-Inseln, die ungefähr drei Seemeilen von der Stadt entfernt liegen, wo wir reichlich Fische für unsere Versorgung fanden.

Unser Kapitän war sich natürlich bewußt, daß seine Anwesenheit jetzt an zwei Hauptorten der Küste bekannt war. Da er jedoch nicht die Absicht hatte, die Küste zu verlassen, bevor er die Cimarrones gefunden und seine Reise wunschgemäß abgeschlossen hatte, was einige Zeit und eine verläßliche Bemannung der Pinassen erfordern würde, faßte er für sich den Entschluß, eines seiner Schiffe zu verbrennen und das andere zum Proviantschiff zu machen. So, und nur so, konnten seine Pinassen entsprechend bemannt werden und er in der Lage sein, jederzeit Widerstand zu leisten.

Da er aber die Gefühle der Männer kannte und wußte, wie sehr es ihnen widerstreben mußte, eines ihrer Schiffe zu verlassen – beide waren gute Segler und gut verproviantiert – entschloß er sich, sie durch eine List für seine Absichten gefügig zu machen. Deshalb schickte er nach einem gewissen Thomas Moone, der Zimmermann auf der *Swan* war, nahm ihn in seine Kabine und verpflichtete ihn, eine Zeitlang nichts über seinen Dienst zu sagen, den er ihm unbedingt heimlich an Bord seines eigenen Schiffes leisten mußte. In der Mitte der zweiten Wache sollte er in den unteren Schiffsraum schleichen und so nahe am Kiel wie möglich mit dem Handbohrer drei große Löcher bohren und etwas dagegenlegen, damit das eindringende Wasser kein zu großes Geräusch machen noch durch sein Brausen entdeckt werden konnte.

Thomas Moone war äußerst bestürzt, als er diesen Wunsch unseres Kapitäns hörte, und wollte unbedingt den Grund wissen, weshalb seine eigene gute Bark, die noch neu und stark war, versenkt werden solle, und das durch ihn, der bis jetzt auf ihr zwei so gute und gewinnbringende Reisen gemacht hatte. Wenn sein Bruder, der Steuermann, und die übrige Mannschaft etwas davon erführen, so glaubte er, würden sie ihn sicher umbringen.

Aber nachdem ihm unser Kapitän seine Gründe mitgeteilt und ihn mit dem Versprechen überredet hatte, daß es den anderen nicht bekannt werden würde, bevor sie selbst von der Notwendigkeit überzeugt wären, übernahm er es und führte es entsprechend aus.

Am nächsten Morgen (dem 15. August) bestieg unser Kapitän sehr früh seine Pinasse, um fischen zu gehen – es gibt dort an der Küste Fische aller Arten im Überfluß. Er fuhr längsseits der *Swan* und forderte seinen Bruder auf, mit ihm zu kommen. Dieser fragte, ob er ein wenig warten könne, er werde ihm sogleich folgen.

Unser Kapitän, der erkannte, daß die Tat durchgeführt worden war, wollte ihn nicht zur Eile antreiben; aber beim Wegrudern fragte er die Mannschaft seines Bruders, warum ihre Bark so tief liege, als ob er es sich nicht erklären könne. Wegen dieser Anfrage schickte sein Bruder jemand hinunter zum Proviantmeister, um zu erfahren, ob etwa Wasser im Schiff sei, oder welcher andere Grund vorliegen könne.

Der Proviantmeister, der sich hastig durch seine übliche Luke nach unten begab, wurde bis zur Hüfte naß und kam in aller Eile wieder nach oben, als ob ihm das Wasser gefolgt sei, und rief laut, daß das Schiff voller Wasser sei. Es war nicht nötig, die Mannschaft zur Eile anzutreiben, die einen zu den Pumpen, die anderen zur Suche nach dem Leck. Da der Kapitän der Bark sah, daß sie sich alle voll Eifer an die Arbeit machten, folgte er rasch seinem Bruder und berichtete ihm von dem Mißgeschick, das ihnen in der Nacht widerfahren sei. In den sechs Wochen zuvor hätten sie nicht zweimal an die Pumpen gemußt, und jetzt stünde das Wasser sechs Fuß hoch. Deshalb bitte er, ihn nicht beim Fischfang begleiten zu müssen, damit er die Suche nach dem Leck und dessen Reparatur überwachen könne. Als unser Kapitän das Angebot machte, ihnen mit seiner Mannschaft zu helfen, antwortete sein Bruder, sie hätten genug Männer an Bord, er möge ruhig auf Fischfang gehen, damit auch sie ihren Anteil an dem Mahl bekämen. Bei seiner Rückkehr stellte unser Kapitän fest, daß die Mannschaft der Bark trotz großen Bemühens nur wenig Erfolg gehabt hatte, das Wasser auszupumpen. Aber ihre Liebe zur Bark war, wie unser Kapitän wußte, so groß, daß sie nicht aufgaben, sondern unter Aufbietung aller Kräfte bis drei Uhr nachmittags weiterarbeiteten. Zu dieser Zeit mußte die Mannschaft, obwohl sie durch unseren Kapitän selbst und viele seiner Männer abgelöst worden war, einsehen, daß sie nicht in der Lage war, mehr als eineinhalb Fuß Wasser auszupumpen, und daß keine Hoffnung mehr bestand, das Leck zu finden und abzudichten. Allmählich sank auch ihre Zuneigung zu ihrem Schiff, und sie waren eher bereit, an andere Lösungen zu denken.

Daraufhin beriet unser Kapitän sich mit der Besatzung der *Swan*, um herauszufinden, was ihrer Meinung nach am besten zu tun sei. Er stellte fest, daß sie eher alles tun wollte, was er für notwendig hielt, als selbst Lösungen vorzuschlagen. Deshalb machte er den Vorschlag, daß er selbst sich auf die Pinasse begeben werde, bis er eine hübsche Fregatte bekommen könne. Sein Buder solle Kapitän des Flaggschiffes werden, und sein Steuermann solle bei ihm bleiben. Da sie erkennen mußten, daß ihr Schiff nicht mehr zu retten sei, sollte es in Brand gesetzt werden, damit es nicht in die Hände des Feindes falle. Aber zunächst sollten alle Pinassen längsseits gehen und ein jeder möge an sich nehmen, was er brauche oder was er möge. Dieses wurde in jener Nacht sogleich durchgeführt, obwohl sich die Mannschaft zunächst sehr darüber verwunderte. Unser Kapitän hatte seinen Wunsch durchgesetzt und hatte nun genügend Männer für seine Pinassen.

Am nächsten Morgen (dem 16. August) beschlossen wir, eine geeignete Stelle im Golf von Darien zu suchen, wo wir unsere

Schiffe sicher vor Anker lassen konnten, unentdeckt vom Feind, der nun vermuten konnte, wir hätten die Küste gänzlich verlassen; in der Zwischenzeit wollten wir mit unseren Pinassen nach Kräften unser Ziel verfolgen, das heißt, unser Kapitän wollte mit zwei Pinassen zum Rio Grande (Magdalena) fahren, eine dritte sollte unter Befehl seines Bruders auf Suche nach den Cimarrones gehen.

Diesem Beschluß zufolge segelten wir augenblicklich (am 21. August) zu dem besagten Golf, den wir innerhalb von fünf Tagen erreichten. Absichtlich enthielten wir uns aller Unternehmungen, die unsere Absichten hätten verhindern oder unsere Anwesenheit an der Küste hätten verraten können.

Sobald wir an dem von unserem Kapitän vorgesehenen Ort ankamen und eine für unsere Zwecke geeignete, fern allem Verkehr liegende Stelle ausgewählt hatten, erholten wir uns dort etwa fünfzehn Tage lang und verhielten uns ruhig, damit das Gerücht unserer Anwesenheit an der Küste zum Schweigen komme.

Aber in der Zwischenzeit waren wir nicht müßig. Außer den üblichen Arbeiten, die uns unser Kapitän gewöhnlich jeden Monat tun ließ, wie das Reinigen und Instandsetzen der Pinassen, die dann besser dem Ruder und Segel gehorchten, ließ er uns eine große Fläche von Bäumen und Gestrüpp roden und Häuser bauen, die uns allen genügend Unterkunft boten. Dabei leistete uns der Neger, der zuvor zu uns geflohen war, große Dienste, da er mit dem Land und den dort gängigen Bauweisen bestens vertraut war. Unsere Bogenschützen fertigten Zielscheiben an, um schießen zu üben. Viele von uns hatten daran so viel Spaß, daß wir keinen Bogenmacher brauchten, um unsere Pfeile und Bogen in Ordnung zu halten. Der Rest der Mannschaft ging, ein jeder nach Wunsch, Zerstreuungen nach und spielte Karten, Scheibenwerfen, Kegeln usw. Unser Kapitän erlaubte jeweils einer Hälfte seiner Mannschaft, sich auf diese Art ihre Zeit zu vertreiben, die andere Hälfte mußte, täglich wechselnd, die notwendigen Arbeiten am Schiff und den Pinassen ausführen und für frische Nahrung sorgen, wie Fische, Wildvögel, Wildschweine, Rotwild, Kaninchen usw., wovon es dort viel gab. Unsere Schmiede bauten ihre Esse auf, von England hatten wir Amboß, Eisen, Kohle und alle anderen notwendigen Dinge mitgenommen, was uns sehr zustatten kam.

Am Ende dieser fünfzehn Tage (am 5. September) ließ unser

Kapitän sein Schiff in der Obhut seines Bruders zurück, der alle Dinge in Ordnung halten sollte. Wie vorher beschlossen, fuhr er mit zwei Pinassen zum Rio Grande und kam außer Sichtweite an Cartagena vorbei. Als wir uns dem Fluß auf zwei Seemeilen genähert hatten, landeten wir (am 8. September) auf dem westlichen Teil des Festlandes, wo wir eine große Menge Vieh sahen. Dort trafen wir einige Indianer an, die uns auf freundliche Art in gebrochenem Spanisch fragten, was wir haben wollten. Als sie erfuhren, daß wir frische Lebensmittel einhandeln wollten, suchten sie leicht und geschwind, als ob sie besondere Gewalt darüber hätten, Vieh heraus, wie wir es brauchten, wollten aber nicht dulden, daß wir ihnen zu nahe kämen. Sie halfen uns bereitwillig, da unser Kapitän, wie es seiner Gewohnheit entsprach, sie reichlich für ihre Mühen mit Dingen entschädigte, die sie besonders schätzten, so daß sie uns versicherten, wir könnten hier jederzeit alles von ihnen haben, was wir brauchten.

Am gleichen Tag brachen wir zum Rio Grande auf und erreichten ihn gegen drei Uhr nachmittags. Es gibt zwei Flußeinfahrten, wir nahmen die westliche, die Boca Chica heißt. Die Strömung dieses Flusses ist so stark, daß wir eine halbe Seemeile von der Mündung entfernt Süßwasser zum Trinken entnehmen konnten.

Wir ruderten von drei Uhr bis zur völligen Dunkelheit den Strom hinauf, aber die Strömung flußabwärts war so stark, daß wir in der ganzen Zeit nur zwei Seemeilen zurücklegten. Wir vertäuten an jenem Abend unsere Pinassen an einem Baum. Kurz darauf, nach Einbruch der Nacht, fiel ein so gewaltiger Regenschauer mit so seltsamem und schrecklichem Donnergrollen und Blitzen, daß wir uns nicht wenig darüber verwunderten, obwohl unser Kapitän mit solchen landesüblichen Unwettern vertraut war und uns sagte, daß sie selten länger als eine Dreiviertelstunde anhielten.

Sobald der Sturm sich gelegt hatte, wurde es sehr ruhig, und im selben Augenblick kam eine solch ungeheure Menge einer Fliegenart jenes Landes, die Moskitos heißen, ähnlich unseren Mücken, die uns so boshaft stachen, daß wir die ganze Nacht nicht schlafen und auch keine Mittel und Wege finden konnten, uns vor ihnen zu schützen, weil es so heiß war. Später fanden wir heraus, daß das beste Mittel gegen sie der Saft von Zitronen ist.

Bei Tagesanbruch (am 9. September) brachen wir auf. Wir

ruderten in dem reißenden Wasser oder zogen, wo die Strömung ausblieb, unsere Schiffe an den Bäumen entlang. Wir taten dieses unaufhörlich unter größter Anstrengung, und zwar schichtweise, jede Mannschaft ihr halbes Stundenglas, ohne irgend jemand vor etwa drei Uhr nachmittags zu treffen. Zu dieser Zeit waren wir ganze fünf Seemeilen vorangekommen.

Dann entdeckten wir ein Kanu auf dem Fluß, in dem zwei Indianer saßen und fischten. Wir sprachen sie nicht an, damit man uns nicht erkenne, noch taten sie es, da sie uns wohl für Spanier hielten. Aber etwa eine Stunde später erspähten wir einige Häuser auf der anderen Seite des Flusses. Das Flußbett ist dort etwa fünfundzwanzig Faden tief und die Flußbreite so beträchtlich, daß man einen Menschen kaum von einem Ufer zum anderen erkennen kann. Doch ein Spanier, der diese Häuser bewachte, hatte unsere Pinassen bereits entdeckt. Er dachte, wir seien Landsleute, und gab uns Rauchsignale, um uns auf den richtigen Weg zu lotsen; offensichtlich wollte er mit uns sprechen. Da wir den Rauch bemerkt hatten und ihm bereits bis zur Mitte des Flusses gefolgt waren, winkte er uns mit seinem Hut und seinen langen Puffärmeln zu, an Land zu kommen.

Aber als wir näher herankamen, bemerkte er, daß wir nicht die waren, die er erwartet hatte. Er gab Fersengeld und verließ fluchtartig die Häuser. Wir stellten fest, daß es fünf waren, alle gefüllt mit Vorräten an weißem Zwieback, Speck, Landkäse – in der Art wie holländischer Käse, aber viel feiner im Geschmack, er wird gern als besonderes Geschenk nach Spanien geschickt –, vielen Arten von Zuckerkonfekt und Eingemachtem und einem großen Vorrat an Zucker, der für die nach Spanien zurückkehrende Flotte bestimmt war.

Wir beluden unsere Pinassen mit diesem Vorrat an Lebensmitteln und waren gegen Abend fertig zum Aufbruch. Wir beeilten uns damit ziemlich, weil wir von einigen indianischen Frauen, die wir in jenen Häusern angetroffen hatten, die Nachricht erhalten hatten, die Fregatten seien noch nicht von Cartagena zurückgekehrt seit dem ersten Alarm, den es bei unserer Anwesenheit dort gegeben hatte. Es waren gewöhnlich dreißig oder mehr Fregatten, die Waren von Spanien nach Cartagena und von dort zu diesen Häusern beförderten, und schließlich von hier mit großen Kanus nach Nuevo

Reyno. Der Fluß, der sich viele hundert Seemeilen in das Land erstreckt, eignet sich trefflich dazu. Bei ihrer Rückfahrt haben sie dann Gold und andere Schätze, Silber, Lebensmittel und Waren an Bord, die die königlichen Besitzungen im Überfluß erbringen.

Als wir (am 10. September) von diesen Lagerhäusern an Bord unserer Pinassen gingen, hatten die Spanier Indianer aus einer großen Stadt namens Villa del Rey, die etwa zwei Meilen von unserem Landeplatz flußauf liegt, an diesen Ort gebracht. Aus den Büschen schossen sie ihre Pfeile auf uns ab. Wir aber ruderten mit der Strömung – der Wind kam aus der Gegenrichtung – eine Meile flußabwärts. Dort luden wir alle unsere Vorräte aus, säuberten unsere Pinassen, wie es die Gewohnheit unseres Kapitäns war, beluden sie wieder und fuhren am selben Tag noch gen Westen.

Bei dieser Rückfahrt erspähten wir ein Schiff, eine Bark und eine Fregatte. Das Schiff und die Fregatte fuhren nach Cartagena, die Bark aber war mit östlichem Wind auf Nordkurs, so daß wir vermuteten, sie beförderte Gold oder andere Schätze in Richtung Spanien. Deshalb begaben wir uns auf Verfolgungsjagd; aber als wir sie gekapert hatten und feststellen mußten, daß sie nichts von Bedeutung an Bord hatte, nur Häute und Zucker, ließen wir sie weiterfahren und setzten mit günstigen Winden unseren Kurs zu unserem Schiff und unserer Mannschaft fort.

Auf dem Wege zwischen Cartagena und Tolu kaperten wir (am 11. September) fünf oder sechs Fregatten, die lebende Schweine, Hühner und Mais, den wir Guineaweizen nennen, in Tolu geladen hatten. Nachdem wir von deren Mannschaft alle Auskünfte erhalten hatten, die sie uns über die spanischen Vorkehrungen gegen uns und die spanische Meinung über uns geben konnten, wurden alle Männer freigelassen, wir behielten nur zwei Fregatten, weil sie so reichlich mit guten Lebensmitteln versehen waren.

Drei Tage später kehrten wir wieder an den Ort zurück, an dem unser Kapitän sein Schiff zurückgelassen hatte und den die Mannschaft »Port Plenty« nannte, weil wir dorthin ständig guten Proviant im Überfluß brachten. Wir besorgten ihn uns auf dem Weg, der für die Versorgung von Cartagena und Nombre de Dios sowie für die von Spanien kommenden und nach Spanien gehenden Flotten benutzt wird. Wären wir zweitausend, ja dreitausend Mann gewesen, wir hätten mit unseren Vorräten an Wein, Mehl, Zwieback, Cassavi (einer Art Brot, das aus der Yuccawurzel gemacht wird; der Saft dieser Wurzel ist giftig, aber das Fleisch gut und bekömmlich), getrocknetem Rindfleisch, getrocknetem Fisch, lebenden Schafen, Schweinen und Hühnern alle leicht versorgen können. Außerdem gab es unzählige Mengen schmackhafter Fische, die jeden Tag ohne Mühe gefangen werden konnten. Wir hatten so viele Vorräte, daß wir uns gezwungen sahen, vier Magazine oder Lagerhäuser zu bauen, die Teils zehn, teils zwanzig Meilen voneinander entfernt lagen, die einen auf den Inseln, die anderen auf dem Festland. So hatten wir an verschiedenen Stellen Vorräte, damit wir, sollte der Feind eines von ihnen überraschend einnehmen, doch ausreichend versorgt wären, bis wir unsere Reise so abgewickelt hätten, wie wir hofften. Beim Errichten dieser Lagerhäuser war unser Neger wieder eine große Hilfe, da er eine besondere Geschicklichkeit im Bauen zeigte.

Unsere Vorräte waren so umfangreich, daß wir damit nicht nur uns und die Cimarrones versorgten, solange sie bei uns waren, sondern auch noch zwei französische Schiffe, die in äußerste Notlage geraten waren.

Während unserer Abwesenheit war Kapitän John Drake, wie vereinbart, mit einer der Pinassen in Richtung Festland gefahren. Als er, geführt von Diego, dem bereits erwähnten Neger, der aus freien Stücken in Nombre de Dios zu uns gekommen war, die Küste entlangruderte, entdeckte er einige der Cimarrones, mit denen er so erfolgreich verhandelte, daß er schließlich zwei unserer Leute bei ihrem Führer zurückließ und zwei von ihren Leuten an Bord nahm. Sie kamen überein, sich am nächsten Tage auf einem Fluß, dem Rio Diego, auf halber Strecke zwischen den Cabezas und unseren Schiffen, zu treffen.

Diese beiden Botschafter, sehr verständige Männer, die von ihrem Häuptling ausgesucht worden waren, erklärten unserem Kapitän mit aller Ehrerbietung und allem Respekt, daß ihr Volk über sein Kommen große Freude empfinde, weil man ihn als einen wahren Feind der Spanier schätzte. Sie wüßten dies nicht nur durch die letzten Ereignisse in Nombre de Dios, sondern auch von seinen früheren Reisen her. Deshalb seien sie bereit, ihn bei seinen Unternehmungen gegen die Spanier mit äußerster Kraft zu unterstützen. Ihr Führer halte sich mit seiner Mannschaft im Augenblick nahe der Mündung des Rio Diego auf und warte dort darauf, welche Antwort und welcher Befehl ihnen gegeben werde. Sie selbst seien auf dem Landweg hierher gekommen, aber der Weg sei sehr lang und höchst mühsam gewesen wegen der vielen steilen Berge, der tiefen Flüsse und des Dickichts. Sie ersuchten deshalb unseren Kapitän, er möge nach Gutdünken Befehl erteilen, und zwar in aller geziemenden Eile.

Unser Kapitän überdachte die Rede dieser Männer und wog sie gegen seine früheren Informationen ab. (Er hatte seine Auskünfte nicht nur von Negern, sondern auch von Spaniern, worauf er immer sehr bedacht war.) Auch verglich er ihre Mitteilungen mit den Aussagen seines Bruders über die große Freundlichkeit, die sie ihm kurz zuvor bei seinem Besuch erwiesen hatten. Nachdem er die Ansichten seiner klügsten Berater gehört hatte, entschloß er sich augenblicklich, mit seinem Bruder und den beiden Cimarrones auf zwei Pinassen zum Rio Diego aufzubrechen, was er noch an demselben Abend tat. Er gab Befehl, daß sein Schiff und die übrige Flotte ihm am nächsten Morgen folgen sollten, weil es dort am Fluß einen sehr sicheren und geeigneten Ort gab, den sein Bruder ausgekundschaftet hatte. Die Sicherheit dieser höchst anmutigen und reichen Landstriche besteht darin, daß er von keinem einzigen Spanier oder irgendeinem, der für die Spanier Partei ergreift, bewohnt wird. Dieses trifft für die ganze, etwa sechzig Meilen lange Küste von Tolu bis Nombre de Dios zu.

Zudem ist der Ort besonders sicher, weil er zwischen vielen anmutigen, mit Bäumen bewachsenen Inseln liegt, zwischen denen es zwar Fahrrinnen gibt, die aber so viele Felsen und Untiefen aufweisen, daß man bei Nacht nur unter großer Gefahr, am Tage nicht ohne entdeckt zu werden, eindringen kann, wogegen unser Schiff hinter den Bäumen verborgen vor Anker liegen konnte.

Am nächsten Tag (dem 14. September) kamen wir an dem als Treffpunkt vereinbarten Fluß an, wo wir die Cimarrones fanden, wie sie versprochen hatten. Ein anderer Teil ihrer Gruppe lagerte eine Meile flußaufwärts in einem Wald am Flußufer. Wir bewirteten sie, und sie zeigten uns ihre Freude und ihren guten Willen. So nahmen wir noch zwei weitere Neger zu uns an Bord und ließen unsere beiden Männer mit ihrer restlichen Gruppe auf dem Land- wege zu einem anderen Fluß, dem Rio Guana, marschieren, wo sie

mit einer anderen Gruppe von Cimarrones zusammentreffen sollten, die sich bislang in den Bergen aufhielt.

Also brachen wir an jenem Tage mit unseren Pinassen auf,
wollten aber erst unser Schiff suchen, weil wir uns wunderten, daß
es uns nicht, wie vereinbart, gefolgt war.

Aber zwei Tage später (am 16. September) fanden wir es an der
Stelle, an der wir es zurückgelassen hatten. Es war in einem
bedenklichen Zustand, ziemlich mitgenommen und in großer Gefahr, und zwar wegen eines Sturmes, der in unserer Abwesenheit
darüber hinweggegangen war.

Nach zwei Tagen, als wir unser Schiff wieder seetüchtig gemacht
hatten, schickte unser Kapitän (am 18. September) eine Pinasse in
das Innere der Bucht, um zwischen den Untiefen und sandigen
Inseln eine Fahrrinne auszuloten, in der wir unsere Schiffe näher an
das Festland bringen konnten.

Am nächsten Tag (am 19. September) folgten wir und wurden
durch vorsichtiges Lotsen sicher in der besten Fahrrinne geleitet,
freilich mit viel Lärm und Geschrei, um zwischen so vielen Sandbänken und Untiefen den Weg zu finden. Wir gingen etwa fünf
Seemeilen von Cativas zwischen einer Insel und dem Festland vor
Anker. Die Insel war nicht mehr als vier Kabellängen[1] vom Festland
entfernt, hatte eine Größe von etwa drei Morgen, war flach und
dicht mit Bäumen und Gesträuch bewachsen.

Nach unserer Abfahrt von »Port Plenty« mußten wir den größten
Teil der nächsten drei Tage (bis zum 22. September) mit dieser
Fahrt zubringen, bevor wir endlich an unserer neuen Reede lagen;
als wir gerade angekommen waren (am 23. September), sichteten
wir unsere beiden Männer und die erste Gruppe der Cimarrones,
zusammen mit zwölf anderen, die sie in den Bergen getroffen hatten,
gerade gegenüber dem Schiff auf dem Festland. Von dort nahmen
wir sie alle an Bord, uns und ihnen zur Freude. Denn sie waren froh,
daß sie Gelegenheit haben sollten, das ihnen zugefügte Unrecht an
den Spaniern zu rächen, und wir hofften, unsere Reise nunmehr mit
besserem Erfolg fortsetzen zu können.

Als unser Kapitän sie bei der ersten Zusammenkunft bat, ihm die
Mittel aufzuzeigen, die sie hätten, um ihm Gold und Silber zu

[1]Entspricht 2400 Fuß; eine Kabellänge gleich 600 Fuß.

beschaffen, antworteten sie ihm schlicht, hätte man gewußt, daß ihm der Sinn nach Gold stünde, so hätte man ihn mit einer großen Menge zufriedengestellt, könne dies aber im Augenblick nicht tun, weil die Flüsse, in denen sie große Schätze versenkt hatten, die sie den Spaniern genommen hatten – mehr um ihnen zu trotzen als aus Liebe zum Gold –, jetzt so viel Wasser führten, daß sie es aus solchen Tiefen unmöglich herausholen könnten. Außerdem erfuhr er, daß die Spanier in diesen Regenmonaten Gold nicht auf dem Landwege zu befördern pflegten.

Obwohl diese Antwort uns etwas unerwartet kam, stimmte sie uns dennoch nicht unzufrieden, denn sie überzeugte uns eher noch mehr von ihrer aufrichtigen Gesinnung uns gegenüber. Um diese fünf Monate Wartezeit auszufüllen, befahl unser Kapitän, all unsere schweren Geschütze, die Artillerie und alle anderen notwendigen Dinge an Land zu bringen. Er sandte die Pinassen zum Festland, um große Bäume herüberzuschaffen, und ließ ein Fort auf der besagten Insel bauen. Alle unsere Kanonen sollten darin in Stellung gebracht werden, und es sollte zu unserem Schutz dienen, falls der Feind in dieser Zeit zufällig kommen und angreifen würde.

Unsere Cimarrones schnitten Palmäste und Zweige und errichteten mit verblüffender Geschwindigkeit zwei große Häuser für unsere ganze Mannschaft (am 24. September). Unser Fort wurde dann nach den Gegebenheiten des Ortes in dreieckiger Form gebaut, hauptsächlich aus Stämmen und Erde. Der Graben, den wir aushoben, versorgte uns reichlich mit Baumaterial, so daß wir den Wall dreizehn Fuß hoch aufwarfen.

Nach vierzehn Tagen auf der Insel entschloß sich unser Kapitän, mit drei Pinassen nach Cartagena zu fahren. Am 7. Oktober brach er auf und betraute seinen Bruder mit dem Kommando über die Zurückbleibenden, wie auch über die Cimarrones. Sie sollten die begonnenen Arbeiten am Fort beenden. Drake beauftragte seinen Bruder, so viele Bretter und Planken wie möglich von der Prise, die wir in Rio Grande gekapert und bei Cativas zurückgelassen hatten, mit einer Pinasse heranzuschaffen. Jenes Schiff war nämlich in unserer Abwesenheit gestrandet und zerstört worden, jetzt aber konnte es sehr gut dazu dienen, Materialien für den Bau unserer Geschützstellung zu liefern. So nahmen unser Kapitän und sein

Bruder voneinander Abschied, der eine fuhr in östliche Richtung, der andere nach Cativas.

Am Abend des gleichen Tages gelangten wir zu einer Insel, die wir Sporengeierinsel nannten, weil wir dort eine große Anzahl von Vögeln vorfanden, die dieser Vogelart ihrer Gestalt nach ähnelten. Sie waren sehr schmackhaft, und wir töteten und brieten viele. Wir blieben bis zum nächsten Tag (dem 8. Oktober) mittags, dann brachen wir von dort auf. Etwa gegen vier Uhr kamen wir auf unserer Fahrt zu einer großen Insel, übernachteten dort und versorgten uns mit Fischen in Menge, besonders auch mit einer Art großer Schalentiere, die einen Fuß lang waren. Wir nannten sie Wellhornschnecken.

Am nächsten Morgen (dem 9. Oktober) hatten wir alle diese Inseln und Untiefen hinter uns und stachen in See. Etwa vier Tage später (am 13. Oktober) trieben wir in der Nähe der San Bernado-Inseln zwei Fregatten ans Ufer und ließen sie stranden. Zwei Tage lang (vom 14.–15. Oktober) verweilten wir auf einer dieser Inseln, um unsere Pinassen zu säubern und von Seegetier zu reinigen.

Von da fuhren wir nach Tolu weiter und gingen (am 16. Oktober) in der Nähe der Stadt in einem Garten an Land. Dort trafen wir einige Indianer, die uns ihre Bogen und Pfeile übergaben und für uns Früchte sammelten, die in dem Garten wuchsen. Es gab viele Sorten von schmackhaften Früchten und Wurzeln, für die wir ihnen gaben, was ihnen gefiel. Das Hauptziel unseres Kapitäns, das er hier und an anderen Orten auf dem Wege verfolgte, war, alle wichtigen Auskünfte zu sammeln, die er über die Gestalt des Landes und den Zustand der spanischen Flotten bekommen konnte.

Von dort brachen wir wenig später auf und ruderten in Richtung Charesha, den Inseln Cartagenas, und kamen an Boca Chica vorbei. Da der Wind von der offenen See wehte, segelten wir auf die Stadt zu und warfen Anker zwischen Insel und Festland, gerade gegenüber einer anmutigen Garteninsel, die uns unser Kapitän nicht betreten ließ, ungeachtet unseres hartnäckigen Verlangens, weil er wußte, daß es gefährlich werden könnte. Die Spanier haben nämlich die Gewohnheit, Soldaten an solche Orte zu schicken, wenn sie wissen, daß sich irgendwelche Kriegsschiffe an der Küste befinden. Wie richtig dieser Argwohn war, sollten wir drei Stunden später erfahren, als wir die Landspitze der Insel passierten; da

wurde plötzlich eine Salve von einhundert Schuß auf uns abgegeben, aber nur einer von uns wurde verletzt.

An diesem Abend stachen wir wieder in See, und am folgenden
Tag (am 17. Oktober), als wir zwei Seemeilen vom Hafen entfernt
waren, kaperten wir eine Bark und stellten fest, daß der Kapitän und
seine Frau sowie die besseren Passagiere mit dem Beiboot an Land
gegangen waren. Wir enterten die Bark, ohne auf Widerstand zu
stoßen, obwohl die Mannschaft gut mit Schwertern, Schilden,
Musketen und vier eisernen Kanonen ausgerüstet war. Sie hatte
etwa fünfzig Tonnen, eine Besatzung von zehn Seeleuten, fünf oder
sechs Negern, eine große Ladung von Seife und Zuckerkonfekt, und
war auf dem Wege von Santo Domingo nach Cartagena. Der
Kapitän hatte eine seidene Flagge mit seinem Wappen zurückgelassen, was als Anzeichen einer hastigen Flucht gedeutet werden
konnte.

Am nächsten Tage (dem 18. Oktober) schickten wir die gesamte
Mannschaft an Land, um ihre Herren aufzusuchen, nur ein Neger-
kind von drei oder vier Jahren nahmen wir mit uns. Die Bark
behielten wir und steuerten sie in die Hafeneinfahrt von Cartagena,
wo wir vor Anker gingen.

An jenem Nachmittag kamen einige Reiter zu der bewaldeten
Landzunge herunter. Mit ihnen erschien der bereits erwähnte
königliche Sekretär mit einer Parlamentärflagge, kam auf unsere
Bark zu und erbat von unserem Kapitän sicheres Geleit für sein
Kommen und Gehen. Nachdem ihm dieses gewährt war, kam er zu
uns an Bord, bedankte sich überschwenglich für die erwiesenen
mannigfachen Gunstbezeigungen und versprach, uns in der Nacht
vor Tagesanbruch so viele Lebensmittel heranzuschaffen, wie wir
nur wollten, welche Schwierigkeiten und Gefahren sich für ihn auch
immer ergeben würden im Hinblick auf Gesetz und Bestrafung. All
das erwies sich aber als raffinierter Plan des Statthalters, der den
königlichen Schreiber vorgeschickt hatte, um Zeit zu gewinnen, bis
genügend Verstärkung herangeholt worden war, um uns in der
Falle zu fangen. Diesen Kerl mit seiner sanften Rede hatte man als
geeignetes Werkzeug zur Vorbereitung des Planes angesehen. Als
wir erkannten, daß seine Worte nichts als leeres Geschwätz waren,
stachen wir bei Sonnenaufgang (am 19. Oktober) in See und
begaben uns auf die Westseite der Insel, die etwa drei Seemeilen

entfernt war, und lagen dort den ganzen übrigen Tag und die folgende Nacht beigedreht.

Am nächsten Tag (am 20. Oktober) kamen zwei Fregatten aus dem Hafen von Cartagena, mit Kurs auf Santo Domingo. Die eine war fünfzig, die andere zwölf Tonnen groß, sie hatten nichts als Ballast an Bord. Wir kaperten sie eine Seemeile von der Stadt entfernt und gingen mit ihnen in Kanonenschußweite von der östlichen Bastei entfernt vor Anker. Auf diesen Fregatten befanden sich zwölf oder dreizehn gewöhnliche Matrosen, die flehentlich darum baten, an Land gesetzt zu werden. Unser Kapitän gab ihnen das Beiboot der großen Fregatte und ließ sie laufen.

Als sie am nächsten Morgen (am 21. Oktober) wieder mit einer Parlamentärfahne zur Westspitze herunterkamen, bemannte unser Kapitän eine Pinasse und ruderte landwärts. Als wir eine Kabellänge[1] vom Ufer entfernt waren, flohen die Spanier und verbargen sich im Wald, als hätten sie vor unseren Kanonen Angst; in Wirklichkeit aber wollten sie uns an Land locken und unsere Stärke feststellen. Unser Kapitän befahl, den Anker am Heck zu werfen und drehte die Pinasse zum Lande zu bei. Sobald sie den Sand berührte, sprang er allein unter aller Augen an Land und erklärte, daß er seinen Fuß durchaus an Land zu setzen wage, auch wenn er nicht dort bleiben werde. Sie sollten wissen, daß er zwar nicht genügend Streitkräfte habe, um sie zu besiegen, wohl aber genügend Urteilsvermögen, um sie zu durchschauen.

Sobald unser Kapitän wieder an Bord war, holten wir den Anker ein und ließen uns eine Zeitlang treiben.

Sie kamen sogleich zum Strand und sandten einen jungen Mann mit einer Botschaft des Statthalters, der erfahren wollte, mit welchen Absichten wir uns hier an der Küste aufhielten.

Unser Kapitän antwortete, er gedenke mit ihnen Handel zu treiben, er habe Zinn, Hartzinn, Tuche und andere Waren, die sie vielleicht brauchen könnten.

Der junge Mann schwamm mit dieser Antwort an Land und kehrte sogleich mit einer anderen Botschaft zurück, die besagte, daß der König für ausländische Mächte den Handel mit allen Waren,

[1] 600 Fuß.

außer mit Pulver und Kugeln, verboten hätte. Wenn wir diese hätten, so wären sie gern unsere Kunden.

Unser Kapitän erwiderte, daß er von seinem Lande hierhergekommen sei, um seine Waren gegen Gold und Silber einzutauschen, und daß er nicht die Absicht hätte, vor Abschluß dieses Handels zurückzukehren. Seiner Meinung nach würden sie keine ruhige Zeit haben, wenn sie nicht auf anständige Art mit ihm Handel treiben wollten.

Er gab dem Boten ein hübsches Hemd als Belohnung und schickte ihn zurück. Dieser rollte das Hemd über dem Kopf zusammen und schwamm sehr eilig zurück.

Wir bekamen den ganzen Tag über keine Antwort und gingen deshalb gegen Abend an Bord unserer Fregatten und legten uns zur Ruhe, stellten aber die ganze Nacht ordnungsgemäß Wachen auf und hatten unsere Kanonen und Musketen schußbereit.

Am nächsten Morgen drehte der Wind, der am Abend von Westen gekommen war, auf Ost.

Bei Tagesanbruch bemerkten wir zwei Segel, die auf uns zuhielten, worauf unser Kapitän ihnen mit den Pinassen entgegenfuhr und die beiden Fregatten unbemannt zurückließ. Plötzlich legte sich der Wind, und wir waren genötigt, den Rest der Strecke zu rudern. Als wir ihnen sehr nahe gekommen waren, sahen wir viele Köpfe über die Reling spähen. Wie wir erkannten, waren diese beiden Fregatten in Cartagena bemannt und ausgeschickt worden, um mit uns zu kämpfen, oder zumindest um uns anzugreifen und zu beschäftigen; in dieser Zeit gedachten sie uns dann auf die eine oder andere Art unsere Fregatten abzunehmen.

Aber unser Kapitän vereitelte ihre Absichten. Er befahl John Oxenham, mit seiner Pinasse dort zu bleiben und sich mit den beiden Kriegsschiffen zu befassen, er selbst fuhr mit äußerster Geschwindigkeit zu den Fregatten zurück und veranlaßte die Spanier (die in der Zwischenzeit mit Hilfe eines kleinen Kanus an Bord gekommen waren, in der Absicht, die Fregatten in den Schußbereich ihrer Kanonen zu bugsieren), schneller wieder von Bord zu gehen, als sie gekommen waren. Einige mußten auf ihrer Flucht an Land schwimmen – das Kanu konnte sie nicht alle aufnehmen – und hatten ihre Ausrüstung zurückgelassen, einige ihre Rapiere und Schilde, andere ihre Pulverhörner und leichten Musketen.

Da unser Kapitän einsehen mußte, daß wir unsere Fregatten nicht ausreichend bemannen konnten, versenkten wir die eine und verbrannten die andere und gaben den Spaniern somit zu verstehen, daß wir ihre geheimen Absichten durchschaut hatten.

Nachdem dies geschehen war, kehrte er (am 22. Oktober) zu John Oxenham zurück, der während der ganzen Zeit vor den Kriegsschiffen gelegen hatte, ohne ihnen den Kampf anzubieten. Als wir uns auf Höhe der spanischen Fregatten befanden, begann plötzlich ein heftiger Wind von See zu wehen, so daß wir, da wir uns zwischen Fregatten und Küste befanden, geradezu gezwungen waren, auf den Hafen auszuweichen. Die Spanier bemerkten dies mit großer Freude und vermuteten, wir wären vor ihnen auf der Flucht. Aber sobald wir uns im Hafen und in ruhigem Wasser befanden und unsere Pinassen, wie wir feststellten, im Winde lagen, kämpften wir mit dem Vorteil auf unserer Seite, so daß sie sich nach einigem Schußwechsel nicht auf einen weiteren Kampf einließen, zumal der Sturm stärker wurde. Als sie vor Anker gingen, legten wir uns sogleich luvwärts von ihnen vor Anker. Als die spanischen Soldaten am Ufer das sahen und den nachteiligen Wind, die Aussicht auf einen anhaltenden Sturm und die geringe Wahrscheinlichkeit einer Wende zum Besseren bedachten, waren sie froh, sich in die Stadt zurückziehen zu können.

Wegen des schlechten und stürmischen Wetters blieben wir vier Tage dort vor Anker. Wir froren sehr, weil wir so schwere Regenfälle und Westwind hatten und unsere Pinassen uns so wenig Schutz boten.

Am fünften Tag (dem 27. Oktober) nach diesen Ereignissen lief eine Fregatte von See ein. Als ihre Mannschaft bemerkte, daß wir uns ihr näherten, ließ man sie am Ufer auflaufen und entfernte Steuerruder und Segel, damit sie nicht so leicht entführt werden konnte. Als wir uns der Fregatte näherten, sahen wir etwa hundert Reiter und Fußsoldaten, die mit ihrer Ausrüstung ans Ufer des Festlandes gekommen waren und mit denen wir einige Schüsse austauschten. Eine unserer großen Kugeln schlug so nahe bei einem ihrer tapferen Reitersleute ein, daß sie sich veranlaßt fühlten, sich zu beratschlagen und in die Wälder zurückzuziehen. Von dort aus konnten sie sich hinlänglich verteidigen und die Fregatte vor uns schützen und uns auch belästigen, wenn wir lange genug dort blieben.

Deshalb entschlossen wir uns, wieder in See zu stechen, und liefen über Boca Chica aus. In der Hoffnung auf gutes Wetter wollten wir die Masten umlegen und uns im Schutz der Felsen von Las Serenas, zwei Meilen von hier entfernt, einfach treiben lassen, wie wir es schon früher getan hatten, um von den Spaniern nicht entdeckt zu werden. Aber dort war die See in so mächtigem Aufruhr, daß wir gezwungen waren, wieder in den Hafen zurückzukehren. Wir blieben dort sechs Tage lang (bis zum 2. November), ungeachtet der Spanier, die sehr bekümmert waren, daß wir uns dort solange aufhielten, und einen anderen Plan in Angriff nahmen, um uns in Gefahr zu bringen.

Sie sandten eine große Schaluppe aus, ein schönes Beiboot und ein großes Kanu mit einigen Spaniern mit Musketen und vielen Indianern mit vergifteten Pfeilen an Bord, die, wie es schien, den Kampf beginnen sollten und dann fliehen. Denn sobald wir auf sie zuruderten und es zu einem Schußwechsel kam, zogen sie sich sofort zurück, sprangen an Land und versteckten sich in den Wäldern, wo sie dann mit etwa sechzig Kanonen im Hinterhalt lagen. Außerdem lauerten zwei Pinassen und eine Fregatte auf uns, die an der Warpleine in unsere Richtung bugsiert wurden und wie die anderen bemannt waren. Sie griffen uns sehr mutig an und wurden dabei von denen unterstützt, die aus den Wäldern wieder an Bord des Beibootes und des Kanus gekommen waren. Als sie sahen, daß wir uns in Anbetracht des Hinterhalts zurückzogen, ermutigten sie sich gegenseitig und versicherten ihren Mitstreitern, daß sie gesiegt hätten.

Aber unser Kapitän, der ihrem Angriff ausgewichen und so aus dem Gefahrenbereich der Kanonen gelangt war, befahl seiner anderen Pinasse, sich vor seine zu legen und die Anker so zu werfen, daß sie sich ineinander verhakten. Dann ließ er beide Pinassen wie für einen Nahkampf durch Segeltuch abschirmen und winkte den Spaniern, zu uns an Bord zu kommen.

Sie hielten sich mit ihren Rudern außer Schußweite der leichten Musketen und gaben, genau wie wir, zwei bis drei Stunden lang in rascher Folge Schüsse ab. Nur einer unserer Männer wurde bei diesem Geplänkel verwundet. Die Höhe ihrer Verluste ist uns unbekannt, aber wir sahen, daß ihre Pinassen an etlichen Stellen Durchschüsse hatten und daß das Pulver auf einer Pinasse in Brand geriet. Das wollten wir nutzen und lichteten die Anker, um sie zu überrennen. Die Spanier bemerkten das und dachten, daß wir sie entern wollten. Sie ruderten deshalb mit aller Kraft zu ihrer Verteidigungsstellung, die sie im Wald aufgebaut hatten, einmal, weil sie enttäuscht waren über die mangelnde Hilfe von seiten der Fregatte, die auf uns zu bugsiert wurde, zum anderen wegen des starken Windes, der so stand, daß er uns nicht schaden, ihnen aber nicht nützen konnte.

Als wir somit einsehen mußten, daß wir weiterhin belästigt würden und daß keine Hoffnung bestand, an diesem Orte irgendwelchen Gewinn zu machen, weil unsere Anwesenheit in der ganzen Gegend so gründlich bekannt war und außerdem unsere Lebensmittel knapp wurden, hielt unser Kapitän es für das beste, sobald das Wetter etwas günstiger wäre – der Wind blies ständig aus West, so daß wir nicht einmal zu unseren Schiffen zurückkehren konnten –, in Richtung Osten zu fahren. Wir brachen (am 3. November) auf und nahmen die Küstenroute nach Rio Grande (Magdalena), wo wir schon zuvor gewesen waren und große Vorräte an Lebensmitteln vorgefunden hatten.

Aber als wir nach einer zweitägigen Fahrt (am 5. November) zu den Dörfern der Fülle und des Reichtums gelangten, in denen wir uns zuvor mit einem Überfluß an Hühnern, Schafen, Kälbern, Schweinen usw. versorgt hatten, fanden wir einfach nichts, nicht einmal irgendwelche Leute. Auf Befehl der Spanier hatten diese in die Berge fliehen müssen und all ihr Vieh weggetrieben, damit wir uns dort nicht versorgen konnten. Als wir nun hierüber sehr betrübt waren, auch weil ein großer Teil unserer Lebensmittel in unseren Pinassen durch das schlechte Wetter auf See und die Regenfälle im Hafen verdorben war, erweckte eine Fregatte, die wir auf See entdeckten, wieder unsere Lebensgeister und gab uns zeitweilig neue Hoffnung, dort Proviant zu finden. Man kann daher leicht erraten, wie sehr wir uns bemühten, sie zu kapern. Aber als wir sie geentert hatten und feststellten, daß sie weder Fleisch noch Geld an Bord hatte, sondern nach Rio Grande fuhr, um Lebensmittel gegen

102

Rechnung zu laden, wandelte sich unsere große Hoffnung in Kummer.

Wir hielten es weitere sieben oder acht Tage mit unseren knappen Rationen aus und fuhren dann in östlicher Richtung auf Santa Marta zu. Wir hofften, einigen Schiffen auf dem Weg dorthin zu begegnen oder Napfschnecken auf den Felsen zu finden oder Zuflucht vor dem Sturm in einem guten Hafen. Als wir in die Nähe von Santa Marta kamen und keine Schiffe entdeckten, ankerten wir an der westlichen Landspitze unterhalb des Steilufers, wo wir uns vor Entdeckung aus der Stadt, die im Inneren der Bucht liegt, sicher glaubten. Wir hatten nicht die Absicht, dort zu landen, da wir wußten, daß die Stadt befestigt war und die Spanier Nachricht von unserem Kommen hatten.

Aber die Spanier, die unsere Schiffe als Kriegsschiffe erkannten und denen es mißfiel, daß wir uns ohne ihre Zustimmung unterhalb ihrer Felsen verbergen wollten, hatten einige dreißig oder vierzig Musketiere in den Klippen in Stellung gehen lassen. Diese belästigten uns so bösartig, ohne daß wir eine Möglichkeit zur Vergeltung hatten – sie lagen nämlich sicher hinter den Felsen verborgen, während wir ohne Schutz waren –, daß wir bald unsere Liegestelle leid wurden und gezwungen waren, trotz des Sturmes und unserer unerfüllten Bedürfnisse in See zu stechen. Obwohl unsere Feinde damit sehr zufrieden waren, sandten sie uns doch, als wir in Höhe der Stadt kreuzten, eine Kugel aus einer Langschußkanone als Abschiedsgruß nach, die uns nur knapp verfehlte. Sie fiel genau zwischen unsere Pinassen, als wir gerade berieten, was am besten zu tun sei.

Die Mannschaft wollte, wenn unser Kapitän damit einverstanden wäre, an irgendeiner Stelle östlicher Richtung an Land gehen, um Lebensmittel zu beschaffen. Sie wollte eher mit dem Entgegenkommen der Leute an Land rechnen als die Fahrt auf See in einem so langen, kalten und wütenden Sturm in einer so lecken Pinasse fortsetzen.

Aber unser Kapitän wollte von diesen Überlegungen nichts wissen. Er hielt es für besser, Kurs auf Rio Hacha oder Curaçao zu nehmen und darauf zu hoffen, dort ohne großen Widerstand mehr als genug zu bekommen. Er wußte nämlich, daß die Inseln auf dem

Wege nicht sehr bevölkert waren und daß es auch sehr unwahrscheinlich war, dort Schiffe mit Lebensmitteln anzutreffen.

Die Mannschaft der anderen Pinasse gab ihm zur Antwort, daß sie bereit seien, ihm überallhin um die ganze Welt zu folgen, aber sie könnten sich nicht vorstellen, wie ihre Pinasse so den Kampf mit der See überstehen solle, ohne von diesem Sturm verschlungen zu werden, zum anderen, wie sie eine so lange Zeit mit einer so knappen Ration, wie sie sie hatten, aushalten sollten. Sie hätten nämlich nur noch einen geräucherten Schinken und dreißig Pfund Zwieback für achtzehn Mann an Bord.

Unser Kapitän erwiderte darauf, daß sie besser mit Proviant versehen seien als er selbst. Er hätte nur einen geräucherten Schinken und vierzig Pfund Zwieback für vierundzwanzig Mann. Deshalb zweifle er nicht daran, daß sie ihm auf seinem Weg folgen und sich bereitwillig der Fügung Gottes, des Allmächtigen, anvertrauen würden, der niemals diejenigen verläßt, die an Ihn glauben.

Dann hißte er sein Focksegel und nahm Kurs auf Curaçao. Als die Mannschaft der anderen Pinasse das sah, entschloß sie sich, denselben Kurs einzuschlagen, weil sie doch ihrem Kapitän folgen wollte, wenn auch mit Sorge im Herzen wegen ihrer schwachen Pinasse.

Noch keine drei Seemeilen weiter erspähten wir zu unserer großen Freude ein Schiff, das mit zwei Masten unter Segel westwärts fuhr. Wir schworen uns gegenseitig, daß wir es kapern würden, andernfalls würde es uns schlecht ergehen. Als wir mit dem Schiff auf gleicher Höhe waren, stellten wir fest, daß es sich um einen Spanier von etwa neunzig Tonnen handelte. Als wir ihm nachdrücklich zuwinkten beizudrehen, mißachtete er unsere Aufforderung und feuerte seine Kanonen auf uns ab.

Die See ging sehr hoch, so daß wir nicht wagen konnten, das Schiff zu entern. Deshalb refften wir die Segel, fuhren neben ihm her und begleiteten es – zur geringen Freude der Spanier – und warteten darauf, daß besseres Wetter die Wogen besänftigte. Wir warteten nicht länger als zwei Stunden, bis es Gott nach einem großen Schauer gefiel, uns eine verhältnismäßig ruhige See zu schenken, so daß wir unsere Kanonen verwenden und uns dem Schiff nähern konnten. Binnen kurzem hatten wir es gekapert. Es war reichlich mit Lebensmitteln beladen, die wir in jenem Augenblick als ein wahres Gottesgeschenk betrachteten.

Da nun alles wieder in Ordnung war und der Wind gegen Abend wieder auffrischte, setzten wir Segel und fuhren bis zum Tagesanbruch (des 13. November) weiter. Dann schickte unser Kapitän John Hixom, der das Kommando auf einer Pinasse führte, los, um einen Hafen an der Küste ausfindig zu machen. Zehn oder zwölf Meilen östlich von Santa Marta fand er einen kleinen Ankerplatz, wo er beim Loten Meeresboden und eine ausreichende Wassertiefe feststellte; er kam sogleich zurück, und unser Kapitän steuerte seine neue Prise dorthin.

Dann versprachen wir den Spaniern, die wir gefangengenommen hatten, Freiheit und Rückgabe ihrer gesamten Ausrüstung, wenn sie uns Wasser und frische Lebensmittel verschafften. Diese erhielten wir auch durch ihre Vermittlung von den dortigen Einwohnern, den Indianern. Sie gaben, was sie hatten, und das war reichlich. Diese Indianer wurden von einem Spanier, der in der nächsten Stadt lebte, kaum eine Meile von dort entfernt, mit Kleidung versorgt und beherrscht.

Wir blieben den ganzen Tag an Land, nahmen Wasser auf, versahen uns reichlich mit Holz und allen übrigen notwendigen Dingen und entlohnten die Indianer für ihre Mühen. Gegen Abend rief unser Kapitän uns alle an Bord und hieß uns die Segel setzen. Wir ließen nur die Spanier an Land zurück, die wir kurz zuvor gefangengenommen hatten, getreu unserem Versprechen und sehr zu ihrer Zufriedenheit. Sie beteuerten unserem Kapitän, er erweise ihnen mit ihrer Freilassung eine Gunst, die größer sei als der Verdruß, den er ihnen durch die Wegnahme ihres Schiffes erregt habe.

Eine Krankheit, die sich seit zwei oder drei Tagen unter uns ausbreitete, erfaßte an diesem Tage auch Charles Glub, einen unserer Quartiermeister, einen sehr großen Mann und ausgezeichneten Matrosen. Zur großen Trauer von Kapitän und Mannschaft wurde er vom Tode hinweggerafft. Wir wußten nicht mit Bestimmtheit, was der Grund dieser Krankheit war. Wir führten sie auf die Erkältung zurück, die unsere Leute sich zugezogen hatten, als sie ohne Schutz den Unbilden des Wetters in den Pinassen ausgesetzt waren. Aber was auch immer es gewesen sein mochte, es gefiel

Gott, uns heimzusuchen, und doch voller Gnade allen übrigen Mitgliedern der Mannschaft, die von der Krankheit ergriffen waren – und das waren nicht wenige –, die Gesundheit wiederzuschenken.

Am nächsten Morgen (am 15. November) war schönes Wetter, wenn wir auch weiterhin Gegenwind hatten. Unser Kapitän befahl der *Minion,* seiner kleineren Pinasse, zu seinen Schiffen bei Fort Diego in den Cabezas vorauszufahren, um sein Kommen zu melden und alles für unsere Landreise vorzubereiten, wenn sie dort von den Cimarrones etwas von der Ankunft der spanischen Flotte hören sollten. Die *Minion* erhielt außerdem den Auftrag, unterwegs San Bernardo anzulaufen und von dem Wein, den wir früher dort im Sande versteckt hatten, so viel zu laden, wie sie es für richtig hielten.

Wir fuhren (am 22. November) so nahe am Wind wie möglich und kamen sieben Tage nach Abfahrt der *Minion* in San Bernardo an. Von dem ganzen Vorrat, den wir zurückgelassen hatten, fanden wir nur noch zwölf tief vergrabene Steingutkrüge mit Wein, die der aufmerksamen Suche des Feindes, der hier gewesen war, entgangen waren.

Nach vier bis fünf Tagen erreichten wir unser Schiff und fanden alles in gutem Zustand vor. Allerdings überraschte uns die traurige Nachricht vom Tode John Drakes, des Bruders unseres Kapitäns, und eines anderen jungen Mannes namens Richard Allen. Diese beiden waren zwei Tage nach unserer Abfahrt getötet worden, als sie versuchten, eine feindliche Fregatte zu entern.

Auf Befragung der Mannschaft erhielten wir folgenden Bericht: Als sie sich mit den Planken, mit denen sie die Geschützstellungen bauen wollten, auf dem Rückweg zum Fort befanden, machten sie die Fregatte aus. Die Mannschaft bestürmte John Drake, die Jagd aufzunehmen und das Schiff, das sie für eine fette Beute hielten, anzugreifen. Er gab seinen Männern zu bedenken, daß sie Waffen zum Angriff benötigten, daß sie ferner nicht wüßten, wie die Fregatte ausgerüstet sei, und daß ihr Boot schließlich mit Planken beladen sei, um die Arbeit auszuführen, die sein Bruder befohlen hatte. Als aber alle diese Argumente seine Leute nicht zu überzeugen vermochten und sie ihn weiterhin mit Worten und Vermutungen bedrängten, sagte er zu ihnen: »Wenn ihr das Abenteuer sucht, so soll niemals gesagt werden können, daß ich das Hindernis gewesen sei, noch sollt ihr meinem Bruder berichten können, daß durch meine Feigheit diese Reise für euch keinen Gewinn gebracht habe.«

Daraufhin hievten sie die Planken über Bord, und jedermann behalf sich mit den armseligen Waffen, die zur Verfügung standen, nämlich einem Rapier mit abgebrochener Spitze, einer alten Harpune und einer rostigen leichten Muskete. John Drake nahm das Rapier und machte sich aus einem Kissen einen Fechthandschuh; Richard Allen bewaffnete sich mit der Harpune. Diese beiden standen am Bug ihrer Pinasse *Lion;* Robert[1] nahm die Muskete. So ausgerüstet wollten sie die Fregatte kapern und scheiterten, da das Schiff ringsherum für den Nahkampf mit Häuten abgeschirmt war und überall besetzt mit Piken und Musketen, die, als unsere Leute herangekommen waren, aus unmittelbarer Nähe auf sie abgefeuert wurden. Alle, die auf dem Vorschiff standen, wurden tödlich getroffen. John Drake erhielt einen Bauchschuß, Richard Allen einen Kopfschuß. Trotz ihrer schweren Wunden konnten die Ruderer die Pinasse wieder von der Fregatte freibekommen und in aller Eile zum Schiff zurückkehren. Dort endete nach einer Stunde das Leben dieses jungen Mannes (John Drake), der Anlaß zu großen Hoffnungen gegeben hatte. Sein Tod wurde von der gesamten Mannschaft tief betrauert.

Als wir unsere Schiffe fest vertäut hatten, beschloß unser Kapitän, sich verborgen zu halten, um nicht entdeckt zu werden, bevor etwas von der Ankunft der spanischen Flotte gemeldet würde. Deshalb liefen wir nicht mehr aus, sondern versorgten uns und die Cimarrones aus den Beständen der zuvor errichteten Lagerhäuser.

Außerdem gab es aus dem Wildreichtum des Waldes täglich Wildschweine, Fasanen und Leguane. Wir waren – dem Himmel sei Dank – in dieser ganzen Zeit, d. h. mindestens einen Monat, bei guter Gesundheit. Dann, etwa zu Beginn des Januar[2], erkrankten zehn Männer unserer Mannschaft schwer, und die meisten starben nach zwei bis drei Tagen. Schließlich waren gleichzeitig dreißig

---

[1] Der Nachname ist im Original wohl versehentlich ausgelassen.
[2] 1572 nach dem elisabethanischen (alten) Kalender, 1573 nach dem Kalender der neuen Zeitrechnung.

Ein elisabethanisches Schiff. Ausschnitt aus einem Stich von C. J. Visscher aus dem frühen 17. Jahrhundert.

Leute am Tropenfieber erkrankt. Diese Krankheit kam entweder vom schnellen Wechsel von Kälte und Hitze, den die Männer nicht vertrugen, oder aber sie hatten brackiges Wasser getrunken. Dieses schlechte Wasser war von einer Pinasse herangeschafft worden, deren Mannschaft sehr faul gewesen war und Wasser an der Mündung des Flusses aufgenommen hatte, statt weiter flußaufwärts, wo es gut war.

Unter den Toten war auch Joseph Drake, der zweite Bruder des Kapitäns, der an dieser Krankheit in den Armen unseres Kapitäns starb. Um die Ursache der Krankheit besser erkennen und damit den anderen besser helfen zu können, befahl unser Kapitän dem Schiffsarzt, eine Leichenöffnung vorzunehmen. Der Arzt stellte fest, daß die Leber des Toten geschwollen und dessen Herz wie gesotten war, die übrigen Eingeweide waren normal. Dies war das erste und einzige anatomische Experiment, das unser Kapitän auf dieser Reise durchführen ließ.

Der Arzt, der Joseph Drakes Leichenöffnung vorgenommen hatte, überlebte ihn nur um vier Tage. Er wurde jedoch nicht von dieser Krankheit hinweggerafft, von der er einen Monat zuvor genesen war, sondern er starb an einem tollkühnen Versuch, den er an sich selbst vornahm; er schluckte ein überstarkes Abführmittel eigener Herstellung. Nach dessen Einnahme hatte er sein letztes Wort gesprochen, und auch sein Junge, der von dem Mittel gekostet hatte, wurde erst wieder gesund, als er nach England zurückkam.

Die Cimarrones, die, wie erwähnt, seit September mit unserem Kapitän zusammenarbeiteten, hatten während der ganzen Zeit unserer Abwesenheit das Land zwischen Nombre de Dios und unserem Liegeplatz kreuz und quer durchstreift, um möglichst viel für uns in Erfahrung zu bringen. In regelmäßigen Abständen informierten sie uns, daß die spanische Flotte mit Sicherheit (am 30. Januar)[1] in Nombre de Dios angekommen sei.

Deshalb schickte er (am 30. Januar) die *Lion* zu den seewärts

[1] Die Schatzflotte unter dem Kommando des Diego Flores de Valdes erreichte Nombre de Dios am 5. Januar. Dies war das Startzeichen für den Transport der Schätze von Panama dorthin. Diego berichtete dem König, er habe die festländischen Kolonien wegen der Plünderungen durch die Franzosen und Engländer in »einem jämmerlichen Zustand« gefunden.

gelegenen Inseln der Cativas, um die Richtigkeit des Berichtes überprüfen zu lassen. Stimmte es nämlich, daß die Flotte in Nombre de Dios gelandet war, so würden nun alle Fregatten des Landes mit Lebensmitteln dorthin fahren.

Die *Lion* erfüllte innerhalb weniger Tage die ihr gestellte Aufgabe. Ihre Mannschaft erspähte eine spanische Fregatte, die sie sofort enterte und eroberte. Das Schiff hatte Mais, Hühner und Fisch von Tolu geladen, und diese Ladung überzeugte uns davon, daß die Nachricht von der Ankunft der Flotte der Wahrheit entsprach. Wir nahmen auf dieser Fregatte eine Frau und zwölf Männer gefangen; einer der Männer war der königliche Sekretär von Tolu. Wir behandelten unsere Gefangenen mit aller Höflichkeit und schützten sie nachdrücklich vor dem tödlichen Haß der Cimarrones. Tag für Tag versuchten sie mit allen ihnen zur Verfügung stehenden Mitteln, die Gefangenen von unserem Kapitän zu bekommen, um ihnen die Kehlen durchschneiden zu können und sich für das Unrecht und die Kränkungen zu rächen, die ihnen die spanische Nation zugefügt hatte. Unser Kapitän jedoch überredete die Cimarrones, sich nicht an den Spaniern zu vergreifen oder sie schlecht zu behandeln, solange sie in seiner Hand waren, und gab entsprechende Befehle, um ihre Sicherheit nicht nur in seiner Gegenwart, sondern auch in seiner Abwesenheit zu gewährleisten. Als er die Vorbereitungen für seine Reise nach Panama auf dem Landweg getroffen hatte, übergab er Ellis Hixom das Kommando über sein Schiff und seine Mannschaft und besonders über die Spanier, die er auf dem großen, erbeuteten Schiff gefangenhielt. Dieses war an den Strand der Insel, die wir Mordinsel nannten, weil so viele unserer Männer dort umgekommen waren, geschleppt worden und diente uns als Lagerhaus und zugleich als Gefängnis für unsere Gefangenen.

Als alles so geregelt war, beriet unser Kapitän mit seiner Mannschaft und den Anführern der Cimarrones, was an Vorräten auf diese große und lange Reise mitzunehmen sei, welche Arten von Waffen, wie viele Lebensmittel und welche Ausrüstungsgegenstände. Man riet unserem Kapitän besonders, einen möglichst großen Vorrat an Schuhen mitzunehmen, da so viele Flüsse mit Steinen und Kieseln zu durchqueren seien. Er versorgte seine Mannschaft entsprechend und stattete sie für das Unternehmen aus, zu dem er

111

am Fastnachtsdienstag (3. Februar)[1] aufbrach. Zu dieser Zeit waren bereits achtundzwanzig unserer Leute gestorben, und einige gesunde Männer wurden unter dem Befehl von Ellis Hixom an Bord zurückgelassen, um das Schiff zu hüten, die Kranken zu pflegen und die Gefangenen zu bewachen.

Vor dem Abmarsch gab unser Kapitän dem Steuermann noch den strengen Befehl, auf keinen Fall irgendeinem Boten zu trauen, der in seinem (Drakes) Namen mit irgendeinem Unterpfand kommen sollte, es sei denn, er brächte irgend etwas in seiner Handschrift, die, wie er wußte, nicht von den Cimarrones oder Spaniern gefälscht werden konnte.

Unsere Truppe umfaßte insgesamt achtundvierzig Mann, von denen nur achtzehn Engländer waren, der Rest waren Cimarrones. Jeder von diesen trug außer seinen Waffen eine große Menge von Lebensmitteln und Ausrüstungsgegenständen und versorgte somit unsere Bedürfnisse für einen so langen Marsch. Wir mußten nichts weiter als unsere Waffen und unsere Kleidung tragen. Da wir nicht genügend Lebensmittel mitnehmen konnten, versorgten die Cimarrones uns, wie sie es versprochen hatten, auf dem Weg mit ausreichend Wild, das sie mit ihren Pfeilen von Zeit zu Zeit erlegten.

Jeder Cimarrone führte zwei Arten von Pfeilen mit sich, die eine, um sich zu verteidigen und den Feind anzugreifen, die andere, um Wild zu jagen. Die Pfeile, die für den Kampf bestimmt sind, sind in etwa wie die schottischen Pfeile, nur etwas länger, und haben eine Eisen-, Holz- oder Fischbeinspitze. Bei den Jagdpfeilen gibt es drei Arten: Die erste dient dazu, um große Tiere, wie das wilde Rind, den Hirsch oder das Wildschwein, zu töten. Diese Art hat eine Eisenspitze mit einem Gewicht von einem und einem halben Pfund, hat eine Form wie die Spitze eines Wurf- oder Sauspießes und ist so scharf, wie nur ein Messer es sein kann. Sie verursacht eine so große und tiefe Wunde, wie es kaum jemand glauben würde, der sie nicht gesehen hat. Die zweite Art dient für kleinere Tiere und hat eine

[1] »Die spanischen Dokumente zeigen, daß der englische Bericht sich bei dieser Datierung irrt. Zweifellos begab sich Drake auf den Weg nach Cruces, als er die Nachricht von der Ankunft der Flotte erhielt, d. h. etwa Mitte Januar. Der Irrtum könnte sich aus einer ungeschickten Verbindung von zwei oder mehr Erzählungen ergeben haben, auf denen dieser Bericht beruht.« Wright II.

Spitze, die ein dreiviertel Pfund wiegt. Die dritte Art dient für alle Wildvögel; sie hat eine Spitze mit einem Gewicht von einer Unze. Obwohl diese Pfeilspitzen nur aus Eisen bestehen, sind sie doch so geschickt gehärtet, daß sie lange Zeit ihre große Schärfe behalten, und obwohl sie manchmal verbiegen, brechen sie doch nie oder selten ab. Der ständige Bedarf, den die Cimarrones an diesen Pfeilen haben, läßt sie Eisen weit höher schätzen als Gold, und derjenige unter ihnen genießt den größten Ruf, der den Pfeilen die größte Härte geben kann.

Jeden Tag brachen wir bei Sonnenaufgang auf. Wir setzten unseren Marsch bis zehn Uhr vormittags fort, dann rasteten wir – immer in der Nähe eines Flusses – bis zwölf, marschierten dann bis vier und machten an irgendeinem Flußufer halt. Wir ruhten entweder in Hütten, die die Cimarrones schon vorher erbaut hatten, als sie durch die Wälder streiften, oder sie bauten uns täglich sehr bereitwillig neue, und zwar auf folgende Art:

Sobald wir zu der Stelle kamen, an der wir unser Nachtlager aufschlagen wollten, entledigten sich die Cimarrones ihrer Last und machten sich sogleich daran, Astgabeln, Pfähle, Stangen, Dachsparren, Palmenzweige und Blätter zurechtzuschneiden und in großer Schnelligkeit sechs Hütten zu errichten. Beim Bau einer jeden Hütte rammten sie zunächst drei oder vier große Pfähle mit Gabelungen in den Boden. Auf diese legten sie einen Tragebalken, der im allgemeinen etwa zwanzig Fuß lang war, und bauten dann die Wände in der Art der Dächer unserer Landhäuser. Sie deckten sie mit den bereits erwähnten Blättern, die sehr lange Wasser abhalten konnten, und achteten immer darauf, daß in den Niederungen, wo die Hitze größer war, die Wände drei bis vier Fuß vom Boden hoch offen blieben. Um ebensoviel bauten sie dann die Hütten oder vielmehr die Schutzdächer höher. Aber in den Bergen, in denen die Luft schneidender und die Nächte kälter waren, bauten sie unsere Hütten niedriger und deckten sie bis zum Erdboden ab. Sie ließen nur eine Eingangstür und eine Luke als Abzug in der Mitte des Daches.

Jede dieser Hütten hatte vier Räume und drei Feuerstellen, eine in der Mitte und jeweils eine an jedem Ende der Hütte. So waren die Hütten angenehm warm, und es gab keine Belästigung durch Rauch. Das lag teils an der Art des Holzes, mit dem sie heizten und das nur wenig Rauch entwickelte, teils an ihrer geschickten Art des Feuermachens. Sie zündeten das Holz, das wie unsere Scheite längs gespalten wird, am Ende an und schichteten es so eng aneinanderliegend auf, daß zwar keine Flamme sichtbar wurde, wohl aber unaufhörlich Wärme zu spüren war.

In der Nähe der Flüsse, an denen wir rasteten oder übernachteten, fanden wir verschiedene Sorten von Früchten, die wir mit großem Genuß und in mäßigen Mengen sicher essen konnten: Mammeaäpfel, Früchte des Guavenbaumes und der Palmettopalme, Orangen und Zitronen. Es gab noch verschiedene andere, von deren Genuß die Cimarrones aber dringend abrieten, es sei denn, wir äßen nur wenig davon und nur in geröstetem Zustand, wie Bananen, Kartoffeln und dergleichen.

Wenn die Cimarrones auf unserem Marsch, häufig rein zufällig, auf Wildschweine stießen, die in großer Zahl in diesen Bergen und Tälern lebten, übergaben gewöhnlich sechs von ihnen ihre Traglast ihren Kameraden, verfolgten, erledigten und brachten so viele Tiere heran, wie sie nur tragen konnten und die Zeit erlaubte.

An einem Tag stießen die Cimarrones auf einen Otter und schickten sich an, eine Mahlzeit daraus zuzubereiten. Als unser Kapitän sich darüber erstaunt zeigte, sagte Pedro[1], der Anführer unserer Cimarrones: »Ihr seid Krieger und hungrig; und doch zweifelt ihr, daß dies eßbares Fleisch ist, wo es doch Blut hat?« Hierauf tadelte sich unser Kapitän insgeheim selbst, daß er zuvor so geringschätzig darüber gedacht hatte.

Am dritten Tage unseres Marsches führten sie uns zu einer ihrer Städte, die in der Nähe eines schönen Flusses an einem Hang lag und von einem Erdwall von acht Fuß Breite und zehn Fuß Höhe umgeben war. Der Wall reichte aus, einen plötzlichen Angreifer aufzuhalten. Durch die Stadt zog sich eine lange, breite Straße, die von Ost nach West verlief, dazu zwei weitere, weniger lange und breite Straßen, die diese kreuzten. In dieser Stadt gab es etwa fünf- oder sechsundfünfzig Haushalte, die so sauber und ordentlich geführt waren, daß nicht nur die Häuser, sondern auch die Straßen

---

[1]Dieser könnte der Pedro Mandinga gewesen sein, den französische Freibeuter 1569 nach Frankreich und 1571 wieder zurückbrachten. Er sollte ihnen dann als Führer dienen, entwich aber zu den Spaniern. Näheres über seine Person und seine wechselvolle Laufbahn bei Wright II, S. 31 u. 40.

selbst einen erfreulichen Anblick boten. Hier konnten wir feststellen, daß die Cimarrones sehr zivilisiert leben und sehr sauber sind. Sobald wir angekommen waren, wuschen sie sich im Fluß und wechselten ihre Kleidung. Diese war sehr schön und passend gearbeitet – auch ihre Frauen trugen sie – und ein wenig der spanischen Mode ähnlich, wenn auch nicht so kostbar. Die Stadt liegt fünfunddreißig Meilen von Nombre de Dios und fünfundvierzig von Panama entfernt. Sie ist reich versorgt mit vielen Arten von Wild und Geflügel und besitzt große Vorräte an Mais und köstlichen Früchten.

Was das religiöse Verhalten der Cimarrones betrifft, so haben sie keinerlei Priester; allein das Kreuz steht bei ihnen in hohem Ansehen. Durch die Überredungskunst unseres Kapitäns wurden sie bewogen, von ihren Kreuzen abzulassen, das Vaterunser zu erlernen und sich ein wenig über die wahre Gottesverehrung informieren zu lassen.

Die Cimarrones haben ständig Wachen an vier Stellen drei Meilen von ihrer Stadt entfernt, um spanische Überfälle abzuwehren. Die Spanier bedienen sich meist einiger gefangener Cimarrones, die sie dann zu dieser Tätigkeit zwingen. Wie wir hörten, hatten sie auf diese Weise manchmal den Sieg über die Cimarrones davongetragen, als diese nicht auf der Hut waren. Aber seit jenen Ereignissen sind ständig Wachen aufgestellt. So vorgewarnt töten sie die Spanier wie wilde Tiere, wenn sie sie im Wald erwischen.

Wir verbrachten die Nacht und den folgenden Tag (den 7. Februar) bis Mittag bei ihnen. Während dieser Zeit erzählten sie uns von verschiedenen sehr merkwürdigen Ereignissen, die sich zwischen ihnen und den Spaniern zugetragen hatten; ganz besonders berichteten sie über eins: Ein vornehmer Herr, unterstützt durch die Statthalter des Landes, versuchte im letztvergangenen Jahr mit einhundertundfünfzig Soldaten diese Stadt, Männer, Frauen und Kinder, mit Feuer und Schwert auszulöschen. Sein Führer war ein Cimarrone, der gefangengenommen und mit reichen Geschenken für die Sache der Spanier gewonnen worden war. Dieser Herr überraschte die Stadt eine halbe Stunde vor Morgengrauen. Die meisten Männer wurden erschlagen oder gefangengenommen. Am gleichen Morgen jedoch bei Sonnenaufgang – der verräterische Führer der Spanier war erschlagen worden, als er der

Frau eines anderen nachstellte, und die Cimarrones hatten sich in voller Stärke gesammelt – schlugen sie mit großer Wildheit zurück. Sie trieben die Spanier, die ihren Führer und damit auch den Weg verloren hatten, völlig in die Enge. Teils wegen ihrer Unkenntnis des Geländes, teils durch Hunger und Not, entkamen nicht mehr als dreißig von ihnen, um denen Bericht zu erstatten, die sie gesandt hatten.

Der König der Cimarrones lebt in einer Stadt, die sechzehn Meilen südöstlich von Panama liegt. Er kann eintausendsiebenhundert Mann zum Kampf aufbieten.

Alle baten unseren Kapitän sehr dringend, noch ein oder zwei Tage bei ihnen zu bleiben. Sie versprachen ihm, daß sie in dieser Zeit seine Streitmacht verdoppeln würden, wenn er es für gut hielte. Er jedoch dankte ihnen für ihr Angebot und sagte ihnen, daß er nicht länger bleiben könne, da es längst an der Zeit sei, die beabsichtigte Reise fortzusetzen. Was die Stärke seiner Truppe anbelange, so wolle er nicht mehr Leute, als er jetzt habe, obwohl er gelegentlich wünsche, er hätte zwanzigmal so viele. Die Cimarrones nahmen seine Äußerungen als ein Zeichen nicht nur seiner Freundschaft, sondern auch seiner Großmut und marschierten deshalb an jenem Nachmittag mit viel gutem Willen los.

Unsere Marschordnung sah folgendermaßen aus: Vier der Cimarrones, die am geländekundigsten waren, gingen uns etwa eine Meile voraus. Auf dem Wege brachen sie Zweige ab, um den Nachfolgenden die Richtung zu zeigen. Sie taten das lautlos und verlangten auch von uns größte Ruhe. Ihnen folgten zwölf Cimarrones als unsere Vorhut, wir und ihre beiden Anführer gingen in der Mitte, schließlich folgten wieder zwölf Cimarrones als Nachhut.

Wir marschierten unentwegt durch Wälder. Es war sehr kühl und angenehm, da die hohen und mächtigen Bäume so dicht nebeneinander standen, daß es in jener heißen Gegend unter ihnen kühler war als in den meisten Teilen Englands im Sommer. Es ermutigte uns alle ganz besonders, als wir hörten, daß es auf halbem Wege einen hohen Baum gäbe, von dem aus wir sowohl den Atlantik, von dem wir kamen, als auch den Pazifik, zu dem wir hin wollten, sehen könnten.

Am vierten Tag (am 11. Februar) unseres Marsches gelangten wir gegen zehn Uhr auf den Gipfel eines sehr hohen Berges, eigentlich einer Bergkette, die, von Ost nach West verlaufend, zwischen den beiden Meeren liegt. Die Anführer der Cimarrones ergriffen die Hand unseres Kapitäns und baten ihn zu folgen, wenn er gleichzeitig die beiden Meere sehen wolle, was so lange sein Wunsch gewesen war.

Hier stand der stattliche hohe Baum, in den sie etliche Stufen gehauen hatten, die es ermöglichten, ihn fast bis zur Spitze zu erklimmen. In der Spitze hatten sie eine bequeme Laube gebaut, in der zehn bis zwölf Mann leicht Platz finden konnten. Von dort oben konnten wir ohne Schwierigkeiten klar den Atlantischen Ozean erkennen, von dem wir kamen, und den Pazifik, zu dem wir wollten. Südlich und nördlich dieses Baumes hatten sie etliche Bäume gefällt, um eine bessere Aussicht zu schaffen. In der Nähe standen verschiedene feste Wohnhäuser, die sie und andere Cimarrones vor längerer Zeit gebaut hatten. Sie dienten ihnen, die an verschiedenen Stellen dieser weiten Gebiete lebten, als Unterkunft, wenn sie hier vorbeikamen.

Unser Kapitän kletterte mit dem Anführer der Cimarrones zu der Laube hinauf. Dieser Tag, den Gott uns geschenkt hatte, war wegen der herrschenden Brise sehr klar, und als unser Kapitän das Meer gesehen hatte, von dem er so sagenhafte Berichte gehört hatte, flehte er Gott den Allmächtigen in seiner großen Güte an, Er möge ihm genügend Zeit und die Gelegenheit geben, einmal mit einem englischen Schiff jenes Meer zu befahren. Dann rief er seine gesamte übrige Mannschaft hinauf und machte besonders John Oxenham mit seinem Wunsch und seiner Absicht vertraut, falls es Gott in Seiner Gnade gefallen sollte, ihm dieses Glück zu gewähren. Daraufhin schwor Oxenham, daß er, wenn unser Kapitän ihn nicht aus seiner Mannschaft wegprügelte, ihm, mit Gottes Gnade, folgen wolle.

Nachdem alle mit großer Befriedigung den Anblick der Meere genossen hatten, stiegen sie wieder hinab. Nach einer Mahlzeit setzten wir unseren gewohnten Marsch durch die Wälder zwei weitere Tage (bis zum 13. Februar) fort, ohne daß sich etwas Nennenswertes ereignete. Aber dann kamen wir in eine Prärieland-schaft, wo das Gras nicht nur so lang wird wie der Knöterich an manchen Orten, sondern es erreicht eine solche Höhe, daß die Einwohner genötigt sind, es dreimal im Jahr abzubrennen, damit sich die Rinder, von denen sie Tausende haben, davon ernähren können. Denn es ist eine Art Gras, mit einem Halm so dick wie beim Schilf, und ebenso wächst auch der Sproß aus der Spitze des Halmes. Obwohl das Vieh täglich davon frißt, wächst das Gras doch jeden Tag höher, bis selbst ein Stier es nicht mehr erreichen kann. Dann setzen die Bewohner das Gras auf einer Fläche von fünf bis sechs Meilen in Brand. Trotz dieses Abbrennens sprießt es binnen dreier Tage wieder wie junges Korn. So groß ist die Fruchtbarkeit des Bodens wegen der gleichmäßigen Temperatur am Tage und in der Nacht und wegen der großen Menge Tau, der jeden Morgen fällt.

Bereits während der letzten drei Tagesmärsche durch die Prärie und über die Berge konnten wir Panama fünf- oder sechsmal am Tag sehen, und am letzten Tage (am 14. Februar) sahen wir die Schiffe auf der Reede vor Anker liegen.

Als wir uns Panama bis auf eine Tagesreise genähert hatten, befahl unser Kapitän seiner Mannschaft, abseits des üblichen Weges mit großer Vorsicht zu gehen. Denn er hatte von den Cimarrones erfahren, daß die Damen von Panama gern Jäger und Vogelfänger aussenden, um die verschiedenen schmackhaften Vögel zu bekommen, die das Land hervorbringt; wenn wir nicht sehr achtsam marschierten, konnten diese uns leicht entdecken. Wir sollten uns so ruhig und heimlich wie möglich zu dem Hain begeben, der vier Tage zuvor als Treffpunkt vereinbart worden war, eine Meile von Panama entfernt. Dort konnten wir ohne Furcht vor Entdeckung sicher neben der Hauptstraße lagern, die von dort nach Nombre de Dios führt.

Dann sandten wir einen bestimmten Cimarrone, der einst einem Herrn in Panama gedient hatte, in einem solchen Gewand, wie es die Neger in Panama zu tragen pflegen, als Späher in die Stadt. Er sollte die Zeit und Stunde in Erfahrung bringen, zu der die Schätze aus dem königlichen Schatzhaus verladen würden, um nach Nombre de Dios geschafft zu werden. Denn die Spanier unternehmen die Reise von Panama nach Venta Cruz, das sechs Meilen entfernt liegt, immer bei Nacht, weil das ganze Gebiet Prärie ist und deshalb am Tage sehr heiß. Aber von Venta Cruz nach Nombre de Dios befördern sie ihre Schätze, wenn sie es auf dem Landwege machen, immer bei Tage und nicht nachts, weil der ganze Weg durch Waldgebiet führt und deshalb sehr frisch und kühl ist, wenn nicht die Cimarrones ihnen mit einem fröhlichen Gefecht einheizen und sie aus Furcht ins Schwitzen geraten, wie es schon öfter geschehen war. Deshalb begleiteten die Spanier auf diesem Wege[1] ihre Mauleselkarawanen mit Soldaten.

An diesem letzten Tage betrachtete unser Kapitän sorgfältig den größten Teil dieser schönen Stadt und prägte sich die breite Straße gut ein, die von Süd nach Nord direkt von der See in das Land führt.

Gegen drei Uhr gelangten wir in diesen Hain, wobei wir der größeren Vorsicht wegen einem Fluß entlang gingen, der zu der Zeit fast ausgetrocknet war. Wir ließen uns dort nieder und schickten unseren Spion eine Stunde vor Anbruch der Nacht los, damit er, noch bevor die Stadttore geschlossen würden, in die Stadt gelangen könnte. Das tat er auch, kehrte aber sogleich zu uns zurück und brachte uns sehr freudig Botschaft: er habe von seinen Freunden erfahren, daß der Schatzmeister von Lima beabsichtige, mit dem ersten Kurierschiff (einer Karavelle von dreihundertundfünfzig Tonnen, einem sehr schnellen Schiff) nach Spanien zu fahren. Er wollte in dieser Nacht mit seiner Tochter und seiner Familie nach Nombre de Dios aufbrechen. Er verfüge über vierzehn Maulesel, von denen acht mit Gold beladen seien und einer mit Juwelen. Außerdem hatte unser Späher gehört, daß noch zwei weitere Karawanen von jeweils fünfzig Mauleseln, die zum größten Teil Lebensmittel und nur eine kleine Menge Silber geladen hätten, in jener Nacht der anderen folgen sollten.

Es gibt achtundzwanzig solcher Karawanen. Die größte bestehend aus siebzig, die kleinste aus fünfzig Mauleseln, wenn nicht ein Privatmann je nach Notwendigkeit nur zehn, zwanzig oder dreißig Maulesel mietet.

Auf diese Nachricht hin marschierten wir sofort vier Meilen weiter, bis wir uns Venta Cruz auf zwei Meilen genähert hatten. Unterwegs stießen zwei unserer Cimarrones, die vorausgesandt worden waren, durch den Geruch einer brennenden Lunte auf einen Spanier und nahmen ihn gefangen. Durch den Geruch besagter

---

[1]Einige Spanier glaubten, Drake hätte mehrere Tage verkleidet in Panama zugebracht, um Näheres über die Beförderung der Schätze in Erfahrung zu bringen. Es ist unwahrscheinlich, daß er es hier nicht erwähnt hätte, wenn er es getan hätte.

Lunte angelockt, hatten sie ihn schlafend am Wegesrand gefunden, und als sie näher gekommen waren, hörten sie ihn tief im Schlaf atmen. Da er allein war, fielen sie über ihn her, knebelten ihn, löschten seine Lunte und fesselten ihn derart, daß sie ihn bis zu dem Zeitpunkt, zu dem sie ihn zu uns brachten, fast stranguliert hatten.

Beim Verhör stellte sich heraus, daß alles den Tatsachen entsprach, was unser Spion uns berichtet hatte. Wir erfuhren, daß er Soldat war, im Dienst des Schatzmeisters stand und mit anderen den Schatztransport von Venta Cruz nach Nombre de Dios schützen und begleiten sollte.

Als er hörte, wer unser Kapitän sei, nahm er seinen ganzen Mut zusammen und war kühn genug, zwei Bitten an ihn zu richten: Zum einen, er möge seinen Cimarrones, die die Spanier und besonders die spanischen Soldaten ungeheuer haßten, befehlen, sein Leben zu schonen, was sie seiner Meinung nach auf seinen Befehl hin tun würden, zum anderen versicherte er unserem Kapitän, daß er und seine Mannschaft mehr Gold haben sollten – außerdem Juwelen und Perlen von großem Wert –, als sie alle tragen könnten. Sollte dies nicht der Fall sein, könnten sie mit ihm verfahren, wie sie wollten. Aber wenn alles so käme, wie er gesagt habe, dann möge unser Kapitän ihm so viel von der Beute abgeben, daß es für ihn und seine Freundin zum Leben reiche. Er habe gehört, daß unser Kapitän es mit etlichen anderen so gemacht habe. Dafür werde er den Namen unseres Kapitäns so in Ehren halten wie nur irgendeiner, dem eine solche Gnade gewährt worden war.

Als wir an die vereinbarte Stelle kamen, verbarg sich unser Kapitän mit der Hälfte seiner Leute im hohen Gras ungefähr fünfzig Schritt vom Wege entfernt. John Oxenham mit dem Anführer der Cimarrones und der anderen Hälfte lag auf der anderen Seite des Weges in gleicher Entfernung, aber so viel weiter hinten, daß unter den gegebenen Voraussetzungen die erste Gruppe die vordersten Maultiere bei den Köpfen ergreifen konnte. Die Maultiere sind nämlich immer zusammengebunden und werden eines nach dem anderen vorangetrieben. Wir hatten diese besondere Aufstellung auch gewählt, um uns nicht gegenseitig zu gefährden, falls wir in jener Nacht unsere Waffen gebrauchen mußten. Wir hatten nicht viel länger als eine Stunde im Hinterhalt gelegen, als wir die Maultierkarawanen aus der Stadt nach Venta Cruz und von Venta

Cruz nach der Stadt kommen hörten. Es ist ein großes Kommen und Gehen, wenn die Flotten dort vor Anker liegen. Wir hörten die Mauleselkarawanen, weil die Spanier viel Freude daran haben, den Tieren tiefklingende Glocken umzuhängen, die in einer stillen Nacht weit zu hören sind.

Obwohl der strengste Befehl erteilt worden war, daß keiner unserer Leute sich zeigen oder sich bewegen sollte, und alles, was von Venta Cruz kam, auch die Maultierkarawanen, ruhig vorbeigelassen werden sollte, weil wir wußten, daß sie nichts als Waren von dort brachten, vergaß sich doch einer unserer Leute namens Robert Pike, der zuviel Branntwein ohne Wasser getrunken hatte. Er verleitete einen der Cimarrones, mit ihm ganz nahe an den Wegrand heranzurobben, um seine Keckheit bei den ersten Maultieren unter Beweis zu stellen. Und als ein Herr aus Venta Cruz zu Pferde vorbeikam, begleitet von seinem Pagen, der sich am Steigbügel festhielt, richtete sich unser Mann unvorsichtig auf, um zu sehen, wer da käme. Der Cimarrone, der mehr Besonnenheit zeigte, riß ihn sofort zu Boden und legte sich auf ihn, damit sie nicht entdeckt würden. Aber der Herr hatte etwas gemerkt, als er einen sah, der ganz in Weiß gekleidet war; denn wir hatten alle unsere Hemden über die sonstige Kleidung gezogen, um unsere Leute sicher in dem Durcheinander der Nacht erkennen zu können. Sofort gab er seinem Pferd die Sporen und ritt in raschem Galopp davon. Er wollte nicht nur selbst der Gefahr entrinnen, in der er sich wähnte, sondern auch andere warnen, damit sie die Gefahr vermeiden könnten.

Unser Kapitän, der wegen der Härte des Bodens und der Stille der Nacht gehört und beobachtet hatte, wie dieser Herr vom Trab in Galopp fiel, argwöhnte zwar, daß er entdeckt worden war; er konnte sich jedoch nicht vorstellen, wer daran schuld war, hatte auch keine Zeit, dies zu ergründen. Deshalb meinte er, das Verhalten des Reiters könnte so erklärt werden, daß diese Stelle den Reisenden allgemein als gefährlich bekannt war. So warteten wir weiter auf das Kommen des Schatzmeisters, der zu diesem Zeitpunkt nur noch eine halbe Meile von uns entfernt war und der bestimmt in unsere Falle gegangen wäre, wäre dieser Reiter ihm nicht begegnet. Wie wir später von anderen Mauleselkarawanen hörten, berichtete ihm der Reiter, was er soeben in der Nacht glaubte gesehen zu haben, was er kürzlich von Kapitän Drake gehört hatte und was, seiner Vermutung nach, wahrscheinlich geschehen war, nämlich: Daß besagter Kapitän Drake oder irgendein anderer, der in seinem Auftrag handelte, enttäuscht in der Hoffnung, große Schätze in Nombre de Dios oder andernorts zu erbeuten, jetzt auf irgendeine Art heimlich durch die Wälder hierher gekommen sei, um sein Ziel doch noch zu erreichen. Auf diese Weise gewarnt, hieß der Schatzmeister seine Karawane den Weg räumen und ließ die beiden nach ihm kommenden Karawanen vorbeiziehen. Diese waren große Mauleselzüge, die zum größten Teil nur Lebensmittel geladen hatten, so daß ihr Verlust weniger ins Gewicht fallen würde, wenn das Schlimmste geschehen sollte. Sie sollten lediglich dazu dienen, uns zu entdecken.

So verloren wir durch den Leichtsinn eines einzigen Mannes und durch die Aufmerksamkeit eines Reisenden eine überaus reiche Beute. Es mag sein, daß Gott uns diese Beute nicht machen lassen wollte, denn wahrscheinlich waren die Reichtümer von dem Schatzmeister rechtens erworben worden.

Die anderen beiden Mauleselkarawanen befanden sich bald auf unserer Höhe, wo wir sie anhielten und plünderten. Einer der Haupttreiber, ein sehr vernünftiger Bursche, erzählte unserem Kapitän, wie wir entdeckt worden waren. Er riet uns, uns beizeiten aus dem Staub zu machen, falls wir nicht in der Lage seien, es mit der gesamten Streitmacht der Stadt und des Landes, die vor Tagesanbruch über uns herfallen werde, aufzunehmen.

Es erfreute uns wenig, daß uns unsere goldene Karawane entgangen war und daß wir bei den anderen nicht mehr als zwei Pferdelasten Silber fanden. Weit mehr aber bekümmerte unseren Kapitän, daß er entdeckt worden war, und das durch das Verschulden eines seiner Männer. Aber da er wußte, daß es zwecklos war, sich über Vergangenes zu grämen, und aus Erfahrung gelernt hatte, daß jede Sicherheit in extremen Situationen eine Frage schnellen Handelns ist, beriet er sich kurz mit Pedro, dem Anführer unserer Cimarrones. Dieser erklärte, daß es nur zwei Möglichkeiten gebe: Die eine, auf demselben geheimen Weg, auf dem wir gekommen waren, wieder zurückzumarschieren, also vier Meilen durch die Wälder; oder die andere Möglichkeit, auf der Hauptstraße geradewegs nach Venta Cruz zu marschieren, also nur zwei Meilen, und sich mit dem

Schwert einen Weg mitten durch den Feind zu bahnen. In Anbetracht der langen und ermüdenden Märsche, die wir besonders in der letzten Nacht und dem davorliegenden Tag hinter uns gebracht hatten, entschloß sich unser Kapitän, jetzt den kürzesten und schnellsten Weg zu nehmen. Er wollte sich eher dem Feind stellen, solange er und seine Mannschaft bei Kräften waren, als von diesem gestellt und gejagt zu werden, wenn unsere Kräfte völlig erschöpft wären. Es schien ihm auch besonders günstig, diesen Weg zu wählen, weil uns jetzt die Maulesel auf einem Teil des Weges den Marsch erleichtern konnten.

Er befahl deshalb allen, sich mit Maßen aus dem reichlichen Vorrat an erbeuteten Lebensmitteln zu versorgen, und gab dann seinen Entschluß und die Begründung dafür bekannt. Er fragte Pedro nachdrücklich, ob er ihm die Hand darauf geben könne, ihn nicht zu verraten, weil er wußte, daß dann auch die übrigen Cimarrones nicht wanken und nicht weichen würden, so treu waren sie ihrem Anführer ergeben. Pedro, sehr erfreut über diesen Entschluß unseres Kapitäns, gab ihm die Hand und schwor, daß er eher zu seinen Füßen sterben wolle als ihn an die Feinde verraten würde, wenn er diesen Weg einschlüge.

Derart vorbereitet, machten wir uns mit unseren Mauleseln auf den Weg nach Venta Cruz. Als wir uns der Stadt bis auf eine Meile genähert hatten, ließen wir die Maulesel zurück und geboten den Treibern, uns ja nicht zu folgen, wenn ihnen ihr Leben lieb wäre.

Der Weg ist in einer Breite von zehn bis zwölf Fuß durch die Wälder geschlagen, so daß zwei Maultierkarawanen aneinander vorbei können. Die Fruchtbarkeit des Bodens ist so groß, daß die Wälder trotz häufigen Schneidens und Rodens so dicht wachsen wie unsere dichtesten Hecken in England, die am häufigsten beschnitten werden.

In der Mitte dieses Waldgebietes hatte eine Kompanie Soldaten, die in der Stadt stationiert war, um sie gegen die Cimarrones zu verteidigen, Stellung bezogen, um uns den Weitermarsch zu verwehren, wenn sie es vermochten, wenn nicht, sich in ihre Befestigungen zurückzuziehen und uns dort zu erwarten. Die Mönche eines Klosters, von denen einer ein militärischer Führer geworden war, hatten sich den Soldaten angeschlossen, um sie zu unterstützen.

Zwei unserer Cimarrones gingen völlig lautlos und äußerst vorsichtig weniger als einen Bogenschuß vor uns her. Sie erkannten am Geruch der Lunten und an einem Geräusch, daß der Feind dicht vor uns lag, und bedeuteten uns, daß es Zeit sei, zu den Waffen zu greifen. Daraufhin gab unser Kapitän den Befehl, erst zu schießen, wenn die Spanier ihre erste Salve abgegeben hätten. Er dachte, daß sie das nicht tun würden, bevor sie uns angerufen hatten, und genau das geschah.

Sobald wir in Rufweite waren, rief ein spanischer Hauptmann laut »Hallo!« Unser Kapitän antwortete ihm auf gleiche Weise und antwortete auf die Frage »Wer da?«: »Engländer!« Aber als der Befehlshaber ihn im Namen des Königs von Spanien, seines Herrn, aufforderte, sich zu ergeben (wobei er ihm sein Wort als Ehrenmann und Soldat gab, daß, wenn er es täte, wir alle ehrenvoll behandelt würden), erwiderte unser Kapitän, indem er sich ihm etwas näherte, daß er im Namen der Königin von England, seiner Herrin, hier passieren müsse, und feuerte seine Pistole auf ihn ab.

Daraufhin schossen die Spanier ihre ganze Salve ab. Sie verwundeten unseren Kapitän und etliche unserer Leute leicht, verursachten aber den Tod von John Harris. Dieser wurde so mit Schrot gespickt, daß wir sein Leben nicht retten konnten, obwohl er den folgenden Tag noch überlebte. Wie es uns schien, verwandten die Spanier dieses Schrot häufig, denn auch andere unserer Leute wurden so verletzt.

Sobald unser Kapitän bemerkte, daß das spanische Feuer abnahm, so wie die letzten Tropfen eines starken Regengusses, gab er uns mit seiner Signalpfeife das übliche Zeichen, ihnen mit unseren Musketen und Bogen zu antworten und auf den Feind zuzumarschieren, um mit ihm den Nahkampf aufzunehmen. Und da wir sahen, daß der Feind versuchte, sich in eine bessere Stellung zurückzuziehen, beschleunigten wir unseren Vormarsch, um ihn nach Möglichkeit daran zu hindern. Die Cimarrones, die sich, durch die fortgesetzten Schießereien geängstigt, in den Büschen versteckt gehalten hatten, kamen nun rasch einer nach dem anderen wieder zum Vorschein. Sie hatten ihre Pfeile schußbereit in den Bogen und eilten tänzelnd oder springend nach vorn, wobei sie kräftig »Yo peho! Yo peho!« sangen. So befanden sie sich bald vor uns, wo sie ihren Tanz und Gesang wie bei ihren eigenen Stammesfehden fortsetzten. Bald überholten wir einige unserer Feinde, die sich nahe dem Ausgang der Stadt in die Wälder zurückgezogen hatten, um dort Stellung gegen uns zu beziehen.

Aber unsere Cimarrones, durch unsere Entschlossenheit zum Äußersten ermutigt, brachen in das Dickicht ein, griffen von zwei Seiten gleichzeitig an und zwangen alle, einschließlich der Mönche, zur Flucht, obwohl etliche unserer Leute verwundet wurden. Besonders ein Cimarrone jedoch, der von einer spanischen Pike durchbohrt wurde, zeigte seinen Mut und seine Geisteshaltung. Er rächte seinen eigenen Tod, bevor er starb, indem er den tötete, der ihm die tödliche Wunde beigebracht hatte.

Wir jagten den Fliehenden nach, so schnell wir konnten, und drangen in die Stadt Venta Cruz ein. Sie hat vierzig bis fünfzig Wohnhäuser, einen Statthalter und andere Würdenträger und sonst einige hübsche Bauten sowie viele große und festgebaute Lagerhäuser für die Waren, die auf dem Chagresfluß von Nombre de Dios hierhergebracht und dann mit Mauleseln nach Panama weiterbefördert werden. Außerdem gibt es dort ein Kloster, in dem wir mehr als tausend Bullen und Ablässe fanden, die kürzlich von Rom eingetroffen waren.

In den Klostergebäuden fanden wir drei vornehme Frauen, die hier kürzlich Kinder zur Welt gebracht hatten, obwohl sie in Nombre de Dios wohnten. Wie sie uns berichteten, hat man seit langem beobachtet, daß die Kinder spanischer oder anderer weißer Frauen nicht in Nombre de Dios geboren werden können, weil sie bereits nach zwei oder drei Tagen sterben. Werden sie dagegen in Venta Cruz oder Panama geboren und verbringen dort die ersten fünf bis sechs Jahre und werden dann nach Nombre de Dios gebracht – sofern sie nicht im ersten oder zweiten Monat krank werden –, so leben sie im allgemeinen dort so gesund und munter wie an jedem anderen Ort, obwohl man sagt, daß es kein Fremder dort längere Zeit ohne große Gefahr für Leben und Gesundheit aushalten kann.

Bei unserem plötzlichen Eindringen in die Stadt gerieten diese Damen in große Furcht. Unser Kapitän hatte jedoch allen Cimarrones strengen Befehl gegeben, sich, solange sie mit ihm zusammen waren, an keiner Frau zu vergreifen und auch an keinem Mann, der keine Waffe in der Hand hatte und ihnen keinen Schaden zufügen

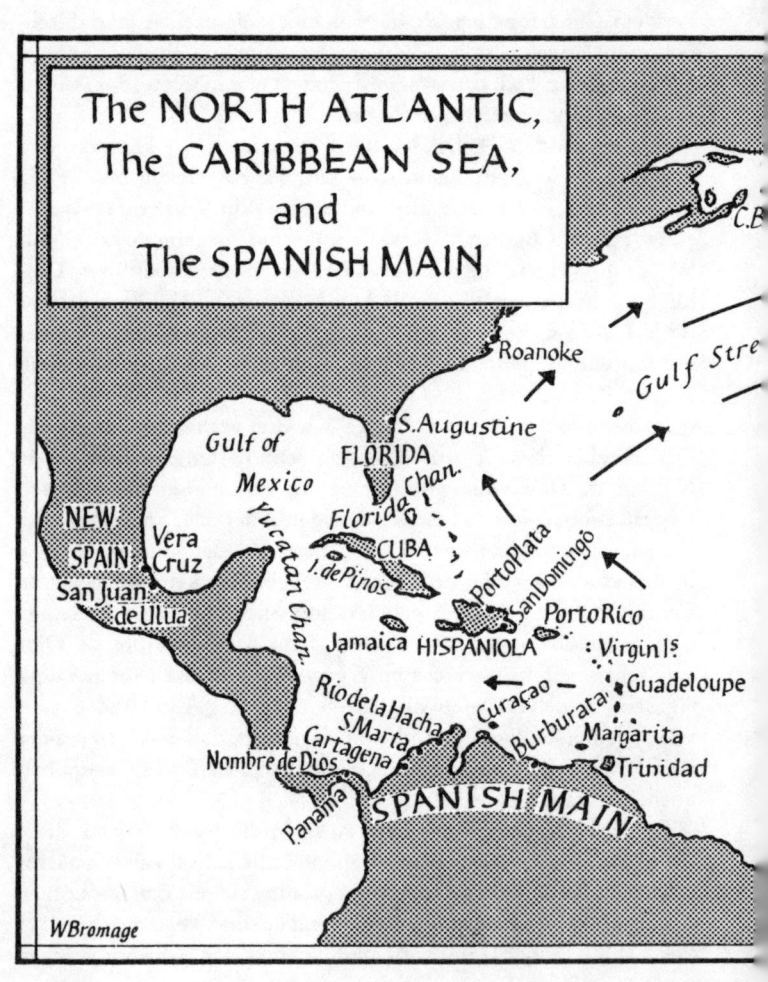

The NORTH ATLANTIC,
The CARIBBEAN SEA,
and
The SPANISH MAIN

C.B

Roanoke

Gulf Stre

S.Augustine

Gulf of
Mexico

FLORIDA

Florida Chan.

NEW
SPAIN

Vera
Cruz

Yucatan Chan.

CUBA

I.de Pinos

Porto Plata

San Domingo

San Juan
de Ulua

Jamaica HISPANIOLA

Porto Rico

Virgin Is

Rio de la Hacha

S.Marta

Cartagena

Curaçao

Guadeloupe

Burburata

Margarita

Nombre de Dios

Trinidad

Panama

SPANISH MAIN

WBromage

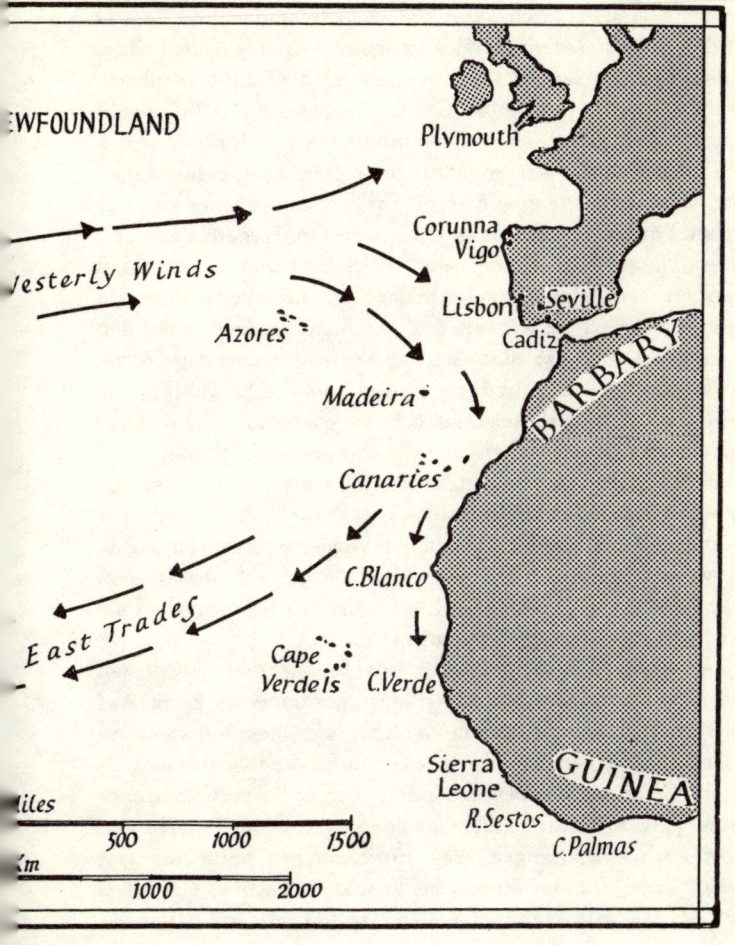

NEWFOUNDLAND

Plymouth

Corunna
Vigo

Westerly Winds

Lisbon Seville

Azores

Cadiz

BARBARY

Madeira

Canaries

C.Blanco

East Trades

Cape
Verde Is   C.Verde

GUINEA

Sierra
Leone
R.Sestos
C.Palmas

Miles

500   1000   1500

Km

1000   2000

konnte. Die Cimarrones hatten die Einhaltung des Befehls nachdrücklich versprochen und hielten sich getreulich daran. Keiner der
Damen wurde ein Unrecht zugefügt oder irgend etwas entwendet,
und sei es nur ein Strumpfband. Obwohl die Damen tatsächlich
genügend Schutz und Sicherheit durch die Mitglieder unserer
Mannschaft erhielten, die unser Kapitän ihnen sandte, und auch
von ihnen genügend getröstet wurden, mußte auf ihr beständiges
Drängen hin zu ihrer größeren Sicherheit unser Kapitän zu ihnen
kommen. Erst als er ihrem Wunsche nachkam und in ihrer Gegenwart den Befehl wiederholte, den er seinen Leuten gegeben hatte,
und dem sie Gehorsam gelobten, zeigten sich die Damen beruhigt.

Wir hatten nicht ohne guten Grund Wachen aufgestellt, sowohl
auf der Brücke, die wir überqueren mußten, als auch am Ausgang
der Stadt, durch den wir eingedrungen waren. Die Spanier haben
keinen weiteren Zugang zur Stadt von der Landseite, es gibt nur
noch einen anderen vom Wasser her, wo sie ihre Fregatten ent- und
beladen. Unsere Wachen gaben uns Sicherheit und Ruhe, so daß
wir uns etwa eineinhalb Stunden in der Stadt aufhalten konnten. In
dieser Zeit erfrischten wir uns und machten, zusammen mit den
Cimarrones, gute Beute, die unser Kapitän jedoch ganz den Cimarrones überließ, da sie nicht das war, was er wollte. Er wollte nichts
haben, was hinderlich oder zu schwer war und unsere Reise
aufhalten oder unsere Verteidigung beeinträchtigen konnte.

Kurz bevor wir aufbrachen, ritten zehn bis zwölf Reiter aus
Panama zuversichtlich in die Stadt. Aller Wahrscheinlichkeit nach
vermuteten sie, daß wir die Stadt bereits wieder verlassen hatten, da
alles so still und friedlich war. Aber als sie auf uns stießen,
sprengten sie, von Furcht gejagt, schneller wieder davon, als sie
voller Hoffnung hereingekommen waren.

Als wir unseren Besuch in dieser Stadt beendet hatten, verließen
wir sie über die Brücke in derselben Marschordnung wie zuvor. Auf
diese Weise fühlten wir uns alle so sicher, als wären wir von Wall
und Graben umgeben. Kein Spanier konnte uns verfolgen, ohne sich
in größte Gefahr zu begeben, besonders jetzt, da unsere Cimarrones
so tapfer geworden waren. Aber unser Kapitän, der in Betracht zog,
daß er noch einen langen Weg zurückzulegen hatte und fast
vierzehn Tage fern von seinem Schiff war, auf dem er einen Teil
seiner Mannschaft krank und elend zurückgelassen hatte, be-

schleunigte die Tagesmärsche, so sehr er nur konnte. Er lehnte es
ab, andere Städte der Cimarrones zu besuchen – wozu sie ihn
dringend einluden –, und ermutigte die Mannschaft so mit Vorbild
und Zuspruch, daß der Weg viel kürzer schien. Er marschierte
fröhlich und guter Dinge und versprach uns, daß wir alle, bevor er
diese Küste verließe, sicher reichlich für die ausgestandenen Strapazen belohnt werden sollten. Die Eile auf dem Weg, die keinen
Abstecher in die Städte der Cimarrones dulden wollte, ließ unsere
Mägen viele Tage lang hungrig bleiben, sehr zum Unwillen unserer
Cimarrones, die uns mit genügend Wild versorgt hätten, wenn wir
auch nur einen Tag unseren fortwährenden Marsch unterbrochen
hätten.

In unserer Abwesenheit hatten die übrigen Cimarrones eine
kleine Ortschaft erbaut, nur drei Meilen von dem Platz entfernt, an
dem unser Schiff lag. Auf ihre nachdrücklichen Bitten hin erklärte
sich unser Kapitän bereit, dort eine Pause einzulegen, zumal sie ihm
sagten, sie hätten sie nur seinetwegen gebaut. Er gab desto
bereitwilliger seine Zustimmung, um unseren Mangel an Schuh-
werk durch die Cimarrones beheben zu lassen. Alle unsere Leute
klagten nämlich über Fußbeschwerden, und unser Kapitän fiel in
diese Klagen ein, manchmal mit und manchmal ohne Grund, und
ließ so seine Leute ihre Beschwernisse leichter ertragen.

In der ganzen Zeit, in der wir von den Cimarrones begleitet
wurden, leisteten sie uns ständig gute Dienste, ganz besonders auf
dieser Reise, auf der sie Späher waren, die uns warnten, Führer auf
unseren Wegen, die uns geleiteten, Lieferanten, die Lebensmittel für
uns heranschafften, und Baumeister, die uns ein Dach über dem
Kopf verschafften. Die Cimarrones waren überaus geschickt und
stark und versorgten uns mit allem Lebensnotwendigen. Etliche
Male, wenn irgendeiner unserer Männer verletzt oder krank oder
einfach erschöpft zusammenbrach, trugen ihn zwei Cimarrones mit
Leichtigkeit meilenweit; und bei anderen Gelegenheiten, wenn Not
am Mann war, zeigten sie sich ebenso entschlossen wie erfinderisch
und hatten ein gutes Urteil.

Sofort nach unserer Ankunft in diesem Ort, am Samstagabend
(22. Februar), schickte unser Kapitän einen Boten mit einem
Unterpfand und einem Befehl zu seinem Steuermann, der drei
Wochen lang Wache gegen den Feind gehalten und Streifzüge in die

Wälder unternommen hatte, um unsere an Bord gebliebenen Männer mit frischer Nahrung zu versorgen, die zu ihrer Erholung und Genesung beitragen sollte.

Als dieser Bote ans Ufer kam und zu unserem Schiff hinüberrief, er bringe Neuigkeiten, wurde er sofort von unseren Leuten, die begierig auf eine Nachricht von unserem Kapitän warteten, an Bord geholt. Als er aber nur einen goldenen Zahnstocher vorzeigte, den ihm, wie er sagte, unser Kapitän als Erkennungszeichen für Ellis Hixom mitgegeben habe, mit dem Auftrag, Hixom an diesem Fluß zu treffen, kamen dem Steuermann Bedenken. Obwohl er den Zahnstocher des Kapitäns gut kannte, mußte er doch an die Mahnungen und Warnungen des Kapitäns beim Abschied denken. Ohne ein Zeichen des Mißtrauens zu geben, stand er doch zögernd da und fragte sich, ob unserem Kapitän möglicherweise etwas Schlimmes zugestoßen sei. Der Cimarrone bemerkte das und erklärte Hixom, es sei Nacht gewesen, als man ihn losschickte; deshalb habe unser Kapitän keine Botschaft schreiben können. Er habe jedoch mit der Messerspitze etwas auf den Zahnstocher eingeritzt, das den Boten hinlänglich als echt ausweisen würde.

Daraufhin schaute der Steuermann genauer auf den Zahnstocher und las die eingravierten Worte »Von mir, Francis Drake«. Nun erst konnte er dem Boten Glauben schenken. Gemäß den Anweisungen des Kapitäns schaffte er soviel Lebensmittel an Bord, als er konnte, und fuhr zur Mündung des Tortugas; so nannten die Cimarrones, die bei ihm waren, diesen Fluß.

An jenem Nachmittag gegen drei Uhr kamen wir anderen am Fluß an. Keine halbe Stunde später sahen wir unsere Pinasse, die bereit lag, um uns aufzunehmen. Es war für uns alle eine doppelte Freude, einmal, daß sie überhaupt da war, und zum anderen, daß sie so schnell gekommen war. Unser Kapitän und alle, die bei ihm waren, dankten Gott von ganzem Herzen, daß sie ihre Pinasse und ihre Landsleute wiedersehen durften.

Mit Ausnahme unseres Kapitäns erschienen denen, die die ganze Zeit in Ruhe und Überfluß an Bord gelebt hatten, alle übrigen in Ausdruck und Gebärden merkwürdig gealtert. In der Tat hatten das lange Fasten und die Mühen und Plagen der Reise an uns gezehrt und uns mitgenommen. Schwerer wog jedoch die Enttäuschung, leer ausgegangen zu sein, ohne das Gold und die Schätze, auf die wir so gehofft hatten. Dieser Kummer hatte zweifellos seine Spuren auf unseren Gesichtern zurückgelassen.

Einige unserer Männer, die nicht mehr so schnell wie unser Kapitän marschieren konnten, hatten wir in der neuen Ortschaft der Cimarrones zurückgelassen. Am nächsten Tag (am 23. Februar) fuhren wir zum Fluß am Ende der Bucht und nahmen sie alle an Bord. So waren wir, zur großen Freude unserer Mannschaft, wieder von Panama zurückgekehrt. Unser Bericht ermunterte sie sehr, besonders als sie hörten, daß unser Kapitän nicht die Absicht habe, es bei diesem Stand der Dinge zu belassen, sondern dieselbe Reise noch einmal unternehmen wollte, dieses Mal mit allen Mitgliedern seiner Mannschaft.

In der Zwischenzeit wollte unser Kapitän nicht dulden, daß die Schlagkraft und die Tapferkeit seiner Mannschaft nachlasse oder gar einschlafe, weil sie ohne Beschäftigung war. Er wußte sehr gut aus langer Erfahrung, daß keine Krankheit ein Unternehmen so sehr gefährden kann wie langes Warten und Untätigkeit.

Deshalb durchdachte und überlegte er alles, was er in früheren Jahren über andere wichtige Orte dieser Gegend in Erfahrung gebracht hatte, besonders über Veragua, einer reichen Stadt im Westen, die zwischen Nombre de Dios und Nicaragua liegt und die ergiebigste Goldmine dieser Gegend hat. Er beriet sich mit seinen Leuten und fragte sie nach ihrer Meinung, was man in der Zwischenzeit tun wolle und wie sie dazu ständen.

Einige meinten, daß es sehr notwendig sei, die Lebensmittelvorräte aufzubessern, um die Mannschaft solange bei guter Laune und Gesundheit zu halten, bis unsere Zeit gekommen sei. Dies sei leicht zu bewerkstelligen, da die Fregatten mit Lebensmitteln an Bord ohne großen Schutz führen, wohingegen die Fregatten und Barken mit Schätzen an Bord meistens durch große Schiffe und viele Soldaten gesichert seien.

Andere hingegen waren der Ansicht, daß wir unsere Zeit besser damit verbringen sollten, Schatzschiffe zu kapern. Unsere Lager- und Vorratshäuser seien hinlänglich gefüllt, das Land selbst so reich, daß ein jeder sich selbst versorgen könne, wenn das Schlimmste geschehe. Lebensmittel könnten auch später noch reichlich herangeschafft werden. Der Strom der Schätze hingegen fließe nie so reich und regelmäßig wie eben jetzt, da die Schatzflotten im

Hafen ankerten. Diese Gelegenheit dürfe man auf keinen Fall ungenutzt vorübergehen lassen.

Auch die Cimarrones wurden nach ihrer Meinung gefragt, denn sie wußten über die Einzelheiten in allen Städten dieser Gegend gut Bescheid, da jeweils der eine oder der andere von ihnen dort schon in Dienst gestanden hatte. Sie erklärten, daß bei Veragua Señor Pezoro wohne, der einst ihr Herr gewesen und von dem sie geflohen seien. Aus Angst vor Überfällen wohne er nicht in der Stadt selbst, doch aus Bequemlichkeit nicht weit von ihr entfernt. Er wohne seit mindestens neunzehn Jahren in einem festen Steinhaus und begebe sich niemals von zu Hause fort, außer einmal im Jahr, um nach Cartagena oder Nombre de Dios zu fahren, wenn die Schatzflotten da seien. Er beschäftigte mindestens hundert Sklaven in den Minen. Jeder Sklave sei verpflichtet, einen Tagesertrag – nach Abzug aller Unkosten – von drei Pesos in Gold für ihn selbst und zwei Pesos für seine Frauen zu erbringen. (Der Peso entspricht acht Schilling und drei Pence.) Der tägliche Reingewinn belaufe sich insgesamt auf mehr als zweihundert Pfund Sterling. Er habe eine gewaltige Menge Gold angehäuft, die er in großen Truhen aufbewahre, die zwei Fuß hoch, drei Fuß breit und vier Fuß lang seien. Ungeachtet all seines Reichtums sei er nicht nur zu seinen Sklaven, sondern zu allen Menschen hart und grausam. Deshalb verlasse er auch nie das Haus, ohne eine Leibwache von fünf oder sechs Mann mitzunehmen, um seine Person vor Gefahr zu schützen, die er von allem und überallher befürchtet. Was die Durchführung des Planes unseres Kapitäns betreffe, so beteuerten ihm die Cimarrones, daß sie ihn sicher auf denselben Wegen, auf denen sie geflohen waren, durch die Wälder dorthin geleiten würden. Er brauche keine Gefahr zu fürchten, sie würden ihn gut führen. Und wenn das Haus des Spaniers auch aus Stein sei, so daß es nicht brennen könne, so würden sie, wenn unser Kapitän einen Angriff darauf wagen wolle, es unterminieren und niederreißen oder sonst auf eine Art ihm leichten Zugang zu diesem außerordentlichen Schatz verschaffen.

Nachdem unser Kapitän sich alle Meinungen aufmerksam angehört hatte, traf er seine Entscheidung so, daß sich durch Teilung seiner Mannschaft die beiden erstgenannten Ansichten in die Praxis umsetzen ließen. John Oxenham gab er den Befehl, in der *Bear* ostwärts nach Tolu zu segeln und zu sehen, was für Proviantlieferungen ihm quer vor die Klüse kämen; er selbst wollte mit der *Minion* westwärts fahren und sich bei den Cabezas auf die Lauer legen. Dort war die am stärksten befahrene Route der Schiffe, die Schätze von Veragua und Nicaragua zur Flotte beförderten. So wollten wir weder Zeit noch Gelegenheit verstreichen lassen, sowohl bezüglich des Proviants wie auch der Schätze. Was den Anschlag auf Veragua oder Señor Pezoros Haus anging, der nur auf dem Landwege mit einem Marsch durch die Wälder durchzuführen war, so mochte unser Kapitän diesen Gedanken nicht. Er befürchtete, ein solches Unternehmen werde seine Männer überanstrengen, und wollte, daß sie sich für das nächste große Unternehmen erholten und stärkten.

Wir behandelten die Cimarrones mit größter Höflichkeit und ließen alle, die zu ihren Frauen zurückkehren wollten, reich beschenkt von dannen ziehen. Diejenigen, die noch bei uns an Bord bleiben wollten, wurden entsprechend beschäftigt. Dann machten sich die Pinassen, wie vereinbart, auf den Weg: die *Minion* nach Westen und die *Bear* nach Osten.

Die *Minion* kaperte in der Höhe der Cabezas eine Fregatte aus Nicaragua. Auf diesem Schiff befand sich einiges Gold und ein Lotse aus Genua, der vor weniger als acht Tagen in Veragua gewesen war. (Viele Genuesen sind an jenen Küsten tätig.) Er wurde sehr gut behandelt und berichtete unserem Kapitän von dem Zustand der Stadt und des Hafens. Weiter erzählte er ihm von einer Fregatte, die in wenigen Tagen absegeln werde und Gold im Werte von einer Million an Bord habe. Der Lotse bot unserem Kapitän an, ihn dort hinzugeleiten, wenn er ihn entsprechend belohnen würde. Er sagte, er kenne die Wasserstraße ganz genau und könne ihn in der Nacht unentdeckt und sicher über die Sandbänke und Untiefen hinführen, obwohl der Wasserstand niedrig sei. Die Stadt liege fünf Meilen vom Hafen entfernt, und der Weg über Land sei beschwerlich und gefährlich und führe durch Wälder. Sollten wir durch irgendeinen Zufall an der Hafeneinfahrt entdeckt werden, so könnten wir trotzdem unser Unternehmen durchführen und wieder lossegeln, bevor die Stadt Kenntnis von unserem Kommen habe. Bei seinem Aufenthalt in der Stadt habe er von den Spaniern gehört, daß Drake an der Küste sei. Diese Meldung hatte sie in große Furcht versetzt, nicht nur dort, sondern überall; Señor Pezoro z. B.

beabsichtige sogar, sich an den Pazifik zu begeben. Es sei von seiten der Spanier nichts geschehen, sich des Engländers zu erwehren. Die Furcht sei so groß, daß, wie in solchen Fällen üblich, Planung nicht möglich und Verzweiflung weit verbreitet sei.

Unser Kapitän war auf Grund seiner eigenen Kenntnisse und seiner früheren Informationen geneigt, zu seinem Schiff zurückzukehren, um von dort einige Cimarrones zu holen, die bei Señor Pezoro gearbeitet hatten, um sich über diesen Punkt Gewißheit zu verschaffen. Aber als der Lotse aus Genua nachdrücklich darauf drang, Zeit zu sparen, und sich unserem Kapitän gegenüber für guten Erfolg verbürgte, wenn wir nicht zögerten, ließ unser Kapitän die Fregatte denn ziehen, um ihre Reise zu beschleunigen. Unter der Leitung des Lotsen bemühten wir uns, mit Ruder und Segel zu diesem Hafen zu kommen und bei Nacht einzudringen. Wir gedachten zunächst, die Fregatte zu kapern und anschließend den Überfall auf Pezoros Haus durchführen zu können.

Aber als wir an die Einfahrt zum Hafen kamen, hörten wir zwei Kanonenschüsse und weiter entfernt, etwa eine Meile in der Bucht, zwei weitere, die auf die ersten antworteten. Unser Genueser Lotse argwöhnte gleich, daß wir entdeckt waren, denn, wie er uns versicherte, sei der Befehl zur erhöhten Wachsamkeit erst nach seinem letzten Aufenthalt dort erteilt worden, und zwar wegen der Warnungen, die der Statthalter von Panama allen entlang der Küste gegeben hatte.

Die Spanier fürchteten selbst in ihren Betten ständig unseren Kapitän, deshalb hielten sie, aller Wahrscheinlichkeit nach im Auftrag des reichen Pezoro, diese ständige Wache zu ihrer größeren Sicherheit.

Nachdem sich unsere Hoffnungen so rasch zerschlagen hatten, glaubten wir, uns Gottes Willen fügen zu sollen und dieses Mal nicht in den Hafen einzudringen. Diesen Entschluß erleichterte uns der Wind, der die ganze Zeit aus östlicher Richtung gekommen war, jetzt aber von Westen her wehte und uns einlud, wieder zu unserem Schiff zurückzukehren. Dort trafen wir uns gemäß unserer Vereinbarung am Gründonnerstag mit unseren Leuten von der *Bear*. Sie hatten ihre Zeit gewinnbringender als wir verbracht.

Sie hatten nämlich eine Fregatte gekapert, auf der sich zehn Spanier befanden, die sie an Land setzten. Die Fregatte hatte eine große Ladung Mais, achtundzwanzig fette Schweine und zweihundert Hühner an Bord. Unser Kapitän ließ sie entladen, und da sie neu und gut gebaut war, ließ er sie zum Kampfschiff herrichten, indem er alle Kanonen mitsamt der Ausrüstung, die zur Verwendung auf diesem Schiff geeignet war, darauf schaffen ließ. Wir hatten nämlich von den zuletzt gefangengenommenen Spaniern gehört, daß zwei kleine Galeeren in Nombre de Dios gebaut würden, um der Flotte am Chagres als Verbindungsschiffe zu dienen; diese Galeeren seien aber noch nicht vom Stapel gelaufen. Unser Kapitän schlug vor, wir sollten unser Glück bei dieser Flotte versuchen. Um seine Leute anzufeuern, feierte er mit ihnen das Osterfest (am 20. März) mit großer Fröhlichkeit und Heiterkeit.

Am nächsten Tag (am 21. März) stachen wir mit der frisch ausgerüsteten Fregatte aus Tolu und der *Bear* in See, um zu den Cativas zu fahren. Zwei Tage später landeten wir dort und blieben bis Mittag. Da sahen wir im Westen ein Schiff, das, wie wir meinten, auf die Insel zusegelte. Wir setzten Segel und fuhren ihm entgegen. Als es uns bemerkte, beschoß es uns, bis die Besatzung erkannte, daß wir keine Spanier waren. Die Leute an Bord vermuteten gleich, daß wir die Engländer seien, von denen sie schon so viel gehört hatten. Und da sie sich in großer Not befanden und Hilfe von uns erhofften, drehten sie nach Lee bei und schossen als Zeichen der Freundschaft ihre Kanonen auf Lee ab, was nicht unbeantwortet blieb.

Wir erfuhren, daß es Testu[1] war, ein französischer Kapitän aus Newhaven (Le Havre) mit einem Kriegsschiff, wie wir es hatten, und daß er dringend Hilfe von uns haben wollte. Bei unserem ersten Zusammentreffen streckte der französische Kapitän seine Arme gen Himmel und flehte unseren Kapitän an, ihm mit Wasser auszuhelfen, er habe nichts außer Wein und Apfelwein an Bord, und dieser Umstand habe zu schwerer Krankheit unter seiner Mannschaft geführt. Er habe uns von dem Zeitpunkt an gesucht, zu dem er von unserer Anwesenheit an der Küste erfahren habe, d. h. seit etwa fünf Wochen. Unser Kapitän sandte einen von uns mit dem Lebensnotwendigsten für den Augenblick zu ihm an Bord und bewog ihn, uns zum nächsten Hafen zu folgen, wo er sowohl Wasser als auch Lebensmittel haben könne.

[1] Guillaume de Testu, ein hugenottischer Freibeuter und Hydrograph.

Als wir vor Anker gingen, sandte der Franzose unserem Kapitän ein Etui mit Pistolen und einen schönen vergoldeten türkischen Krummsäbel. (Dieser hatte Heinrich II., dem verstorbenen König von Frankreich gehört, den Monsieur Montgomery am Auge verletzt hatte. Der französische Kapitän hatte den Säbel von Monsieur Strozzi erhalten.) Unser Kapitän revanchierte sich mit einer goldenen Kette und einer Medaille, die er trug.

Der Franzose brachte uns die ersten Neuigkeiten vom Massaker in Paris anläßlich der Hochzeit des Königs von Navarra am St. Bartholomäustag letzten Jahres (am 24. August 1572). Er berichtete von der Ermordung des Admirals von Frankreich[1], der in seinem Schlafzimmer umgebracht worden war, und von verschiedenen anderen Morden. Er meinte, diejenigen Franzosen seien im Augenblick die glücklichsten, die am weitesten von Frankreich weg seien; Frankreich sei nicht länger Frankreich, sondern ein Land der Raserei, gerade als ob ganz Gallien in Wermut und Galle getränkt worden sei und die italienischen Praktiken die französische Schlichtheit verdrängt hätten. Er fügte hinzu, daß er großartige Berichte von unseren gewaltigen Reichtümern gehört habe. Er wollte von unserem Kapitän wissen, wie er seine Reise auch so erfolgreich gestalten könne.

Obwohl wir ihm wegen seines äußeren Gehabes mit einiger Besorgnis und einigem Mißtrauen begegneten, dachten wir doch eher an die militärische Stärke, die er besaß, als an den guten Willen, den er für uns hegen konnte, und beschlossen nach Beratung darüber, ob es gut sei, ihn als Partner aufzunehmen, ihn und zwanzig seiner Leute teilnehmen zu lassen und mit ihm Halbpart zu machen. Auf diese Weise brauchten wir keine Bedenken wegen ihrer Stärke zu haben, da sie nur zwanzig waren, und brauchten nicht um unseren Anteil zu fürchten, da er nicht kleiner als ihrer sein würde. So konnten wir ihr Anliegen befriedigen und sie unseren Zielen nutzbar machen, die wir ohne weitere Hilfe wohl kaum erreicht hätten. Es war so, daß der Franzose siebzig und wir jetzt nur einunddreißig Mann hatten, sein Schiff hatte etwa achtzig Tonnen, unsere Fregatte aber nur zwanzig und unsere Pinasse gerade zehn. Unser Kapitän hielt dieses Verhältnis für angemessen, da er meinte,

[1]Gaspard de Coligny, der große Führer der Hugenotten.

daß nicht die Anzahl der Leute, sondern deren Urteilskraft und Kenntnisse die entscheidenden Faktoren seien. Das französische Schiff konnte uns in keiner Weise bei dem Unternehmen, das wir ins Auge gefaßt und vorher beschlossen hatten, von irgendeinem Nutzen sein, sowohl was den Zeitpunkt des Unternehmens als auch unseren Treffpunkt, nämlich Rio Francisco, anging.

Nachdem wir uns so mit Kapitän Testu geeinigt hatten, schickten wir nach den Cimarrones, wie vorher ausgemacht war. Zwei von ihnen kamen an Bord jedes Schiffes, um den Franzosen ein Unterpfand für unsere Vereinbarung zu geben. Während der nächsten fünf, sechs Tage versorgten wir uns und verproviantierten zusätzlich die französische Mannschaft. Wir brachten sie dann zu unserem nächstgelegenen Lagerhaus, wo sie so reichlich von uns versorgt wurden, daß sie protestierten und uns schworen, sie würden uns ihr ganzes Leben lang verpflichtet sein. Dann ließen wir unsere Schiffe an einem sicheren Ankerplatz zurück und bemannten unsere Fregatte und die beiden Pinassen mit zwanzig Franzosen, fünfzehn von unseren Leuten und mit unseren Cimarrones und fuhren in Richtung Rio Francisco. (Unsere *Lion* hatten wir kurz nach unserer Rückkehr von Panama versenkt, da wir nicht genügend Leute hatten, um sie zu bemannen.) Da der Wasserstand für unsere Fregatte zu niedrig war, mußte sie bei den Cabezas liegen bleiben. Sie war mit Engländern und Franzosen bemannt und stand unter dem Kommando von Robert Doble. Sie sollte dort bis zur Rückkehr unserer Pinassen warten, ohne irgendwelche Überfälle zu unternehmen. Dann ging es weiter nach Rio Francisco, wo die beiden Kapitäne (am 31. März) mit der vorher erwähnten Streitmacht landeten. Sie befahlen den Männern, die das Kommando auf den Pinassen hatten, um jeden Preis nach genau vier Tagen wieder an dieser Stelle zu sein. Da wir wußten, daß die Schatztransporte jetzt täglich von Panama nach Nombre de Dios gingen, bewegten wir uns heimlich durch die Wälder auf die Hauptstraße zu, die diese beiden Städte verbindet.

Auf dem Seeweg beträgt die Entfernung zwischen Rio Francisco und Nombre de Dios fünf Meilen, die Entfernung auf dem Landweg beträgt, wie wir feststellten, etwa sieben Meilen. Wir gingen in der gleichen Marschordnung und unter Wahrung strengsten Stillschweigens wie bei unserem früheren Unternehmen gegen Panama.

Wir marschierten so zum großen Erstaunen des französischen Kapitäns und seiner Mannschaft, die einwandten, sie wüßten unter keinen Umständen, wie sie wieder zu den Pinassen zurückkämen, wenn uns die Cimarrones im Stich lassen sollten. (Für die Cimarrones war das Wort unseres Kapitäns Gesetz, von den Franzosen hielten sie wenig und hatten kein Vertrauen zu ihnen.) Unser Kapitän versicherte ihnen, daß die Cimarrones keinen Anlaß zum Mißtrauen gäben, das hätten sie bei früheren Anlässen unter Beweis gestellt.

Als wir uns auf eine Meile der Hauptstraße genähert hatten, verbrachten wir dort die Nacht an einem geeigneten Platz. Wir verhielten uns vollkommen still und erholten uns von den Strapazen. Von dort aus hörten wir eine große Anzahl von Zimmerleuten auf den Schiffen arbeiten, wie sie es gewöhnlich tun, da am Tage eine zu große Hitze in Nombre de Dios herrscht. Aufgrund des harten Bodens konnten wir auch die Maultiere hören, die von Panama kamen.

Als die Cimarrones am nächsten Morgen (am 1. April) viele Glöckchen hörten, freuten sie sich so, als hätte ihnen nichts Schöneres begegnen können, besonders, nachdem sie zuvor so enttäuscht worden waren. Sie versicherten uns mit Bestimmtheit, daß wir nun alle mehr Gold und Silber bekommen sollten, als wir alle würden tragen können, eine Aussage, die sich bald als wahr bestätigte.

Denn es kamen drei Maultierkarawanen: eine bestand aus fünfzig Tieren, die anderen beiden aus jeweils siebzig. Jedes Tier mochte eine Last von etwa dreihundert Pfund Silber tragen, was insgesamt eine Ladung von fast dreißig Tonnen ausmacht.

Wir machten uns bereit und begaben uns in die Nähe der Straße, wo wir die Glöckchen hörten. Wir warteten nicht lange. Als wir sahen, was die Maultiere geladen hatten, griffen wir die Zügel der vordersten und hintersten Maultiere, worauf alle übrigen anhielten und sich niederlegten, wie es ihre Gewohnheit ist. Diese drei Maultierkarawanen wurden von etwa fünfundvierzig Soldaten bewacht, jeweils fünfzehn bei jeder Karawane. Es kam eine Zeitlang zu einer Schießerei; wir überschütteten die Spanier auch mit Pfeilen. Bei diesem Scharmützel wurde der französische Kapitän durch einen Schrotschuß schwer am Bauch verwundet, ein Cimarrone kam ums Leben. Schließlich hielten die spanischen Soldaten es für das beste, uns ihre Maultiere zu überlassen und sich nach Verstärkung umzusehen. In der Zwischenzeit gaben wir uns redliche Mühe, den Tieren, die am schwersten beladen waren, ihre Last zu erleichtern. Da wir müde waren, begnügten wir uns mit einigen Barren und Platten Gold, die wir gut tragen konnten. Wir vergruben etwa fünfzehn Tonnen Silber, teils in den Höhlen, die die großen Landkrebse in die Erde gewühlt hatten, teils unter alten Bäumen, die umgestürzt waren, und teils in dem Sand und Kies eines Flusses, der nicht sehr viel Wasser führte.[1]

Nachdem wir etwa zwei Stunden für unser Unternehmen gebraucht und alles erledigt hatten und denselben Weg zurückmarschieren wollten, den wir gekommen waren, hörten wir Männer zu Pferd und zu Fuß sich den Maultieren nähern. Sie folgten uns aber nicht bis in die Wälder. Da der französische Kapitän wegen seiner Verwundung nicht weitermarschieren konnte, blieb er dort in der Hoffnung, daß einige Tage Ruhe ihm neue Kraft verleihen würden. Nach weiteren zwei Meilen stellten die Franzosen fest, daß einer ihrer Leute fehlte. Wir gingen der Sache nach und stellten fest, daß dieser Mann nicht im Kampf gefallen war, sondern zuviel Wein getrunken hatte, sich mit zuviel Beute beladen hatte, uns vorausge-

---

[1]». . . als die Lastzüge, die den Überlandverkehr in diesem Gebiet durchführen, sich unter Bewachung und Schutz der für notwendig erachteten Soldaten und Truppen von dort nach Nombre de Dios bewegten, beladen mit Gold und Silber, das Eurer Majestät und anderen Privatpersonen gehörte und das an Bord der Schiffe der Flotte geschafft werden sollte, kamen, als der Lastzug etwa eineinhalb Meilen von Nombre de Dios entfernt war, eine Anzahl von Engländern, Franzosen und Cimarrones, um das Gold und Silber wegzunehmen, das von diesen Lastzügen befördert wurde. Da die Soldaten und die anderen, die die Züge beschützen sollten, nicht in der Lage waren, den Raub zu verhindern, erbeuteten die Feinde mehr als 100 000 Pesos in Gold und 18 363 Pesos in Silber, die für Eure Majestät bestimmt waren. Mit dieser Beute machten sie sich schnell und in militärischer Ordnung davon. Wir waren machtlos, sie daran zu hindern, obwohl entsprechende Anstrengungen unternommen wurden . . . Was uns am meisten betrübt, ist, daß wir mit eigenen Augen ansehen müssen, wie der Ruin dieser Kolonie unmittelbar bevorsteht, wenn Eure Majestät nicht schnellstens etwas dagegen unternimmt.« Aus *Ein Bericht der königlichen Beamten von Panama an die Krone vom 9. Mai 1573*. Einer von mehreren spanischen Berichten über den Überfall in Wright II.

eilt war und sich dabei in den Wäldern verirrt hatte. Später erfuhren wir, daß er am selben Abend von den Spaniern aufgegriffen wurde und ihnen auf der Folter das Versteck unserer Schätze verriet.

In der Hoffnung, schnell zu unseren Pinassen zu kommen, setzten wir unseren Marsch nach Rio Francisco diesen und den ganzen nächsten Tag fort (am 2. und 3. April). Aber als wir an die vereinbarte Stelle kamen und auf See schauten, erblickten wir sieben spanische Pinassen, die schon die ganze Küste abgesucht hatten. Wir schöpften Verdacht, daß die Spanier unsere Pinassen gekapert und vernichtet hätten, hatte doch unser Kapitän diesen einen so strikten Befehl gegeben, sie sollten an diesem Nachmittag von den Cabezas, ihrem Ankerplatz (woher unserer Ansicht nach diese spanischen Pinassen kamen), zu dieser Stelle zurückkommen.

In der Nacht zuvor war sehr viel Regen gefallen, außerdem hatte es starken Westwind gegeben. Dieser Sturm zwang einerseits die Spanier, sich früher auf die Rückfahrt zu begeben, hielt aber andererseits unsere Pinassen davon ab, die Vereinbarung einzuhalten, da der Wind für unsere Leute aus entgegengesetzter Richtung blies und so stark war, daß sie mit ihren Rudern den ganzen Tag nur die halbe Strecke zurücklegen konnten. Wären sie dem Befehl unseres Kapitäns gefolgt und hätten ihre Fahrt in der Nacht fortgesetzt, als der Wind günstig stand, so wären sie mit weniger Mühe, aber unter größter Gefahr zu unserem vereinbarten Platz gekommen. Genau an dem Tage zur Mittagszeit waren die spanischen Schaluppen, zu diesem Zweck in Nombre de Dios bemannt, in der Absicht an diese Stelle gekommen, unsere Pinassen zu kapern. Denn die Spanier konnten sich gut denken, wo wir waren, nachdem sie von unserem Überfall auf den Schatzzug gehört hatten.

Als unser Kapitän die Schaluppen sah, befürchtete er, die Spanier hätten unsere Pinassen erbeutet und durch Folter unsere Leute gezwungen, den Standort der Fregatte und der Schiffe zu verraten. In diesem Unglück und dieser Verwirrung, als die Mannschaft darüber verzweifeln wollte, daß nun alle Wege der Rückkehr in ihr Land abgeschnitten und all ihre Reichtümer nun ohne Nutzen seien, tröstete und ermutigte unser Kapitän uns alle und sagte, ein jeder möge nur eben so viel Mut aufbringen, wie er selbst es täte. Es sei jetzt nicht an der Zeit, sich zu fürchten, sondern es gehe darum, sich zu beeilen, um das zu verhindern, was zu befürchten stehe. Sollte auch der Feind gegen unsere Pinassen die Oberhand gewinnen, was Gott verhüten möge, so müsse er doch erst Zeit haben, sie zu suchen, Zeit, unsere Leute zu verhören, Zeit, einen Beschluß auszuführen, nachdem er einmal gefällt worden war. Bevor all diese Zeit verstrichen sei, könnten wir zu unseren Schiffen gelangen, wenn wir wollten, wenn auch wegen der Hügel, Dickichte und Flüsse möglicherweise nicht auf dem Landwege, so doch zur See. Er forderte uns deshalb auf, ein Floß aus den Bäumen zu bauen, die sich im Überfluß anboten und zu unserem Glück mit dem letzten Sturm den Fluß herabgeschwemmt worden waren. »Laßt uns in See stechen!« rief er, »Ich bin dabei. Wer kommt mit mir?«

John Smith bot sich an. Auch zwei Franzosen, die gut schwimmen konnten, wollten unseren Kapitän begleiten, ebenso die Cimarrones. (Die Cimarrones hatten unseren Kapitän sehr gedrängt, den Landweg zu nehmen, obwohl es ein sechzehntägiger Marsch war. Sollten die Spanier nämlich unsere Schiffe erbeutet haben, so könnten wir immer Unterschlupf bei ihnen bekommen.) Besonders Pedro, den wir jetzt zurücklassen mußten, weil er nicht rudern konnte, hatte sich dafür ausgesprochen.

Das Floß wurde zusammengefügt und festgebunden, ein Segel aus einem Zwiebacksack genäht und ein Ruder aus einem jungen Baum geschnitzt, das als Steuerruder dienen sollte, um das Floß vor dem Wind zu halten. Bei seiner Abfahrt tröstete unser Kapitän die Mannschaft und versprach ihr, daß, wenn Gott es fügen sollte und er wieder sicher an Bord seiner Fregatte käme, er sie alle ungeachtet aller Spanier in Westindien auf die eine oder andere Art wieder an Bord bringen werde.

So stach er in See, segelte sechs Stunden lang auf diesem Floß etwa drei Meilen, bis zur Hüfte ständig im Wasser, bei jeder herankommenden Woge sogar bis zu den Achseln. Durch die stechende Sonne und die Einwirkung des Salzwassers trugen alle auf dem Floß Schwären davon.

Schließlich sahen sie, durch die Gnade Gottes, zwei Pinassen, die in voller Fahrt auf sie zukamen. Zur großen Freude, wie man sich leicht vorstellen kann, erklärte unser Kapitän seinen drei Gefährten, daß dies unsere Pinassen seien und daß sie jetzt in Sicherheit seien und es keinen Anlaß zur Furcht mehr gebe.

Aber ach, wegen des Windes und der hereinbrechenden Nacht

sahen die Leute auf den Pinassen nicht das Floß, konnten ein solches auch nicht vermuten. Sie fuhren an eine geschützte Stelle hinter eine Landspitze, um dort Zuflucht für die Nacht zu suchen. Unser Kapitän beobachtete ihre Fahrt und schloß, da sie nicht wieder auftauchten, daß sie dort ankern würden. Er setzte sein Floß ans Ufer und lief am Strand entlang zu der Landspitze, wo er unsere Leute fand. Als sie ihren Kapitän erblickten, beeilten sie sich sehr, ihn und seine Männer an Bord zu holen. Unser Kapitän wollte absichtlich erproben, wie schnell die Mannschaft der Pinasse im Notfall reagieren würde. Deshalb lief er in größter Eile und zwang seine drei Gefährten, gleich schnell zu laufen, als ob der Feind hinter ihnen her wäre. Die Mannschaft an Bord der Pinasse befürchtete es schon, weil sie nur so wenig Leute sah.

Nachdem er an Bord gekommen war, fragten ihn die Männer auf der Pinasse, wie es seiner Mannschaft gehe. Er antwortete kühl »Gut!«, so daß sie Zweifel hegten, ob es den Leuten unseres Kapitäns wirklich gut gehe. Aber um alle ihre Bedenken auszuräumen und sie mit Freude zu erfüllen, holte er einen flachen Barren Gold aus seinem Rock hervor und dankte Gott dafür, daß Er uns zum Erfolg geführt hatte. Den Franzosen erklärte er, daß man ihren Kapitän schwer verwundet in Begleitung zweier seiner Leute habe zurücklassen müssen, dies solle jedoch für sie kein Hindernis sein.

In dieser Nacht (des 4. April) ruderte unser Kapitän unter großen Anstrengungen für seine Mannschaft nach Rio Francisco, wo er seine restlichen Leute und die Schätze, die sie mitgenommen hatten, an Bord nahm. Das erfolgte in solcher Eile, daß wir bei Morgengrauen bereits auf der Rückfahrt zu unserer Fregatte waren und von dort direkt zu unseren Schiffen fuhren. Sobald wir dort angekommen waren, teilte unser Kapitän das Gold und Silber in zwei gleiche Teile zwischen den Engländern und Franzosen auf.[1]

. Wir setzten alles instand und nahmen von unserem Schiff alle die notwendigen Dinge, die wir für unsere Fregatte brauchten. Dazu benötigten wir etwa vierzehn Tage. Dann übergaben wir das Schiff den Spaniern, die wir die ganze Zeit festgehalten hatten, und

---

[1]»Spanische Berichte, die letztlich gefunden worden sind, besagen, daß sich der Wert auf £ 40 000 oder etwa eine Million unseres heutigen Geldes belief. Die eine Hälfte davon ging nach Frankreich und die andere nach Plymouth.« James A. Williamson, *Sir Francis Drake* (1951)

verließen zusammen mit dem französischen Schiff den Hafen, um einige Tage zwischen den Cabezas zu kreuzen.

In der Zwischenzeit hatte unser Kapitän ein geheimes Abkommen mit den Cimarrones geschlossen. Zwölf von unseren Männern und sechzehn Cimarrones sollten eine weitere Reise machen, um in Erfahrung zu bringen, in welchem Zustand sich das Land befinde, wenn möglich, Monsieur Testu, den französischen Kapitän, zu retten und weiterhin das an Schätzen wegzuschaffen, was wir bei unserem früheren Unternehmen versteckt hatten, weil wir nicht alles auf einmal wegtragen konnten.

John Oxenham und Thomas Sherwell wurden mit dieser Aufgabe betraut, zur großen Zufriedenheit der gesamten Mannschaft, die nach unserem Kapitän in diese Männer ihre größten Hoffnungen setzte. Unsere Mannschaft wollte um keinen Preis dulden, daß sich unser Kapitän noch ein weiteres Mal einer so gefährlichen Aufgabe unterziehe. Er ließ es sich jedoch nicht nehmen, sie selbst bei Rio Francisco an Land zu setzen. Er fand seine Mühen belohnt, sowohl grundsätzlich wie auch durch die Tatsache, daß er einen der beiden Franzosen, die sich bereit erklärt hatten, bei ihrem verwundeten Kapitän zu bleiben, rettete.

Dieser Franzose, der Raserei der Spanier entkommen, kam jetzt auf unsere Pinasse zu, fiel auf die Knie nieder und dankte Gott, daß unser Kapitän geboren sei, und jetzt schon, jenseits aller Hoffnung, zu seinem Retter geworden war. Als er befragt wurde, was aus seinem Kapitän und seinem anderen Gefährten geworden sei, berichtete er, daß eine halbe Stunde nach unserem Aufbruch die Spanier sie eingeholt und seinen Kapitän und den anderen Mann gefangengenommen hätten. Nur ihm sei es gelungen zu fliehen, weil er seine ganze Last, darunter auch ein Kästchen mit Juwelen, weggeworfen habe, um seinen Verfolgern schneller zu entkommen. Aber sein Gefährte habe es aufgehoben und sich so beladen, daß er nicht schnell genug habe laufen können, wie er es doch gekonnt hätte, wenn er seine Beute weggeworfen hätte und nicht so habgierig gewesen wäre. Was das Silber angehe, das wir überall im Erdboden und im Sand versteckt hatten, so glaube er, daß es nicht mehr da sei, denn er denke, es seien an die zweitausend Spanier und Neger gewesen, die danach gegraben und gesucht hätten.

Ungeachtet dieses Berichts führten wir unsere Absicht durch und sandten unsere Leute zu der besagten Stelle. Dort stellten sie fest, daß der Boden auf eine Meile im Umkreis an jeder Stelle durchwühlt worden war, an der möglicherweise etwas versteckt sein konnte. Trotz des sehr genauen Suchens der Spanier war nicht alle Mühe vergebens. Am dritten Tage nach ihrem Aufbruch kehrten unsere Leute alle gesund und munter zurück und führten soviel Silber mit sich, wie sie und die Cimarrones hatten finden können, nämlich dreizehn Barren Silber und einige flache Barren Gold. Damit wurden sie schnell an Bord genommen, und wir kehrten eilig und freudig zu unserer Fregatte zurück.

Nun war es höchste Zeit, an die Heimreise zu denken, nach diesem Erfolg, den wir uns sehnlichst gewünscht hatten. Deshalb beschloß unser Kapitän, Rio Grande (Magdalena) noch einmal einen Besuch abzustatten, um zu sehen, ob er dort noch auf ein geeignetes Schiff oder eine Bark stieß, die genügend Lebensmittel an Bord hatte und die uns als Fahrzeug dienen konnte, auf dem wir uns in Sicherheit einschiffen und die Heimreise antreten konnten.

Die Franzosen hatten sich schon vorher von uns getrennt, nachdem sie nach unserer ersten Rückkehr mit den Schätzen ihren Anteil erhalten hatten. Es drängte sie sehr, in ihr Heimatland zurückzukehren. Unser Kapitän wünschte ebenfalls ihren möglichst baldigen Aufbruch. Er sah nämlich voraus, daß ihr Schiff sonst Gefahr liefe, von den Spaniern gekapert zu werden, falls sie sich noch lange an der Küste aufhielten. Wir hatten sie noch einmal mit Lebensmitteln versorgt. Sie waren jetzt, bei unserem erneuten Zusammentreffen, sehr abgeneigt, sich von uns zu trennen, und begleiteten uns deshalb bis San Bernado: sie wären noch weiter mitgekommen, aber sie wagten es nicht, sich in so große Gefahr zu begeben. Wir hatten nämlich Kunde davon erhalten, daß die Flotte vor dem Hafen von Cartagena bereitliege, um nach Spanien aufzubrechen. So trennten wir uns von ihnen und segelten im Anblick der Flotte ganz nahe an Cartagena vorbei, mit der St. Georgsfahne auf dem Großmars und geschmückt mit Seidenwimpeln und Flaggen. Wir fuhren mit günstigem Wind, bis wir uns auf zwei Meilen dem Fluß (Rio Grande) genähert hatten, als die Nacht hereinbrach. Um zu vermeiden, daß wir an dem Fluß in der Dunkelheit vorbeisegelten, fuhren wir mit gerefften Segeln und legten an und ab, bis gegen Mitternacht der Wind auf Ost umsprang.

Gegen zwei Uhr morgens fuhr eine Fregatte vom Rio Grande mit gerefften Segeln ganz nahe an uns vorbei. Wir begrüßten sie mit unseren Kugeln und Pfeilen. Sie gab uns mit ihren Kanonen den Gruß zurück. Wir enterten die Fregatte und traten so gegen die Mannschaft an, daß sie sich zufriedengeben mußte, an Land gesetzt zu werden und uns die Fregatte zu überlassen. Diese hatte fünfundzwanzig Tonnen und war mit Mais, Hühnern und Schweinen beladen, außerdem hatte sie einigen Honig an Bord, was uns sehr zustatten kam, denn er wurde von unseren erkrankten Leuten als eine willkommene Erfrischung und Abwechslung angesehen.

Sobald wir am nächsten Morgen die Spanier auf das Festland gebracht hatten, nahmen wir ohne Aufenthalt unseren Kurs auf die Cabezas, die wir nach etwa fünf Tagen Fahrt erreichten. Als wir vor Anker gegangen waren, schafften wir sogleich den ganzen Mais an Land, außer drei Fässern, die wir als Vorrat behielten; auch brachten wir alle anderen Lebensmittel an Land. Dann holten wir unsere beiden Fregatten kiel und fetteten sie neu ein.

Wir hielten uns dort sieben Tage auf. In dieser Zeit takelten wir unsere Fregatten auf und rüsteten sie für die Reise aus, schafften unsere Vorräte an Bord und verstauten sie und zerschlugen und verbrannten unsere Pinassen und überließen den Cimarrones die eisernen Teile.

Ein oder zwei Tage vor unserer Abfahrt forderte unser Kapitän Pedro und drei weitere Anführer der Cimarrones auf, sich auf den beiden Fregatten umzusehen und ihm zu sagen, was sie haben wollten. Er versprach, es ihnen zu geben, was immer es auch sein möge, sofern es für seine Rückkehr nach England entbehrlich sei. Für ihre Frauen würde er selbst ihnen Seidenstoffe oder Leinen aussuchen, das ihnen gefallen würde. Während unser Kapitän die Auswahl in seinen Truhen traf, fiel Pedros Blick zufällig auf den türkischen Krummsäbel, den unser Kapitän von Kapitän Testu erhalten hatte. Als Pedro diesen Säbel sah, faßte er einen solchen Gefallen daran, daß er nichts anderes mehr haben wollte und ihn allem anderen vorzog, was ihm hätte gegeben werden können. Da er jedoch annahm, daß unser Kapitän den Säbel ebenso hoch schätzte, wagte er nicht, den Mund zu öffnen, um darum zu bitten, sondern bewog einen gewissen Francis Tucker dazu, unserem Kapitän seinen Wunsch und sein Verlangen mitzuteilen. Er versprach

Tucker dafür einen schönen Goldbarren, den er noch vorrätig hatte, wenn Tucker unseren Kapitän bewegen könnte, ihm, Pedro, den Säbel zu schenken. Unserem Kapitän wollte er vier andere große Barren dafür geben, die er versteckt hatte und die er eigentlich für eine weitere Reise aufheben wollte.

Nachdem unser Kapitän von Francis Tucker entsprechend informiert worden war, hätte er mit einem solchen Tausch sehr zufrieden sein können. Er wollte Pedro aber zufriedenstellen, der eine Belohnung sehr verdient hatte, und überreichte ihm deshalb den Säbel mit vielen Worten des Dankes. Pedro nahm ihn mit großer Freude entgegen. Er sagte, daß, selbst wenn er seine Frau und seine Kinder (die er herzlich liebe) dafür hergeben müßte, er nicht den entsprechenden Gegenwert aufbringen könnte. (Er beabsichtige nämlich, diesen Krummsäbel seinem König zu überreichen, der, wie er wußte, ihn zu einem großen Mann machen werde, einzig und allein wegen dieses Geschenks.) Als Zeichen seiner Dankbarkeit für dieses Juwel bitte er unseren Kapitän, diese vier Goldbarren entgegenzunehmen, zum Zeichen seines Dankes und als Unterpfand seiner lebenslangen Treue.

Unser Kapitän nahm das Geschenk auf die liebenswürdigste Art entgegen, behielt es aber nicht für sich selbst, sondern ließ es zu den übrigen Schätzen bringen. Er sagte, daß er es nicht erhalten hätte, wenn er nicht zu diesem Ort aufgebrochen wäre, und deshalb sei es nur gerecht, daß diejenigen, die mit ihm zusammen die Bürde des Unternehmens getragen hätten, ihren Anteil am Gewinn bei der Rückkehr erhalten sollten.

So verabschiedeten wir uns in bestem Einvernehmen und großer Freundschaft von den Cimarrones und machten uns auf die Reise nach den Inseln (Name fehlt). Von dort brachen wir am nächsten Tage nach Kap San Antonio[1] auf, das wir bei erheblicher Windstärke umschifften. Und gleich danach, als wir uns auf dem Wege nach Havanna befanden, waren wir drei oder vier Tage lang genötigt, gegen den Wind zu lavieren. Bei diesem Lavieren hatten wir das Glück, eine kleine Bark zu erwischen, die zwei- bis dreihundert Häute geladen und außerdem etwas an Bord hatte, dessen wir dringend bedurften, nämlich eine Pumpe. Diese bauten wir in

[1] Die äußerste Westspitze der Insel Kuba.

146

unsere Fregatte ein. Da die spanische Bark uns keine Dienste leisten konnte, ließ unser Kapitän sie mit den Spaniern an Bord ziehen.

So kehrten wir zum Kap San Antonio zurück und landeten dort. Wir erfrischten uns an Land und sammelten am Tage einen großen Vorrat an Schildkröteneiern (im Sand), außerdem fingen wir zweihundert Schildkröten in der Nacht. Wir salzten sie ein oder trockneten einige dieser Schildkröten, und sie waren uns sehr von Nutzen. Die übrigen verzehrten wir bald.

Zu jener Zeit gab es in den Häfen Cartagena, Nombre de Dios, Rio Grande, Santa Marta, Rio Hacha, Venta Cruz, Veragua, Nicaragua, Honduras und Jamaica etwa zweihundert Fregatten, einige mit einhundertzwanzig Tonnen, andere nur mit zehn oder zwölf Tonnen, die meisten jedoch mit dreißig oder vierzig Tonnen. Sie alle befuhren die Route zwischen Cartagena und Nombre de Dios. Die meisten von ihnen hatten wir während unseres Aufenthaltes in jenen Gegenden einmal gekapert, manche sogar zwei- oder dreimal. Wir haben jedoch nie eine in Brand gesetzt oder versenkt, es sei denn, sie war als Kriegsschiff gegen uns ausgerüstet oder sollte als Köder dienen, um uns in die Falle zu locken.

Gegenüber all den Männern, die wir auf diesen Schiffen gefangennahmen, verhielten wir uns niemals auch nur gegen einen gewalttätig. Entweder ließen wir sie sogleich wieder frei, oder wenn wir sie in einigen Fällen längere Zeit bei uns behielten, haben wir sie stets genauso versorgt wie uns selbst und sie vor dem Zorn der Cimarrones geschützt. Wenn die Gefahr, daß sie unsere Schiffe verraten könnten, vorüber war – das war der einzige Grund, warum wir sie gefangenhielten –, ließen wir auch sie wieder frei.

Wir sahen und beobachteten auf dieser Reise viele fremdartige Vögel, Tiere und Fische sowie auch Früchte, Pflanzen und dergleichen, die wir jedoch unerwähnt lassen wollen, da wir jetzt zum Ende unserer Reise kommen. Von Kap San Antonio aus wollten wir auf dem direktesten und schnellsten Weg heimfahren, und dieses glückte uns auch über alles Erwarten.

Unser Kapitän hatte die Absicht gehabt, Neufundland anzulaufen, haltzumachen und dort Wasser an Bord zu nehmen. Doch als wir großen Wassermangel hatten, sorgte Gott der Allmächtige für uns und schenkte uns einen großen Vorrat an Regenwasser, so daß wir ausreichend versorgt waren. Innerhalb von dreiundzwanzig

Tagen gelangten wir von Kap Florida zu den Scillyinseln und kamen am Sonntag, dem 9. August 1573, zur Zeit des Gottesdienstes in Plymouth an. Die Nachricht von der Rückkehr unseres Kapitäns verbreitete sich blitzschnell in der ganzen Kirche. Sie erfüllte die Gläubigen so stark mit dem Wunsch und der Freude, unseren Kapitän zu sehen, daß so gut wie niemand bei dem Prediger blieb.

Alle eilten davon, um in den mühevoll errungenen Erfolgen unseres Kapitäns den Beweis göttlicher Liebe und göttlichen Segens für unsere gnädige Königin und für unser Land zu bestaunen.

Soli Deo Gloria

TEIL DREI

DIE REISE UM DIE WELT 1577–80

Lord Burghley, vermutlich gemalt von Marcus Gheeraerts

1. VORSPIEL UND EXPEDITIONSPLAN

I

Als Drake 1572 nach Panama aufbrach, war er arm und unbekannt. 1573 kehrte er, um Camden zu zitieren, »außerordentlich reich« zurück und hatte bereits den Ruf begründet, der ihn einige Jahre später zu dem berühmtesten – oder berüchtigtsten – Seekapitän Europas und der Neuen Welt machen sollte. Aber er kam zu einer sehr ungünstigen Zeit zurück, als durch den Vertrag von Bristol 1574 der Frieden mit Spanien gerade notdürftig wiederhergestellt wurde. Es bestand die Gefahr, daß Drakes Beute konfisziert und ihm ein Prozeß unter der Anklage der Piraterie gemacht würde, um den spanischen Unwillen zu beschwichtigen. Er tat das einzig Sichere, er verschwand, und es gibt anscheinend bis 1575 keinen weiteren Bericht über ihn. In jenem Jahr stand er in Irland in den Diensten des ersten Earl of Essex, der versuchte, Ulster zu erobern. Nach dem Bericht von Stow »leistete Drake bei der Eroberung von verschiedenen starken Festen zu Wasser und zu Lande ausgezeichnete Dienste«. Aus den *Irischen Staatspapieren,* lii, S. 49, scheint hervorzugehen, daß er ein Schiff oder ein kleines Geschwader befehligte.

In Irland schloß Drake mit Thomas Doughty jene enge Freundschaft, die drei oder vier Jahre später so tragisch an der Küste Patagoniens endete. Die Freundschaft mag Drake wohl geschmeichelt haben, denn Doughty scheint ein »gentleman« im elisabethanischen Sinne des Wortes gewesen zu sein (was Drake nicht war), ein gebildeter und kultivierter Mann, ein Gelehrter ebenso wie ein Soldat, und wahrscheinlich ausgestattet mit dem Charme des ränkevollen Höflings. Er brachte sich selbst bei dem Earl of Essex in schlechten Ruf oder wurde in einem politischen Schachzug von Essex verleumdet, wurde anscheinend aber noch bei Hof empfangen, wo er bald nach der gemeinsamen Rückkehr Drake dem 1578 geadelten Christopher Hatton vorgestellt haben soll, der damals schnell in der Gunst der Königin stieg.

Drake muß das damalige England als ein Land empfunden haben, das mehr denn je seinen Ambitionen entgegenkam, denn der maritime Unternehmungsgeist war in ständigem Wachsen. Dieses schloß, ganz widersprüchlich, eine Ausweitung des seit langem bestehenden Handels mit Spanien und Portugal ein. Dort waren viele englische Kaufleute ansässig, besonders in Sevilla. Auch der Handel mit dem Mittelmeerraum und der neue Handel mit Rußland waren im Anstieg begriffen. Der Sklavenhandel war nach Hawkins' »mühevoller« Reise aufgegeben worden, und der Handel mit Westafrika lag darnieder.

Der Hauptfaktor in der maritimen Situation war jedoch die wachsende Spannung zwischen England und Spanien. Die englischen See- und Kaufleute (wie die Franzosen und Holländer) grollten und empörten sich mehr und mehr gegen den Anspruch Spaniens und Portugals auf eine Monopolstellung in den neuentdeckten Ländern. Überfälle auf spanische und portugiesische Flotten in der Karibik wurden immer zahlreicher in dem Maße, in dem die Möglichkeiten reicher Beute immer offensichtlicher wurden. England entwickelte sich wohl oder übel zum politischen Führer der europäischen Protestanten, und Spanien war in die erfolglosen katholischen Verschwörungen verwickelt, die das Ziel hatten, Elisabeth, die vom Papst exkommuniziert und »entthront« worden war, zu ermorden und Maria, die Königin der Schotten, auf den Thron zu bringen.

So entwickelte sich Drakes persönlicher Krieg mit Spanien, an dem sich mehr und mehr englische Freibeuter beteiligten, zu einem nationalen Krieg, und es muß ihm immer klarer geworden sein, daß seine berechtigsten Hoffnungen in der Neuen Welt lagen. Er muß an der ständigen Erörterung neuer Ideen, neuer Pläne zu Forschungsunternehmen und Überfällen beteiligt gewesen sein, die unter anderem von dem einflußreichen John Dee, dem Mathematiker, Geographen und Astrologen, angeregt wurden. Dee hatte das Ohr vieler Kapitäne, Kaufleute, Höflinge und der Königin selbst. Die beiden Richard Hakluyts waren ebenfalls unermüdliche Trommler für kühne Unternehmungen zur See. Auf der Grundlage geographischer Mutmaßungen gab es viel Gerede über eine Nordwestpassage um Amerika herum zum Pazifik, von der man eine Abkürzung des Weges zu den Gewürzinseln und nach Cathay erwartete, eine Umgehung des spanischen Amerika und die Vermeidung möglicher Zusammenstöße mit Spaniern und Portugiesen. Unter anderen suchten Martin Frobisher und John Davis

John Dee

vergeblich nach dieser Passage. Weniger Interesse hatte man an einer möglichen Nordostpassage um Asien herum; die erste Suche nach ihr hatte 1553 zur Entdeckung des Seewegs nach Rußland durch Richard Chancellor und zur Errichtung eines gewinnbringenden Handels geführt.

Dee und andere setzten auch Hoffnung in den fernen Süden. Es bestand der weitverbreitete Glaube, daß im südlichen Pazifik ein großer, unentdeckter Kontinent liege, die *Terra Australis Incognita*, die von Südamerika nur durch die Magellanstraße getrennt sei, von wo aus die Küstenlinie nach West und Nordost verlaufe. Sie erschien auf den gängigen Globen und Karten von Mercator, Ortelius und anderen. Dort, glaubten sie, liege das Land Ophir, aus dem König Salomons Reichtum herrührte, ebenso das mythische Königreich Lochac und andere fabelhaft reiche Länder, die Marco Polo beschrieben hatte. Dort könne England Handelsmöglichkeiten finden, die so ungeheuer gewinnbringend seien wie der portugiesische Handel mit Gewürzen, Seide und anderen Dingen in Ostindien, und in gemäßigtem Klima ein Reich errichten, das so wohlhabend sei wie das Spaniens in der Neuen Welt. Der Wunsch nach Kolonien in der *Terra Australis* oder Amerika wuchs. John Dee, ein Waliser, prägte den Begriff des »British Empire«.

1573–74 wurde ein interessanter Plan von einer Gruppe wagemutiger Männer aus dem Südwesten Englands vorgelegt, die von Richard Grenville (der 1577 geadelt wurde) und William Hawkins dem Zweiten angeführt wurden. Die genauen Ziele dieser Männer sind jedoch nicht klar. Das Hauptanliegen mag die Entdeckung der *Terra Australis* und die Anlage einer Kolonie dort gewesen sein oder, noch wahrscheinlicher, die Gründung von Kolonien an der Atlantik- und Pazifikküste Südamerikas südlich der dünn bevölkerten portugiesischen und spanischen Gebiete; oder die Aufnahme des Handels mit den Gewürzinseln und Cathay; oder ganz einfach die Ausplünderung der Spanier. Das letztere hätte sowohl Grenville wie auch Drake entsprochen. Ein Kaperbrief wurde aufgesetzt und vielleicht auch gewährt, um die Expedition zu genehmigen, aber 1574 von der Königin widerrufen, da sie fürchtete, Spanien zu provozieren.

Ungefähr zum Zeitpunkt von Drakes Rückkehr aus Irland im Jahre 1576, als die Beziehungen zu Spanien sich verschlechtert hatten, wurde, anscheinend in London, ein mehr oder weniger ähnliches Unternehmen in Angriff genommen. Dieses war es, das zu Drakes Reise um die Welt führte, obwohl eine solche Reise nicht Bestandteil des ursprünglichen Planes gewesen zu sein scheint.

Die genauen Ziele der Expedition und die endgültigen Anweisungen, die Drake gegeben wurden, sind unbekannt, aber es gibt mehr oder minder sachdienliches und zuverlässiges Beweismaterial, das sehr unterschiedlich von Forschern ausgelegt worden ist, besonders von Corbett, Nuttall, Wagner, Williamson, Taylor und zuletzt und sehr überzeugend von Dr. Kenneth R. Andrews.[1] Er faßt auch alle früheren Theorien zusammen.

Das wichtigste Beweisstück wurde von Prof. E. G. R. Taylor 1929 im Britischen Museum entdeckt: der Expeditionsplan für die Expedition. Das Manuskript (siehe unten) ist erheblich durch Feuer beschädigt worden. Frau Professor Taylor entdeckte auch den Bericht von John Winter, der vollständig am Ende dieses Kapitels abgedruckt ist, und sie ließ ihren Fund im *Geographical Journal* vom Januar 1930 und im *Mariner's Mirror* vom April 1930 reproduzieren.

Das, was von dem Plan erhalten ist, ist im Folgenden vollständig und wörtlich abgedruckt; Punkte stehen für die Wörter, die durch Feuereinwirkung zerstört wurden.

EXPEDITIONSPLAN

. . . .   The fraunces
                vi pynnazes to be caryed in. . .

. . . .ls for   bysket. meale. beare. wyne
      nths   bieff. porke. fyshe. butter. chiese
                Rieze, oatmealle, pease, vyneger
                honney, swete oyle, & sawte

                Caste ordenaunce, forged ordenaunce
. . . . .nce & Cornepowder, serpentyne powder &   . . . . .
      tions   other munytions mownts

---

[1] K. R. Andrews: »Die Ziele von Drakes Expedition 1577–1580«, in: *The American Historical Review*, LXXIII, No. 3 (New York, Februar 1968)

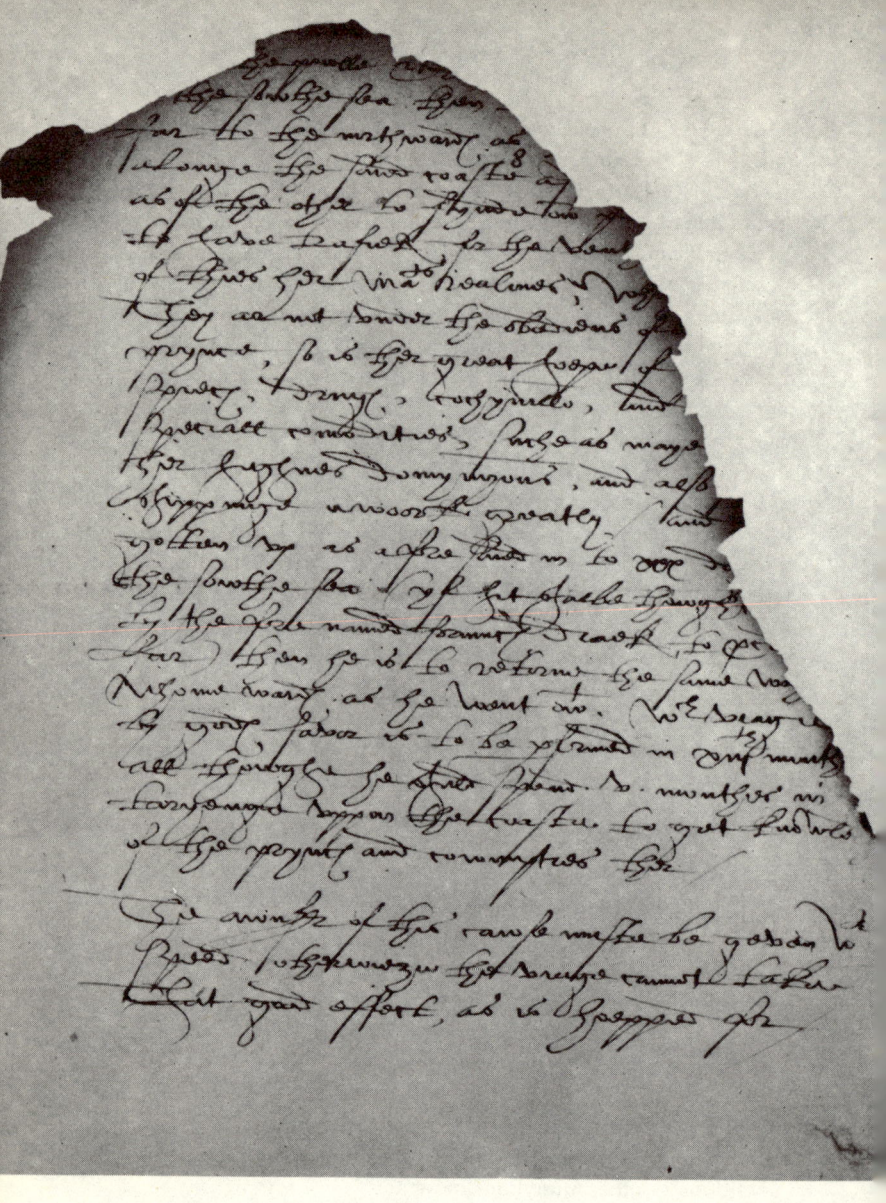

Erhaltene Seite des Planungsentwurfs (»Draft-Plan«) für die Expedition nach der »Terra Australis«

Woode, coale, candles, waxe, lantens
platters, tancardes, Jackes of Lether,
dyshee, bowles. bucketes. taper caundles,   10. . . . .
. . . .sares   scoops shovels. mattockes. hachetes, crowes
of iron. Compazes, Ronnynge Glases Lamps
water caske. Whoops of Iron & Woode

Cordage, canvas, pitche, tar
Rossen, flat leade, roughe leade, nails
. . .vitions   spiekes, sowndinge leades. Lyenes marlyn   196.13.4
for sea   ratlyne twyne, nydles pulles
store   nessesares for fyshinge as netes
hookes & Lynes mowntes

Woollen & Lynnenge clothe, showes, Hates   150.0.0
apparrel   caps &c
Surgeons   aproviton for the surgeons   13.6.8.
. .prest   Sea wages in prested to the company   300.0.0.
money   Chardes of wages & vittails in harborow   150.0.0.
Charge in   for shethinge of the ships frome ye worme   100.0.0.
harborow   presentes to be given to the Ll. of   50. 0.0.
shethinge   The cowmptres of dyvers sortes
presentes

f. 8v (formerly 7v)

. . .ell of Lyncolne
ye rell of Leyster
. . .retary Walsingham
. . .Christover Hatton
.r William Wynter   750.   . .
georg Wynter   500
John Hawkyns   500
Fraunces Draek   1000

Matters nessesare for yor honner. .
remember viz

That hit might pleas her Matie to grawnt th . .
her highnes shipe the Swallowe wth her tacle.
apparrell, and only iiii colverins wth ii faucons
of brase myght be left in her to pase in the
viage and that the said shipe wth the ordenaunce
afore named myght be vallewed by indifferent
persons and of that Some wch the same shall amownt
unto her highnes to beare such portion as she shall
lieke, and for the rest the same to be borne by the
parties that shalbe thowght nyet uppon good
assurans to be geven into the eschequer

That the Q. M^{tie} maye be made pryve to the trewthe
of the viage, and yet the coollor to be geven ow^t
for allixandria, wch in effect is all redy don by a
Lycens procured ffrome the turkes

f. 9 (formerly 8)

. . . . .an. . . . .
. . . . .the powlle &. . . . .
. . . . . .the sowthe sea then. . . . .
far to the northwardes as. . . . .
alonge the saied coaste a. . . . .
as of the other to fynde ow^t pl. . . . .
to have trafick for the vent. . . . .
of thies her Maties realmes, wh. . . . . . .
they ar not under the obediens of. . . . . .
prynce, so is ther great hoepe of. . . . .
spieces, druges, cochynille, and. . . . . . .
Speciall comodities, suche as maye. . . . .
her highnes domynyons, and also. . . . . . .
shippinge awoork greatly and. . . . . .
gotten up as afore saied in to xxx de. . . .
the sowthe sea (yf hit shalbe thowght. . . . .
by the fore named fraunces Draek to proc. . .
far) then he is to returne the same way. . . .
whome wardes, as he went ow^t. wch viage. .

158

by godes favor is to be performed in xiii month.
all thowghe he shold spend v monthes in
taryenge uppon the coaste to get knowle. . .

of the prynces and cowmptres ther/

The answer of this cawse muste be given wth
speed otherwieze the viage cannot take
that good effect, as is hoepped for/

Man kann ersehen, daß auf der ersten Seite Drakes Bark, die *Francis,* als eines der zu verwendenden Schiffe aufgeführt wird, und diese Tatsache und die Liste der Lebensmittel und der Ausrüstung, die folgt, lassen darauf schließen, daß Drake an dem Entwurf dieses Dokumentes beteiligt war. Schließlich nahm die *Francis* doch nicht an der Expedition teil, aber eine Anzahl von vorgefertigten Pinassen wurde in den Laderäumen der Schiffe verstaut, wie es bei solchen Reisen üblich war.

Die Lebensmittel, die Waffen, die Ausrüstung und die Bekleidung waren auch wie üblich.

Die zweite Seite beginnt mit der Liste derer, die das Unternehmen unterstützten, und diese Liste ist hinreichend eindrucksvoll.

Die Namen des Earl of Lincoln, des Großadmirals von England, von Sir William Winter, dem königlichen Verwalter der Marine, seinem Bruder, George Winter, dem Beauftragten für die Schiffe der Königin, und John Hawkins, der bald Schatzmeister der Marine werden sollte, zeigen, daß das Marineamt das Unternehmen voll und ganz unterstützte. Noch bedeutender war die Unterstützung einiger der einflußreichsten Männer aus der engsten Umgebung der Königin: des Earl of Leicester, eines Mitglieds des Staatsrats und Günstlings der Königin, des Sir Francis Walsingham, eines der wichtigsten Minister, und des Sir Christopher Hatton. Sie alle zusammen bildeten eine ad-hoc-Aktiengesellschaft, die damals gängige Methode zur Finanzierung einer solchen Expedition.

Höchst bezeichnend ist das Fehlen des Namens von Lord Burghley. Sein Name könnte möglicherweise an der Spitze der Liste gestanden haben und weggebrannt sein, aber dies scheint unwahrscheinlich. Er war zu klug und vorsichtig, zu sehr darauf bedacht, Krieg mit Spanien zu vermeiden, als daß er eine solche Expedition unterstützt hätte, die von einem Mann mit solch piratischen Neigungen wie Drake befehligt wurde. Man darf schließen, daß die »wagemutigen Unternehmer« darauf hofften, sich die Zustimmung der Königin zu sichern, bevor Burghley davon hörte.

Drakes Beteiligung von £ 1000 war ein sehr großer Betrag nach dem Geldwert der damaligen Zeit.

Das erste »der Dinge, an das Euer Ehren (Walsingham) unbedingt denken sollte«, war, die Königin darum zu bitten, ihr Schiff (von der königlichen Marine), die *Swallow,* für das Unternehmen auszuleihen. Das Schiff sollte von unabhängigen Gutachtern geschätzt werden, und die Königin sollte sagen, welche Summe sie davon als ihren Beitrag für das Unternehmen ansehe. Für die verbleibende Summe sollten bei einem etwaigen Verlust des Schiffes »für geeignet gehaltene Leute (?)«, die vom Schatzamt gutgeheißen worden waren, bürgen. Es steht nicht fest, ob die Königin ablehnte oder nicht gefragt wurde, jedenfalls schloß sich die *Swallow* nicht der Flotte an. Wenn wir aber Drakes Aussage Glauben schenken können, die er in einer Gemütsaufwallung in dem Prozeß gegen Doughty (Cooke, S. 231 unten) machte, so »riskierte« die Königin tausend Kronen zur »Abdeckung seiner Unkosten«.

Der zweite Punkt, den man sich klarmachen muß, ist die Tatsache, daß die Königin über die »wahre Natur der Reise« informiert werden mußte. Die genaue Art dieser »Wahrheit« ist unbekannt, aber die Königin wurde zweifellos darüber aufgeklärt, daß die Reise nicht nach Alexandria führen sollte, obwohl öffentlich bekanntgemacht werden sollte, daß das große Zentrum des Mittelosthandels das Ziel sei und eine Genehmigung von den Türken erteilt worden sei. Offensichtlich war dieses dann ein »streng geheimes« Dokument, und die folgende Angabe über die Ziele der Reise kann, so weit sie geht, als wahr angesehen werden. Wenn es sich von vornherein verstand, daß Drake die spanische Pazifikküste plündern sollte (was nicht unbegreiflich ist), so war das ein Geheimnis innerhalb eines Geheimnisses, und wir können nur raten, mit der Ausnahme von einem Punkt. Demnach wurde Drake (allerdings steht nur sein Wort dafür, und das zu einem Zeitpunkt

Sir Francis Walsingham

der Krise, als er absolut in die Verteidigung gedrängt wurde), so berichtet John Cooke (S. 236 unten), »von dem Minister Walsingham zu Ihrer Majestät gerufen«, und sie sagte ihm, »daß sie für verschiedenes erlittenes Unrecht sich gerne an dem König von Spanien rächen würde« und daß Drake »der einzige Mann sei, der dieses zu vollbringen vermöchte«. Sie gab ihm weiterhin den »nachdrücklichen Befehl, daß von allen meinen Untertanen mein Schatzkanzler Burghley nichts davon erfahren sollte«. Wie einige andere Ratgeber der Königin war Burghley gegen einen Krieg mit Spanien eingestellt, während andere, unter ihnen Leicester, Walsingham und Hatton, den Krieg für unausweichlich hielten. Es verdient festgehalten zu werden, daß die letzteren drei zu denen gehörten, die sich an der Expedition finanziell beteiligten.

Es erscheint unmöglich, daß der gesamte Plan vor Burghley geheimgehalten werden konnte oder daß die Königin dieses auch nur für möglich gehalten hätte, und selbst wenn dieser unsinnige Versuch gemacht worden wäre, hätten ihn seine tüchtigen Spione bald darüber informiert. Aber wenn sie persönlich Drake ihre Zustimmung dazu gab, das spanische Amerika zu plündern, was ziemlich wahrscheinlich ist, so mag sie doch sehr darauf bedacht gewesen sein, diesen Teil des Planes vor Burghley geheimzuhalten.

Thomas Doughty jedoch war an dieser Sache beteiligt, denn er war Christopher Hattons Privatsekretär geworden, und Drake dürfte volles Vertrauen zu Doughty gehabt haben. Bei dem Prozeß gegen Doughty in Patagonien gestand dieser unbesonnen, daß er Burghley das mitgeteilt hatte, was er wußte. Es ist deshalb möglich, wenn auch unwahrscheinlich, daß Burghley Doughty mit dem geheimen Auftrag auf die Expedition »ansetzte«, diese zu sabotieren, aber das ist reine Vermutung, es gibt keinen Beweis für diese These und kein Anzeichen irgendeines Versuches von seiten Burghleys, die Expedition zu verhindern. Frau Professor Taylor versuchte vorsichtig, die dritte Seite zu rekonstruieren, und diese Seite, die aus »Mehr Klarheit über Drake« stammt, erschienen in *Mariner's Mirror*, April 1930, ist mit freundlicher Genehmigung des Herausgebers im Folgenden abgedruckt. Die Zusätze von Frau Professor Taylor sind in Kursivschrift gedruckt.

». . . *soll in die Magellanstraße einfahren, die 52 Grad vom* Pol *entfernt liegt,* und nachdem *er von dort in den* Pazifik *gelangt ist,*

162

soll er sich auf einen so weit nördlichen Kurs begeben, *daß er auf den 30. Grad gelangt.* Er soll an der *vorher genannten besagten* Küste wie auch an der anderen Küste *Orte* herausfinden, die als Absatzmärkte *für die Erzeugnisse* der Gebiete Ihrer Majestät geeignet sind. *Da sie gegenwärtig* nicht unter der Hoheit *eines christlichen* Fürsten stehen, besteht dort eine große Hoffnung auf *Gold, Silber,* Gewürze, Drogen, Karmin und *verschiedene andere* besondere Artikel, die die Herrschaftsgebiete Ihrer Hoheit *erheblich bereichern* und auch die Schiffahrt beträchtlich *in Gang setzen* könnten. *Und wenn er,* wie zuvor gesagt, zu dem 30. *Grad* im Pazifik gekommen ist (falls es der vorher genannte Francis Drake *für richtig* halten sollte, so weit vor*zustoßen),* dann soll er sich auf demselben Wege, den er auf der Hinfahrt benutzte, auf die Rückfahrt begeben. Mit Gottes Gunst sollte diese See *reise* innerhalb von 13 Monaten vollbracht werden, wovon er sich fünf Monate an den besagten Küsten aufhalten sollte, um Kennt*nisse* über die Fürsten und Länder dort zu erwerben.«

Das ist alles, was über den ursprünglichen Plan für die Expedition bekannt ist, wenn wir von einigen dunklen Andeutungen absehen, die John Dee bezüglich einer Reise macht, die 1577[1] insgeheim geplant wurde. Er war sehr darauf bedacht, daß »britische Weisheit, Mannhaftigkeit und Mühe« die sagenhaften »Länder reich an Gold« in dem fernen Osten der *Terra Australis* entdecken sollten. Es könnte sein, daß man seinen Rat bezüglich Drakes Reise eingeholt hat, aber er mag sich auch auf Martin Frobishers Suche nach der Nordwestpassage beziehen.

Die Anweisungen, die Drake für den Expeditionsplan erhielt, waren nicht unbedingt seine endgültigen Anweisungen, aber sie können sinnvoll im Hinblick darauf betrachtet werden, was er dann wirklich tat. Der umstrittenste Punkt ist die genaue Festlegung der »vorher genannten, besagten Küste«, da der Name verlorengegangen ist. Frau Prof. Taylor und andere haben argumentiert, daß es die Küste der *Terra Australis* sein müsse, aber die Anweisung lautet, von der Magellanstraße nach *Norden* zu segeln, und die Karten der damaligen Zeit zeigen eine *Terra Australis,* die von der

[1] E. G. R. Taylor: *Tudor Geography,* S. 114–119

Sir Christopher Hatton. Er zählte zu den einflußreichsten Männern aus der Umgebung der Königin. Auch er unterstützte die geplante Expedition tatkräftig.

Magellanstraße zunächst südwärts und dann in Richtung West-nordwest verläuft und erst in der Höhe Ostindiens 30 Grad Nord erreicht. Außerdem, falls Drake die Absicht gehabt haben sollte, dieser (nicht existierenden) Küstenlinie zu folgen, so zeigte ihm der Sturm aus dem Westen, der ihn im Pazifik begrüßte, daß er in jener Breite nicht westwärts segeln konnte, und trieb ihn so weit nach Süden auf den 57. Grad, daß ihm klar werden mußte, daß der südliche Kontinent, wenn es ihn überhaupt gab, nicht dort lag, wo ihn die Karten auswiesen, und daß der Pazifische und der Atlantische Ozean südlich von Tierra del Fuego zusammenstießen. Bei allen Überlegungen kann die *Terra Australis* offensichtlich außer acht gelassen werden.

Die Anweisung, von der Magellanstraße nach Norden zu segeln, kann nur bedeutet haben, die Küste von Chile und Peru hinaufzusegeln. Dieses bestätigte sich eindeutig auf der Reise, denn Drake gab seinen Kapitänen eine Breite von dreißig Grad als Treffpunkt an, wenn sie getrennt werden sollten (nur die *Golden Hind* war in der Lage, diese Vereinbarung einzuhalten), und bei dem Prozeß gegen Thomas Doughty an der patagonischen Küste bat dieser darum, in »Peru« an Land gesetzt, anstatt hingerichtet zu werden (siehe auch Cooke, S. 232 unten). Die spanische Pazifikküste muß die »vorher genannte« gewesen sein, »die andere« die Küste des Atlantik. An der letzteren verbrachte Drake etwa zwei Monate. Er schaute sich dort vermutlich nach Handelsmöglichkeiten oder einem geeigneten Ort für eine Niederlassung um, fand aber weder das eine noch das andere.

Valparaiso und andere spanische Kolonien lagen südlich des 30. Breitengrades an der Pazifikküste, aber das mag in England nicht bekannt gewesen sein, wo man wohl geglaubt haben mag, daß dies die aussichtsreichste Küste sei, an der man ein Land finden könne, das reich an Gold und »besonderen Waren« sei. Der Planungsentwurf überließ Drake die Entscheidung, ob er wirklich bis zum 30. Grad nördlicher Breite segeln wollte, offensichtlich mit der stillschweigenden Einschränkung, sich nicht weiter nördlich zu begeben, da ein Zusammenstoß mit den Spaniern vermieden werden sollte. Es verdient Erwähnung, daß die Planer nicht nur einen gewinnbringenden Handel aufnehmen, sondern auch die »Schiffahrt groß in Gang setzen wollten«, eine Tatsache, die den Bau von mehr Schiffen und die Ausbildung von mehr Seeleuten einschloß. Außer den zu erwartenden Gewinnen würde das dazu beitragen, eine spanische Invasion Englands zurückzuschlagen, wenn sie käme, und diese Überlegung beherrschte ständig die Gemüter der Führer der englischen Unternehmungen zur See.

Da der Expeditionsplan ganz präzise besagte, daß Drake durch die Magellanstraße zurückkehren und die ganze Reise »innerhalb von 13 Monaten abgeschlossen sein sollte«, ist es zu diesem Zeitpunkt auszuschließen, daß er nach der Nordwestpassage suchen, zu den Molukken fahren oder um die Welt segeln wollte.

Als Drake aber seine sensationelle Plünderung der Pazifikküste beendet hatte, hatte er ganz Spanisch-Amerika gegen sich aufgebracht. Wie immer auch seine endgültigen Anweisungen lauten mochten, war er klug genug, nicht zu versuchen, durch die Magellanstraße zurückzukehren. Dort hätte eine mächtige spanische Flotte auf ihn warten können, und das stürmische Wetter, mit dem er dort zu kämpfen gehabt hatte, war eine weitere Abschreckung. Zwei Fluchtwege standen ihm offen: die Nordwestpassage, wenn er sie finden konnte – und die elisabethanischen Seeleute glaubten fest an ihr Vorhandensein –, oder der Weg über Ostindien. Da er bereits so weit nach Norden gesegelt war, war es natürlich, daß er die Nordwestpassage zu finden versuchte. Man nahm an, sie befinde sich in milden Gewässern, sie zu finden hätte einen Triumph an sich und eine sichere Abkürzung zum Atlantik bedeutet. So segelte er nordwärts, bis ihn die Kälte zur Umkehr zwang. Die Annexion von New Albion war wahrscheinlich nicht beabsichtigt, und es war eine leere Geste der Prahlerei. Selbst Drake muß gewußt haben, daß eine Ansiedlung dort, so weit von England entfernt, nicht gegen spanische Übermacht gehalten werden konnte. Man hörte nie mehr etwas von ihr.

Als er nördlich des Äquators segelte, wußte er beinahe mit Gewißheit, daß, wenn er die Nordwestpassage nicht fände, er doch auf günstige Winde treffen könnte, die die *Golden Hind* über den Pazifik führen würden. Er konnte das von Nuño da Silva lernen, der Navigationserfahrung an der Pazifikküste hatte, und von einigen seiner spanischen Gefangenen. Er versuchte, einen von ihnen, Colchero, »Lotse der Armada auf der Chinaroute«, durch Einschüchterung zu bewegen, die *Golden Hind* nach »China« (den

Philippinen) zu steuern. Der Mann weigerte sich standhaft, aber Drake nahm die »Seekarten« des Lotsen für die Fahrt. Wahrscheinlich deshalb hatte er das beste zur Verfügung stehende Kartenmaterial für die Route nach Ostindien.

Wie bald er sich entschloß, dorthin zu fahren, ist ungewiß. Er erwähnte diese und andere mögliche Routen seinen spanischen Gefangenen gegenüber, um sie im Zweifel zu lassen, falls sie die Verfolgung aufnahmen. Das früheste Beweisstück findet sich in John Winters Bericht, der nachfolgend abgedruckt ist. Er sagte: »Ich überredete meinen Steuermann und einige Leute meiner Mannschaft, zu den Molukken zu segeln, und schwor ihnen feierlich auf die Bibel, daß Mr. Drake mir, als ich das letzte Mal bei ihm an Bord war, gesagt habe, er werde dorthin fahren.« In seinem Bericht verteidigte sich Winter im voraus gegen die Beschuldigung, Drake im Stich gelassen zu haben, und es ist eine ungelöste Streitfrage, ob er seine Schiffsmannschaft zur Rückkehr zwang oder sie ihn, aber er konnte anscheinend nichts dabei gewinnen, wenn er bezüglich der Molukken log.

Für Drake waren die Molukken an sich eine mächtige Verlockung, zum einen, weil die englischen Kaufleute sich dringlichst direkte Handelsverbindungen mit den Gewürzinseln wünschten, zum andern, weil eine Weltumseglung ein sensationeller Triumph für ihn und den englischen Seefahrergeist gewesen wäre.

Es ist deshalb wahrscheinlich, daß er einen Treffpunkt mit Winter in den Molukken ausmachte, und wenn seine Gedanken in diese Richtung gingen, war seine Suche nach der Nordwestpassage ein nachträglicher Einfall, der ihm gekommen war, nachdem er sich so weit im Norden befand. Aber wie auch immer Drakes endgültige Anweisungen gewesen sein mögen, oder wohin auch immer unsere Vermutungen gehen, die Haupttatsachen sind nie bestritten worden: Die *Golden Hind* segelte um die Welt und kehrte mit einer ungeheuren Beute in ihren Laderäumen zurück.

II

Als am 15. November die kleine Flotte von Plymouth absegelte, war die Möglichkeit künftiger Schwierigkeiten bereits vorgegeben.

Wahrscheinlich kannte nur Drake allein – und möglicherweise Doughty – die Anweisungen und Ziele, nicht notwendigerweise dieselben. Die Seeleute waren für eine Reise nach Alexandria angeheuert worden. Einige von ihnen würden die Wahrheit übel aufnehmen, wenn sie offenbar wurde, und elisabethanische Seeleute bedurften nur eines geringen Vorwandes zur Meuterei – Desertion und Meuterei waren weit verbreitet. Die höheren Offiziere wußten vermutlich, daß sie Kurs auf den Pazifik nehmen würden, und mögen gedacht haben, daß die Entdeckung der *Terra Australis* das Hauptziel war. Drakes Hauptziel war fast mit Sicherheit die Jagd nach Beute.

Es gab etwa zehn abenteuerlustige Herren an Bord der Schiffe, die wahrscheinlich wenig oder keine See-Erfahrung hatten; Doughty war der bedeutendste von ihnen. Sie mußten zwangsläufig Reibungen verursachen. Sie verachteten die Seeleute, und die Seeleute verübelten ihnen ihre überlegenen Mienen und ihre Untätigkeit. Es gab »einen solchen Ärger zwischen den Herren und den Seeleuten, daß es mich fast wahnsinnig macht, davon zu hören«, sagte Drake. Außerdem müssen die elend beengten, unbequemen und ungesunden Lebensbedingungen auf einem kleinen Schiff, besonders bei der sengenden Hitze der Tropen und der unerträglichen Ruhe der Windstillen, alle Übel noch weiter verschlimmert haben. Schließlich wurden, wie John Cooke es formulierte, »Francis Drake, John Winter (Kapitän des zweitgrößten Schiffes) und Thomas Doughty« allgemein »als gleichberechtigte Gefährten und freundliche Herren« angesehen. Es war bei der elisabethanischen Flotte üblich, daß sie von einer Gruppe von ranghohen Offizieren befehligt wurde. Aber Drake war von seiner Veranlagung her unfähig, eine solche Regelung gutzuheißen, und fest entschlossen, es nicht zu tun. An dem entscheidendsten Punkt der Reise beanspruchte und sicherte er sich die absolute Befehlsgewalt. Es ist nicht überraschend, daß Winter mit der *Elisabeth* scheinbar aus gutem Grund die Expedition in der Magellanstraße verließ und allein zurückkehrte. Überraschend war eher, daß die Freundschaft zwischen Drake und Doughty sich in so bittere Feindschaft verwandelte, zumindest von seiten Drakes, daß er Doughty den Prozeß machen und ihn hinrichten ließ – die fragwürdigste Tat seiner ganzen oft fragwürdigen Laufbahn. Widersprechende Berichte über diese Affäre werden im Folgenden wiedergegeben. Es gibt keine unparteiische Darstellung der Tatsachen, und es ist sehr unwahrscheinlich, daß sich die Wahrheit je finden lassen wird. Die Frage bleibt bestehen: Beging Drake aus grundlosem Haß gegen seinen früheren Freund ein gemeines Verbrechen, oder tat er das einzig Richtige, um die Expedition vor dem Verderben zu bewahren?

III

Wie Magellan segelte Drake mit fünf Schiffen los. Bei beiden Unternehmungen gelang es nur dem Flaggschiff, die Reise um die Welt zu vollenden. Aber im Gegensatz zu Magellan kehrte Drake auf seinem Schiff zurück, obwohl er beinahe Magellans Schicksal geteilt hätte, als er auf der Insel Mocha am Kopf verwundet wurde.

Drakes Flaggschiff, die *Pelican*, die in der Magellanstraße auf *Golden Hind* umgetauft wurde, war eine kleine Galeone mit einem niedrigen Achterdeck und einem noch niedrigeren Vorderdeck, was – für moderne Augen – den Eindruck entstehen läßt, daß bei diesem Schiffstyp der Vorderteil immer tief im Wasser liegt. Es mag eine Kajüte mit einem Ausgang zum Achterdeck gehabt haben, in der Drake wohnte – in »einiger Pracht und Freude« (siehe S. 183 unten). Es hatte drei Masten, der Großmast und der Fockmast führten Rahsegel und waren mit Toppsegeln, Kreuzbramstangen und Gefechtsmars versehen, der Besan war mit Lateinsegeln getakelt, das Segel wahrscheinlich an eine Spiere gezurrt. Es gibt verschiedene zeitgenössische Schätzungen über die Tonnage des Schiffes, die von achtzig bis einhundertundfünfzig Tonnen gehen. (Die spanischen Schätzungen lagen höher, waren aber auf einer anderen Grundlage berechnet oder übertrieben.)

Eine vollzählige Aufstellung der Schiffe von hundert und mehr Tonnen für 1577 ergab die Zahl 135 – verglichen mit 77 Schiffen im Jahre 1560; sechs davon waren aus Plymouth, eines davon die *Pelican* (Oppenheim, *A Maritime History of Devon*, S. 39). Es ist wahrscheinlich, daß dieses Schiff etwa 100 Tonnen hatte. Es sind keine genauen Pläne oder Angaben bekannt, und über die Maße des Schiffes ist viel diskutiert worden, besonders von F. C. Prideaux Naish und Gregory Robinson (siehe Bibliographie). Naish liefert überzeugende Argumente für seine Schätzungen, die auf den uns bekannten Abmessungen des Docks fußen, das für die *Golden Hind* in Deptford gebaut wurde: Kiel 47 Fuß, Deckbalken 18 Fuß, Länge 68 Fuß, hintere Neigung 6½ Fuß, vordere Neigung 14½ Fuß, Tiefgang voll beladen 13 Fuß. Wie Naish argumentiert, ist es höchst wahrscheinlich, daß das frühe Schiffsmodell im Ashmolean Museum die *Golden Hind* darstellt. Dieses Buch zeigt eine Fotografie dieses Modells.

Das Schiff war schwer bestückt und gut mit Waffen und Munition aller Art versehen. Die Hauptbestückung bestand wahrscheinlich aus vierzehn Kanonen unter Deck, zwei oder mehr Kanonen im Bug und verschiedenen kleineren Kanonen. Die Mannschaft umfaßte etwa siebzig Mann, als das Schiff die kalifornische Küste verließ, und neunundfünfzig, als es von Ostindien absegelte.

In seiner eidlichen Aussage vor der Inquisition gibt Drakes portugiesischer Lotse, Nuño da Silva, einen Bericht von der *Golden Hind*, den man als verläßlich ansehen darf (obwohl andere Zeugenaussagen davon abweichen). Denn Silva war ein erfahrener Seemann, hatte Monate an Bord der *Golden Hind* verbracht und hatte, so weit wir sehen können, keinen Nutzen davon, ungenaue Einzelheiten anzugeben. »Drakes Schiff«, so führt er aus (Wagner, S. 348), »ist sehr fest und sehr stark. Die Außenwände bestehen aus zwei Schichten von Planken mit einer Teerschicht dazwischen, was das Schiff für die Kriegführung sehr geeignet macht. Es ist ein französisches Schiff, mit guten Masten, einer Talje und guten Segeln ausgestattet, und ein guter Segler, der dem Steuer wohl gehorcht. Es ist weder neu, noch ist der Boden mit Blei bedeckt. Es hat sieben Luken an jeder Seite und achtzehn Kanonen unter Deck, sieben an jeder Seite und vier im Bug. Drei davon sind aus Bronze und der Rest aus Gußeisen; außerdem gibt es alle Arten von Kriegsmaterial in Überfluß an Bord . . . Es ist wasserdicht, wenn es mit einem nicht zu starken Wind von achtern segelt, aber in schwerer See macht es nicht wenig Wasser.«

Das älteste bekannte
Schiffsmodell Englands
(Ashmolean Museum Oxford).
Vermutlich stellt es die »Golden
Hind« dar, einer kleinen Galeone
von etwa 100 Tonnen
Wasserverdrängung. Sie war
Francis Drakes Flaggschiff
während seiner Weltumsegelung.

»Drakes Schiff ist sehr fest und
sehr stark. Die Außenwände
bestehen aus zwei Schichten von
Planken mit einer Teerschicht
dazwischen, was das Schiff für
die Kriegsführung sehr geeignet
macht . . .«

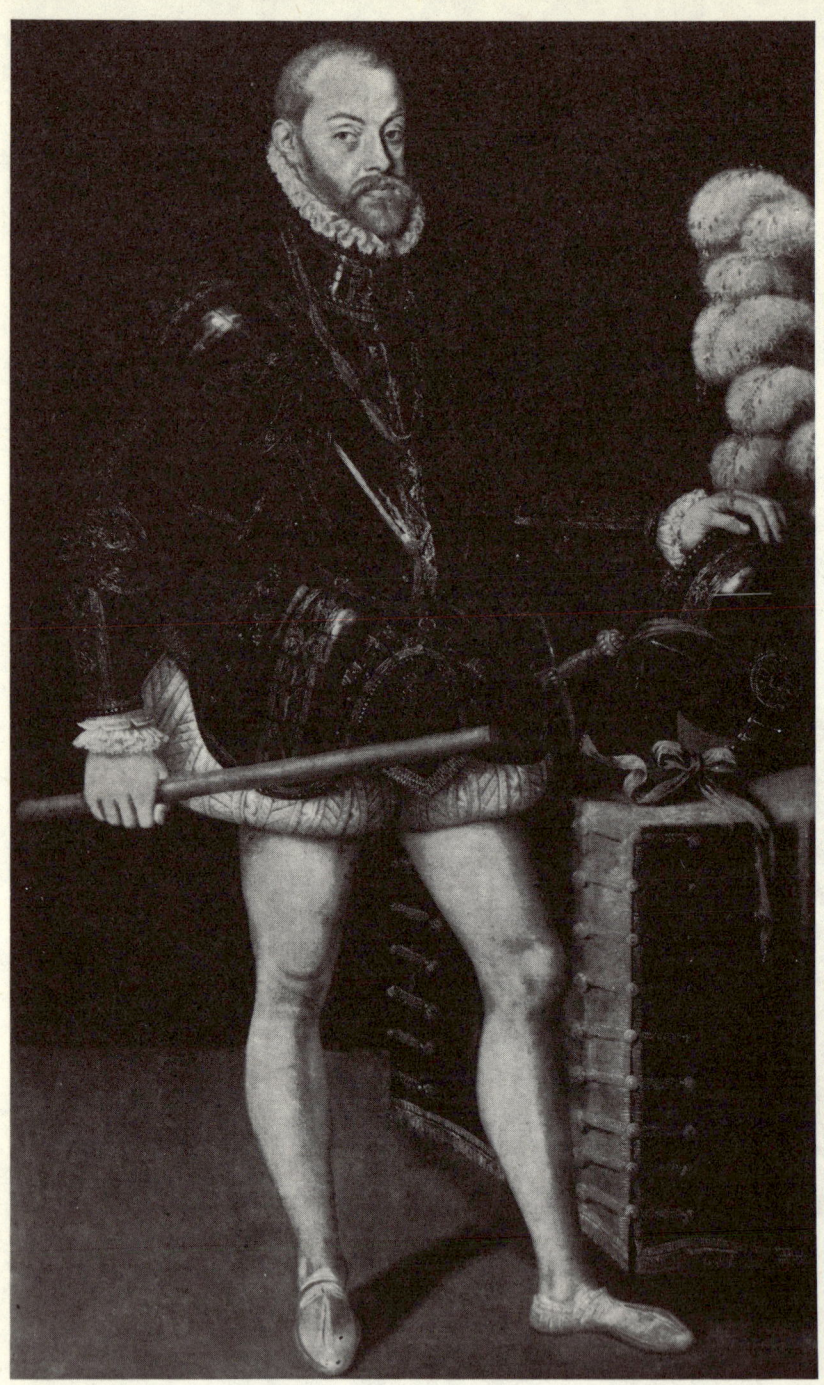

Philipp II.von Spanien

Da die Weltumseglung die sensationellste, erfolgreichste und umstrittenste von Drakes Unternehmungen war, ist es nicht überraschend, daß die zeitgenössischen Dokumente reichhaltig, gegensätzlich und oft widerspruchsvoll sind. Es gibt keinen befriedigenden zeitgenössischen Bericht.

Drakes Logbuch wäre eindeutig von großem Wert. »Er führt ein Buch«, berichtete Silva, »in dem er sein Log einträgt und Vögel, Bäume und Robben malt. Er ist begabt im Malen und hat einen Jungen mit sich (seinen Neffen), John Drake . . ., der ein großer Maler ist.« (Wagner, S. 348). Der spanische Botschafter Bernardino de Mendoza schreibt in seinem Brief an König Philipp II. vom 16. Oktober 1580, der im Britischen Museum einzusehen ist: »Drake hat der Königin ein Tagebuch über alle seine Erlebnisse während der Zeit seiner dreijährigen Abwesenheit übergeben.« (Nuttall, S. 303 n). Man hat nichts mehr von diesem Logbuch gehört.

Alle anderen wichtigen Dokumente werden in der folgenden Bibliographie aufgeführt.

The World Encompassed (Die Weltumseglung) von 1628 wird hier in vollem Wortlaut abgedruckt, weil es der längste, am meisten in Einzelheiten gehende und am besten geschriebene Bericht ist. Er wurde von dem zweiten Sir Francis Drake, dem Neffen des Seefahrers, »zum Ruhme des Verblichenen« geschrieben, offensichtlich mit der Absicht, ihn und seine Familie zu verherrlichen. Dieses wird auf belustigende Weise bei der Behandlung der Doughty-Affäre sichtbar, die ein Meisterstück der Unklarheit ist und sich so sehr der Angabe irgendwelcher Fakten enthält, daß nicht einmal Doughtys Name genannt wird.

Der erste Teil des Berichtes ist aus Notizen zusammengestellt, die der Marineprediger Francis Fletcher gemacht hat, und aus anderen Quellen, die zahlreich veröffentlicht worden sind. Der zweite Teil der Aufzeichnungen Fletchers, der heute verloren ist, mag auch benutzt worden sein. Von der Insel Mocha an lehnt sich der Bericht sehr eng an die *Famous Voyage* (Die berühmte Reise) an. Dieser anonyme Bericht wurde im allgemeinen Francis Pretty zugeschrieben, wurde aber wahrscheinlich von Hakluyt oder einem seiner Assistenten zusammengestellt, wobei eine vorsichtige Auswahl aus

Cooke und dem *Anonymos Narrative* (Anonymer Bericht) getroffen wurde. Der Verfasser der *World Encompassed* verwandte auch den anonymen Bericht der Schrift *The Course which Sir Francis Drake held . . . in the South Sea . . .* (Der Kurs, den Sir Francis Drake . . . in der Südsee einschlug.)

John Cookes *Narrative* (Bericht) wird hier (aus Penzer) in vollem Wortlaut wiedergegeben, da es der wichtigste Anti-Drake-Bericht ist; ein voreingenommenes, aber wichtiges Korrektiv der *World Encompassed,* im wesentlichen sehr interessant und im allgemeinen genau (siehe Bibliographie).

Da Cooke unter dem Kommando von Winter auf der *Elizabeth* war und mit ihm zurückkehrte, endet sein Bericht mit den Ereignissen in der Magellanstraße.

Cookes Manuskript, das 1855 erstmalig von Vaux gedruckt wurde, befindet sich im Britischen Museum: Harleian M. S. No. 540, fo. 93. Es soll in der Handschrift von John Stow geschrieben sein und trägt den Titel: »Für Francis Drake, Ritter. Im Jahre des Herrn 1577.« Da es höchst unwahrscheinlich ist, daß es für Drake bestimmt war, ist diese Überschrift sehr wahrscheinlich Stows Vermerk, daß es für seinen kurzen Bericht der Weltumseglung benutzt werden sollte, der seinerseits anscheinend auf Cooke zurückgeht. Penzer vermutet, daß, »obwohl es von John Cooke unterzeichnet ist, es auf jeden Fall – im Interesse von Drakes Gegnern – von jemand umgeschrieben wurde, der in dem literarischen Streit bewandert war«. Aber da wir nichts von Cooke und seinen möglichen literarischen Fähigkeiten wissen, muß das reine Vermutung bleiben.

Den letzten Teil dieses Buches bildet der *Report* von John Winter, der die *Elizabeth* befehligte und sie von der Magellanstraße nach Hause segelte. Er sandte den Bericht am selben Tage, an dem er Plymouth erreichte, an seinen Vater und seinen Onkel, und sie leiteten ihn an Burghley weiter. Beim Lesen dieses Berichtes muß man daran denken, daß er zur Selbstverteidigung geschrieben wurde.

Es mag wohl noch unentdeckte Dokumente geben, z. B. im englischen Staatsarchiv in London oder in den Indien-Archiven in Sevilla, die neue Gesichtspunkte für die Weltumseglung ergeben, aber viele zeitgenössische Dokumente sind bereits veröffentlicht worden. Viele Auszüge daraus werden in den Fußnoten oder in den *Zusätzlichen Anmerkungen* zur *Weltumseglung* unten zitiert. Die vollständigste Erörterung der Quellen findet sich bei Wagner, dessen enzyklopädisches Werk trotz einiger nicht stichhaltiger Schlüsse unentbehrlich für jede genauere Beschäftigung mit der Reise ist.

Sir Francis Drake »The World Encompassed«. Titelseite der Ausgabe von 1628.

THE VVORLD
Encompassed
By
Sir FRANCIS DRAKE,

Being his next voyage to that to *Nombre de Dios* formerly imprinted;

Carefully collected out of the notes of Master FRANCIS FLETCHER *Preacher in this imployment, and diuers others his followers in the same* :

Offered now at last to publique view, both for the honour of the actor, but especially for the stirring vp of *heroick spirits,* *to benefit their Countrie, and eternize their names* *by like noble attempts.*

LONDON,
Printed for NICHOLAS BOVRNE
and are to be fold at his fhop at the
Royall Exchange. 1628.

An den
wahrhaft edlen
ROBERT EARL OF WARWICK[1]

Exzellenz!
Ruhm und Neid berühren nicht die Toten, die nichts mehr
davon wissen, und sind zuweilen gefährlich für die Leben-
den, wenn sie zuviel davon erfahren. Das ist Grund genug,
warum ich es vorziehe, eher nichts als zuwenig zum Preis
und Ruhm des verblichenen Verfassers und Eurer Lord-
schaft, meines verehrten Herrn, zu sagen. Kolumbus wies
geschickt seine Neider in ihre Schranken, indem er seine
Stimme erhob und sich ohne Hilfe rechtfertigte. Möge
diese Reise für sich selbst sprechen. Wenn Eure Lord-
schaft diese Schrift gnädig annimmt, ist sie die Eure;
wenn der Leser Nutzen und Gewinn daraus zieht, ist es die
seine, und ich bin es zufrieden. Möge sie der Öffentlichkeit
ein Beispiel und Eurer Lordschaft zu Gefallen sein – das ist
das eigentliche Anliegen

Eures sehr ergebenen
Francis Drake

[1]Sir Robert Rich, Earl of Warwick (1587–1658), hatte großen Anteil an
freibeuterischen Unternehmungen und der Gründung der amerikanischen
Kolonien. Später war er Großadmiral bei den Streitkräften des Parlaments.
Der Unterzeichner war der Neffe des Seefahrers.

2. DIE WELTUMSEGLUNG[1]:

SIR FRANCIS DRAKE –
SEINE REISE UM DIE WELT VON FRANCIS FLETCHER UND ANDEREN.

Seit Gott der Allmächtige Adam den Auftrag gab, sich die
Erde untertan zu machen, hat es zu keiner Zeit an hero-
ischen Geistern gefehlt, die, gehorsam diesem hohen
Auftrage entweder aus offenkundigen Gründen, die sie
dazu bewogen, oder aus einem geheimen Instinkt, der sie
dazu antrieb, ihr Vermögen und ihre Zeit opferten und
sogar ihr Leben riskierten, um die wahren Verhältnisse
der Länder und Gegenden dieser Welt zu erforschen.

Von diesen Menschen haben einige sich bemüht, ihr
Ziel durch Schluß und Folgerung zu erreichen, die sie aus
dem Verhältnis der höheren Sphären zu diesem Erdball
zogen, der doch der Mittelpunkt der niedrigeren Regionen
ist. Andere, die sich nicht mit Schulwissen und solchen
Demonstrationen begnügten (denn ein kleiner Irrtum am
Anfang kann sich in der Folge zu großen Unannehmlichkeiten entwickeln), haben ihre eigene Geschichte und
Erfahrung hinzugefügt. Sie alle haben das hohe Lob ihrer
Zeitgenossen verdient und zu Recht Ruhm bei der ganzen
Nachwelt erworben. Denn wenn schon der Landvermes-
ser einiger adliger Herrschaftsgebiete, deren Grenzen und
Abmessungen schon vorher bekannt waren, zu Recht
seinen Lohn verdient, nicht nur für seine Mühe, sondern
auch für sein Geschick bei der Vermessung des Ganzen
und eines jeden Teiles davon – wie unvergleichlich viel
mehr müssen die berühmten Reisen jener unvergeßlich
gemacht werden, die ihren Eifer und ihr Bemühen eingesetzt haben, um den fast unmeßbaren Erdball zu vermes-
sen und aufzunehmen? Hier ergibt sich nicht die Schwie-
rigkeit, der bei privatem Eigentum große Bedeutung zu-
kommt: wessen Land vermesse ich? Die großen Ozeane
sind rechtlich das Gebiet Gottes allein und von der Natur

[1] Dieser Text aus *The World Encompassed* wird mit freundlicher Genehmigung des Verlages Chas. J. Sawyer aus dem von N. M. Penzer herausgegebenen Text abgedruckt. (Argonaut Press, 1926)

allen Menschen gleich gegeben, sie bieten im Überfluß zum Nutzen aller und sind groß genug, um den Unternehmungen aller Menschen Raum zu geben.

Deshalb übertrifft das tapfere und von glücklichem Erfolg begleitete Unternehmen, das der höchst ungewöhnliche und überaus ehrenwerte Kapitän Francis Drake durchführte, als er als erster seine Spur rund um die Welt hinterließ, nicht nur das der alten Argonauten, sondern ist auch in vieler Hinsicht höher anzusetzen als das des edlen Seefahrers Magellan[1] und ist weit bedeutender als dessen gekrönter Sieg. Aber möge die Nachwelt darüber urteilen.

Für den Augenblick soll es genug sein, sich der Pflicht zu entledigen, die wahre und vollständige Geschichte dieser Reise niederzuschreiben, mit der größtmöglichen Unparteilichkeit und ohne Gemütsaufwallung, wie eine historische Darstellung es fordert, und unter klarer Angabe der wahren Tatsachen, wie sie von einigen der Hauptbeteiligten und verschiedenen anderen Teilnehmern dieses Unternehmens berichtet worden sind.

Der besagte Kapitän Francis Drake hatte auf einer früheren Reise in den Jahren (15)72 und (15)73 (deren Beschreibung der Öffentlichkeit bereits vorgelegt worden ist[2]) einen Blick, und nur einen Blick auf den Pazifik geworfen. Daraufhin entwickelte sich bei ihm entweder ein neues Verlangen oder ein früher schon vorhandenes kam erneut zur Geltung, nämlich auf diesem Ozean auf einem englischen Schiff zu fahren. Von dieser Zeit an

---

[1]Ferdinand Magellan (1480?–1521), ein portugiesischer Seefahrer, befehligte eine spanische Expedition von fünf Schiffen und etwa 270 Mann, die 1519 von Sevilla absegelte, um eine Westroute nach den Gewürzinseln, den Molukken, zu finden. Er entdeckte die nach ihm benannte Straße und gab dem Pazifischen Ozean seinen Namen. Er selbst wurde in einem Kampf auf den Philippinen getötet, aber eines seiner Schiffe, die *Victoria*, das erste Schiff, das die Welt umsegelte, erreichte Spanien 1522 mit neunzehn Überlebenden und einer Ladung von Gewürzen.

[2]In *Sir Francis Drake Revived*.

*hegte er diesen edlen Wunsch in sich, und sein Entschluß
stand fest, so daß ungeachtet der Tatsache, daß er einige
Jahre lang an der Ausführung seines Planes gehindert
wurde (teilweise durch geheimen Neid in seinem Lande,
teilweise durch die Dienste, die er seinem Herrscher und
seinem Land im Ausland leistete, wovon seine Taten in
Irland unter Walter, dem Earl of Essex, ehrenvolles Zeugnis ablegen), er sich doch im Jahre 1577 durch die gnädige
Gewährung eines Patentes von seiner Königin und mit der
Hilfe verschiedener wagemutiger Freunde mit fünf Schiffen ausrüsten konnte.*

1. Die *Pelican* (später die *Golden Hind*), das Flaggschiff,
   ein Schiff von 100 Tonnen, Generalkapitän Francis
   Drake.
2. Die *Elizabeth*, zweites Flaggschiff, ein Schiff von 80
   Tonnen, Kapitän John Winter.
3. Die *Marigold*, eine Bark von 30 Tonnen, Kapitän John
   Thomas.
4. Die *Swan*, ein Schnellsegler von 50 Tonnen, Kapitän
   John Chester (Vorratsschiff).
5. Die *Christopher*, eine Pinasse von 15 Tonnen, Kapitän
   Thomas Moone.[1]

*Diese Schiffe bemannte Drake mit 164 fähigen und
tauglichen Männern und stattete sie auch mit einem
reichlichen Vorrat aller notwendigen Dinge aus, die eine
so lange und gefährliche Reise erforderte. Außerdem
wurden einige vollständige Pinassen in ihre Einzelteile
zerlegt an Bord genommen, die bei entsprechender Gelegenheit in ruhigen Gewässern zusammengebaut werden
sollten. Auch hatte er nicht versäumt, für Ausschmük-
kung und Vergnügen[2] zu sorgen. Zu diesem Zwecke
führte er ausgezeichnete Musikanten mit sich, eine wertvolle Ausstattung (alle Gefäße für seine Tafel, ja selbst*

[1] Über Thomas Moone als Schiffszimmermann siehe Seite 86. Der Expedition gehörten auch Drakes Bruder Thomas, sein junger Neffe John Drake
und Thomas Doughtys jüngerer Bruder John an.

[2] Einzelheiten siehe unten, *Zusätzliche Anmerkungen*, S. 336

viele für die Küche waren aus reinem Silber) und die verschiedensten Paradestücke einer zierlichen Hand-werkskunst, an denen die Kultur und Größe seines Hei-matlandes von allen Völkern, zu denen er gelangen sollte, gebührend bewundert werden konnte.

So ausgerüstet segelten wir am 15. November des gleichen Jahres (1577) gegen 5 Uhr nachmittags aus der Bucht von Plymouth und hielten uns jene ganze Nacht in Richtung Südwest. Am Morgen (16. November) hatten wir die Höhe des Lizard erreicht, wo der Wind uns aus Südwest entgegenblies und wir (was unserem beabsich-tigten Kurs völlig entgegengesetzt war) gezwungen wur-den, mit unserer ganzen Flotte im Hafen von Falmouth Schutz zu suchen.

Am nächsten Tage (am 17. November) erhob sich gegen Abend ein Sturm, der die ganze Nacht und den folgenden Tag (den 18. November) anhielt (er war beson-ders stark zwischen zehn Uhr vormittags und fünf Uhr nachmittags) und der so gewaltig war, daß, obwohl wir uns in einem sehr guten Hafen befanden, doch zwei unserer Schiffe, nämlich das Flaggschiff (auf dem sich unser Generalkapitän befand) und die Marigold, gezwun-gen waren, ihre Masten zu kappen. Zur Reparatur dieser Masten und vieler anderer Schäden, die der Sturm verur-sacht hatte, fuhren wir (sobald es das Wetter erlaubte) nach Plymouth zurück, wo wir alle am 13. Tage (am 28. November) nach unserer ersten Abfahrt eintrafen.

Nachdem wir in wenigen Tagen alle Schäden behoben hatten, brachen wir, mehr vom Glück begünstigt, am 13. Dezember 1577 erneut von dort auf.

Sobald wir auf hoher See waren, gab uns unser Kapitän Gelegenheit, wenigstens teilweise zu vermuten, wohin er zu fahren beabsichtigte, und zwar durch die Angabe seines Kurses sowie durch die Vereinbarung eines Treff-punktes bei der Insel Mogador[1] (falls eines der Schiffe den Anschluß an die Flotte verlieren sollte). So segelten wir

[1]Mogador ist jetzt ein Teil von Marokko.

184

mit günstigen Winden. Das erste Land, das wir am 25.
Dezember, am Morgen des Weihnachtstags, sichteten,
war Kap Cantin[1] in der Berberei. Dort ist ein schöner,
weißer Sandstrand, das Inland ist sehr hoch und gebirgig
und liegt auf 32 Grad 30 Minuten nördlicher Breite. Von
dort fuhren wir an der Küste entlang etwa 18 Meilen
südwärts und erreichten am selben Tage Mogador, die
vorher genannte Insel.

Dieses Mogador[2] steht unter der Herrschaft des Königs
von Fez und liegt auf einer Breite von 31 Grad 40 Minuten
etwa eine Meile von der Küste entfernt, so daß der Raum
zwischen der Insel und dem Festland einen guten Hafen
bildet. Die Insel ist unbewohnt, hat einen Umfang von
etwa einer Meile und ist nicht sehr hoch. Sie ist mit einer
Art brusthohem Gesträuch überzogen, das unserem Ligu-
ster recht ähnlich ist, voller Tauben und deshalb viel von
Hühnerhabichten und anderen Raubvögeln besucht, au-
ßerdem finden sich dort viele Arten von Seevögeln. Auf
der Südseite der Insel gibt es drei ausgehöhlte Felsen,
unter denen man große Mengen von wohlschmeckenden,
aber sehr häßlichen Fischen sehen kann. Wir lagen hier
etwa eine Meile vom Festland entfernt und sandten ein

[1]Kap Cantin liegt in Marokko. Die Berberei oder die Berberküste ist die
Nordwestküste Afrikas. »Durch die gütige Vorsehung Gottes gelangten wir
am 25. Tage desselben Monats zum Kap Cantin, von wo wir unsere Fahrt die
Küste der Berberei entlang fortsetzten. Wir segelten nahe an der Löwenstadt
vorbei, die einst eine sehr berühmte Stadt gewesen sein soll und von
Kaufleuten vieler Nationen und Reiche häufig besucht wurde. Da aber die
Bewohner hochmütig und voller Schlechtigkeit waren, ließ der Herr ein Heer
von Löwen auf sie los, die weder Mann noch Frau noch Kind verschonten,
sondern alle vom Angesicht der Erde vertilgten und die Stadt für sich selbst
und ihre Nachkommen bis auf den heutigen Tag in Besitz nahmen, die
deshalb seitdem CIVITAS LEONUM genannt wird. Von dorther kamen die
Löwen in der Nacht mit großer Wildheit und wüteten mit fürchterlichem
Gebrüll entlang der Küste und versuchten immer wieder, sich in das feuchte
Element zu begeben, um unser Schiff, das an der Küste entlangruderte, zu
ihrer Beute zu machen, aber wie es in ihrer Natur liegt, scheuen sie nicht das
Licht der Sonne oder das Feuer, scheinen das Wasser aber nicht ertragen zu
können.« Fletcher (Penzer, S. 88).
[2]Winter berichtet, sie erreichten Mogador am 27. Dezember (Winter,
S. 147).

Sir Francis Drake, nach einem Stich, der Jodocus Hondius zugeschrieben wird.

SCVS DRAECK NOBILISSIMVS EQVES ANGLIÆ AN° Æ

Habes Lector candide fortiß: ac inuictiß Duci Draeck ad Viuum Imaginem qui
toto terrarum orbe, duorum annorum, et mensum decem spatio, Zephiris fauen-
tibus circumducto Anglium sedes proprias 4. Cal Octobr: anno á partu Virgi-
nis 1580 reuisit cum antea portu soluisset Id: Decem: anni 1577:

Boot aus, um den Hafen auszukundschaften. Und als wir festtstellten, daß er sicher und an der Nordseite etwa 5 oder 6 Faden tief war (aber an der Südseite war es sehr gefährlich), segelten wir am 27. Dezember mit der ganzen Flotte in den Hafen und blieben bis zum letzten Tage des gleichen Monats dort. Unsere Mußezeit verbrachten wir damit, eine der vier Pinassen zusammenzubauen, die wir aus der Heimat mitgebracht hatten. Unser Aufenthalt dort wurde bald von den Einwohnern des Landes bemerkt, die an das Ufer kamen und durch Zeichen und Rufe zu verstehen gaben, daß sie an Bord genommen werden wollten. Unser Kapitän sandte ihnen ein Boot, das zwei der Anführer der Mohren aufnahm; dafür blieb einer der Unsrigen als Bürge für ihre Rückkehr an Land.

Die beiden, die an Bord kamen, wurden auf das höflichste mit einem schmackhaften Festessen bewirtet und erhielten Geschenke, die sie außerordentlich zu erfreuen schienen, so daß sie erkennen konnten, daß diese Flotte in Frieden und Freundschaft gekommen war und mit ihnen Handel mit den Waren treiben wollte, die ihr Land erzeugte, so daß sie zufrieden sein konnten. Dieses Angebot schienen sie freudig anzunehmen und versprachen, am nächsten Tag mit den Dingen zurückzukehren, die sie gegen unsere einzutauschen hatten. Sie haben ein Gesetz, das ihnen verbietet, Wein zu trinken; nichtsdestoweniger trinken sie ihn heimlich gern und viel, wie die Erfahrung hier zeigte. Bei ihrer Rückkehr an das Ufer überstellten sie uns ruhig den Bürgen, den sie zurückbehalten hatten, und kamen am nächsten Tag zur festgesetzten Zeit wieder zurück. Sie führten Kamele mit sich, die sichtbar mit Waren beladen waren, die sie gegen unsere Waren eintauschen wollten. Sie riefen in Eile nach einem Boot, das ihnen gesandt wurde, gemäß dem Befehl, den unser Kapitän (der zu diesem Zeitpunkt abwesend war) vor seiner Wegfahrt zur Insel gegeben hatte.

Als unser Boot zu dem Landeplatz kam (der zwischen den Felsen lag), sprang einer unserer Leute namens John Fry, der keine Gefahr argwöhnte, noch irgendein Unheil von ihnen befürchtete und deshalb die Absicht hatte, sich als Bürge gemäß der Regelung des Vortages zur Verfügung zu stellen, bereitwillig aus dem Boot und lief an Land. Die Mohren (die das erwartet hatten) nahmen die Gelegenheit wahr, und nicht nur diejenigen, die zu sehen waren, ergriffen ihn, um ihn mit sich wegzuführen, sondern noch etliche mehr, die sich insgeheim versteckt hatten, brachen jetzt hinter den Felsen hervor, wohin sie sich (wie es schien, in der Nacht zuvor) begeben hatten. So zwangen sie unsere Leute, die Rettung des Gefangenen aufzugeben und eiligst ihr Heil in der Flucht zu suchen.

Die Ursache dieses Gewaltaktes war der Wunsch des Königs von Fez, herauszufinden, was für eine Flotte dies sei, ob sie ein Vorläufer der Flotte des Königs von Portugal[1] sei oder nicht und welche sicheren Neuigkeiten die Flotte ihm geben könne. Deshalb wurde er, nachdem er vor den König gebracht worden war und berichtet hatte, daß wir Engländer seien, die unter der Führung von General Drake zu der Straße[2] segeln wollten, mit einem Geschenk für unseren Kapitän und dem Angebot großen Entgegenkommens und großer Freundschaft, die dieses Land für uns hege, wieder zurückgeschickt. Aber in der Zwischenzeit hatte unser Kapitän, der über dieses schreiende Unrecht sehr betrübt war und die Absicht hatte, wenn möglich, seinen Mann wiederzufinden oder freizukaufen, seine Pinasse fertigmachen und seine Mannschaft landen lassen und war ein Stück in das Land marschiert, ohne auf irgendeinen Widerstand zu stoßen. Die Mohren machten nicht den geringsten Versuch, sich unseren Leuten zu nähern oder sich mit ihnen auseinanderzusetzen. So sammelten wir einigen Vorrat an Holz, besuchten auch eine alte Festung, die einst von dem König von Portugal gebaut, dann aber vom König von Fez zerstört worden war, und fuhren am 31. Dezember nach Kap

[1] Der König von Portugal bereitete gerade einen Kreuzzug gegen die Mohren vor. Im folgenden Jahr, 1578, wurde die portugiesische Armee geschlagen und der König getötet (siehe S. 257).

[2] Vermutlich die Magellanstraße. Das Ziel war nicht mehr geheim.

Blanco ab. So mußte Fry bei seiner Rückkehr zu seiner großen Betrübnis feststellen, daß die Flotte abgesegelt war. Er wurde jedoch durch die Gnade des Königs nicht lange darauf auf einem englischen Handelsschiff nach England zurückgeschickt.

(1578) Kurz nachdem wir diesen Hafen verlassen hatten, kamen wir in widrige Winde und schlechtes Wetter, das bis zum 4. Januar anhielt. Wir hielten aber trotzdem unseren Kurs und erreichten am dritten darauffolgenden Tag (am 7. Januar) Kap de Guerre in der Höhe von 30 Grad und (?) Minuten, wo wir auf drei spanische Fischerboote, drei Schmacken, stießen, die wir mit unserer neuen Pinasse kaperten und mit uns führten, bis wir (am 13. Januar) zum Rio del Oro kamen, der genau im Wendekreis des Krebses liegt und wo wir mit unserer Pinasse noch eine Karavelle kaperten. Von dort segelten wir bis zum fünfzehnten Tag (dem 15. Januar) zum Kap Barbas, wo die Marigold eine weitere Karavelle kaperte, und von dort weiter nach Kap Blanco bis zum Abend des darauffolgenden Tages (dem 16. Januar).

Das Kap liegt auf einer Breite von 20 Grad und 30 Minuten und bietet sich dem Beschauer, der von Norden kommt, wie die aufrecht stehende Ecke einer Mauer dar. Zwischen diesem und dem Kap Barbas ist die Küste den ganzen Weg entlang flach, sandig und sehr weiß. Hier bemerkten wir am Horizont bei 9 Grad 30 Minuten die South Guards, genannt die Crosiers. Am Kap erbeuteten wir ein weiteres spanisches Schiff, das dort vor Anker lag (alle Männer der Besatzung waren mit Ausnahme von zweien mit dem Boot ans Ufer geflohen). Dieses Schiff führten wir mit den anderen, die wir zuvor erbeutet hatten, in den Hafen, drei Meilen vom Kap entfernt.

Hier beschloß unser Generalkapitän, einige Tage lang zu verweilen, und zwar zum einen, weil der Ort frische Lebensmittel in Fülle bot, die für den Augenblick unsere Männer wieder zu Kräften kommen ließen und auch ihrer zukünftigen Versorgung auf See dienen konnten (wegen des unendlichen Reichtums verschiedener Sorten guter

Speisefische, die man dort leicht, sogar innerhalb des
Hafens fangen kann – was ähnlich sonst kaum irgendwo
zu finden ist), zum anderen, weil der Ort sehr geeignet für
die Erledigung einiger anderer Dinge war, die anstanden.
Während unseres Aufenthalts an diesem Ort wurde unser
Generalkapitän, als er einmal an Land war, von einigen
Bewohnern der Gegend besucht, die eine Frau, eine Moh-
rin, mit sich hatten (mit ihrem Kleinkind, das sich an ihren
trockenen Busen klammerte), die kaum noch Lebenskraft
in sich hatte (geschweige denn Milch, um ihr Kind zu
nähren). Sie sollte wie ein Pferd oder eine Kuh mit ihrem
Kalb verkauft werden, eine Art von Handel, auf den sich
unser Kapitän nicht einließ. Aber sie hatten auch kleine
Stücke von Bernstein, darunter einige Stücke, die wertvol-
ler waren, die sie mitgebracht hatten, um sie bei unseren
Männern gegen Wasser einzutauschen (woran sie großen
Mangel leiden). Sie kamen mit ihren Behältern (Ledersäk-
ke zum Transport von Flüssigkeit), um Wasser zu kaufen,
und es war ihnen gleichgültig, zu welchem Preis sie es
kauften, um ihren Durst stillen zu können. Eine schwere
Heimsuchung Gottes für jene Küste! Unter Berücksichtigung dieser Umstände wollte unser Kapitän nichts von
ihnen für das Wasser haben, sondern gab es freizügig
denen, die zu ihm kamen, ja versorgte sie auch mit unseren
Lebensmitteln. Ihre Eßgewohnheiten erschienen uns nicht
nur häßlich und grob, sondern waren auch an sich unmenschlich und ekelerregend.
    Wir wuschen unsere Schiffe und machten sie seeklar
und entließen alle unsere spanischen Prisen mit der Ausnahme einer Schmacke (für die wir dem Eigentümer eines
unserer eigenen Schiffe, nämlich die Christopher, gaben)
und einer Karavelle, die ursprünglich nach Santiago fahren sollte und die uns bis dort zu begleiten hatte, wo wir sie
ebenfalls entließen. Nach einem Aufenthalt von sechs
Tagen an diesem Ort[1] brachen wir (am 21. Januar) mit

---

[1] »Wir blieben vier Tage lang dort, und in dieser Zeit musterte und drillte
unser Kapitän seine Männer an Land in kriegsmäßiger Weise, um sie auf alle
Möglichkeiten vorzubereiten.« *Famous Voyage* (Hakluyt, XI, S. 103).

Kurs auf die Kapverdischen Inseln auf, wo wir (wenn überhaupt) vor der Notwendigkeit standen, unsere Flotte für einen langen Zeitraum mit frischem Wasser zu versorgen, denn unser Kapitän beabsichtigte, von dort eine lange Fahrt (möglichst bis zur Küste Brasiliens) ohne Zwischenlandung zurückzulegen. So erreichten wir bei einem Wind, der beständig aus Nordost oder Ostnordost blies, was in jenen Gegenden die Regel ist, weil er beinahe immer von der Küste weht, am 27. Januar Bonavista, und am nächsten Tage (am 28. Januar) ankerten wir am westlichen Teil (Richtung Santiago) der Insel Mayo[1]. Die Insel liegt auf dem 15. Grad und hat vorwiegend Steilküste, außer dem Nordwestteil, der sich in einer Länge von einer Meile in die See erstreckt und sehr flach ist. Die Insel wird von Untertanen des Königs von Portugal bewohnt.

Wir landeten hier in der Hoffnung, von den Einwohnern Wasser zu erhalten, und fanden nicht weit vom Ufer eine Stadt mit einer großen Anzahl verlassener und verfallener Häuser mit einer armen, kahlen Kapelle oder einem Bethaus[2], das kleinen Ansprüchen dienen und genügen konnte und von geringem Nutzen zu sein schien. Die Stadt schien nur einen Eindruck erwecken zu sollen, und zwar einen falschen, der dem Zweck einer Vogelscheuche gerade entgegengesetzt war, die die Vögel vom Näherkommen abschrecken soll; sie sollte die Vorbeikommenden dazu verleiten, herzukommen und sich nach Proviant umzuse-

[1]Mayo und Bonavista gehören zu der Gruppe der Kapverdischen Inseln und sind heute noch portugiesisch.
[2]»Die Ursache dieses Verfalls war, wie wir meinten, nicht das Fehlen entsprechender Zuneigung bei den Portugiesen, denen die Insel gehörte, sondern die Generation der Faulenzer, ich meine der Piraten, die einen besonderen Groll und Haß gegen die Portugiesen hegen und in Hoffnung auf Beute sich die Beschaffenheit dieses Ortes zunutze machen und auf Lauer nach Schiffen und Waren liegen, die entweder von Portugal nach den Kolonien oder von Brasilien in das Mutterland gingen. Diese Schiffe machten an der Insel St. Jago (Santiago), einer anderen der Kapverdischen Inseln, Zwischenstation, um Lebensmittel und Wasser aufzunehmen.« Fletcher (Penzer, S. 95).

hen, den es dort gar nicht gab, obwohl solcher im inneren
Teil der Insel in großem Überfluß zu finden war.

Als wir feststellten, daß die Brunnen und Quellen, die
(wie es schien) dagewesen waren, versiegt waren und es
kein anderes Wasser gab, um unseren Bedarf zu befriedigen, marschierten[1] wir landeinwärts, um eine bessere
Stelle zu finden und uns zu versorgen oder zumindest
festzustellen, ob die Leute, die uns begegneten, uns helfen
könnten. Bei diesem Marsch bemerkten wir, daß der
Boden sehr fruchtbar war, überall wuchsen große Feigen-
bäume, die meisten von ihnen waren voller Früchte. Aber
in den Tälern und Niederungen, in denen kleine, niedrige
Hütten standen, waren schöne Weingärten angelegt, deren Rebstöcke voller reifer und wohlschmeckender Trauben hingen. Dort standen auch große Bäume, die bis auf
die Spitze ohne Zweige waren und die Kokosnüsse trugen.
Auch gab es eine große Anzahl von niedrigeren Bäumen
mit langen und breiten Blättern, die eine Frucht trugen, die
sie Paradiesfeige nennen und die in Büscheln wächst und
sehr wohlschmeckend und bekömmlich ist. Alle diese
Bäume waren ständig mit Früchten überladen, einige
waren gerade richtig zum Verzehr, andere reiften, weitere
waren überreif. Dieses war nicht so seltsam, wie es
scheint, obwohl es bei uns zu Hause in England tiefster
Winter war, denn dort verliert die Sonne niemals ihre
wärmende Kraft, sondern begünstigt mit ihrer lebenspen-
denden Wärme die Ergiebigkeit des Bodens und das
Wachstum der Pflanzen. Es gibt dort niemals eine so
strenge Kälte oder einen so starken Frost, daß die Bäume
ihr grünes Kleid verlören.

An verschiedenen Stellen fanden wir sehr gutes Wasser, aber so weit von der Straße entfernt, daß wir keinen
sinnvollen Gebrauch davon machen konnten. Die Einwohner konnten durch nichts dazu bewogen werden, mit

[1]»Unser Kapitän sandte zur Erkundung der Insel . . . zweiundsechzig Mann
unter der Führung und dem Befehl von Kapitän Winter und Kapitän
Doughty.« *Famous Voyage* (Hakluyt, XI, S. 104).

uns irgendeinen Kontakt aufzunehmen, sondern verbargen sich in den reizenden und fruchtbaren Tälern zwischen den Hügeln, wo ihre Orte und Wohnstätten waren, und gaben uns ohne Einschränkung Gelegenheit, die Insel in Augenschein zu nehmen, da sie einigen Grund hatten, sich nicht in Gefahr zu begeben; denn sie sahen, daß sie sich nur Schaden und Schimpf einhandeln konnten, wenn sie denen gewaltsam entgegenträten, die in Frieden gekommen waren und nichts Böses gegen sie im Schilde führten.

Die Insel bietet einen Überfluß an anderen Dingen, wie wunderbare Ziegenherden und einen unbegrenzten Vorrat an wildem Geflügel. Außerdem wird Salz ohne Mühe gewonnen (wenn man lediglich vom Einsammeln absieht). Es wird ständig in beträchtlicher Menge durch die Gezeiten auf dem Strand abgelagert, und die Sonnenhitze macht es körnig. Mit diesem Artikel betreiben sie einen ständigen Handel mit ihren Nachbarn auf den umliegenden Inseln. Am 30. Tage (am 30. Januar) stachen wir wieder in See.

Nach unserer Abreise von Mayo kamen wir am nächsten Tag (am 31. Januar) an der Insel Santiago vorbei, die zehn Meilen westlich von Mayo auf derselben Breite liegt und von Portugiesen und Mohren gemeinsam bewohnt wird.

Der Grund hierfür sollen die Portugiesen selbst gewesen sein, die lange Zeit auf dem besagten Eiland die Herren gewesen sind und ihren Sklaven gegenüber so große und unvernünftige Grausamkeit an den Tag legten, daß diese (da ihre Knechtschaft unerträglich geworden war) gezwungen waren, Mittel und Wege zu finden, um sich selbst zu helfen und ihr so schweres Los zu erleichtern. Deshalb flohen sie in die gebirgigsten Teile der Insel. Schließlich sind sie durch ständige Flucht zu einem Volk von großer Zahl und Stärke angewachsen. Sie üben jetzt auf ihre ehemaligen Unterdrücker einen solchen Schrekken aus, daß diese jetzt geistig keine geringere Knecht-

194

schaft zu erdulden haben als die forcatos[1] zuvor körperlich. Außerdem kommt der Schaden hinzu, den sie den Portugiesen täglich an Hab und Gut und Vieh zufügen, zusammen mit der Einschränkung ihrer Freiheiten bei der Nutzung verschiedener ertragreicher Gebiete besagter Insel, die sehr groß, außerordentlich fruchtbar (eine Zuflucht für alle Schiffe, die nach Brasilien, Guinea, Ostindien, Binny, Calicut usw. fahren) und ein Ort von großer Schönheit ist, gäbe es nicht die vorher erwähnte Einschränkung, die viel dazu beigetragen hat, den Stolz der Portugiesen zu mäßigen und ihren Mut zu kühlen. Sie, die zunächst unter dem Vorwand, Handel in Freundschaft treiben zu wollen, Fuß gefaßt hatten, hintergingen unablässig die armen Insulaner (der überlebende Rest der ersten dortigen Pflanzer, die anscheinend von der Küste Guineas gekommen waren), bis sie sie von der Regierung ausgeschlossen und der Freiheit, ja beinahe des Lebens beraubt hatten.

Im Südwesten dieser Insel[2] kaperten wir ein portugiesisches Schiff, das vorwiegend Wein geladen hatte und viel gutes Tuch, sowohl Leinen als auch Wollstoffe, und andere brauchbare Dinge. Außerdem hatte es viele Herren und Kaufleute an Bord, die nach Brasilien unterwegs waren.

Als wir in Sichtweite von dreien ihrer Städte vorbeifuhren, schienen sie sich sehr darüber zu freuen, daß wir nicht an ihrer Küste anlegten, und als sie sahen, daß wir friedlich von dannen fuhren, schossen sie zu Ehren unserer Flotte und ihres Befehlshabers, oder vielleicht auch um zu zeigen, daß sie für einen Angriff vorbereitet waren, zwei

[1]Leute, die zur Zwangsarbeit verurteilt worden sind. Fletcher bringt ausführliche Kommentare über die Einwohner, Tiere, Fische usw., die vom Kompilator von *The World Encompassed* ausgelassen wurden. Siehe Penzer, S. 87 ff.

[2]Nähere Einzelheiten dieser Prisennahme und des Streites zwischen Drake und Doughty entnehme man Cooke und den *Zusätzlichen Anmerkungen*, S. 323.

große Kanonen in Richtung See ab, worauf wir mit einem Kanonenschuß antworteten.

Südwestlich von Santiago liegt auf 14 Grad 30 Minuten in etwa zwölf Meilen Entfernung eine andere Insel, die jedoch wegen ihrer Höhe nicht mehr als drei Meilen entfernt zu sein scheint. Die Portugiesen nennen sie Fuego, die brennende Insel, oder den feurigen Schmelzofen. Auf dieser Insel erhebt sich ein steiler Berg schätzungsweise mindestens sechs Seemeilen oder achtzehn englische Meilen über der Wasseroberfläche. In seinem Inneren brennt ein verzehrendes Feuer, das von schwefelhaltiger Materie genährt wird und von großartiger Tiefe und auch Breite zu sein scheint. Das Feuer selbst ist nur viermal in der Stunde zu sehen, es bricht dann jedesmal mit einer solchen Gewalt und Stärke aus und ist von einem solchen Umfang, daß es nicht nur wie der Mond ein weitreichendes Licht wirft, sondern auch so weit aufzusteigen scheint, daß es den Himmel selbst berührt. In diesem ausbrechenden Feuerstrom sind große Mengen von Bimssteinen, die mit der starken Hitze des Feuers durch die Öffnung des feurigen Schlundes getragen werden und mit anderem groben und schleimigen Material herabfallen und sich auf dem Berg auflagern, wodurch er sich ständig erhöht. Häufig fallen diese Steine in die See und werden aufgefischt und verwandt, wie wir es auch taten, als wir sie auf dem Wasser schwimmen sahen. Der übrige Teil der Insel ist dennoch fruchtbar und von Portugiesen bewohnt, die sehr bequem dort wohnen wie auf den anderen umliegenden Inseln.

Etwa zwei Seemeilen südlich dieser Insel des Feuers liegt eine sehr freundliche und liebliche Insel. Ihre Bäume sind immer grün und hübsch anzusehen, der Boden ist fast ganz mit Bäumen bestanden, weshalb sie auch die »Herrliche Insel« genannt wird, denn sie ist ein wahres Lagerhaus an Früchten und Lebensmitteln, hier reifen Feigen, Kokosnüsse, Paradiesfeigen, Orangen, Zitronen, Baumwolle usw. Von den Hügeln laufen an vielen Stellen silberne Bäche mit frischem und bekömmlichem Wasser in die See, das man mit Booten oder Pinassen leicht übernehmen kann. Aber es gibt keinen geeigneten Platz oder Weg für Schiffe und überhaupt keinen Ankerplatz. Nach langen Versuchen und nach häufigem Ausloten konnte an keiner Stelle Grund gefunden werden, noch wurde je bekannt (wie berichtet worden ist), daß das Lot an irgendeiner Stelle um jene Insel herum Grund gefunden hätte. Der Gipfel von Fuego brennt nicht so hoch in den Lüften, wie der Sockel von Brava (so heißt die Insel) in der Tiefe des Meeres begraben liegt. Der einzige Bewohner dieser Insel ist ein Einsiedler, wie wir annehmen, denn wir fanden keine anderen Häuser außer einem, das, wie es schien, zu diesem Zweck gebaut worden war. Dieser Einsiedler schätzte sein einsames Leben so sehr, daß er um keinen Preis unser Kommen abwarten wollte, sondern floh und die Überbleibsel seiner falschen Gottesverehrung zurückließ, so ein Kruzifix, einen Altar mit seinem Altarstein und gewisse andere hölzerne Götzenbilder, die grob geschnitzt waren.

Hier entließen wir die Portugiesen[1], die wir in der Nähe von Santiago gefangengenommen hatten, und gaben ihnen als Gegenleistung für ihr altes Schiff unsere neue Pinasse, die wir bei Mogador zusammengebaut hatten, außerdem Wein, Brot und Fisch als Proviant und schickten sie am 1. Februar weg.

Nachdem wir, wie beschrieben, die Kapverdischen Inseln besucht und uns soweit mit Wasser versorgt hatten, wie wir konnten, brachen wir am 2. Februar von dort auf und nahmen Kurs auf die Magellanstraße, um von dort zum Pazifik zu gelangen. Diesen Kurs segelten wir 63 Tage lang, ohne Land in Sicht zu bekommen (am siebzehnten Tage des gleichen Monats überquerten wir die

---

[1] »Wir hielten nur einen ihrer Mannschaft, Sylvester, ihren Lotsen, in unseren Diensten. Er hatte Brasilien und die meisten Teile Indiens viel bereist, und als er hörte, daß unsere Reise in das Mare del Sur, das ist der Pazifik, führe, war er sofort bereit, mit uns zu fahren.« Fletcher (Penzer, S. 99). Es war Nuño da Silva.

Äquinoktiallinie), bis wir am 5. April an die Küste Brasiliens kamen.

Während dieser langen Überfahrt über das weite Meer, wo nichts außer der See unter und dem Himmel über uns zu sehen war, erblickten unsere Augen die wundervollen Werke Gottes, die ER an seinen Geschöpfen vollbracht hat, die unermeßliche Anzahl großer und kleiner Tiere in den großen und weiten Meeren, die ER geschaffen hat. SEINE Güte nährte uns zu allen Zeiten und Orten in solcher Reichhaltigkeit, als hätte ER befohlen und bestimmt, daß die nützlichsten und großartigsten Werke SEINER Hand uns zu Diensten seien, nicht nur zur Befriedigung unserer Bedürfnisse, sondern auch, um uns Freude an der Kontemplation SEINER Güte zu bereiten, bei der Erkenntnis der Vielfalt und Ordnung SEINER Vorsehung, im Bewußtsein SEINER väterlichen Sorge für uns während der ganzen Zeit.

Die Wahrheit ist, daß wir oft widrige Winde und unwillkommene Stürme hatten und für uns zu jener Zeit noch weniger willkommene Windstillen[1], und da wir uns mitten in der heißen Zone befanden, fühlten wir die Auswirkung einer drückenden Schwüle nicht ohne die Schrecken niederzuckender Blitze und häufiger Donnerschläge, und doch nicht ohne entsprechende Entschädigung. Denn wir mußten bemerken, daß wir, da wir nun (in

[1] Die Gegend der Kalmen. »Drake hatte eine langsame und langweilige Überfahrt, und es dauerte über zwei Monate, bevor er wieder Land sichtete. Die Gegend der Kalmen war immer eine mögliche Brutstätte der Meuterei gewesen, und da an Bord ein Mann wie Doughty war und eine Besatzung, die man glauben gemacht hatte, sie führe nur nach Alexandria, ist es kaum überraschend, daß Unruhen ausbrachen. Historiker haben wohl die Tendenz zum Aberglauben in Rechnung gestellt, die bei Drake und seiner Mannschaft herrschte, haben aber leicht die zum Zank führende schiere Langeweile vergessen, die Menschen überkommt, die für endlose Zeit auf kleinen Schiffen zusammengepfercht sind. Winzige persönliche Eigenheiten werden unerträglich, und den Menschen fällt es schwer, irgend etwas Gutes an ihren besten Freunden zu sehen . . . Nur zu oft gehen moderne Segelexpeditionen, die von England aus um die Welt führen sollen, im Streit auseinander . . .« Ernle Bradford, *Drake*, S. 105–6. Bezüglich des Streites, der tatsächlich ausbrach, siehe Cooke, *Narrative*.

unserem Falle) schlecht mit Trinkwasser versorgt waren (da wir überhaupt nirgendwo auf unserer Reise Wasser in nennenswertem Umfang an Bord nehmen oder auch nur sagen konnten, daß wir in dieser Hinsicht beim Verlassen Englands besser gestellt waren als die ganze Zeit danach, und auch an keinen Ort gekommen waren, wo wir genügend Wasser hätten an Bord nehmen können, bis wir viel später zum Rio de la Plata kamen), ständig, nachdem wir uns am 10. Februar dem Äquator auf vier Grad genähert hatten, bis zum 27. Februar, als wir uns genauso viele Grade südlich des Äquators[1] befanden, keinen Tag ohne Regen hatten, wodurch unser Bedarf an Wasser weitgehend gedeckt wurde.

Bemerkenswert war auch, daß unsere ganze Flotte, die jetzt aus sechs Schiffen bestand, ungeachtet der Unkenntnis der Route und anderer Schwierigkeiten, zum Beispiel des Wetters, zusammenblieb; kein Schiff verlor während dieser ganzen Zeit die Verbindung mit den anderen. Eine Ausnahme machte lediglich einen Tag lang unsere portugiesische Prise, die uns am 28. März verlor, aber am folgenden Tag, dem 29. März, wieder zu uns stieß, zu ihrem und unserem nicht geringen Trost; denn sie hatte 28 unserer Leute an Bord und den besten Teil unserer Getränkevorräte. Ihre kurze Abwesenheit verursachte viel Zweifel und Sorge bei der ganzen Mannschaft, sie hätte uns nicht verlorengehen dürfen, ohne daß gleichzeitig die ganze Reise in Frage gestellt worden wäre.

Unter den vielen unbekannten Tieren, die wir sahen, fiel uns besonders eines auf, das wirklich ganz ungewöhnlich war: der fliegende Fisch, ein Fisch von der Größe und den Maßen einer kleineren oder mittleren Sardinenart. Er hat Flossen, die so lang wie sein ganzer Körper sind und von der Körpermitte bis zum Ende des Schwanzes reichen und die die Form und die Funktion von Flügeln bei anderen Tieren haben. Wenn der fliegende Fisch von dem gestreiften Thunfisch, der großen Makrele (die ihrerseits wieder

[1]»Überquerten den Äquator am zwanzigsten Tage dieses Monats«, Februar 1578. Silva, Logbuch (Nuttall, S. 277).

199

vom *Delphin verfolgt wird) gejagt wird und nicht mehr die Kraft hat, schwimmend zu entkommen, erhebt er sich mittels dieser Flossen aus dem Wasser und fliegt in einer erheblichen Höhe, wobei er manchmal in Schiffe oder Barken fällt, die gerade vorbeisegeln. Die Kiele der Flossen sind so wohlproportioniert und so gut zusammengesetzt und mit einem dünnen und feinen Überzug versehen, daß sie für einen viel längeren oder viel höheren Flug geschaffen zu sein scheinen. Der dünne Überzug an seinen Flossen wird aber nach zehn oder zwölf Flossenschlägen so trocken, daß der Fisch unbedingt wieder in das Wasser muß, um ihn anzufeuchten, da die Flossen sonst steif und bewegungsunfähig würden. Die Vermehrung dieses kleinen und wunderbaren Geschöpfes ist in gewisser Weise unbegrenzt, seine Fischbrut liegt auf der Oberfläche des Wassers in der Hitze der Sonne, wie Staub auf der Oberfläche der Erde. Er hat die Dicke einer Weizenähre und die Länge von etwa einem Zoll. Diese Fische üben sich beständig in ihren beiden von der Natur gegebenen Fähigkeiten. Hätte der Herr ihnen nicht diese Gaben verliehen, dann wären sie längst ausgestorben, da sie eine so begehrte Beute für so viele sind, die ihnen gierig nachstellen und sie zwingen, fliegend zu entweichen, wenn sie im Wasser nicht in Frieden leben können. Auch bei ihrem Fluge sind sie nicht immer frei und außer Gefahr, sondern geraten manchmal, wenn sie einem Feind im Wasser entgangen sind, beim Fliegen in eine ebenso große Gefahr, und zwar durch einen großen und raubgierigen Vogel, der sich hauptsächlich von solchen Fischen ernährt, an die er leicht gelangen kann, wenn sie im seichten Wasser schwimmen oder herausspringen. Er stürzt sich dann augenblicklich mit großer Gewalt auf sie und richtet große Verheerung an, besonders unter den fliegenden Fischen, wenn er auch selbst geringen Nutzen davon hat.*

Es gibt noch eine andere Fischart, die sich ebenfalls in die Lüfte erhebt und die den Namen Blackfisch trägt. Es ist dieselbe Art, deren Bein die Goldschmiede gewöhnlich verwenden, oder zumindest sind sie dieser Art nicht unähnlich. Einmal ist eine Menge davon bei ihrem Flug in unser Schiff mitten unter unsere Leute gefallen.

So fuhren wir dahin und erblickten die vollendetsten Werke des ewigen Gottes im Meer, als wären wir in einem Lustgarten. Am 5. April[1] erreichten wir bei 31 Grad 30 Minuten, bezogen auf den Pol der Antarktis, die Küste Brasiliens. In Meeresnähe ist das Land flach, steigt aber zum Inneren hin an. Drei Seemeilen vor der Küste ist die Wassertiefe keine zwölf Faden. Nachdem die Einwohner uns erspäht hatten, sahen wir, wie sie an verschiedenen Stellen große und mächtige Feuer entfachten. Obwohl der Brauch des Feuermachens unter Christen wie auch unter Heiden allgemein ist, ist es doch unwahrscheinlich, daß viele das Feuer zum gleichen Zweck wie die Brasilianer verwenden, nämlich als ein Opfer an die Teufel. Damit verbinden sie die verschiedensten feierlichen Beschwörungen und errichten große Sandhügel, damit jedesmal, wenn Schiffe an ihren Küsten entlangfahren und einen Liegeplatz suchen, ihre dienenden Geister diese Schiffe stranden lassen sollen, eine Erfahrung, die die Portugiesen durch den Verlust etlicher ihrer Schiffe gemacht haben.

In den Berichten über Magellans Reise wird gesagt, daß dieses Volk keinerlei Anbetung kennt, sondern nur seinen Naturinstinkten gemäß lebt. Wenn das wahr gewesen wäre, dann scheint sich eine merkwürdige Änderung seit jener Zeit bei ihnen vollzogen zu haben, und zwar insofern, als diese einfachen und natürlichen Geschöpfe Teufelsanbeter geworden sind. Aber ich bin der Meinung, daß es bei ihnen schon damals so war, wie es heute ist, nur daß sie nicht die entsprechende Gelegenheit hatten, ihre Vorstellungen in die Praxis umzusetzen. Damals lebten sie als freies Volk unter den Ihren, aber jetzt in elendigster portugiesischer Knechtschaft und Sklaverei, an Leib und

[1]»Den ganzen Monat (März) fuhr er an der Küste Brasiliens entlang . . . Am fünften Tage des Monats April sichteten wir beim 30. Grad Land.« Silva, Logbuch. (Nuttall, S. 275).

Eine silberne Weltkarte, gearbeitet nach der berühmten Karte von Mercator. Sie zeigt Drakes Reiseroute und die Terra Australis Incognita. Drake besaß eine dieser Karten.

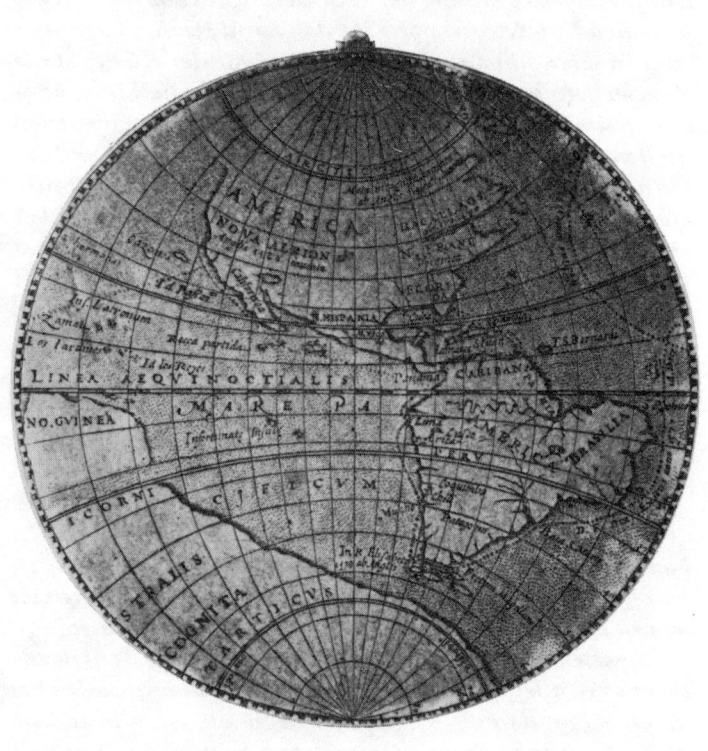

Leben, Hab und Gut, mit ihren Frauen und Kindern. Das
harte und grausame Verhalten der Portugiesen gegen sie
zwingt sie, in die unfruchtbareren Teile ihres eigenen
Landes zu fliehen und eher dort zu verhungern oder
zumindest armselig in Freiheit zu leben, als so eine
unerträgliche Knechtschaft zu dulden, wie diese über sie
ausüben. Die Eingeborenen bezwecken mit den vorher
erwähnten Teufels-Praktiken einmal, sich an ihren Unter-
drückern zu rächen, und zum anderen, sich zu verteidigen,
damit die Portugiesen nicht weiter in ihr Land eindringen.
Wenn man bedenkt, daß tatsächlich kein anderer das
Meer mit Schiffen befahren hat als nur ihre Feinde, ist es
erklärlich, daß sie ihre Mittel bei unserem Kommen
anwandten. Unser Gott jedoch ließ ihre teuflischen Absichten ohne Wirkung bleiben, denn obwohl heftige
Stürme und Unwetter (während unserer Fahrt entlang
dieser Küste) nicht ausblieben, erlitten wir doch keinen
Schaden, lediglich unsere Schiffe gerieten für einige Tage
außer Sichtweite voneinander. In dieser Gegend wollte
unser Kapitän an Land gehen, aber wir konnten viele
Seemeilen lang keinen Hafen finden. Wir fuhren deshalb
in Richtung Süden die Küste entlang. Am 7. April gerieten
wir für die Dauer von drei Stunden in einen heftigen
Sturm, begleitet von Donner, Blitz und starkem Nieder-
schlag. Ein starker Südwind blies uns direkt entgegen und
führte dazu, daß die Christopher uns verlor. (Das war die
Schmacke, die wir bei Kap Blanco gekapert hatten und die
dann den Namen unserer alten Christopher trug, die wir
den Portugiesen im Austausch gegeben hatten.)

Danach hielten wir unseren Kurs manchmal ein wenig
mehr auf die See, manchmal ein wenig mehr auf die Küste
zu, aber immer in Richtung Süden, so gut wir es vermochten, bis wir am 14. April am Kap Saint Mary vorbeikamen, das auf dem 35. Grad nahe der Mündung des Rio de
la Plata liegt. Wir fuhren auf diesem Fluß etwa sechs bis
sieben Seemeilen in das Land hinein und ankerten in einer
Bucht an einem anderen Kap, das unser Kapitän später

*Kap Joy[1] (Kap der Freude) taufte, weil am zweiten Tage,
nachdem wir dort vor Anker gegangen waren, die Christopher (die wir in dem vorhergegangenen Sturm verloren
hatten) wieder zu uns stieß.*

*Neben anderen Anstrengungen, die unser Kapitän bei
dieser Gelegenheit unternahm, waren außer dem Haupt-
bemühen, die Reise selbst durchzuführen, folgende die
wichtigsten und hauptsächlichsten: unsere ganze Flotte
(so nahe wie möglich) zusammenzuhalten, frisches Wasser, das ständig gebraucht wird, zu bekommen, so oft sich
die Gelegenheit ergab, und unsere Leute sich erholen zu
lassen, die von den Anstrengungen auf hoher See erschöpft waren. Aus diesem Grunde wurde bei unserer
Abfahrt von den Kapverdischen Inseln festgesetzt und
öffentlich bekanntgegeben, daß der nächste Treffpunkt
für unsere Flotte (falls sie auseinandergetrieben werden
sollte) und für Wasseraufnahme und Versorgung der Rio
de la Plata sein sollte, wo wir uns alle mit der größtmöglichen Eile hinbegeben und aufeinander warten sollten, falls
es sich so ergäbe, daß wir nicht zur gleichen Zeit dort
ankämen. Es kam so, wie wir es erwartet hatten, denn hier
fand uns unser verlorengegangenes Schiff (wie schon
berichtet) wieder, und wir hatten die Versorgungsmög-
lichkeiten, derer wir so sehr bedurften. Das Land dort hat
ein gemäßigtes Klima und eine sehr angenehme Luft,
bietet sich dem Beschauer sehr reizvoll dar, hat außerdem
einen sehr fruchtbaren Boden und eine Vielzahl von
Großwild.*

Ungeachtet der Tatsache, daß wir in dieser ersten Bucht

[1]»Am 14. April kamen wir zu einem Kap, das wir Kap Joy nannten. Drei oder
vier Seemeilen südlich dieses Kaps gerieten wir in große Gefahr und waren
gezwungen, vor Anker einen heftigen Sturm zu überstehen, denn wir lagen
so in einer Bucht, daß wir nicht hinausfahren konnten. Wir hätten den Sturm
nicht überstanden, wenn er angedauert hätte, denn unsere Schiffe wurden
stark abgetrieben. Die *Pelican* trieb in eine Tiefe von 4 Faden, und die
Elisabeth geriet dwars der Klüse der *Marigold*. Wir wären alle verloren
gewesen, wenn Gott nicht der Gewalt des Sturmes Einhalt geboten
hätte . . .« Winter, S. 148.

gutes, zuträgliches Wasser im Überfluß fanden, segelten wir doch am selben Tage (am 16. April) nach der Ankunft der Schmacke zwölf Seemeilen weiter in eine andere Bucht, wo wir einen Felsen oder vielmehr eine Felseninsel nicht weit vom Festland fanden, die mit diesem einen geräumigen Hafen bildete, der uns besonders vor dem Südwind schützte. Dort machten wir halt und lagen bis zum zwanzigsten Tage vor Anker. In dieser Zeit töteten wir etliche Robben oder Seewölfe (wie die Spanier sie nennen), die sich in großer Zahl auf diesen Felsen aufhalten. Sie liefern ein gutes Fleisch und waren uns eine willkommene Nahrung während der Zeit dort und eine gute Bereicherung unseres Speisezettels für die weitere Fahrt.

Am 20. April lichteten wir wieder die Anker und segelten noch weiter den Fluß hinauf, bis wir nur noch drei Faden Wassertiefe hatten und uns mit unseren Schiffen auf Süßwasser befanden. Wir machten aber weder dort noch an irgendeiner anderen Stelle des Flusses halt, da die Winde sehr stark sind, es viele Untiefen gibt und kein sicherer Ankerplatz zu finden war, wo wir ohne große Gefahr hätten verweilen können.

Deshalb segelten wir wieder dem Meere zu und kamen am 27.[1] des gleichen Monats (nachdem wir zur großen Erquickung unserer gesamten Mannschaft vierzehn Tage auf dem Fluß verbracht hatten) an dem südlichen Ufer der Mündung vorbei. Das Land verläuft in Richtung Süd, Südwest und Nordnordost; die Untiefen erstrecken sich drei bis vier Seemeilen in das Meer, die Position liegt bei etwa 36 Grad 20 Minuten südlicher Breite.

Nachdem wir wieder das Meer erreicht hatten, das heißt am gleichen Abend (des 27. April), geriet unser

---

[1] Nach Silva fuhren sie am 14. April 1578 in den Rio de la Plata, segelten mehr als dreißig Seemeilen flußaufwärts, nahmen Trinkwasser auf, fingen drei Robben und segelten am 25. April wieder auf das Meer hinaus, und zwar in südöstlicher Richtung. Nuttall, S. 278.

Schnellsegler, die Swan[1], außer Sichtweite. *Obwohl unser Kapitän keinen Zweifel daran hegte, daß sie unbeschadet wieder zum Rest der Flotte stoßen würde, beschloß er, weil es mißlich war, so häufig zeitweilige Abgänge zu haben, und weil es seine Pflicht war, so weit es in seiner Macht stand, alle Schwierigkeiten, außer denen, die unumgänglich waren, zu vermeiden, die Anzahl seiner Schiffe zu verringern und seine Leute auf weniger Raum zusammenzufassen, um so die geringere Anzahl von Schiffen besser zusammenhalten zu können, besser mit Lebensmitteln und Leuten versehen zu sein und somit gleichzeitig zwei Sorgen loszuwerden. Er tat das besonders, weil er voraussah, daß an dieser Küste (an der es allmählich Winter wurde) viele und heftige Stürme toben würden. Deshalb setzte er die Reise auf seinem Kurs fort, um für diese Zwecke einen geeigneten Hafen zu finden. (Soweit es widrige Winde und mannigfache Stürme erlaubten[2], suchte er die ganze Küste vom 36. bis zum 47. Breitengrad ab, ohne einen entsprechenden Hafen zu finden. In der Zwischenzeit, und zwar am 8. Mai, geriet die Schmacke in einem anderen Sturm wiederum außer Sichtweite.*

Am 12. Mai hatten wir auf dem 47. Grad südlicher Breite Land in Sicht. Wir waren gezwungen, dort vor Anker zu gehen und mit dem Liegeplatz vorliebzunehmen, den wir finden konnten. Trotzdem taufte unser Kapitän diesen Ort Kap der Hoffnung,[3] weil wir eine Bucht im Festland entdeckten, die einen guten und geräumigen Hafen abzugeben versprach. Aber weil überall so viele Felsen aus dem Wasser herausragten, wagten wir uns nicht mit unseren Schiffen hinein, ohne ihn vorher gründlich erforscht zu haben.

[1]Über Doughtys Prozeß auf der *Swan* siehe Cooke.
[2]Drake, der Doughty anklagte, ein »Zauberer und Hexer« zu sein, schwor »heilige Eide«, daß diese widrigen Winde aus »Tom Doughtys Hutschachtel« kämen (siehe Cooke).
[3]Möglicherweise Tres Puntas

Unser Kapitän verließ sich in entscheidenden Situatio-
nen niemals auf andere, wie vertrauenswürdig oder ge-
schickt sie auch immer scheinen mochten, sondern war,
ohne Rücksicht auf Gefahr und Mühen, immer selbst der
erste, und zwar bei jeder Gelegenheit, die Mut, Geschick-
lichkeit oder Anstrengung erforderte. So wollte er auch
dieses Mal die Erforschung der Gefahren keinem anderen
überlassen, sondern wollte sie selbst mit seiner Erfahrung
auskundschaften. Deshalb wurde am nächsten Morgen,
am 13. Mai, ein Boot zu Wasser gelassen, und er ruderte
zusammen mit einigen anderen in die Bucht. Als er recht
nahe an das Ufer gekommen war, zeigte sich ihm einer der
Bewohner des Landes. Er schien sehr freundlich zu sein
und sang und tanzte nach dem Klang einer Rassel, die er
mit der Hand schüttelte, und erwartete aufmerksam die
Landung unseres Kapitäns.

Aber plötzlich gab es einen großen Wetterumschwung,
ein dichter, alles verhüllender Nebel kam auf und ein solch
wütender Sturm erhob sich, daß unser Kapitän, der jetzt
drei Seemeilen von seinem Schiff entfernt war, es für
besser hielt, umzukehren als an Land zu gehen oder dort
länger zu verweilen. Der Nebel verdichtete sich so sehr,
daß er ihm die Sicht seines Schiffes raubte, und wenn
Kapitän Thomas (aus treuer Anhänglichkeit und Erge-
benheit für seinen Befehlshaber) sich nicht mit seinem
Schiff in dieser Verwirrung in die Bucht gewagt hätte, in
die wir vernünftigerweise nicht einmal gesegelt waren, als
der Wind erträglicher und die Sicht besser gewesen
waren, hätten wir einen großen Verlust erlitten, oder unser
Befehlshaber, der jetzt schnell an Bord des Schiffes geholt
wurde, wäre in noch größere Gefahr geraten.

Sie warfen in der Bucht Anker und lagen dort (Gott sei
Lob und Dank) in Sicherheit, aber unsere anderen Schiffe,
die draußen geankert hatten, wurden so von der Gewalt
des Sturmes erfaßt, daß sie gezwungen waren, in See zu
stechen, um sich in Sicherheit zu bringen. Unsere Leute
dort konnten nur hoffen, daß das Schiff, das versuchen
wollte, unseren Befehlshaber zu retten, Erfolg gehabt

hatte. Bevor dieser Sturm sich erhob, hatte die Schmacke, die uns verloren hatte, den Liegeplatz erreicht, mußte aber jetzt am selben Abend mit dem Rest der Flotte wieder auslaufen.

Als am nächsten Tage, dem 14. Mai, das Wetter schön war und der Wind nachgelassen hatte und unsere Flotte noch außer Sichtweite war, beschloß unser Kapitän, an Land zu gehen, um am Ufer Feuer zu entfachen und der verstreuten Flotte Zeichen zu geben, sich wieder an diesem Ankerplatz einzufinden. So versammelten sich schließlich alle unsere Schiffe wieder dort, mit Ausnahme der Swan, die uns schon vor längerer Zeit verloren hatte, und unserer portugiesischen Prise, der Mary, die in dem Sturm der vergangenen Nacht die Anker gelichtet und uns jetzt verloren hatte und erst viel später wieder zu uns stieß.

An Land stellten wir fest, daß sich die Einwohner in das Landesinnere zurückgezogen hatten, wahrscheinlich, weil sie Furcht vor uns hatten. In der Nähe der Felsen wie auch an verschiedenen Stellen fanden wir in Gebäuden, die zu diesem Zweck gebaut worden waren, eine große Anzahl von erjagten Straußen, mindestens fünfzig, sowie auch viel anderes Geflügel. Zum Teil war das Fleisch schon getrocknet, zum Teil war es dabei zu trocknen, um dann, so schien es, als Vorrat zu den Wohnstätten der Leute dort gebracht zu werden. Die Straußenkeulen waren genauso-groß wie mittlere Hammelkeulen. Der Strauß kann überhaupt nicht fliegen, aber so schnell laufen und so lange Sätze machen, daß es dem Menschen nicht möglich ist, ihn laufend zu fangen, noch so nahe an ihn heranzukommen, daß man mit Bogen oder Flinte auf ihn schießen könnte. Dies haben unsere Leute an anderen Teilen der Küste oft festgestellt; das ganze Land ist nämlich voller Strauße. Wir fanden dort die Werkzeuge oder Instrumente, die die Einwohner verwenden, um die Strauße zu erjagen.

Neben anderen Instrumenten, die sie gebrauchen, um die Strauße zu überlisten, haben sie einen großen Busch von Straußenfedern, der ordentlich gebündelt an einem

Stabende angebracht ist und von vorne dem Kopf, Hals und der Brust eines Straußen ähnelt; hinten sind die Federn weit ausgestellt und bieten genügend Platz, um den größten Teil eines menschlichen Körpers zu verbergen. Es scheint, daß sie sich damit an die Strauße heranpirschen, sie in die Enge oder auf eine Landzunge treiben, wo sie lange, starke Netze gespannt haben, um sie dann mit ihren Hunden, die sie immer bei sich haben, zu überwältigen und zu erlegen. Das Land ist sehr schön und scheint einen fruchtbaren Boden zu haben.

Als es sich später so ergab, daß wir noch einmal an diesen Ort kamen, wurden wir mit den Einwohnern, die sich über unser Kommen und unsere Freundschaft sehr freuten und merkten, daß wir nichts Böses gegen sie im Schilde führten, sehr vertraut und bekannt. Aber da dieser Ort keinen passenden oder geeigneten Hafen für uns bot, um unsere dringenden Geschäfte durchzuführen, und auch nicht die Dinge hatte, derer wir bedurften, wie Wasser, Holz und dergleichen, brachen wir am 15. Mai von dort auf.

Nach unserer Abfahrt von dort hielten wir einen südwestlichen Kurs. Wir führten nur wenig Segel und legten daher in 24 Stunden etwa 9 Seemeilen zurück, um so unseren anderen Schiffen, die wegen widriger Winde zurückgeblieben waren, bessere Gelegenheit zu geben, uns einzuholen.

Auf einer Breite von 47 Grad und 30 Minuten fanden wir eine Bucht, die günstig, sicher und nützlich für uns war und sehr geeignet für unsere Zwecke. Wir fuhren in diese Bucht ein und ankerten dort am 17. Mai. Am nächsten Tage, am 18. Mai, fuhren wir tiefer in diese Bucht, wo wir Anker warfen und uns dann volle fünfzehn Tage aufhielten.

Am Tage unserer Ankunft dort erteilte unser Kapitän etliche Befehle zur Erledigung der dringendsten Angelegenheiten. Da er sich wegen seiner zwei fehlenden Schiffe Sorgen machte, sandte er Kapitän Winter mit der Elizabeth, dem zweiten Flaggschiff, gen Süden, er selbst fuhr mit dem Flaggschiff gen Norden. Beide Kapitäne wollten versuchen, die verlorengegangenen Schiffe wiederzufinden. Durch die gütige Vorsehung Gottes stieß unser Kapitän auf die Swan, die uns zuvor bei unserer Abfahrt vom Rio de la Plata verloren hatte, und geleitete sie am selben Tage in unseren Hafen. Dort wurde sie entladen und abgetakelt; die Eisenteile und andere notwendige Dinge wurden zur besseren Versorgung der übrigen Schiffe aufgehoben; aus den sonstigen Überbleibseln machten wir Brennholz oder Geräte, die wir brauchten. Während dieser ganzen Zeit hörten wir nichts von dem anderen Schiff[1], das wir kürzlich in unserer großen Not verloren hatten.

Wir befanden uns auf einer Insel nahe dem Festland, von der aus man bei Ebbe zu Fuß zur anderen Seite hinübergelangen konnte. Nachdem wir uns einige Tage an diesem Orte aufgehalten hatten, zeigten sich uns, während wir mit den oben erwähnten Angelegenheiten beschäftigt waren, die Bewohner des Landes[2], die am Ufer sprangen, tanzten, ihre Hände emporhielten und Schreie nach ihrer Art ausstießen. Da zu diesem Zeitpunkt jedoch Flut war, konnten wir nicht zu Fuß zu ihnen hinübergelangen. Deshalb befahl unser Kapitän sofort, ein Boot zu Wasser zu lassen, und sandte ihnen solche Dinge, von denen er dachte, daß sie ihnen Freude machen würden, wie Messer, Glocken, Glasperlen usw. Die Eingeborenen, die sich alle auf einem Hügel eine halbe englische Meile vom Ufer entfernt versammelt hatten, schickten zwei ihrer

[1] Die *Mary*. Siehe Cooke, *Narrative*.

[2] »Hier sah ich zum ersten Mal diese Leute, die sie Riesen nennen, was sie tatsächlich überhaupt nicht sind, obwohl man, wenn man weit von ihnen weg ist, es wegen ihrer gewaltigen Stimmen glauben könnte. Diejenigen, denen wir näher kamen, schienen eher Teufel als Menschen zu sein.« (Winter, S. 148–149). Fletcher (wahrscheinlich der weniger zuverlässige Beobachter) führt aus, daß sie durch ihre »Höhe und Größe« so außergewöhnlich sind, daß sie keinem der Menschensöhne dieser Welt vergleichbar seien! Er beschreibt sie und ihre Sitten und Gebräuche ausführlich und sagt, daß sie einen Gott namens »Settaboth« verehren. (Vgl. Setebos, der Gott von Calibans Mutter: Der Sturm, I, 2). Siehe Fletcher (Penzer, S. 114–121).

Leute zum Wasser hinunter. Sie liefen mit großer Anmut einer hinter dem anderen her, überquerten das Gelände, als seien sie auf Kriegspfad, und kamen sehr schnell zum Ufer herab. Als sie nahe dem Ufer waren, machten sie halt und wollten nicht näher an unsere Leute herankommen. Als die Unsrigen das bemerkten, banden sie die Dinge, die sie mit sich hatten, mit einer Schnur an eine Rute und steckten diese in geziemender Entfernung in den Sand, so daß sie sie sehen konnten. Sobald unsere Leute sich von der Stelle entfernt hatten, kamen die Eingeborenen und nahmen diese Dinge und ließen dafür als Gegenleistung Federn, wie sie sie auf ihrem Haupt zu tragen pflegen, und einen Knochen, der in der Art eines Zahnstochers gefertigt war – an der Spitze abgerundet, etwa sechs Zoll lang und sehr glatt poliert. Später begab sich unser Kapitän mit etlichen Herren und Leuten seiner Mannschaft bei Ebbe zu den Eingeborenen auf das Festland.

Bei seiner Ankunft blieben sie weiterhin auf dem Hügel und stellten sich einer nach dem anderen in Reih und Glied auf. Einer der Ihren erhielt die Aufgabe, von einem Ende der Reihe zum anderen und wieder zurück zu laufen, ständig von Ost nach West und von West nach Ost. Er hielt dabei die Hände über dem Kopf und verneigte sich beim Laufen gen Sonnenaufgang und Sonnenuntergang; bei jeder zweiten oder zumindest dritten Kehre richtete er seinen Körper in der Mitte der Reihe seiner Leute steil auf, indem er sich mit einem Sprung vom Boden zum Mond hin bewegte, der über unseren Köpfen stand. Wie wir meinten, riefen die Eingeborenen die Sonne und den Mond (die sie als Gottheiten verehren) zu Zeugen, daß sie uns gegenüber nichts als friedliche Absichten hätten. Aber als sie bemerkten, daß wir schnell den Hügel erstiegen und uns ihnen näherten, schienen sie unser Kommen sehr zu fürchten.

Deshalb gab unser Kapitän, der den Eingeborenen keinen Grund zum Mißverständnis oder zur Verwirrung geben wollte, seinen Leuten den Befehl, sich zurückzuziehen. Durch diese Maßnahme wurden sie so beruhigt und so in ihrer Meinung über uns bestärkt, daß wir nicht als Feinde kämen und ihnen nichts Übles wollten, daß etliche von ihnen ohne alle Furcht schnellstens den Hügel herunterkamen und alsbald mit unseren Männern zu handeln begannen. Trotzdem wollten sie nichts aus unseren Händen entgegennehmen, sondern die Waren mußten zunächst auf die Erde geworfen und die Wörter »Zussus« für Tausch und »Toytt«, auf den Boden werfen, gesagt werden. Wenn ihnen etwas nicht gefiel, riefen sie »Coroh, Coroh«, ein Wort, das sie mit einem Rasseln in der Kehle aussprachen. Die Waren, die wir von ihnen bekamen, waren Rohrpfeile, Federn und solche Knochen wie schon vorher beschrieben.

Diese Leute gehen nackt bis auf einen Lederschurz, den sie über ihre Schultern werfen, wenn sie im Kalten sitzen oder liegen; wenn sie gehen oder eine Arbeit verrichten, haben sie ihn um ihre Hüften geschlungen. Sie tragen ihr Haar sehr lang, aber damit es sie bei ihren Tätigkeiten nicht belästigt, stecken sie es mit einer Rolle von Straußenfedern hoch. Sie verwenden die Rollen zusammen mit ihrem Haar als Köcher für ihre Pfeile und als Behälter, in dem sie die meisten Dinge, die sie mit sich tragen, aufheben. Einige der Eingeborenen stecken in diese Rollen, die sie auf beiden Seiten des Kopfes tragen, eine große, einfarbige Feder (als Ehrenzeichen), die wie ein Horn weit absteht, so daß solch ein Kopf über einem nackten Körper dem Teufelskopf sehr ähnlich sehen mag (wenn Teufel Hörner haben). Ihr ganzer Putz und Schmuck besteht darin, daß sie ihren Körper mit verschiedenen Farben anmalen, und zwar in solchen Mustern, wie sie sie ersinnen können. Einige schminken ihre Gesichter mit Schwefel oder einer ähnlichen Substanz, andere malen ihren ganzen Körper schwarz an und lassen nur den Hals vorne und hinten frei, vergleichbar der Tracht unserer jungen Mädchen, die vorne und hinten einen Ausschnitt tragen. Wieder andere bemalen eine Schulter schwarz, die andere weiß und ihre Seiten und Beine wechselweise mit der einen oder anderen Farbe. Auf den schwarz bemalten Teil ihres

Körpers haben sie weiße Monde, auf den weiß bemalten schwarze Sonnen gesetzt; die Zeichen und Symbole ihrer Gottheiten, wie schon vorher erwähnt.

Das Anmalen der Körper ist für sie von Nutzen; das ist der Grund, warum es bei ihnen so verbreitet ist; ich vermute, es ist wegen des Schutzes, den die Farbe gegen die durchdringende und beißende Kälte verleiht. Denn die Farben werden so dicht auf die Haut aufgetragen und dringen durch die ständige Erneuerung so sehr in das Fleisch ein, daß sich die Poren fest schließen und keine Luft oder Kälte eindringen kann oder die Haut auch nur schrumpfen läßt.

Die Eingeborenen sind sauber, anmutig und kräftig gebaut, sie sind schnell zu Fuß und scheinen sehr rührig zu sein. (Meiner Meinung nach) gibt es nichts Beklagenswerteres als die Tatsache, daß so schöne Menschen, so lebhafte Geschöpfe Gottes so in Unwissenheit des wahren und lebendigen Gottes sein sollten. Dies ist um so bedauernswerter, als sie sehr fügsam sind und leicht zu der Herde des Herrn geführt werden könnten. Sie haben wahrhaftig ein Land, das hinreichte, einen jeden christlichen Fürsten auf dieser Welt für die ganze Arbeit und die Mühen, die Kosten und Aufwendungen, die dies erforderte, zu belohnen, zum einen mit einer wunderbaren Vergrößerung seines Reiches, zum anderen mit einer Steigerung des Ruhmes Gottes und einem Anwachsen der Kirche Christi.

Es war wunderbar, wie sie, die nie zuvor Christen gekannt hatten, in kurzer Zeit mit uns vertraut wurden, wie sie uns freundlich entgegenkamen und nichts Böses oder Übles gegen uns unternahmen, wie sie unserem Kapitän wie einem Vater und uns wie Brüdern und engen Freunden entgegentraten und uns nur Gutes erwiesen. Als einer ihrer Anführer eine Mütze erhielt, die unser Kapitän täglich auf seinem Haupte getragen hatte, entfernte er sich ein wenig von uns und stach mit einem Pfeil tief in sein Bein, so daß sein Blut zu Boden strömte. Er wollte damit zeigen, wie sehr er unseren Kapitän liebte, und gleichzeitig damit den Frieden besiegeln. Die Zahl der Eingeborenen, die sich häufig bei unserer Mannschaft aufhielten, belief sich auf etwa fünfzig. Im südlichen Teil dieser Bucht gibt es einen Fluß, der gutes Trinkwasser führt, mit vielen Inseln, die für unsere Versorgung günstig waren. Auf einigen dieser Inseln leben solche Mengen von Robben oder Seewölfen, daß man mit ihnen eine riesige Armee ernähren könnte. Viele andere und große Inseln sind so voller Wildvögel, daß sie ausreichen würden, eine gewaltige Menge von Menschen über Generationen hinaus zu ernähren. Wir jagten einige dieser Vögel mit unseren Musketen und erschlugen andere mit Stöcken, weitere fingen wir mit der Hand, als sie sich auf den Köpfen und Schultern unserer Leute niederließen. Wir konnten nicht feststellen, ob die Eingeborenen dieses Landes irgendwelche Boote oder Kanus hatten, um zu diesen Inseln zu gelangen. Soweit wir es beobachten konnten, verzehren sie ihre Nahrung im allgemeinen roh. Wir fanden nämlich manchmal die blutigen Überbleibsel von Robben, die die Eingeborenen wie Hunde mit ihren Zähnen benagt hatten. Die Eingeborenen sind alle mit einem kurzen Bogen bewaffnet, der etwa eine Elle mißt, und mit Rohrpfeilen, die eine Feuersteinspitze haben, die sehr geschickt behauen und befestigt ist.

Weil wir in dieser Bucht so viele Robben vorfanden (es waren so viele, daß wir in einer Stunde zweihundert töten konnten), nannten wir sie die Robbenbucht[1]. Nachdem wir uns nun hinlänglich mit Lebensmitteln und anderen Lebensnotwendigkeiten versorgt und auch glücklich alle unsere anderen Geschäfte erledigt hatten, segelten wir am 3. Juni von dort ab und fuhren bis zum 12. Juni die Küste entlang auf den antarktischen Pol zu. An diesem Tage stießen wir auf eine kleine Bucht, in der wir zwei Tage lang vor Anker gingen und wo wir unsere Schmacke, die Christopher, abtakelten.

[1]»Hier ließ er den Schnellsegler entladen und nahm die ganze Verpflegung zu sich an Bord. Hier schlug er Thomas Doutie (sic) und ließ ihn am 20. Mai an den Großmast binden.« Winter, S. 148, siehe auch Cooke.

Am 14. Tage (am 14. Juni) stachen wir wieder in See und hielten uns bis zum 17. (Juni) auf südlichem Kurs. Dann gingen wir in einer anderen Bucht, die auf einer Breite von 50 Grad und 20 Minuten lag, vor Anker. Wir befanden uns jetzt nur wenig mehr als ein Grad von der Einfahrt zur Magellanstraße entfernt, durch die wir unsere so sehnsüchtig erwartete Fahrt in den Pazifik antreten wollten.

Nach sorgfältiger Beratung beschloß hier unser Kapitän, den Kurs zu ändern und wieder gen Norden zu fahren, um, falls es Gott gefalle, unser Schiff[1] und unsere Freunde wiederzufinden, die wir in dem großen Sturm aus den Augen verloren hatten, wie schon vorher erwähnt. (Führen wir nämlich in die Magellanstraße ein, ohne sie bei uns zu haben, so würde es sehr schwer für sie werden; auch würde uns in der Zwischenzeit die Unsicherheit ihres Schicksals nicht geringe Sorgen bereiten.)

Deshalb begaben wir uns am Morgen des 18. Juni wieder auf See. Wir verbanden inbrünstige und häufige Gebete mit sorgfältiger Ausschau nach unserem Schiff. Wir hatten die Absicht, bis zu der Breite wieder zurückzufahren, auf der wir unser Schiff ursprünglich verloren hatten.

Am 19. Tage des Juni gegen Abend, nachdem wir uns bis auf einige Seemeilen Port Saint Julian genähert hatten, sichteten wir unser Schiff und dankten Gott mit freudigem Herzen dafür. Da sich unser wiedergefundenes Schiff wegen der Unwetter sowohl vor als auch während seiner Abwesenheit von der Flotte in sehr schlechtem Zustand befand und sehr leck war, hielt es unser Kapitän für richtig, Port Saint Julian mit seiner Flotte anzulaufen, weil es so greifbar nahe lag und ein sehr geeigneter Ort war. Er beabsichtigte, seinen erschöpften Leuten dort eine Ruhepause zu gönnen und die Männer wieder aufzumuntern, die in der Zeit ihrer Abwesenheit soviel bittere Unbe-

[1] Die *Mary*, die portugiesische Prise.

quemlichkeiten und Mangel an Lebensnotwendigem hatten hinnehmen müssen.

So liefen wir am nächsten Tage, dem 20. Juni, in Port Saint Julian ein, das auf einer Breite von 49 Grad und 30 Minuten liegt. Die Südseite des Hafens hat viele spitze Felsen, die wie Türme aufragen, im Hafen selbst liegen viele Inseln, an denen man gut ankern kann, jedoch beim Einfahren muß man sich nahe dem nördlichen Ufer halten.

Als wir jetzt vor Anker lagen und alle Dinge an Bord in Ordnung gebracht hatten, ruderte am 22. Juni unser Kapitän mit einigen Leuten seiner Mannschaft (nämlich Thomas Drake, seinem Bruder, John Thomas, Robert Winter, Oliver, dem Geschützmeister, John Brewer und Thomas Hood) mit einem Boot weiter in die Bucht hinein, um eine geeignete Stelle zu finden, wo wir während unseres Aufenthalts Trinkwasser aufnehmen und uns bei unserer Abfahrt mit Lebensmitteln für die Weiterreise versorgen konnten. Da dies von großer Bedeutung war und deshalb sehr sorgfältig ausgeführt werden mußte, meinte unser Kapitän, seiner Pflicht nur dann gerecht zu werden, wenn er selbst sich darum kümmerte, wie es immer und bei allen Gelegenheiten, wo es um die Befriedigung unserer Bedürfnisse, die Erhaltung unseres guten Gesundheitszustandes und die Versorgung mit dem Notwendigen ging, bei ihm üblich war. Sogleich bei seiner Landung suchten ihn zwei Bewohner des Landes auf, die Magellan Patagonen oder besser Pentaguren − wegen ihrer riesigen Gestalt und entsprechender Stärke − genannt hatte. Diese schienen sich sehr über sein Kommen zu freuen und gaben sich sehr ungezwungen. Sie nahmen aus der Hand unseres Kapitäns Geschenke entgegen und freuten sich sehr zu sehen, wie Meister Oliver, der Geschützmeister des Flaggschiffes, einen englischen Pfeil abschoß. Sie versuchten, mit ihm um die Wette zu schießen, erreichten ihn aber nicht annähernd.

Bald darauf kam ein weiterer Angehöriger des gleichen Stammes, aber von unfreundlicher Natur, denn ihm mißfiel die Vertrautheit, mit der seine Stammesgenossen mit

217

uns umgingen. Er bemühte sich sehr, sie von uns wegzu-
bringen und sie zu unseren Feinden zu machen. Unser
Kapitän und seine Leute ahnten nichts Böses und behandelten sie wie zuvor. Mr Robert Winter wollte, so wie
Mr. Oliver es vorher getan hatte, zum Spaß mit einem Pfeil
Weitschießen machen, damit derjenige, der zuletzt gekommen war, auch einen Eindruck davon bekäme. Die
Sehne seines Bogens riß jedoch, und hatte der Bogen zuvor
bei den Eingeborenen Schrecken verbreitet, so machte
ihnen jetzt dieses Mißgeschick großen Mut. Sie meinten,
einen großen Vorteil bei ihren verräterischen Absichten
und Zielen zu haben, und konnten sich nicht vorstellen,
daß unsere leichten Musketen, Schwerter und Schilde
irgendwelche Kriegswerkzeuge waren.

Als deshalb der Kapitän und seine Männer ruhig und
ohne irgendeinen bösen Verdacht zu hegen zu ihrem Boot
zurückkehrten, schossen die Eingeborenen, die sich darauf vorbereitet und heimlich hinter unsere Leute geschli-
chen hatten, plötzlich Pfeile auf sie ab, und zwar hauptsächlich auf den, der den Bogen hatte. Sie gaben ihm keine
Gelegenheit, den Bogen neu zu bespannen, wie er es, so
gut er konnte, tun wollte, sondern verwundeten ihn durch
einen Pfeilschuß an der Schulter. Als er sich umwandte,
traf ihn ein anderer Pfeil, der seine Lungen durchdrang,
ihn aber nicht zu Boden zwang. Aber der Geschützmeister, der seine leichte Muskete schußbereit hatte, sie aber
nicht abfeuern konnte, weil das Pulver nicht zündete,
wurde sofort getötet. Wenn in dieser äußersten Not unser
Kapitän nicht ein Meister solcher Situationen gewesen
wäre, der richtig entscheiden und schnell Anweisungen
geben konnte und tapfer den Kampf mit den Ungeheuern
aufnahm, dann wäre keiner unserer Leute, die gelandet
waren, mit dem Leben davongekommen. So gab er seinen
Leuten Befehl, keine feste Stellung zu beziehen, sondern
sich an den Feind heranzuarbeiten und ihn anzugreifen.
Dabei sollten unsere Leute ihre Schilde und ihre anderen
Waffen benutzen, um sich vor Verletzungen zu schützen
und auf dem Wege so viele feindliche Pfeile, die auf sie

abgeschossen wurden, zerbrechen, wie es ihnen nur möglich war. Unser Kapitän war darin sehr geschickt, er wußte, daß die Eingeborenen, wenn sie einmal ihre Pfeile verschossen hätten, uns auf Gnade oder Ungnade ausgeliefert wären. Sein Befehl wurde von seinen Leuten entsprechend befolgt. Er selbst nahm mit Mut und Gottvertrauen eben die Muskete, die der Geschützmeister nicht hatte zünden können, schoß sie ab und traf denjenigen, der zuerst den Kampf begonnen hatte, denselben Mann, der unseren Geschützmeister ermordet hatte. Die Muskete, die mit einer Kugel und mit Schrot geladen war und gut gezielt abgefeuert wurde, zerriß den Bauch des Eingeborenen und seine Eingeweide. Die Verwundung verursachte ihm große Qualen, wie sein Gebrüll zeigte, das so entsetzlich und schrecklich war wie das von zehn Bullen, die gleichzeitig ihre Stimme erheben. Dadurch sank der Mut seiner Landsleute so sehr, und sie waren so tief erschrokken, daß, ungeachtet der Tatsache, daß etliche ihrer Stammesgenossen aus allen Teilen des Waldes auftauchten, sie schleunigst ihr Heil in der Flucht suchten und es unseren Landsleuten überließen, ob sie dableiben oder sich von dannen begeben wollten. Unser Kapitän zog es vor, sich lieber zurückzuziehen, als weitere Rache an ihnen zu nehmen. Er beschloß das wegen seines verwundeten Mannes, dem er aus vielen Gründen sehr zugetan war und den er deshalb lieber retten als weitere hundert Feinde erschlagen wollte. Unser Mann war jedoch zu schwer verletzt und starb am zweiten Tage, nachdem er wieder an Bord geschafft worden war.

In jener Nacht ließen wir den Leichnam unseres Geschützmeisters am Ufer zurück, um unseren Verwundeten schneller an Bord bringen zu können. Am nächsten Tage kehrte unser Kapitän mit einem gut ausgerüsteten Boot an das Ufer zurück, um auch ihn zu holen. Sie fanden ihn dort, wo sie ihn zurückgelassen hatten. Er war seiner Oberkleidung beraubt, und sein rechtes Auge war mit einem englischen Pfeil durchbohrt worden.

Wir legten unsere beiden Toten zusammen in ein Grab

und bestatteten sie mit den Ehren, die den irdischen Hüllen unsterblicher Seelen angemessen sind; mit den feierlichen Zeremonien, wie sie Soldaten, die sie wahrhaftig und zu Recht verdient haben, in Kriegszeiten zustehen.

Magellan hatte nicht so unrecht, die Eingeborenen dort Riesen zu nennen, denn sie unterscheiden sich grundsätzlich von dem gewohnten Menschenbild, sowohl in ihrer Gestalt, ihrer Größe, ihrer Körperstärke wie auch durch ihre abstoßenden Stimmen. Sie sind jedoch nicht so ungeheuerlich oder riesig, wie es berichtet worden ist, es gibt Engländer, die ebenso groß sind wie die größten, die wir sehen konnten. Vielleicht hatten die Spanier nicht gedacht, daß je ein Engländer dort hinkommen und sie widerlegen würde und daß sie deshalb desto frecher lügen könnten. Die größten der besagten Pentaguren messen in voller Höhe fünf Ellen, d. h. siebeneinhalb Fuß (vielleicht ein wenig mehr).

Aber eines ist gewiß, daß die Grausamkeiten, die die Spanier dort begangen haben, sie in ihrer Einstellung und ihrem Verhalten ungeheuerlicher gemacht haben, als sie es von Natur aus sind, und auch weit ungastlicher gegenüber anderen, die nach den Spaniern kommen sollten. Denn der Verlust ihrer Freunde – die Erinnerung an sie wird von einer Generation an die andere weitergegeben – nährt einen alten Groll, der von einem so streit- und rachsüchtigen Volk nicht so leicht vergessen wird. Der Schrecken jedoch, den wir ihnen eingejagt hatten, dämpfte ihr Feuer und nahm ihnen ihre Angriffslust. Sie vergaßen ihre Rache und schienen durch ihr Verhalten für das Unrecht, das sie uns, die ihnen nichts Böses wollten, zugefügt hatten, Reue üben zu wollen. Sie ließen es zu, daß wir während des ganzen Zeitraumes von zwei Monaten nach diesem Geschehen das taten, was wir wollten, ohne von ihnen irgendwie belästigt zu werden. Vielleicht hat dieses Ereignis sie friedfertiger gegenüber allen Leuten gestimmt, die nach uns hierherkommen werden.

Zu dem Unheil, das uns aus der Hand der Ungläubigen widerfahren war, gesellte sich noch ein anderes, das sich aus unserem engsten Kreise entwickelte und das ebenso groß, ja, weit größer und von viel schwerwiegenderen Folgen als das vorangegangene war. Es wurde durch Gottes gütige Vorsehung zur rechten Zeit entdeckt und verhindert, sonst hätte es gewaltige Ausmaße angenommen und nicht nur dazu geführt, daß unschuldiges Blut vergossen und unser Kapitän und etliche andere, die fest und treu zu ihm standen, ermordet worden wären, sondern auch dazu, daß unser ganzes beabsichtigtes Unternehmen zunichte gemacht worden wäre und weitere gefährliche Folgen[1] sich ergeben hätten.

Diese Ränke waren in England geschmiedet worden, bevor die Reise begann, die verschwörerischen Vorbereitungen waren unserem Kapitän in seinem Garten in Plymouth aufgedeckt worden. Er wollte ihnen jedoch entweder nicht Glauben schenken und sie für wahr oder auch nur wahrscheinlich halten, da sie von einem Menschen kamen, den er so herzlich liebte und von dem er überzeugt war, daß er ihn ebenso ehrlich liebte; oder er dachte, daß er durch Liebe und Güte alles aus dem Wege räumen könnte, was an üblen Absichten gegen ihn bestünde.

Deshalb begegnete er nicht nur weiterhin (diesem verdächtigen und angeklagten Menschen) mit aller Gunst, Artigkeit und Hochachtung, die er ihm in gewohnter Weise zollte, sondern verstärkte diese noch und behan-

---

[1] Siehe Cookes Bericht über den Prozeß und die *Zusätzlichen Anmerkungen,* S. 325. Diese unterscheiden sich vollkommen von dem Bericht, der oben gegeben wird.
»(Die Geschworenen) setzten sich ziemlich gleichmäßig aus Freunden und Feinden des Angeklagten zusammen. Dort wurde inmitten von Schmähungen und gegenseitigen Beschuldigungen das Beweismaterial in einer Weise zusammengewurstelt, die für alle Prozesse jener Zeit bezeichnend war. Weder Doughty noch seine Freunde erhoben Einspruch, daß irgend etwas an der Verfahrensweise ungerecht sei, das einzige, was sie bezweifelten, war Drakes Zuständigkeit für diesen Prozeß. Drakes Stellungnahme dazu ist vage . . .« James A. Williamson: *The Age of Drake,* S. 179.
Vielleicht sollten wir uns an diesem Punkt daran erinnern, daß Drake noch nicht wissen konnte, ob seine Expedition gelingen oder scheitern würde.

delte ihn wie sein anderes Ich; stellte ihn an den zweit-
höchsten Platz in seiner Gegenwart, übergab ihm das
Kommando über alle in seiner Abwesenheit, teilte ihm alle
seine Beschlüsse mit, gab ihm freie Entscheidung bei allen
Dingen, wo es vertretbar war, und ertrug oft aus dessen
Hand große Kränkungen, ja war sogar der Ansicht, daß
eine jede private Beleidigung zu gering zu achten sei, als
daß sie eine solche Freundschaft, wie er für ihn hege,
erschüttern könne. Deshalb war er oft nicht wenig er-
zürnt, sogar über diejenigen, die (aus Gründen der Pflicht-
erfüllung und aus der Erkenntnis, daß sie sonst wirklich
Grund zum Zorn bieten würden) ihm von Zeit zu Zeit ent-
hüllten, wie das Feuer sich ausbreitete, das ihn und mit ihm
zusammen das ganze Unternehmen zu zerstören drohte.
    Aber schließlich mußte er feststellen, daß seine Nach-
sicht und seine Gunstbeweise wenig Gutes bewirkten,
und daß es schien, als könne das Feuer des Ehrgeizes nicht
unterdrückt oder gelöscht werden, es sei denn mit Blut,
und daß die vielfältigen Intrigen sich täglich steigerten
und bis zum Äußersten gingen. Drake hielt es jetzt für die
höchste Zeit, diese Ränke zu durchleuchten, bevor es zu
spät sei, überhaupt noch etwas näher zu untersuchen.
Deshalb stellte er ihn unter scharfe Bewachung und
versammelte alle Kapitäne und Herren seines Unternehmens um sich. Er zeigte ihnen allen die guten Seiten dieses
Herrn und sprach von dem guten Willen und der mehr als
brüderlichen Zuneigung, die er für diesen Herrn seit ihrem
ersten Kennenlernen gehegt habe, und vergaß auch nicht,
die Achtung zu erwähnen, die dieser Herr bei hochgestellten Persönlichkeiten in England genoß. Dann legte er
seinen Kapitänen und Herren die Briefe vor, die er erhalten
hatte, zusammen mit den Einzelheiten, die von Zeit zu Zeit
beobachtet worden waren, und zwar nicht in erster Linie
von ihm, sondern von seinen guten Freunden, nicht nur
auf See, sondern bereits in Plymouth, nicht bloße Worte,
sondern Schriftstücke, nicht allein Schriftstücke, sondern
Taten, die darauf abzielten, das ganze anstehende Unternehmen zu Fall zu bringen und ihn (Drake) zu beseitigen.

Beweise wurden gefordert und vorgelegt, die so zahlreich und so schlüssig waren, daß dieser Herr, der von Reue über sein unüberlegtes und rücksichtsloses Handeln erfüllt wurde, selbst gestand, daß er den Tod, ja, viele Tode verdient habe. Er habe sich nicht nur verschworen, das ganze Unternehmen zu Fall zu bringen, sondern auch den Befehlshaber dieses Unternehmens, der ihm nicht übel wolle und ihm kein Fremder sei, sondern ein lieber und treuer Freund. In der großen Versammlung flehte er diejenigen, in deren Hand die Rechtsprechung lag, an, Maßnahmen gegen ihn zu ergreifen, damit er nicht gezwungen sei, Hand an sich zu legen und sein eigener Henker zu werden.

Die Verwunderung und das Erstaunen über seine Worte war bei allen Zuhörern, selbst bei denen, die seine nächsten Freunde waren und ihn am meisten liebten, groß, ja, auch bei denen, die wegen vieler Wohltaten, die sie von ihm empfangen hatten, guten Grund hatten, ihn zu lieben; aber unser Kapitän war am meisten von allen verwirrt und zog sich deshalb zurück, weil er nicht in der Lage war, seine warme Zuneigung zu verbergen. Er bat diejenigen, die die ganze Aussage gehört hatten, ihr Urteil abzugeben und dabei zu bedenken, daß sie eines Tages vor ihrem König und vor dem Allmächtigen Gott, dem Ewigen Richter, Rechenschaft ablegen müßten. Nachdem sie alle, etwa vierzig an der Zahl, die ranghöchsten und weisesten Männer der ganzen Flotte, den Fall im einzelnen erörtert und das vorgebracht hatten, was sie zu sagen hatten oder was von irgendeinem Freund des Angeklagten vorgelegt werden konnte, kamen sie zu folgendem Urteil, das sie eigenhändig besiegelten: Er habe den Tod verdient. »Es sei mit ihrer aller Sicherheit nicht vereinbar, ihn am Leben zu lassen, deshalb legten sie die ganze Angelegenheit und das ganze Beweismaterial in die Hand des Befehlshabers.«[1]

---

[1] Silvas Logbuch gibt das Datum des 30. Juni an (Nuttall, S. 281). Die normal gedruckten Zeilen mögen die tatsächlichen Worte der Sprecher gewesen sein.

Dieses Gericht wurde, da es ein Geschworenengericht war, an Land auf einer der Inseln dieses Hafens abgehalten. Die Insel wurde später zur Erinnerung an dieses Verfahren die Insel des »wahren Gerichts und der Gerechtigkeit« *genannt.*

Nachdem jetzt der endgültige Urteilsspruch die Sache unseres Befehlshabers war (dem vor seiner Abreise Ihre Majestät ihr Schwert, das er zu seiner eigenen Sicherheit verwenden sollte, mit den Worten überreicht hatte: »Wir halten dafür, daß der, der dich, Drake, schlägt, uns schlägt.«*), ließ er den Angeklagten vorführen und ihm die verschiedenen Schuldsprüche vorlesen, die schriftlich und mündlich über ihn gefällt worden waren und die zum größten Teil von ihm bestätigt worden waren (denn keiner hatte ein härteres Urteil gegen ihn gefällt als er gegen sich selbst), und legte ihm die folgende Wahl vor:* Wolle er auf dieser Insel hingerichtet werden? Oder wolle er auf das Festland gebracht und dort ausgesetzt werden? Oder wolle er nach England zurückkehren, um sich dort vor den Lords des Rates Ihrer Majestät zu verantworten?

Er dankte unserem Befehlshaber ganz demütig für die Milde, die er ihm gegenüber in so hohem Maße walten ließ. Er bat um einen Aufschub, um mit sich zu Rate zu gehen und seine Entscheidung wohlüberlegt zu treffen. Am nächsten Tage legte er die folgende Antwort vor: Obwohl er schwach gewesen sei und eine große Sünde begangen habe, für die er jetzt zu Recht verurteilt worden sei, hege er doch eine Sorge, die über allen anderen stehe, nämlich als ein Christenmensch zu sterben. Was immer auch mit seiner sterblichen Hülle geschehe, so wolle er doch die Gewißheit haben, daß er in der Ewigkeit in ein besseres Leben eingehe. Wenn er unter Ungläubigen an Land gesetzt werde, so fürchte er, sei diese Gewißheit nicht gegeben, da er aus seiner eigenen Familie wisse, wie ungeheuer ansteckend die Unzucht ist. Deshalb flehe er unseren Befehlshaber dringend an, auf sein Seelenheil Rücksicht zu nehmen und es nicht unter Heiden und ungläubigen Wilden in Gefahr zu bringen. Wenn er nach

England zurückkehren sollte, müsse er zunächst ein Schiff haben, außerdem eine Besatzung, die es nach England geleite, und genügend Lebensmittel. Zwei dieser Bedingungen seien erfüllbar, von der dritten glaube er jedoch, daß ihn keiner begleiten werde, da es sich um eine zu traurige Fahrt vor einem zu niederträchtigen Hintergrund handele, um dafür einen so ehrenvollen Dienst aufzugeben. Aber selbst wenn es Männer gäbe, die sich dazu bewegen ließen, mit ihm nach England zurückzukehren, wäre doch die Schande der Rückkehr wie der Tod, oder noch schwerer, wenn das möglich ist, denn es wäre für ihn ein langer und sich häufig wiederholender Tod. Deshalb erkläre er, daß er den ersten Vorschlag des Angebots des Befehlshabers annehme. Er erbitte nur eine Gnade von ihm, daß er vor seinem Tode noch einmal mit ihm zusammen das heilige Abendmahl empfangen dürfe und keinen anderen Tod als den eines Herrn sterben müsse.

Obwohl verschiedene Argumente von vielen Seiten vorgebracht wurden, eine der beiden anderen Möglichkeiten zu wählen, blieb er doch fest entschlossen bei seiner ursprünglichen Entscheidung. Seine beiden letzten Wünsche wurden ihm gewährt, und am nächsten passenden Tage wurde von Mr. Francis Fletcher, dem damaligen Prediger und Pfarrer der Flotte, das heilige Abendmahl gefeiert. Unser Kapitän selbst nahm das heilige Abendmahl zusammen mit dem verurteilten bußfertigen Herrn, der sich sehr reumütig und zerknirscht zeigte und über sein eigenes Handeln weitaus mehr erschüttert war als irgendein anderer. Nach dem heiligen Abendmahl speisten sie zusammen am gleichen Tische in fröhlichem Ernst, wie sie es häufig zuvor in ihrem Leben getan hatten, munterten einander durch fröhlichen Zuspruch auf und nahmen Abschied voneinander, indem sie sich zutranken, so, als ob lediglich eine Reise bevorstehe.

Als nach dem Mahl alles von dem Profossen vorbereitet worden war, kam der Verurteilte unverzüglich heraus und kniete nieder und bereitete seinen Nacken für die Axt und seine Seele für den Himmel vor. Er machte das ohne lange

Umstände wie ein Mann, der schon in Gedanken die ganze Tragödie vorweggenommen hatte. Er bat alle Anwesenden, für ihn zu beten, und forderte den Scharfrichter auf, seines Amtes zu walten und nichts zu fürchten und nicht zu zögern.[1]

So löschte er durch die standhafte Art seines Todes (der so ehrenwert war, wie seine anderen Taten tadelnswert waren) den Makel, der ihm durch sein Vergehen anhaftete. Er gab unserer Flotte das beklagenswerte Beispiel eines stattlichen Herrn, der sich selbst aufgab, weil er ein Emporkommen anstrebte, für das er ungeeignet war. Der Nachwelt gab er ein Beispiel unbeschreiblichen schicksalhaften Unglücks. Es hatte schon ein Ereignis in dem gleichen Hafen gegeben, unter so ähnlichen Umständen, daß beide Ereignisse wohl eine neue Parallele bilden könnten, die man denen des Plutarch hinzufügen könnte: Der gleiche Ort sah nahezu zur gleichen Zeit des Jahres die Hinrichtung von zwei Herren, die beide aus dem gleichen Grund ihre Strafe erlitten, in gleichen Diensten standen, hervorragende Stellungen hatten und Männer von ausgezeichneten Fähigkeiten waren, nur erfolgte die eine Vollstreckung 58 Jahre nach der anderen.

Auf dem Festland nämlich fanden unsere Männer einen niedergestürzten Galgen, der aus Fichtenholz gezimmert war. Darunter fanden sie Menschengebeine. Sie vermuteten, daß es derselbe Galgen[2] war, den Magellan im Jahre 1520 zur Hinrichtung von John Cartagena aufstellen ließ, dem Vetter des Bischofs von Burgos, der auf Befehl des

[1] Silvas Logbuch gibt den 2. Juli (1578) an (Nuttall, S. 282). Cliffe bestätigt dieses Datum.

[2] Da nun Magellan seine erste Reise um die Welt machte, kam er zu demselben Hafen wie wir und taufte ihn Port St. Julian. Während er dort weilte, meuterten einige seiner Leute gegen ihn, deshalb ließ er einige an einem (Fichtenholz)galgen hinrichten. Wir fanden den Galgen noch völlig erhalten, obwohl er mindestens 50 Jahre vor unserem Kommen errichtet worden war. Aus dem Holz des Galgens machte unser Böttcher Krüge und Kannen für die Leute der Mannschaft, die daraus trinken mochten. Ich für mein Teil hatte daran keinen Geschmack und sah auch keine Notwendigkeit. Fletcher (Penzer, S. 126).

Königs gemeinsam mit Magellan das Kommando führte und sein Vizeadmiral war.

Als wir auf der Insel das Grab für unseren Herrn aushoben, fanden wir einen großen Mühlstein, der in zwei Teile zerbrochen war. Wir nahmen ihn und stellten den einen Teil am Kopf-, den anderen am Fußende des Grabes auf; die Mitte des Grabes bedeckten wir mit Steinen und Erdschollen. In die Steine ritzten wir die Namen der dort Beerdigten ein und die Daten ihres Todes, außerdem zum Gedenken den Namen unseres Befehlshabers auf Latein, auf daß er besser verstanden werde von allen, die nach uns kämen.[1]

Nachdem wir das alles getan und in Ordnung gebracht hatten, ließ unser Kapitän die Mary, unsere portugiesische Prise, abtakeln, weil sie leck und unbrauchbar geworden war. Die Schiffsrippen und den Kiel ließen wir auf der Insel zurück, auf der wir zwei Monate lang unsere Zelte aufgeschlagen hatten. Nachdem wir so unsere Schiffe ausgebessert, gesäubert, Wasser an Bord genommen und alle anderen Geschäfte erledigt hatten und die Anzahl unserer Schiffe auf die kleinstmögliche Zahl, nämlich auf nur drei – abgesehen von unseren Pinassen – verringert hatten, um leichter zusammenzubleiben, uns leichter versorgen zu können und stärker bemannt zu sein, falls kritische Situationen auftreten sollten, fuhren wir am 17. August von diesem Hafen ab. Wir hegten jetzt große Hoffnungen auf ein glückliches Gelingen unseres Unternehmens, das Gott der Allmächtige bisher so gesegnet und begünstigt hatte, und gingen auf Südwestkurs zur Magellanstraße.

Am 20. August erreichten wir das Kap, in dessen Nähe die Einfahrt in die Magellanstraße liegt und das die Spanier Capo Virgin Maria nennen. Man sieht es schon aus einer Entfernung von vier Seemeilen, mit seinen

[1] Am 11. August musterte Drake seine ganze Mannschaft an Land und richtete seinen historischen Appell an sie, einig untereinander zu sein. »Ich will, daß der Herr mit dem Seemann und der Seemann mit dem Herrn am selben Strang zieht.« Siehe Cooke und *Zusätzliche Anmerkungen*, S. 326.

hohen, steilen grauen Klippen, die mit schwarzem Gestein
versetzt sind und gegen die die See donnert und spritzt,
als seien es die Fontänen von Walfischen; der höchste
Punkt gleicht Kap Vincent in Portugal. An diesem Kap
ließ unser Befehlshaber alle Schiffe seiner Flotte als Huldigung für Ihre Majestät, die Königin, ihre Toppsegel
streichen zum Zeichen seiner willigen Bereitschaft, Ihrer
Hoheit schuldigsten Gehorsam zu erweisen und zu beto-
nen, daß ihr alle Rechte an dieser neuen Entdeckung
zukämen. Zugleich änderte er im Gedenken an seinen
ehrenwerten Freund, Sir Christopher Hatton, den Namen
seines Schiffes von Pelican in Golden Hind[1] um. Nachdem
die Feierlichkeiten mit einer Predigt, die den wahren
Glauben lehrte, mit Gebeten und Danksagungen an Ihre
Majestät und den Hohen Staatsrat, das ganze Gemeinwesen und die Kirche Gottes zu Ende gegangen waren,
setzten wir unsere Fahrt in die besagte Straße[2] fort. Bei der
Durchfahrt hatten wir auf beiden Seiten Land in Sicht.
Bald wurde die Straße so eng, so stürmisch und so voller
Windungen und Gefahren, daß es der Kunst eines erfahrenen Lotsen bedurfte, um sie durchfahren zu können. Der
Wasserweg verläuft Westnordwest und Ostsüdost. Aber
nachdem wir die Straße hinter uns gelassen hatten, schienen wir aus einem zwei Seemeilen breiten Fluß in ein
großes und weites Meer zu kommen. In der folgenden
Nacht kam eine Insel in Sicht (die an Höhe nicht hinter der
vorher erwähnten Insel Fuego zurücksteht) und die
(ebenso wie Fuego) ununterbrochen und auf wunderbare
Weise ihren Feuerschein hoch in die Lüfte erstrahlen läßt.
    Es ist früher für eine unbestreitbare Wahrheit gehalten
worden, daß die Meere eine ständige Strömung von Ost
nach West durch die Magellanstraße haben, aber unsere

[1]Hattons Wappen war eine goldene Hindin. Hatton stand hoch in der Gunst
der Königin, und Drake mag wohl in diesem Punkt das Gefühl gehabt
haben, daß er bei seiner Rückkehr gegen das königliche Mißfallen Protek-
tion brauche.
[2]Nach Silvas Logbuch fuhren sie am 23. August 1578 in die Magellanstraße
ein (Nuttall, S. 282).

Erfahrung belehrte uns eines anderen; Ebbe und Flut (bei denen das Wasser mehr als fünf Faden steigt oder fällt) sind hier genauso wie an anderen Küsten.

Am 24. August, dem St. Bartholomäustag, erreichten wir drei Inseln, die in einem Dreieck zueinander liegen. Eine dieser Inseln war sehr schön und groß und hatte fruchtbaren Boden. Weil wir ganz nahe an dieser Insel waren und die See ruhig war, landete unser Kapitän mit seinen Herren und einigen seiner Matrosen dort, ergriff im Namen Ihrer Majestät Besitz davon und nannte sie Elisa-bethinsel.

Obwohl die beiden anderen Inseln nicht so groß und schön waren, waren sie uns doch äußerst nützlich, denn auf ihnen fanden wir große Mengen von seltsamen Vögeln,[1] die überhaupt nicht fliegen oder so schnell laufen konnten, daß sie uns lebend entkommen konnten. Sie sind kleiner als eine Gans und größer als eine Wildente, sind kurz und gedrungen, haben keine Federn, sondern einen gewissen harten und eng verwachsenen Flaum. Ihre Schnäbel sind denen der Krähen nicht unähnlich; sie wohnen und brüten an Land, wo sie wie die Kaninchen ihre Höhlen in die Erde graben, sie legen Eier und ziehen ihre Jungen auf. Ihre Nahrung beziehen sie aus dem Meer, in dem sie so gewandt schwimmen, daß man sagen kann, die Natur habe ihnen keinen geringen Vorteil durch ihre Geschwindigkeit gegeben. Diese Schnelligkeit hilft ihnen sowohl Beute zu machen als auch zu entkommen, wenn sie

---

[1] Unermeßlich war die Zahl der Wildvögel, die die Waliser Pinguine nennen. Fletcher (Penzer, S. 128). S. O. E. D. gibt den Ursprung des Namens »Pinguin« als ungewiß an.

»Sie sind ziemlich schwarz und haben weiße Stellen am Bauch und am Hals. Sie gehen so gerade aufgerichtet, daß man sie von weitem fälschlicherweise für kleine Kinder halten könnte. Wenn man sich ihnen nähert, verkriechen sie sich in Höhlen im Erdboden ... Um sie zu fangen, verwandten wir Stöcke, an deren Enden wir Haken befestigt hatten. Damit zogen wir sie aus ihren Höhlen heraus. Andere standen bereit und schlugen ihnen mit Knüppeln die Köpfe ein, denn sie beißen mit ihren krummen Schnäbeln so grausam, daß keiner von uns sie lebend greifen konnte.« Cliffe (Hakluyt, XI, 158)

selbst von anderen gejagt werden. Die Menge dieser
Vögel auf diesen Inseln ist so groß, daß wir innerhalb
eines Tages nicht weniger als 3000 töteten, und wenn ihre
Vermehrung gleich groß ist, so muß man sagen, daß die
Natur keinen größeren Reichtum einer Art auf so kleinem
Raum hervorgebracht hat, einer Art, die in so weitreichen-
dem Maße den Zwecken des Menschen dient; denn das
Fleisch dieser Vögel ist eine gute und bekömmliche Nah-
rung. Nach altem Brauch taufte unser Kapitän die eine
dieser Inseln Bartholomäusinsel, weil wir gerade den St.
Bartholomäustag hatten, die andere erhielt, zu Ehren
Englands, den Namen St. Georgsinsel.

Auf der St. Georgsinsel fanden wir die sterblichen
Überreste eines Mannes, der schon so lange tot war, daß
sein Skelett zerfiel, als wir es von der Stelle entfernten, an
der es lag. Von diesen Inseln bis zur Einfahrt in den Pazifik
hat die Durchfahrt viele Krümmungen, Kehren und Eng-
pässe, die den Eindruck erwecken, als gebe es dort keine
Möglichkeit des Weitersegelns. Wir hatten mit widrigen
Winden zu kämpfen, so daß einige unserer Schiffe auf eine
Landspitze zufuhren und in einen anderen Wasserlauf
kamen; die anderen waren gezwungen, ihren Kurs zu
ändern und dort zu ankern, wo es möglich war. Es stimmt,
was Magellan über diese Wasserstraße berichtet, nämlich, daß es dort viele Häfen gibt und reichlich Trinkwasser; aber einige Schiffe hätten mit nichts anderem als
Ankern und Tauen beladen sein müssen, um in diesen
Häfen ankern zu können. Große Stürme und widrige
Winde (für die diese Gegend berüchtigt ist) sind ein
großes Hindernis bei der Durchfahrt und stellen keine
geringe Gefahr dar.

Das Land auf beiden Seiten der Wasserstraße ist sehr
hoch und gebirgig. Im Norden und Westen der Durchfahrt liegt der amerikanische Kontinent, im Süden und
Osten nichts als Inseln, zwischen denen es unzählige
Durchfahrten zum Pazifik gibt. Die Berge strecken solche
Gipfel und Zinnen in die Lüfte und sind von einer solchen
gewaltigen Höhe, daß sie getrost zu den Weltwundern

gerechnet werden können. Sie sind auf weite Strecken von erstarrten Wolken und gefrorenen Meteoren umgeben, wodurch sie ständig an Umfang und Höhe zunehmen. Sie bewahren ihr einmal erreichtes Volumen, dem die Hitze der Sonne nur wenig anhaben kann, da ihre Kuppen so weit weg von jeder Erwärmung und so nahe der kalten, eisigen Region sind.

Aber ungeachtet aller dieser Tatsachen sind doch die niedrig gelegenen Ebenen sehr fruchtbar, das Gras grün und frisch, die Kräuter, die uns sehr fremd sind, gut und zahlreich, die Bäume sind zum größten Teil immer grün, die Luft hat eine Temperatur wie in unserem Land; das Wasser ist höchst angenehm; der Boden ist für jede Art von Korn, die wir in unserem Land anbauen, geeignet. Es fehlt dem Land zweifellos nichts anderes als Leute, die es zum Ruhme des Schöpfers und zum Gedeihen der Kirche nutzen. Die Leute, die diese Gegend bewohnen, machten, als wir vorbeifuhren, an verschiedenen Orten Feuer.

Als wir uns der Einfahrt in den Pazifik näherten, fanden wir solche engen Durchfahrten nach Norden und so weite und offene Passagen nach Süden vor, daß es ohne nähere Erkundung zweifelhaft war, welchen Kurs wir einschlagen sollten. Aus diesem Grunde ließ unser Befehlshaber seine Flotte bei einer Insel vor Anker gehen und ruderte selbst mit einigen Herren in einem Boot los, um die Möglichkeit einer Durchfahrt zu erkunden. Sie stellten fest, daß die nördliche Fahrtroute hinlänglich gut war. Bei der Rückfahrt zu ihren Schiffen begegnete ihnen an der gleichen Insel, vor der wir vor Anker lagen, ein Kanu mit mehreren Leuten.

Dieses Kanu oder Boot war aus der Borke verschiedener Bäume gefertigt. Der Bootsschnabel und das Heck standen empor und waren halbkreisförmig wie aus einem Guß nach innen geneigt, der Bootskörper bildete eine elegante Form und zeugte von großem Ebenmaß und ausgezeichneter Handarbeit. Sowohl unser Befehlshaber als auch wir meinten, es könne niemals ohne ausgetüftelte und fachmännische künstlerische Beratung gebaut worden sein und sei nicht für den Gebrauch durch so unzivilisierte und barbarische Leute bestimmt, sondern zur Lust und Erbauung einer großen und edlen Person, ja eines Herrschers. Die Bespannung wurde an den Nähten nur mit Lederschnüren aus dem Fell eines Seehundes oder eines anderen Tieres zusammengehalten, war jedoch so dicht, daß das Boot wenig oder kein Wasser nahm.

Die Eingeborenen sind von mittlerem Wuchs, aber gut gebaut und haben einen kräftigen Körper und starke Glieder. Sie haben viel Freude daran, ihre Gesichter anzumalen, wie die anderen, von denen wir zuvor berichtet haben. Auf der besagten Insel haben sie ein Haus von mittlerer Größe, das aus Pfählen gebaut und mit Tierfellen gedeckt ist. Im Hause haben sie Feuer, Wasser und die Fleischsorten, die gewöhnlich für sie greifbar sind, wie Robben, Muscheln und dergleichen.

Die Gefäße, in denen sie ihr Wasser aufbewahren, und die Becher, aus denen sie trinken, sind genauso wie ihr Kanu aus Baumrinde gefertigt, und zwar mit nicht geringerer Geschicklichkeit (wenn man die Größe der Gegenstände bedenkt). Ihre Gebrauchsgegenstände haben eine sehr gelungene Form und zeigen viel Geschmack. Ihre Arbeitswerkzeuge, die sie zum Schnitzen dieser und anderer Gegenstände verwenden, sind Messer, die aus ungeheuer großen Muschelgehäusen gefertigt werden. (Von diesen Muscheln, deren Fleisch sehr würzig und wohlschmeckend ist, dürfte kaum ein Reisender bislang etwas gesehen oder gehört haben.) Die Eingeborenen brechen zunächst die dünne und brüchige Substanz an der Seite der Muschel weg, dann reiben und schleifen sie sie mit Steinen, die sie zu diesem Zwecke haben, bis sie sie so scharf gemacht haben, daß sie selbst das härteste Holz damit schneiden können, wovon wir uns überzeugen konnten. Ja, sie schneiden damit sogar Knochen von größter Härte und machen daraus Harpunen, mit denen sie Fische jagen. Sie haben darin viel Übung und sind sehr gewandt.

Am 6. September (1578)[1] hatten wir alle diese beschwerlichen Inseln hinter uns gelassen und hatten den Pazifik, oder das Mare del Zur, erreicht. An dem Kap an der Einfahrt zum Pazifik hatte unser Befehlshaber eigentlich die Absicht gehabt, mit seiner ganzen Mannschaft an Land zu gehen und dort nach einem Gottesdienst zur ewigen Erinnerung eine Gedenktafel mit einer in Metall gravierten Inschrift für Ihre Majestät zu befestigen, die er zu diesem Zwecke bereithielt. Aber weder gab es eine Möglichkeit, dort zu ankern, noch erlaubte uns der Wind einen Aufenthalt.

Nur durch die Beobachtung aller unserer Leute kamen wir zu den folgenden Ergebnissen: Die Einfahrt, durch die wir in die Magellanstraße kamen, liegt auf einer Breite von 52 Grad, der mittlere Teil auf 53 Grad und 15 Minuten und die Ausfahrt auf 52 Grad und 30 Minuten. Die Straße ist 150 Seemeilen lang und an der Einfahrt etwa zehn Seemeilen breit. Nachdem wir die Straße zehn Seemeilen lang befahren hatten, war sie nur noch eine Seemeile breit, später wurde sie an einigen Stellen sehr breit, an anderen sehr schmal, auf dem letzten Teil fanden wir überhaupt keine Straße mehr, sondern nur noch Inseln.

Als jetzt unser Kapitän feststellte, daß die schneidende Kälte eines so harten und grausamen Winters die Gesundheit einiger unserer Leute stark angegriffen hatte, wollte er so schnell wie möglich Kurs auf den Äquator nehmen und nicht weiter in Richtung auf den antarktischen Pol segeln, da wir dann noch weiter von der Sonne weg und näher der Kälte wären und möglicherweise von noch schwereren Krankheiten bedroht würden. Aber Gott, der es den Menschen freigestellt hat zu planen, behält Sich die

[1] Silvas Logbuch bestätigt dieses Datum und berichtet, daß sie den ganzen September hindurch von einem starken Nordwestwind in südöstliche Richtung getrieben wurden (Nuttall, S. 284). Magellan brauchte 37 Tage, um die Straße zu durchqueren, Drake 16 Tage, Cavendish 51 und Sir Richard Hawkins 46 Tage (Hawkins). Das gleiche Buch enthält eine Karte im großen Maßstab von der Straße und zeigt ihre labyrinthhafte Verzweigtheit. »Viele von Drakes Leuten starben vor Kälte, als wir die Straße durchquerten.« Silva (Wagner, S. 348).

Entscheidung über alle Dinge vor; Er läßt die Absichten der Menschen hinfällig werden oder kehrt sie häufig genau in das Gegenteil um, wie es Ihm zu Seinem Ruhme und Seiner Ehre gefällt.

Am 7. September, dem zweiten Tage nach unserer Einfahrt in den Pazifik (der von manchen das »Friedliche Meer« genannt wird, uns gegenüber sich aber als das »Wütende Meer« zeigte), schien Gott sich durch einen widrigen Wind und einen unerträglichen Sturm gegen uns zu stellen. Er zwang uns, nicht nur unseren Kurs und unser Ziel zu ändern, sondern uns auch nach langer Zeit, nach vielen Mühen und Gefahren, die wir kaum überstanden und in der sich unser Flottenverband schließlich auflöste, uns Seinem Willen zu unterwerfen. Der Sturm war von einer solchen Wildheit, daß es uns schien, als habe Er ein Urteil gesprochen, uns nicht zu helfen oder Seinen Spruch aufzuheben, bis Er uns und unsere Schiffe in der endlosen Tiefe der wütenden See begraben habe.

Am 15. September, zur Zeit dieses unglaublichen Sturmes, verfinsterte sich der Mond im Zeichen des Widders eine Stunde lang an drei Stellen. Das Ende der Mondfinsternis gab uns ein wenig Hoffnung auf eine Änderung und Besserung des Wetters. So wie die Mondfinsternis unseren elenden Zustand nicht mehr verschlimmern konnte, so konnte auch das Ende dieser Mondfinsternis uns unser Los nicht erleichtern oder uns auch nur einen Teil unserer Sorgen abnehmen: Unsere Finsternis dauerte unvermindert an und machte uns so zu schaffen, daß wir volle 52 Tage lang in zwanzigfach stärkerer Finsternis als der Mond waren. Wir hätten diese Zeit nicht überstanden und wären niemals wieder ans Licht gekommen, wenn nicht der Sohn Gottes, der diese Bürde auf unsere Schultern gelegt hatte, sie barmherzig mit uns getragen hätte und uns mit Seiner Kraft, die die Stärke und Geschicklichkeit des Menschen übertrifft, aufrechterhalten hätte. Wir überstanden diese Zeit auch nicht unbeschadet, denn große Sorgen blieben zurück.

Denn dieser wilde und außerordentlich wütende Sturm

*(den man mit einer solchen Heftigkeit selten erlebt)
dauerte an und steigerte sich noch in der Nacht[1] des 30.
September und führte dazu, daß wir zu unserem Schmerz
die Marigold[2] verloren. Auf ihr befand sich Kapitän John
Thomas mit vielen anderen unserer lieben Freunde, die,
soweit wir sehen konnten, sich nicht helfen konnten,
sondern sich treiben lassen mußten. (Unser Kapitän hatte
zuvor den Befehl gegeben, daß, wenn irgendein Schiff
unserer Flotte den Anschluß an die anderen verlieren
sollte, der Sammelplatz etwa beim 30. Breitengrad an der
Küste Perus in Höhe der Äquinoktiallinie sein sollte).
Obwohl wir uns nie wieder treffen sollten, hofften wir
doch lange Zeit (bis die Erfahrung uns zeigte, daß die
Hoffnung vergeblich war), daß wir sie glücklich wiedertreffen würden, besonders, weil sie gut mit Proviant
versorgt waren und (außer ihrem Kapitän) geschickte und
tüchtige Männer an Bord hatten, um das Schiff an die
vereinbarte Stelle zu bringen.*

*Vom 7. September (an dem der Sturm begann) bis zum
7. Oktober konnten wir nirgendwo Land erreichen. (In der
Zeit waren wir weit nach Süden, bis etwa zum 57.
Breitengrad, abgetrieben worden). An diesem Tage fuhren wir gegen Abend etwas nördlich vom Kap von Amerika (das oben bei der Beschreibung unserer Ausfahrt aus*

---

[1]Silvas Logbuch gibt das Datum des 28. September (1578) an. (Nuttall,
S. 284). Winter sagt dazu: »Am 30. Tage des September verloren wir die
Marigold. Jene Nacht war die stürmischste, die wir in diesem abscheulichen
Wetter erlebt hatten. Die meisten unserer Leute bekamen die Krankheit, von
der Magellan berichtet hat (Skorbut?), so daß von fünfzig gerade fünf
gesund blieben.« Winter, S. 241.

[2]Fletchers Bericht ist wiederum sehr hübsch von dem Kompilator zusammengestellt worden: »56 Tage lang folgte eine undurchdringliche Finsternis
ohne das Licht der Sonne, des Mondes und der Sterne . . . der Sturm war so
heftig und wütend, daß die Bark *Marigold,* auf der Edward Bright, einer der
Ankläger von Thomas Doughty, Kapitän war, mit 28 Seelen von den
schrecklichen und gnadenlosen Wogen oder besser den Bergen von Wasser
verschlungen wurde. Es geschah während der zweiten Nachtwache, als ich
und John Brewer, unser Trompeter, Wache hielten. Wir hörten ihre furcht-
baren Schreie, als die Hand Gottes sie ergriff . . .« (Randbemerkung: Gottes
Gericht wider falsches Zeugnis). Fletcher (Penzer, S. 132–133)

der Magellanstraße in den Pazifik erwähnt wurde) traurigen Mutes in einen Hafen ein. Wir hofften, dort einige
Ruhe und Entspannung zu finden, bis sich der Sturm
gelegt hatte; aber einige Stunden, nachdem wir vor Anker
gegangen waren, wurde uns ein vernichtender Schlag
versetzt. Durch die Gewalt und Wut des Sturmes verlor
unser Flaggschiff nicht nur einen Anker, sondern es verlor
auch unser zweites Flaggschiff, die Elizabeth[1], teils durch
die Nachlässigkeit derer, die das Kommando führten, teils
durch den Wunsch einiger Leute, sich all den Schwierigkeiten zu entziehen und wieder nach Hause zu kommen;
was sie (wie mittlerweile bekannt ist) von da an mit allen
Mitteln versuchten und auch erreichten. Denn am nächsten Tage, dem 8. Oktober[2], erreichten sie wieder die
Einfahrt in die Magellanstraße (der wir jetzt so nahe
waren) und fuhren denselben Weg zurück, den sie gekommen waren, segelten an der Küste Brasiliens entlang und
erreichten England am 2. Juli des folgenden Jahres.

So hätte man von unserem Flaggschiff – wenn es seinen
alten Namen Pelican, den es bei unserer Abreise aus
unserem Lande getragen hatte, beibehalten hätte – jetzt
sagen können, es sei wirklich wie ein Pelikan allein in der
Wildnis. Denn obwohl unser Kapitän die anderen Schiffe
der Flotte sehr sorgfältig suchte, konnten wir von ihnen
weder etwas sehen noch hören.

Von diesem Tage an, an dem wir von unseren Freunden
getrennt wurden, wurden wir mit Macht wieder bis zum
55. Breitengrad in Richtung Antarktis abgetrieben. In
dieser Breite fuhren wir wieder zwischen den vorher
erwähnten, südlich von Amerika liegenden Inseln umher,
durch die wir vom einen Meer zum anderen kamen, wie
schon vorher erwähnt. Als wir dort ankerten, stellten wir

---

[1]Einzelheiten über die Rückkehr der Elizabeth nach England und über den
Verlust der Pinasse der Golden Hind sind den Zusätzlichen Anmerkungen,
S. 327, und Winter zu entnehmen. Wollte Drake die Männer loswerden, die
er in die Pinasse setzte?

[2]Silva bestätigt dieses Datum.

fest, daß das Wasser eine starke Strömung hat und freie Durchfahrt bietet, und zwar nicht durch kleine Durchgänge und enge Kanäle, sondern durch solche großen Durchfahrten, wie man sie in der Magellanstraße findet, durch die wir gekommen waren.

Zwischen diesen Inseln verweilten wir kurze Zeit (nämlich zwei Tage) und hatten eine gewisse Ruhe. Wir fanden dort verschiedene gute und bekömmliche Kräuter und auch Trinkwasser. Unsere Männer, die vorher schwach und in ihrer Gesundheit mitgenommen waren, begannen sich zu erholen, besonders durch den Genuß des Aufgusses eines Krautes (das nicht unähnlich dem Kraut ist, das wir gewöhnlich Nabelkraut nennen), das eine sehr reinigende Wirkung hat und uns sehr dienlich war, unsere müden und kranken Körper zu erfrischen. Aber die Stürme kehrten mit alter Macht wieder, und das Meer wütete wie zuvor, alles war so, als wende es sich gegen unseren Frieden und unsere ersehnte Ruhe; unseres Bleibens hier war nicht länger, Sicherheit war nicht zu erwarten.

Die anstehende Gefahr durch gewaltige und ständige Böen war so groß, daß wir uns eher auf einen baldigen Tod vorbereiten mußten als auf eine Erlösung aus dieser Gefahr hoffen konnten, wenn Gott, der Allmächtige uns nicht gnädig war. Die Winde waren so stark, als sei das Innerste der Erde nach außen gekehrt oder als ob alle Wolken unter dem Himmel zusammengerufen worden seien, um ihre vereinte Kraft an dieser einen Stelle wirksam werden zu lassen. Die Seen, die ihrer Natur und Substanz nach schwer und gewichtig sind, rollten aus den Tiefen wie von den Sockeln der Felsen selbst heran, als seien sie Pergamentrollen, die unter großer Hitzeeinwirkung zusammenlaufen, und nachdem sie oben waren, wurden sie auf höchst seltsame Art, wie Federn oder Schneewehen, durch die Gewalt des Sturmes emporgetragen und erreichten die letzten Gipfel der hohen Berge. Wie falsche Freunde in Gefahr ließen uns unsere Anker im Stich; als ob sie von Entsetzen gepackt seien, sanken sie in die Tiefe, um sich vor diesem elenden Sturm zu verstekken, und überließen das in Not geratene Schiff und seine hilflose Mannschaft der Ungewißheit der Brecher, für die unser Schiff ein Spielball war. Es hätte uns in diesem Falle nichts genützt, weitere Anker zu werfen; wir waren so weit von unserem ersten Ankerplatz in so unermeßliche Tiefen abgetrieben worden, daß selbst bei 500 Faden kein Grund war. Der heftige, unaufhörliche Sturm, die Unmöglichkeit, vor Anker zu gehen oder Segel zu setzen, das wildgewordene Meer, das Land in Lee, die gefährlichen Felsen, die widrigen und unerträglichen Winde, die Unmöglichkeit, auszulaufen, das verzweifelte Verweilen und die unvermeidlichen Gefahren von allen Seiten ließen uns nur geringe Hoffnung, der bevorstehenden Vernichtung zu entgehen. Wenn die besondere Vorsehung Gottes uns nicht geholfen hätte, hätten wir niemals dieses Elend, bei dem wir von den schrecklichsten und fürchterlichsten Heimsuchungen rings um uns herum bedroht wurden, überstanden. Denn wahrlich, es war wahrscheinlicher, daß die Berge vom Gipfel bis zum Fuß auseinanderbrechen und durch diese unnatürlichen Winde kopfüber in das Meer stürzen würden, als daß auch nur einer von uns durch irgendeines Menschen Klugheit und Geschick überleben sollte.

Ungeachtet dessen schaute derselbe Gott der Barmherzigkeit, der Jonas aus dem Bauche des Walfisches errettete und alle die erhört, die ihn gläubig in ihrer Not anrufen, vom Himmel auf uns hernieder und gewahrte unsere Tränen und hörte unsere demütigen Bitten, die wir mit feierlichen Gelöbnissen verbanden. Gott selbst (dem nicht nur die Stürme und die Meere, sondern sogar die Teufel und Höllenmächte gehorchen) erlöste uns so wunderbar aus unseren Nöten und bahnte uns den Weg, als hätte Er Seine heiligen Engel ausgeschickt, um uns zu führen und zu geleiten, so daß wir, abgesehen von dem Schrecken und Entsetzen, unbeschadet von dannen kamen.

Aber nachdem wir diesen Nöten mit äußerster Mühe, gleichsam wie durch ein Nadelöhr (auf daß Gott größerer Ruhm für unsere Errettung zukomme), durch die große und ungeheure Anstrengung unseres Kapitäns, der Gottes Werkzeug war, entgangen waren, konnten wir nicht mehr weiter, sondern mußten einen Zufluchtsort suchen, einmal, um uns mit Wasser, Holz und anderen Lebensnotwendigkeiten zu versorgen, zum anderen, um unseren Männern, die von so vielen und so langen unerträglichen Anstrengungen müde und erschöpft waren, Gelegenheit zu geben, sich zu erholen. Man darf annehmen, daß kein Reisender je etwas Ähnliches erlebt hat, noch hat es je seit der Sintflut einen solchen Sturm gegeben (soweit wir aus Berichten wissen), der so heftig und so andauernd gewesen ist; denn, wie schon gesagt, dauerte unser Sturm volle 52 Tage, vom 7. September bis zum 28. Oktober.

Deshalb fuhren wir wiederum wenige Meilen südlich von unserem früheren Ankerplatz zwischen diese Inseln, wo erneut größere Wahrscheinlichkeit bestand, einige Zeit in Ruhe zu verbringen, und das um so mehr, als wir auf Bewohner des Landes stießen, die in ihren Kanus von einer Insel zur anderen fuhren; Männer, Frauen und kleine Kinder. Letztere waren in Felle gehüllt und wurden von ihren Müttern auf dem Rücken getragen. Wir handelten bei ihnen die Dinge ein, die sie hatten, wie z. B. Muschelketten und andere Kleinigkeiten. Hier gab uns der Herr drei Tage lang Gelegenheit, uns zu erholen und uns mit den Dingen zu versehen, die wir brauchten, obwohl das mit ständiger Vorsicht und Angst geschah, um mögliche Gefahren zu vermeiden, mit denen das aufgewühlte Meer und die tobenden Stürme uns zu jeder Stunde bedrohten.

Aber als wir uns dort schon zu lange aufgehalten hatten, wurden wir noch unerbittlicher von dem Sturm erfaßt, der sich nicht völlig gelegt hatte und sich jetzt erneut mit ganzer Kraft erhob. Wir wurden von dort unter erheblicher Gefahr abgetrieben, wobei wir den größeren

Teil unserer Ankerkette einschließlich des Ankers verloren. Wir wurden von den Winden gejagt und von den Wogen unaufhörlich überall angegriffen. (Unser Befehlshaber legte dieses Toben der Naturkräfte so aus, als habe Gott sie absichtlich gesandt, damit wir dorthin kämen, wohin wir kommen sollten.) Schließlich erreichten wir die äußerste südliche Landspitze dieser Inseln und hatten gewißlich entdeckt, wie weit sie sich noch vom amerikanischen Kontinent nach Süden erstrecken.

Das äußerste Kap[1] oder Vorgebirge aller dieser Inseln liegt etwa auf dem 56. Breitengrad, weiter ist kein Festland und keine Insel in südlicher Richtung zu sehen, sondern nur der Atlantische und der Pazifische Ozean, die hier ineinander übergehen.

Es ist lange Zeit ein Traum gewesen, daß diese Inseln einmal ein Festland bildeten, die Terra Incognita, wo viele

[1]Höchstwahrscheinlich Kap Hoorn.

»Es ist seit der ersten Entdeckung dieser Durchfahrt (der Magellanstraße) durch die Spanier immer ungewiß gewesen und konnte auch von Magellan selbst nicht festgestellt werden, daß das Land südlich der Straße ein Kontinent war, sondern man ließ es unter der Bezeichnung Terra Incognita. Was andere zuvor oder später geschrieben haben, sind nur Vermutungen oder Erfindungen ... Wir haben durch eigene Erfahrung einwandfrei festgestellt, daß es keinen festländischen Kontinent, sondern nur einzelne Inseln gibt, die durch viele Durchfahrten voneinander getrennt und von allen Seiten von der See umgeben sind ... Die beiden Ozeane (der Pazifik und der Atlantik) bilden vom 55. Breitengrad an und weiter südlich eine Einheit.« Fletcher (Penzer, S. 135–36). Diese Entdeckung war offensichtlich von sehr großer Bedeutung, aber zu der Zeit war es lediglich eine Vermutung (Drake hatte nicht wirklich das Kap Hoorn umschifft) und wurde sicherlich nicht von allen Seefahrern akzeptiert. Außerdem war die Magellanstraße für die Seeleute des 16. Jahrhunderts der reizvollere Weg, weil sie sich dort mit Pinguinen und frischem Wasser versorgen konnten.

»Sir Francis Drake erzählte mir ... daß, als der Wind sich drehte, er nicht gut die südlichste Insel umsegeln konnte und deshalb an der vom Wind abgekehrten Seite ankerte. Er ging an Land und führte einen Kompaß mit sich und suchte den südlichsten Teil der Insel. Hier warf er sich zu Boden und kroch auf dem Bauche vorwärts, bis sein Körper über den Vorsprung ragte. Kurz darauf schiffte er sich ein und erzählte seinen Leuten, er sei auf dem südlichsten Punkt der Erde gewesen, der bekannt sei, weiter südlich als irgendeiner von ihnen oder irgendein anderer.« (Hawkins, S. 96.)

merkwürdige Ungeheuer lebten. Man darf es gewißlich vor diesem Zeitpunkt Incognita nennen, denn wie immer auch die Karten und allgemeinen Beschreibungen der Kosmographen, die entweder auf trügerischen Berichten anderer Leute oder auf den falschen Vorstellungen dieser Leute selbst beruhten (die annahmen, sie würden nie berichtigt werden), diese Gebiete aufzeichneten, so ist es doch wahr, daß vor dieser Zeit diese Gegend von keinem Reisenden, soweit wir wissen, entdeckt oder mit Sicherheit gekannt wurde.

Hier ist auch der geeignete Platz, sich gegen die falsche Auffassung vieler Leute zu wenden, daß es nämlich unmöglich ist, vom Mare del Zur in den Atlantischen Ozean zurückzusegeln, und zwar wegen der angeblichen östlichen Strömung und der östlichen Winde, die (wie sie behaupten) ein Schiff schnell von Ost nach West kommen lassen, aber eine Fahrt in umgekehrter Richtung unmöglich machen. Sie befinden sich hierin ebenfalls völlig im Irrtum, denn wir konnten keinerlei solche Strömungen oder Winde von solcher Kraft bemerken. Während der ganzen Zeit unserer Fahrt dort fanden wir häufiger Gelegenheit, wieder in den Atlantik zurückzufahren, als weiter in das Mare del Zur hinauszusegeln, und das wegen der dort herrschenden Strömungen und Winde, die wir besser kennenlernten, als wir wollten: Denn oft waren wir froh, unseren Kurs zu ändern und bei einem gleichmäßigen Wind (ohne jede Behinderung durch eine solche vermutete Strömung) an einem Nachmittag weiter zurückzufallen, als wir bei mäßigem Sturm an einem ganzen Tag aufholen konnten. Die Leute irren sich ebenso wie im ersten Falle, wenn sie behaupten, die Durchfahrt sei zu eng, es fehle an Seeräumte, und das sei die Ursache für die heftige Strömung. Abgesehen davon, daß man nicht sagen kann, es gebe nur eine Durchfahrt – es gibt unzählige –, ist es auch ganz sicher, daß sich seewärts dieser Inseln ein großes und weites Meer befindet. Wenn jemand davon nicht überzeugt ist und unserer Erfahrung und unserem Zeugnis nicht glauben will, so möge er sein Urteil solange zurückstellen, bis er entweder selbst durch eine eigene Reise sich davon überzeugt hat oder von anderen Reisenden weitere Einzelheiten erfährt, die ihm die Tatsachen bestätigen.

Als wir jetzt am 28. Oktober zu der äußersten Spitze dieser Inseln gekommen waren, nahmen unsere Mühen ein Ende, der Sturm legte sich, und alle unsere Sorgen (außer der über die Abwesenheit unserer Freunde) wurden behoben, als ob Gott uns die ganze Zeit durch Seine geheime Vorsehung geführt hätte, damit wir diese Entdeckung machten, und nachdem wir sie gemäß Seinem Willen gemacht hatten, Seine Hand über uns hielt, wie es Seinem Willen gefiel, und uns, Seine Knechte, erfrischte.

In diesen südlichen Gegenden stellten wir fest, daß die Nacht im letzten Drittel des Oktober nur zwei Stunden währt; die Sonne ist etwa 7 Grad vom Wendekreis entfernt, es scheint, daß es kaum eine oder gar keine Nacht in diesen Breiten gibt, wenn sie im Wendekreis steht.

Nur wenige aller dieser Inseln haben einige Einwohner, deren Sitten und Gebräuche, Aussehen, Häuser, Kanus und Lebensweise denen gleicht, die weiter oben, kurz vor unserer Abfahrt von der Magellanstraße, erwähnt worden sind. Allen diesen Inseln gab unser Befehlshaber einen Namen, nämlich den der Elisabetheninseln.

Nach einem zweitägigen Aufenthalt, den wir auf und vor diesen Inseln machten, setzten wir am 30. Oktober die Segel und fuhren mit Kurs Nordwest auf die Küsten Perus zu (dort sollte nach den Karten dieses Land liegen). Wir taten das zum einen, um mit entsprechender Geschwindigkeit den 30. Breitengrad zu erreichen, der als Sammelplatz für unsere Flotte vereinbart worden war, zum anderen, um keine Gelegenheit in der Zwischenzeit zu versäumen, unsere verlorenen Freunde wiederzufinden, falls es Gott gefallen sollte, sie unseren Weg kreuzen zu lassen.

Auf diesem Kurs kamen wir (am nächsten Tage) zufällig zu zwei Inseln, die uns höchst reichlich mit Lebensmit-

242

teln – mit Wildvögeln – versorgten. Sie boten nicht nur einen hinlänglichen und ausreichenden Vorrat für uns, die wir dort waren, sie hätten auch noch genug für alle anderen geboten, die nicht bei uns waren.

Nachdem wir uns hinlänglich versorgt hatten, setzten wir am 1. November von dort unsere Reise fort, und zwar weiterhin in Richtung Nordwest, wie wir auch zuvor gefahren waren, erkannten aber bald, daß wir so leicht in die falsche Richtung fahren könnten. Wir warfen deshalb das Steuer herum und segelten in eine andere Richtung. Dabei stellten wir fest, daß die allgemeinen Karten insofern von den tatsächlichen Gegebenheiten abweichen, als daß sie die Küste Perus mit mindestens 12 Grad nördlich der bewußten Straße angeben, als ob es keinen Unterschied zwischen Nordwesten und Nordosten auf dem Kompaß gebe. Wir mußten somit feststellen, daß bislang kein Mensch aus eigener Erfahrung irgendeinen Teil dieser Gegend kennengelernt hatte und daß deshalb denjenigen, die Beschreibungen dieser Gebiete gegeben hatten, nicht zu trauen ist und daß kein Verlaß auf ihre falschen und irreführenden Vermutungen ist, die sie nicht nur in diesem Punkte allein, sondern auch in verschiedenen anderen Punkten von erheblicher Bedeutung verbreitet haben.

Wir fanden diesen Teil Perus bis zur Höhe von Lima, das auf dem 12. Breitengrad südlich des Äquators liegt, gebirgig und sehr unfruchtbar, zum größten Teil ohne Wasser und ohne Wald, bis auf einige Stellen, die von Spaniern bewohnt werden, und wenigen anderen, die sehr fruchtbar und ergiebig sind.

Nachdem wir wieder Land in Sicht hatten, fuhren wir ständig die Küste entlang, bis wir etwa die Höhe des 37. Grades erreicht hatten. Da wir keinen entsprechenden Ankerplatz fanden und die Wahrscheinlichkeit schwand, etwas von unseren anderen Schiffen zu erfahren, suchten wir wiederum eine Insel auf, die in Sichtweite lag. Die

Spanier nennen diese Insel wegen ihrer Größe und ihres Umfangs Mucho.[1]

Als wir am 25. November bei dieser Insel vor Anker gingen, stellten wir fest, daß sie sehr fruchtbar war und viele Arten von guten Dingen im Überfluß bot: Schafe und anderes Vieh, Mais (das ist eine Art von Korn, aus dem sie Brot machen), Kartoffeln und andere eßbare Wurzeln. Außerdem sagt man, die Insel sei wunderbar reich an Gold und ihr mangle an nichts Gutem, dessen der Mensch zum Leben bedarf. Die Bewohner sind Indianer, die durch die grausame und sehr harte Behandlung durch die Spanier gezwungen waren, vom Festland zu fliehen und sich so zu befreien und zu verschanzen. Unser Kapitän hielt es für zweckmäßig, mit diesen Leuten in Verbindung zu treten, um frische Lebensmittel und Wasser zu erhalten. Aus diesem Grunde gingen er und verschiedene Leute seiner Mannschaft sofort am ersten Abend unserer Ankunft dort an Land. Die Bewohner begegneten ihnen mit großer Höflichkeit und brachten ihnen die Früchte und andere Nahrungsmittel, die sie hatten, sowie auch zwei sehr fette Hammel, die sie unserem Kapitän als Geschenk überreichten. Als Gegengeschenk überreichte er ihnen viele gute und nützliche Dinge und bedeutete ihnen, daß der Zweck seines Kommens kein anderer sei, als von ihnen auf dem Wege des Tausches solche Sachen einzuhandeln, die wir brauchten und die sie entbehren konnten, und zwar besonders solche Dinge, wie sie sie uns schon gebracht hatten, außerdem Trinkwasser, dessen wir dringend bedurften. Damit waren sie sehr zufrieden. Sie schienen sich

[1] Soweit waren die mehrfach herausgegebenen Aufzeichnungen Fletchers die Grundlage des Berichtes. Die Kopie seiner Notizen bricht in der Mitte des Satzes ab, das letzte ist eine Karte der Insel Mucho (Penzer, S. 141). Er sagt, daß er »versuchen wird, den zweiten Teil dieser Weltumseglung mit größtmöglicher Eile fertigzustellen«, aber es ist nichts darüber bekannt, daß dieser zweite Teil existiert.

Im weiteren ist die Grundlage für die *Weltumseglung* der Bericht *Die berühmte Reise (Famous Voyage)*, der von Hakluyt gedruckt wurde und der – was recht fragwürdig ist – Francis Pretty zugeschrieben wird. Dieser Bericht wird oft wörtlich übernommen. Aber es wird zumindest noch eine weitere Quelle benutzt. Siehe hierzu die *Zusätzlichen Anmerkungen*.

sehr über unser Kommen zu freuen und vereinbarten mit
uns, wo wir am nächsten Morgen Wasser nach Belieben
haben könnten, und gaben uns zu verstehen, daß sie uns
dann auch die anderen Dinge bringen würden, die wir für
unsere Zwecke wünschten.[1]

Nachdem alle Dinge für den Tausch bereitgelegt und
unsere Schiffe für die Wasserübernahme vorbereitet worden waren, fuhr am nächsten Tage, dem 26. (November),
sehr früh am Morgen unser Kapitän, dem an der wichtigen Wasserversorgung sehr viel lag, wieder an das Ufer,
setzte zwei seiner Leute an Land und schickte sie mit ihren
Wasserfässern zu der am Vorabend vereinbarten Wasser-
stelle. Nachdem diese beiden friedlich die Hälfte des
Weges zurückgelegt hatten, wurden sie von diesen verräterischen Leuten mit großer Gewalt überfallen und plötzlich erschlagen. Die Eingeborenen hatten unmittelbar
hinter den Felsen einen Hinterhalt von (wie wir vermuteten) 500 bewaffneten Männern gelegt, die für eine solche
Untat gut ausgerüstet waren. Sie wollten damit erreichen,
daß unser Befehlshaber mit den restlichen Leuten seiner
Mannschaft nicht nur daran gehindert wurde, seinen
beiden Männern beizustehen, sondern (wenn irgend möglich) ihnen mit seinen Leuten auf die gleiche Art und Weise
in die Hände fiele. Die Felsen waren sehr gefährlich für
das Boot, und die Dünung ging außerordentlich hoch, als
die Eingeborenen plötzlich zum Angriff übergingen, ihre
Pfeile abschossen und einen jeden unserer Leute verletzten
und verwundeten, bevor diese sich entfernen oder ihre
Waffen verwenden konnten. Der Befehlshaber selbst

[1]»... ihre Waren waren genau die, die wir brauchten, fette Hammel,
Hühner, Mais oder, wie er üblicherweise genannt wird, Guineaweizen usw.
An diesem Abend hatten wir bereits einen erheblichen Vorgeschmack auf
alle diese Dinge ... An jenem Abend schmeckten uns unsere Hammel und
die Hühner so gut, daß wir den Tag herbeisehnten, um weitere Geschäfte
mit den Eingeborenen zu machen, ja, ein jeder wollte ein Pazifikkaufmann
werden. Aber als die Zeit gekommen war, traf unser Kapitän die Auswahl
unter seinen Leuten, die er für das Unternehmen für richtig hielt, und brach
mit seinen Männern voller Vorfreude auf, um ans Land zu gehen ...«
Fletcher (Penzer, S. 138).

wurde im Gesicht unter dem rechten Auge nahe der Nase getroffen, der Pfeil verletzte ihn unter der basis cerebri, was lebensgefährlich war, außerdem wurde er schwer am Kopf verwundet. Die übrigen, es waren neun Leute in dem Boot, wurden sehr schwer an den verschiedensten Teilen ihres Körpers getroffen, aber Gott heilte sie auf beinahe wundersame Weise.[1]

Unser Hauptarzt war nämlich tot, unser anderer Arzt nicht greifbar, weil wir unser zweites Flaggschiff verloren hatten, und so stand uns nur ein junger Mann zur Verfügung, der mehr guten Willen als ärztliche Kenntnisse hatte. So waren wir fast bar jeder notwendigen ärztlichen Versorgung, wie sie der bedenkliche Zustand so vieler Verwundeter erforderte. Ungeachtet dieser Tatsachen schritt mit Gottes Hilfe und dem Bemühen unseres Kapitäns und aller Mitglieder der Mannschaft die Heilung der Verwundeten so schnell und wunderbar voran, daß wir alle sehr getröstet waren und Gott dafür dankten.

Der Grund für diesen Gewaltakt und dieses Unrecht, das uns die Insulaner zugefügt hatten, war kein anderer als der tödliche Haß, den sie gegen ihre grausamen Feinde, die Spanier, wegen der blutigen und höchst tyrannischen Unterdrückung hegen. (Sie verdächtigten uns tatsächlich, Spanier zu sein, und das eigentlich mit gutem Grund, denn obwohl ein entsprechender Befehl gegeben worden war, verwandten doch einige unserer Leute, als sie um Wasser baten, das spanische Wort »aqua«.) So wandten sich die Eingeborenen, die sich an den Spaniern rächen wollten, gegen uns, da sie uns für Spanier hielten.

Obgleich unser Befehlshaber dieses Unrecht ohne großes Risiko oder große Gefahr hätte rächen können, lag ihm doch mehr daran, das Leben auch nur eines seiner

---

[1] »Die Indianer . . . töteten seinen Lotsen und den Arzt und verwundeten neun oder zehn Leute. Der Kapitän wurde durch zwei Pfeile verwundet, einer traf seinen Kopf, der andere sein Gesicht. Es gab einen Mann, der fünfundzwanzig Pfeilwunden davontrug, einen anderen, der dreiundzwanzig Mal getroffen wurde.« Gamboa (Nuttall, S. 65). Drake »hat die Narbe einer Pfeilwunde, die nicht sichtbar ist, wenn man nicht sehr genau hinsieht, an seiner rechten Wange«. Silva, *Deposition* (Nuttall, S. 301).

Männer zu retten, als das von hundert seiner Feinde zu vernichten, deshalb überließ er Gott die Vergeltung. Er wünschte ihnen nur die Strafe, daß sie wüßten, wem sie Unrecht zugefügt hatten, daß sie es nicht einem Feind, sondern einem Freund angetan hatten, nicht den Spaniern, sondern den Engländern, die eher zu ihrer Verteidigung angetreten wären, als ihnen in irgendeiner Weise ein Unrecht zuzufügen. Die Waffen, die diese Eingeborenen bei ihren Kriegszügen verwenden, sind Rohrpfeile mit sehr brüchigen und gezackten Steinspitzen sowie Wurfspeere von großer Länge, die Eisen- oder Knochenspitzen haben.

Am Nachmittag desselben Tages, an dem uns diese fürchterliche Schmach zugefügt wurde, brachen wir von dort auf. Da wir uns jetzt nahe der vereinbarten Breite befanden, auf der sich unsere Schiffe sammeln sollten, und auch wegen des höchst bedenklichen Zustandes unserer verletzten Leute schien es uns ratsam, einen geeigneten Ruheplatz zu finden, der ihnen die Möglichkeit zur Genesung und uns die notwendige Versorgung mit frischen Lebensmitteln als Schonkost für sie bot. Deshalb änderten wir unseren Kurs, soweit es der Wind erlaubte, und steuerten geradewegs auf das Festland zu. Wir kamen am 30. November zu einer Bucht, die den Namen Philipsbucht trägt und etwa auf dem 32. Breitengrad liegt. Wir ankerten dort, bemannten unser Boot und schickten es los, um festzustellen, welche Möglichkeiten der Ort bot, uns mit den Dingen zu versorgen, deren wir dringend bedurften. Die Mannschaft unseres Bootes tat ihr Äußerstes, etwas ausfindig zu machen, konnte aber trotz längerer Fahrt nichts finden und uns weder mit frischen Lebensmitteln noch mit Trinkwasser versorgen. Sie stieß wohl auf riesige Herden wilder Büffel, konnte aber kein Anzeichen eines menschlichen Lebewesens ausmachen. Doch bei ihrer Rückkehr zu uns entdeckte sie in der Bucht einen Indianer mit seinem Kanu, der dort fischte; ihn brachte sie – mit Kanu und all seinen Sachen – an Bord zu unserem Kapitän. Der Indianer war von anmutiger und schöner

Gestalt, er trug ein weißes Gewand, das ihm knapp bis zu den Knien reichte; seine Arme und Beine waren unbekleidet, sein Haupthaar war sehr lang; er war bartlos wie alle Indianer. Er schien sehr höflich, freundlich und bescheiden zu sein, sehr daran interessiert, den Sinn und Nutzen aller Dinge zu verstehen, und sehr dankbar für die Geschenke, die unser Kapitän ihm überreichte. Er war für uns ein lebendiges Beispiel für die harmlose Veranlagung dieser Leute und zeigte uns, wie schmerzlich es ist, daß sie so mißhandelt werden, wie die Spanier es mit denen machen, die unter ihrer Herrschaft stehen.

Nachdem wir diesen Eingeborenen höflich bewirtet und für seine Mühen doppelt belohnt hatten und ihm teilweise durch Zeichensprache, teilweise durch Vorzeigen der Dinge bedeutet hatten, was wir brauchten und mit seiner Hilfe gegen Sachen, die er wünschte, eintauschen wollten, sandten wir ihn mit unserem Boot und seinem Kanu (das aus Rohr geflochten war) weg, auf daß er da lande, wo er wolle. Als er gelandet war und unseren Männern bedeutet hatte, seine Rückkehr abzuwarten, stießen sogleich zwei oder drei seiner Stammesgenossen zu ihm, denen er seine Neuigkeit mitteilte und die Geschenke zeigte, die er erhalten hatte. Diese erregten so sehr ihre Zufriedenheit, daß sie ihn bereitwillig unterstützten. Nachdem unsere Männer einige Stunden dort gewartet hatten, kam der Indianer mit verschiedenen anderen (unter ihnen ihr Anführer oder Häuptling) zurück. Sie führten große Mengen von solchen Dingen bei sich, von denen sie dachten, daß wir sie brauchen könnten: einige Hühner, Eier, ein fettes Schwein und dergleichen. Um unseren Männern zu zeigen, daß sie nichts Böses wollten oder beabsichtigten, sandten sie alles in einem ihrer Kanus zu unserem Boot, das sich bei recht hochgehender Dünung in geziemendem Abstand vom Ufer befand. Nachdem ihr Anführer sein Pferd zurückgeschickt hatte, begab er sich gutgläubig zu unseren Männern, die doch Fremde für ihn waren, um sich mit ihnen zu unserem Kapitän zu begeben, ohne einen seiner Freunde oder Landsleute mitzunehmen.

Wir erfuhren, daß es kein Mittel und keinen Weg gebe, unsere Bedürfnisse an diesem Ort zu befriedigen; doch er erbot sich, unser Lotse zu sein und uns zu einem Ort und einem guten Hafen zu führen, der nicht weit zurück südwärts liege, dort könnten wir durch Tausch nach Belieben Wasser und andere Dinge, die wir brauchten, bekommen. Unser Kapitän nahm dieses Angebot sehr erfreut an, um so mehr, als der besagte Ort nahe der Stelle lag, die wir als Treffpunkt für unsere Flotte vereinbart hatten. Wir ließen deshalb unsere Absicht fallen, die Büffel zu jagen, von denen zuvor die Rede gewesen ist und von denen wir, wenn möglich, gerne einige getötet hätten. Die gute Nachricht von besserer und leichterer Versorgung lockte uns weg. So brachen wir am 5. Tage nach unserer Ankunft, am 4. Dezember, von dort auf und konnten durch die hilfreiche Führung unseres neuen indianischen Lotsen am nächsten Tage, am 5. Dezember, in dem besagten Hafen vor Anker gehen.

Diesen Hafen nennen die Spanier Valparaiso[1], die danebenliegende Stadt Saint James von Chile. Der Hafen liegt auf einer Breite von 35 Grad und 40 Minuten; unseren Schiffen begegneten wir dort jedoch nicht, noch hörten wir etwas von ihnen. Obwohl der Ort nichts von den Dingen hergab, derer wir im Augenblick so dringend bedurften, bekamen wir dieselben doch im Überfluß: außer anderen Sachen fanden wir in der Stadt zahlreiche Lagerhäuser mit chilenischen Weinen und im Hafen ein Schiff mit dem Namen Captain of Moriall oder Grand Captain of the South, *das Flaggschiff von den Salomoninseln*[2], *das größ-*

[1] Über die Plünderung Valparaisos, des Hafens von Santiago, siehe *Zusätzliche Anmerkungen*, S. 329.

[2] Die Salomoninseln wurden 1567 von einer spanischen Expedition entdeckt, die von Peru ausging und unter der Führung von Alvar de Mendana und Pedro Sarmiento de Gamboa stand. Der Name versinnbildlicht den Glauben, der damals unter Geographen und Seefahrern weit verbreitet war, daß das Fabelland Ophir, aus dem König Salomon Gold und Juwelen bezog (Erstes Buch der Könige X, 2), im südlichen Pazifik liege und Teil der sagenhaften *Terra Australis* sei. Siehe E. G. R. Taylor, *Tudor Geography*, S. 112–115.

tenteils mit derselben Art von geistigen Getränken beladen war, nur gab es außerdem eine gewisse Menge Feingold aus Baldinia und ein großes Goldkreuz, das mit Smaragden besetzt und auf das ein Gott aus dem gleichen Metall genagelt war. Wir verbrachten einige Zeit damit, uns zu erfrischen und dieses Schiff von seiner schweren Last zu erleichtern. Nachdem wir uns ausreichend mit allem Lebensnotwendigen, wie Wein, Brot, Speck usw. für eine lange Zeit versorgt hatten, hißten wir am 8. Tage des gleichen Monats die Segel und fuhren wieder in Richtung Äquator. Wir nahmen unseren indianischen Lotsen wieder mit, den unser Kapitän reichlich belohnte und mit vielen guten Dingen beschenkte, die ihm außerordentlich gut gefielen. Wir setzten ihn auf dem Wege dort ab, wo er es wollte.

Nachdem wir unsere Bedürfnisse so zu unserer Zufriedenheit gestillt hatten, war unsere nächste Sorge, unsere Schiffe, die so lange von uns getrennt waren, (wenn möglich) wiederzufinden. Nichts hätte unseren Kapitän oder uns so befriedigen können wie ein glückliches Wiedertreffen oder eine gute Nachricht von ihnen; (wir ließen deshalb alle anderen Gedanken für den Augenblick beiseite) und richteten unser ganzes Bemühen und unsere ganze Anstrengung darauf, daß keine Gelegenheit, sie zu treffen, versäumt werde.

Wir meinten, daß wir (auf der Suche nach unseren Schiffen) nicht gut mit unserem Schiff jeden Ort anlaufen konnten, an dem die Wahrscheinlichkeit eines Hafens bestand, und daß unser Boot zu klein sei, genügend Mann aufzunehmen, um der Bosheit und der Tücke der Spanier (falls wir ihnen zufällig begegnen sollten) Trotz zu bieten. Die Spanier pflegen keine Gnade zu zeigen, wo sie die Oberhand haben können. Um ihnen nicht in die Hände zu fallen, entschlossen wir uns, als wir die Küste entlang dem Äquator zusegelten, einen geeigneten Ort zu suchen, wo wir in Frieden und Sicherheit haltmachen konnten, um unser Schiff zu trimmen und unsere Pinasse zusammenzusetzen. Die Pinasse bot uns mehr Sicherheit als unser

Boot, und wir konnten mit ihr, ohne unser Schiff in Gefahr zu bringen, in jeden Flußlauf einfahren und jeden Ort untersuchen und so möglicherweise unsere Freunde und Landsleute wiederfinden.

Aus diesem Grunde fuhren wir am 19. Dezember in eine Bucht, die unweit südlich der Stadt Cyppo auf einer Breite von 29 Grad und 30 Minuten liegt und von Spaniern bewohnt wird. Nachdem wir 14 unserer Leute an Land gesetzt hatten, die feststellen sollten, welche Möglichkeiten eines Aufenthaltes diese Stelle bot, wurden wir sofort von den Spaniern der besagten Stadt Cyppo entdeckt, die in aller Eile mindestens 300 Mann, davon 100 wohlberittene Spanier, losschickten; die übrigen 200 waren Indianer, die nackt und elendig geknechtet wie Hunde dicht hinter den Spaniern herliefen.

Sie konnten nicht nahe genug an uns herankommen, da Gott unsere Augen öffnete und sie uns sehen ließ, bevor irgendeine ernsthafte Gefahr bestand. Unsere Männer, die so gewarnt waren, hatten genügend Zeit, um sich zurückzuziehen; zunächst vom Festland auf einen Felsen in der See, und von dort aus in ihr Boot, das bereit lag, um sie aufzunehmen und sie eiligst aus der Reichweite der Spanier zu befördern, ohne daß auch nur ein Mann verletzt wurde.

Nur ein gewisser Richard Minivy, der tollkühn und sorglos gegenüber seiner eigenen Sicherheit war, hörte weder auf die Bitten seiner Freunde noch fürchtete er die Menge seiner Feinde und nahm die gebotene Gelegenheit zur Flucht nicht wahr. Entweder wollte er durch seinen großen Mut 300 Feinde das Fürchten lehren oder aber an diesem Ort den Tod finden. Das letztere tat er, und sein Leichnam wurde von den Indianern vom Felsen zum Ufer geschleift, wurde dort von den Spaniern mannhaft enthauptet, seine rechte Hand wurde abgehauen und sein Herz herausgerissen. All das taten die Spanier unter unseren Augen; dann ließen sie die Indianer ihre Pfeile auf seinen Leichnam abschießen, die erst am selben Tage aus grünem Holz gefertigt worden waren. Dann ließen die

Spanier seine Leiche als Fraß für die wilden Tiere und Vögel am Ufer zurück; wir aber gingen an Land und begruben ihn. Hierin zeigt sich eine äußerst barbarische Grausamkeit, die der Welt einen Hinweis gibt, in welcher elenden Furcht die Spanier in jenen Teilen der Erde ihre Herrschaft ausüben. Sie leben in ständiger Furcht vor einem Einfall Fremder und in der geheimen Angst, daß ihre Kehlen von denen durchgeschnitten werden, die sie in so schändlicher Sklaverei halten; ich meine die unschuldigen und harmlosen Indianer. Deshalb gehen sie sicher und ermorden jeden Fremden, dessen sie habhaft werden können, und dulden nicht, daß die Indianer irgendwelche Waffen in den Händen haben; es sei denn, sie führen sie im spanischen Auftrag. Dies zeigte sich in der Tatsache, daß die Indianer die Pfeile am selben Tag frisch geschnitten hatten. Dies wird auch durch die verläßlichen Berichte anderer, die wissen, daß es stimmt, erhärtet. Ja, die Spanier meinen, sie erweisen den elenden Geschöpfen einen großen Gefallen, wenn sie sie nicht nach ihrem Belieben mit Tauen schlagen und täglich die nackten Körper der Indianer mit kochendem Fett übergießen, was zu den kleineren Grausamkeiten in der Skala gehört, die sie im allgemeinen gegen jene Nation und jenes Volk verwenden.

Da dieses nicht der Ort war, nach dem wir Ausschau hielten, und nicht der Empfang, den wir wünschten, brachen wir eiligst von dort auf. Am nächsten Tage, am 20. Dezember, erreichten wir einen geeigneteren Hafen, der in einer Bucht nördlich der besagten Stadt Cyppo auf einer Breite von 27 Grad und 55 Minuten südlich des Äquators liegt.

An diesem Ort verbrachten wir einige Zeit damit, unser Schiff in Ordnung zu bringen und unsere Pinasse, wie wir es vorhatten, zusammenzusetzen. Der Kummer über die Abwesenheit unserer Freunde bedrückte uns weiterhin. Um sie zu finden, beabsichtigte unser Kapitän, als er alles seinen Wünschen gemäß geregelt hatte – sein Schiff sollte in der Zwischenzeit in der Bucht vor Anker liegenbleiben

–, mit der Pinasse und einigen ausgesuchten Leuten erneut nach Süden zu fahren, um zu sehen, ob er entweder das Glück hätte, selbst auf sie zu stoßen oder sie in einem Hafen oder Flußlauf zu finden oder von anderen, die er auf dem Wege träfe, etwas zu hören. Mit diesem Entschluß machte er sich auf den Weg, aber nachdem er einen Tag gesegelt war, stieß er auf widrige Winde und war gezwungen, ob er es wollte oder nicht, zurückzukommen.[1]

Während unseres Aufenthaltes in jener Bucht fingen wir soviel Fische, die nicht unähnlich unserem grauen Knurrhahn in England sind, wie wir an keinem anderen Ort seit unserer ersten Abfahrt von Plymouth hatten fangen können (nur mit der Ausnahme von Kap Blanco an der Küste der Berberei). Der Fischreichtum war so groß, daß unsere Herren sich Tag für Tag mit 4 oder 5 Angelhaken und Leinen versahen und in 2 oder 3 Stunden 400 und mehr Fische fingen.

Nachdem wir alle unsere Angelegenheiten erledigt hatten, setzten wir am 19. Januar (1579) wieder Segel. Der nächste Ort, an dem wir haltmachten, war eine Insel, die auf derselben Höhe wie das nördliche Kap der Provinz Mormorena liegt. Bei dieser Insel trafen wir auf vier Indianer mit ihren Kanus, die unsere Männer zu einer Stelle auf dem erwähnten Kap führen wollten, wo es Trinkwasser gab. In der Hoffnung darauf bewillkommnete unser Kapitän sie mit großer Fröhlichkeit (wie es seine Art gegenüber allen Fremden war) und steuerte in die von

[1] »Das englische Schiff lief beinahe auf einer Sandbank in der Nähe gewisser Inseln auf Grund und fuhr deshalb nicht in den Hafen von Coquimbe (Cyppo), wie es beabsichtigt gewesen war. Auf dem weiteren Wege warfen sie Anker nördlich der Islas de Pajaros (Vogelinseln) und segelten dann in die Bahia Salada (Saladabucht), wo sie vierzig Tage blieben. Während dieser Zeit baute er (Drake) eine Barkasse und bestückte sie mit Segeln, er ölte und takelte auch sein Schiff und stellte die Artillerie, die bisher unter Deck gewesen war, an Deck auf. Als er das Schiff kielholen wollte, kenterte es fast, und er rettete es nur mit Hilfe des ›burtontackle‹«. Gamboa (Nuttall, S. 67). Mrs. Nuttall erklärt »burtontackle« als »die Erfindung der Verankerung des Endes der Takelage, die am Großmast befestigt ist«, Wagner sagt, daß das spanische Wort dafür »sandaleta«, Steiper (eiserne Stütze), ist. Das deutet darauf hin, daß das Schiff auf Stützen oder ein Gestell gesetzt wurde.

ihnen angegebene Richtung; doch als wir an den Platz gekommen und einen weiten Weg in das Landesinnere marschiert waren, fanden wir wohl Trinkwasser, aber so wenig, wie wir Wein auf dem Wege dorthin getrunken hatten.

Als wir, ständig auf der Suche nach Trinkwasser, die Küste entlang weitersegelten, kamen wir zu einem Ort mit dem Namen Tarapaca. Als wir dort landeten, stießen wir auf einen Spanier, der da lag und schlief. Neben ihm lagen 13 Silberbarren, die ein Gewicht von etwa 4000 spanischen Dukaten hatten. Hätten wir frei wählen können, so hätten wir ihn nicht aus seinem Schlafe geweckt, aber da wir ihm gegen unseren Willen dieses Unrecht antaten, befreiten wir ihn von seiner Bürde, die ihn sonst möglicherweise wachgehalten hätte, und ließen ihm so die Möglichkeit (wenn es ihm gefiele), seinen weiteren Schlaf in größerer Sicherheit zu halten.

Wir setzten unsere Suche nach Wasser fort und landeten wieder nicht weit von jener anderen Stelle entfernt. Dort trafen wir einen Spanier mit einem Indianer, der 8 Lämmer[1] oder peruanische Schafe vor sich hertrieb. Jedes Schaf trug zwei Ledersäcke, und in jedem Sack waren 50 Pfund Feinsilber, insgesamt 800 Pfund. Wir konnten nicht zulassen, daß ein spanischer Herr so zum Fuhrmann wurde, deshalb boten wir, ohne daß er uns darum ersuchte, unsere Dienste an und wurden Viehtreiber. Nur seine Richtung stimmte nicht so, daß wir seinen Weg einschlagen konnten; denn fast sogleich, nachdem er sich von uns getrennt hatte, begaben wir uns mit unserer neuen Last zu unseren Booten.

Weiter jenseits des vorher erwähnten Kaps liegen einige indianische Städte. Als wir an ihnen vorbeifuhren, kamen aus ihnen viele Leute in Fischerbooten, die aus Seehundsfellen gebaut waren. Wenn man zwei dieser Felle der Länge nach zusammenfügt, ähneln sie in Art und Form einem Boot. In jedem der Felle befindet sich ein aufgeblasener Tierdarm oder etwas ähnliches, wodurch das Boot

[1] Lamas. Dieser Vorfall wird von Gamboa bestätigt (Nuttall, S. 68).

über Wasser gehalten wird. Es läßt sich sehr schnell rudern und kann erhebliche Lasten tragen. Als die Indianer unser Schiff sichteten, brachten sie in diesen Booten viele Fische der verschiedensten Sorten heran, um sie bei uns gegen solche Kleinigkeiten wie Messer, glänzende Glasperlen, Glassachen und dergleichen einzutauschen, über die Männer von 60 oder 70 Jahren sich so freuten, als hätten sie außerordentlich wertvolle Gegenstände erhalten. Diese Leute sind sehr einfach und sehr ehrlich. Wenn man die Kürze der Zeit in Betracht zieht, war es wunderbar, in wie starkem Maße sie Vertrauen zu uns faßten.

Nicht weit von dieser Stelle entfernt, auf einer Breite von 22 Grad und 30 Minuten, liegt eine andere große Stadt desselben Volkes. Zwei Spanier üben dort die Herrschaft aus. Mit diesen gedachte unser Kapitän ins Geschäft zu kommen oder zumindest zu versuchen, ob sie uns auf dem Wege des Tausches die Dinge geben würden, die wir brauchten. Deshalb warfen wir am 26. Januar dort Anker. Mehr aus Furcht als aus Zuneigung erwiesen sich die Spanier als umgänglich, und so erhielten wir von ihnen auf dem Tauschwege eine Reihe von guten Sachen, die für unsere Zwecke sehr notwendig waren.

Unter den Dingen, die wir von ihnen bekamen, waren die Schafe des Landes (die nämlichen, die wir vorher erwähnten, die die Ledersäcke trugen) die bemerkenswertesten. Die Höhe und Größe dieser Tiere entsprechen etwa einer Kuh, und ihre Stärke entspricht oder übertrifft sogar ihre Größe und Gestalt. Auf dem Rücken eines dieser Tiere saßen einmal drei ausgewachsene, große Männer und ein Junge; ihre Füße waren reichlich einen Fuß vom Erdboden entfernt, das Tier stöhnte überhaupt nicht unter seiner Last. Diese Schafe haben Hälse wie Kamele, ihre Köpfe ähneln stark denen anderer Schafe. Sie sind von großem Nutzen für die Spanier. Ihre Wolle ist außerordentlich fein, sie geben gutes Fleisch, vermehren sich normal und ersetzen außerdem die Pferde als Last- oder Reittiere; ja, sie können phantastische Lasten 300 Meilen über die Berge tragen, wo keine anderen Tiere außer ihnen gehen könnten. Dort, wie auf dem ganzen Wege und im ganzen Gebiet der Provinz Cusco enthält der Boden überall auf 100 Pfund Erde für 25 Schilling Feinsilber.

Der nächste Ort, an dem wir irgendwelche Neuigkeiten über unsere Schiffe hören konnten – auf dem ganzen Wege, von der Stelle an, wo wir unsere Pinasse zusammenbauten, gab es keine Bucht oder keinen Hafen, der für die Schiffahrt geeignet ist –, war der Hafen der Stadt Arica[1], der auf dem 20. Breitengrad liegt, wohin wir am 7. Februar kamen. Diese Stadt schien auf dem fruchtbarsten Boden dieser ganzen Küste zu liegen, am Eingang zu einem sehr schönen und fruchtbaren Tal, in dem alle guten Dinge im Überfluß vorhanden sind; auch hat sie eine ständige Schiffahrtsverbindung mit Lima und allen anderen Teilen Perus. Sie wird von den Spaniern bewohnt. Hier fanden wir in zwei Barken einige 40 Silberbarren[2] (von der Größe und Form eines Ziegels mit einem Gewicht von jeweils etwa 20 Pfund). Wir nahmen es auf uns, den Spaniern diese Last abzunehmen, und segelten dann nach Chowley[3] weiter, das wir am übernächsten Tage, nämlich am 9. Februar, erreichten. Auf unserem Wege nach Lima stießen wir bei Ariquipa auf eine andere Bark, die begonnen hatte, Gold und Silber zu laden, aber da die Spanier (wie es schien, auf dem Landwege von Arica) Nachricht von unserem Kommen erhalten hatten, hatten sie die Bark vor unserer Ankunft wieder entladen. Auf unserer Fahrt begegneten wir noch einer anderen Bark, die Leinen geladen hatte, von dem wir meinten, daß es uns nützlich sein könnte, deshalb nahmen wir es mit uns.

Am 25. Februar erreichten wir Lima. Ungeachtet der spanischen Streitkräfte – sie hatten zu jenem Zeitpunkt 30 Schiffe dort im Hafen, von denen 17 (vorwiegend die größten Schiffe des ganzen Pazifik) voll einsatzfähig waren – fuhren wir in den Hafen und ankerten dort die

[1]Siehe *Zusätzliche Anmerkungen* S. 330.
[2]Siehe *Zusätzliche Anmerkungen* S. 330.
[3]»Chowley« ist vermutlich Chulé.

INFORMATIONSSCHECK

EDITION ERDMANN
IN K. THIENEMANNS VERLAG

JA, bitte lassen Sie mir regelmäßig Informationen über Ihr
Verlagsprogramm zugehen.
Ich interessiere mich besonders für:

- [ ] die Reihe »Alte abenteuerliche Reise- und Entdeckungsberichte«
- [ ] die Reihe »Bibliothek arabischer Klassiker«
- [ ] Gesamtverzeichnis

Absender/Beruf

- [ ] Frau [ ] Herr [ ] Firma/Institut

Vorname/Name

Straße/Hausnummer oder Postfach

PLZ/Ort

Land (nur wenn außerhalb der BR Deutschland)

- [ ] Schüler/Student [ ] Arzt [ ] Selbständige/r
- [ ] Lehrer/Professor [ ] Angestellter [ ] Beamter [ ] Firma/Institut

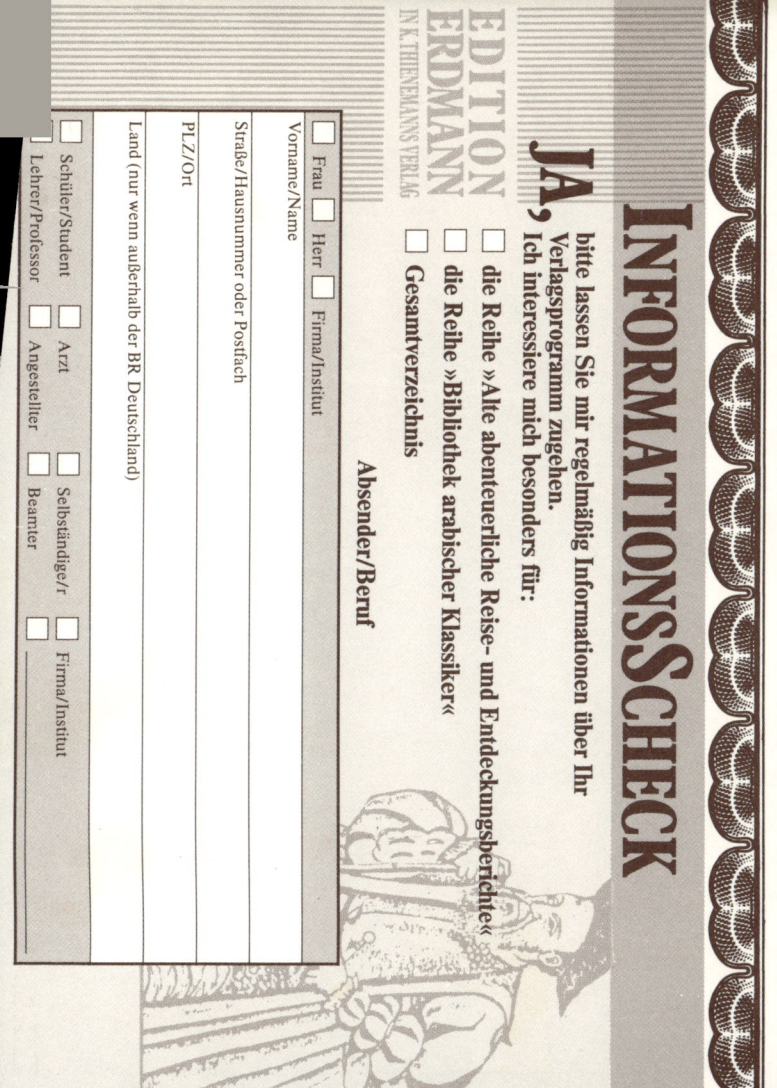

Bitte
Postkarten-
Porto

Antwort

EDITION ERDMANN
IN K. THIENEMANNS VERLAG

**Blumenstraße 36
D-7000 Stuttgart 1**

DIESEN SCHECK ENTNAHM ICH DEM BUCH:

**Das hat mich zum Kauf
des Buches veranlaßt:**

- [ ] Name des Autors
- [ ] Interesse an Titel/Thema
- [ ] Empfehlung durch Bekannte
- [ ] Buchhandlungs-Empfehlung
- [ ] Buchhandlungs-Katalog

- [ ] Schaufensterauslage
- [ ] Schutzumschlag
- [ ] Zeitungsbesprechung
- [ ] Verlagsanzeige
- [ ] Verlagskatalog

Das Buch hat mir gefallen
 nicht gefallen

Das ist der Grund dafür:

Datum/Unterschrift

ganze Nacht mitten unter den Spaniern im Calao[1]. Wenn wir uns hätten rächen wollen, hätten wir den Spaniern in einigen Stunden mehr Schaden zufügen können, als sie in vielen Jahren ersetzen konnten. Es lag uns aber mehr daran, unsere Schiffe wiederzufinden, die wir solange vermißt hatten, als den Spaniern ihr grausames und hartes Verhalten mit einem gleichen zu vergelten, wie wir es jetzt hätten tun können. Dieses Lima liegt auf 12 Grad 30 Minuten südlicher Breite.

Obwohl wir hier keine günstigen Nachrichten über unsere Schiffe erfahren konnten, hörten wir doch einiges, was uns für unsere bisherigen Mühen zu entschädigen schien, nämlich, daß in dem Schiff eines Miguel Angel dort 1500 Gold- und Silberbarren seien, außerdem auf den anderen Schiffen einige andere Dinge (Seide, Leinen und eine Truhe voller Goldreale). Kühnen Mutes luden wir uns selbst auf diese Schiffe ein. Hier bekamen wir auch Nachricht von einigem, was in Europa seit unserer Abreise geschehen war, wir erfuhren besonders den Tod einiger wichtiger Persönlichkeiten, z. B. den des Königs von Portugal sowie auch den des Königs von Marokko und des Königs von Fez, die alle drei am gleichen Tage in derselben Schlacht[2] gefallen waren. Wir hörten von dem Tod des Königs von Frankreich und dem des römischen Papstes[3]. Da dessen Schändlichkeiten in einigen christlichen Königreichen, in denen seine Schande offenkundig ist, zunichte gemacht werden, bemühen sich seine Vasallen und fluchwürdigen Werkzeuge mit allen möglichen Mitteln, diesen Verlust wiedergutzumachen, indem sie den Aberglauben in den Teilen der Welt weiterverbreiten, wo seine teuflischen Wahnvorstellungen und seine verdammenswerten Ränke unbekannt sind. So wie seine Glaubenslehre überall hingelangt, so schleichen sich mit ihr zusammen

[1]Ein Bericht über Drakes Unternehmungen in diesem Hafen und ein Kommentar über seine Behandlung der Spanier findet sich in den *Zusätzlichen Anmerkungen* S. 332.
[2]Siehe Fußnote, S. 189
[3]Beide Gerüchte waren unwahr.

die Sitten und Gebräuche ein, die sie zwangsläufig begleiten. Denn wie es auf der einen Seite wahr ist, daß in all den
Teilen Amerikas, die die Spanier beherrschen, die Seuche
des Papismus sich ausgebreitet hat, so ist es auf der
anderen Seite ebenso wahr, daß es keine Stadt, sei es
Lima, Panama oder Mexiko usw., keinen Ort und kein
Dorf, ja kein Haus in allen diesen Provinzen gibt, in denen
(außer anderen spanischen Tugenden) nicht nur Hurerei,
sondern die Verworfenheit Sodoms, von der man unter
Christen nicht spricht, ohne Tadel üblich ist. Die Ablässe
des Papstes für diese Schändlichkeiten sind in diesen
Teilen der Welt weiter verbreitet als irgendwo in Europa;
aus dieser Tatsache zieht der Papst keinen geringen
Nutzen.

Die Indianer, die der wahren Erkenntnis Gottes nicht
näher sind als zuvor, verabscheuen diese überaus gemeine
und abscheuliche Lebensweise; sie verhalten sich gegenüber den Spaniern wie die Skythen gegenüber den Griechen, die in ihrer barbarischen Unwissenheit doch in ihrer
Lebensweise und ihrem Verhalten die weisen und gelehrten Griechen so weit übertrafen, wie sie ihnen andererseits
auf den Gebieten des Wissens und der Erkenntnis unterle-
gen waren.

Aber wie der Papst und seine antichristlichen Bischöfe
mit ihren gottlosen Helfershelfern daran arbeiten, den
Ruhm Gottes mit Klauen und Zähnen zunichte zu machen,
so duldet es Gott nicht, daß Sein Name und Seine Religion
ganz ohne Anhänger sind, die einerseits die falsche und
verdammenswerte Lehre des Papstes mißbilligen und
andererseits gegen die unermeßlichen und abscheulichen
Ausschweifungen des Fleisches protestieren, selbst in
diesen Teilen der Welt. Keine zwei Monate vor unserer
Ankunft in der Stadt Lima wurden einige Leute, zwölf an
der Zahl, verhaftet, verhört und verurteilt, weil sie sich zu
der Bibel bekannt und die Lehren der Menschen und die
gemeinen Sitten der Stadt mißbilligt hatten. Von diesen
zwölf waren sechs auf den Scheiterhaufen gebunden und
verbrannt worden, die übrigen sechs befanden sich noch

Die Golden Hind *(rechts) kapert das spanische Schatzschiff* Cacafuego *im Pazifik. Nach einer Zeichnung von Hulsius, 1603*

im Gefängnis, sie erwartete innerhalb weniger Tage das gleiche Schicksal.

Schließlich erfuhren wir hier von einem sehr reich beladenen Schiff, das Gold und Silber an Bord hatte und am 2. Februar mit dem Bestimmungshafen Panama ausgelaufen war.

Deshalb setzten wir am Morgen des nächstfolgenden Tages (am 16. des besagten Monats) Segel, solange der Wind günstig stand, und schleppten unser Schiff, sobald der Wind aufhörte zu wehen. So setzten wir unseren Kurs auf Panama mit der größtmöglichen Eile fort, ohne irgendwo haltzumachen, um, wenn irgend möglich, das stattliche Schiff zu sichten, die Cacafuego, den Stolz des Pazifik, die 14 Tage vor uns von Lima ausgelaufen war.

Wir erreichten am 20. Februar den Hafen Paita, der auf einer Breite von 4 Grad und 40 Minuten liegt, und den Port Saint Helen und den Fluß und Hafen Guiaquill am 24. Februar. Am 28. Februar überquerten wir den Äquator und erreichten am 1. März das Kap Francisco, wo wir gegen Mittag ein Schiff vor uns entdeckten. Nachdem wir mit der Besatzung des Schiffes gesprochen hatten, gingen wir an dieser Stelle für sechs Tage vor Anker, um wieder zu Atem zu kommen, der uns bei der schnellen Verfolgung fast ausgegangen war, und um uns der Abenteuer zu erinnern, die wir seit unserer Ankunft in Lima erlebt hatten. Besonders aber verweilten wir dort, um John de Anton einen Gefallen zu erweisen, indem wir ihn von der Sorge um die Dinge befreiten, mit denen sein Schiff beladen war.

Wir stellten fest, daß es genau das Schiff war, von dem wir gehört hatten, und zwar nicht nur im Calao von Lima, sondern auch bei verschiedenen späteren Gelegenheiten, von denen wir jetzt in Muße berichten können: nämlich von einem Schiff, das wir zwischen Lima und Paita aufbrachten, von einem anderen, das mit Wein beladen war und im Hafen von Paita unsere Beute wurde, und von einem dritten aus Guiaquill[1], das (außer 80 Pfund Gold) Schiffsgeräte und Schiffsausrüstung geladen hatte. Schließlich hörten wir von dem Schiff von Gabriel Alvarez, mit dem wir in der Nähe des Äquators ein Gespräch führten. Wir fanden heraus, daß es wirklich die Cacafuego[2] war, obwohl sie, bevor wir sie verließen, von einem ihrer eigenen Schiffsjungen in Cacaplata umgetauft wurde. Wir fanden auf diesem Schiff Früchte, Eingemachtes, Zuckerwerk, Mehl und andere Lebensmittel und – das war der besondere Grund seines schwerfälligen und langsamen Segelns – eine gewisse Menge an Juwelen und Edelsteinen, 13 Truhen mit Goldrealen, 80 Pfund in Gold, 26 Tonnen ungemünzten Silbers, zwei sehr schöne vergoldete silberne Trinkgefäße und ähnliche Kleinigkeiten; der Gesamtwert aller dieser Schätze belief sich auf etwa 360 000 Pesos. Wir gaben dem Kapitän ein wenig Leinen und ähnliches für seine Waren, und nach sechs Tagen verabschiedeten wir uns und schieden voneinander. Er eilte etwas erleichterter als zuvor nach Panama, wir stachen in See, um mit größerer Muße darüber nachzudenken, welchen Kurs wir zukünftig einschlagen sollten.

In Anbetracht der Tatsache, daß wir uns jetzt nördlich des Äquators befanden (Kap Francisco liegt auf dem 1. Grad nördlicher Breite an der Einfahrt in die Bucht von Panama) und daß keine Wahrscheinlichkeit oder Hoffnung bestand, daß unsere Schiffe irgendwie vor uns dorthin gelangt sein konnten – hatten wir doch so viele Breitengrade von den südlichsten Inseln bis hierhin durchfahren, ohne irgendein Anzeichen oder eine Nachricht von ihrer Fahrt zu bekommen, obwohl wir eifrig nach ihnen geforscht und sorgfältig nach ihnen Ausschau gehalten hatten und in jeden Hafen und jeden Flußlauf eingefahren waren –, und unter Berücksichtigung der weiteren Tatsache, daß die Jahreszeit jetzt so weit fortgeschritten war, daß wir das Unternehmen entweder versuchen oder notgedrungen gänzlich aufgeben mußten, das

[1, 2] Über die Aufbringung des Schiffes von Guayaquill und der *Cacafuego* siehe *Zusätzliche Anmerkungen* S. 333.

das hauptsächliche Ziel unseres Kapitäns war, nämlich die Entdeckung einer möglichen Durchfahrt vom Pazifik in unseren Ozean in den nördlichen Teilen Amerikas (eine Durchfahrt, die, einmal entdeckt und als schiffbar erkannt, nicht nur unserem Land einen guten und hervorragenden Dienst leisten, sondern auch uns eine kürzere Heimfahrt ermöglichen würde, wo wir anderenfalls eine langwierige und langweilige Reise antreten müßten, was uns sehr wenig gefallen würde, weil wir bereits so lange von zu Hause weg waren und unsere Kräfte so geschwächt waren). Das war überhaupt nicht zu erreichen, ließen wir den Zeitfaktor außer acht: So schenkten wir alle dem Rate unseres Kapitäns willig Gehör und stimmten ihm zu, zunächst einen geeigneten Ort zu suchen, um unser Schiff instandzusetzen und uns mit Holz, Wasser und anderen lebensnotwendigen Dingen zu versorgen, die wir bekommen konnten. Danach wollten wir in aller Eile unsere geplante Reise antreten, um die besagte Durchfahrt zu entdecken, durch die wir dann freudig unsere Rückfahrt nach unserer so lange entbehrten Heimat antreten wollten.

Bevor wir endgültig zu dieser Reise aufbrachen, richteten wir unseren Kurs am 7. März auf die Insel Caines[1], die wir am 16. März erreichten. Dort ankerten wir einige Tage lang in einem Süßwasserfluß zwischen dem Festland und der Insel, um die vorher erwähnten notwendigen Angelegenheiten endgültig in Ordnung zu bringen. Während wir

---

[1] Caines, Cano, in der Höhe von Costa Rica. Dort brachte Drakes Pinasse eine Fregatte auf und nahm, neben anderen, Alonso Sanchez Colchero gefangen, »den Lotsen (Seefahrer) der spanischen Flotte auf der Chinaroute«. Drake versuchte, Colchero mit Drohungen, Bestechungen und Versprechungen zu überreden, ihm als Lotse zu den Philippinen zu dienen. Er »hängte« Colchero zweimal, ließ ihn aber wieder lebendig herab. Schließlich ließ Drake ihn wieder frei. Nuttall, S. 183, 187, 193–198. »Unter den (Gefangenen) waren vier Seeleute, die nach Panama und dann nach China segeln wollten . . . (einer) hatte Schreiben und Urkunden bei sich, darunter die des Königs von Spanien, die an den Statthalter der Philippinen gerichtet waren, wie auch Seekarten, anhand derer sie die Reise machen und sich auf ihrem Kurs orientieren wollten.« Silva, *Relation* (Hakluyt XI, 145–146).

uns an dieser Stelle aufhielten, erlebten wir ein schreckliches Erdbeben, dessen Gewalt so groß war, daß unser Schiff und unsere Pinasse, die ungefähr eine englische Meile vom Ufer entfernt vor Anker lagen, so durcheinandergeschüttelt und zum Beben gebracht wurden, als lägen sie an Land. Wir fanden dort viele gute Dinge, die wir brauchten, Fische, Süßwasser, Holz usw., außerdem Affen und dergleichen. Auf unserer Reise dorthin begegneten wir einem weiteren Schiff (dem letzten auf unserer Fahrt an jenen Küsten), das Leinen, Chinaseide und Porzellan geladen hatte, wobei wir auch einen Falken aus Gold[1] fanden, der sehr hübsch gearbeitet war und einen großen Smaragd auf der Brust trug.

Von dort brachen wir am 24. Tage des vorher erwähnten Monats auf. Wir hatten die Absicht, die kürzeste Route zu wählen, die der Wind uns erlaubte, ohne für lange Zeit an Land zu gehen. Wir segelten deshalb an Port Papagaia vorbei, an dem Hafen von Vale mit den herrlichen balsamischen Düften von Jericho, an Quantapico und vielen anderen Orten wie auch verschiedenen Meerbusen, aus denen unaufhörlich so heftige Stürme kommen, daß die Spanier, obwohl ihre Schiffe gut sind, sich aus Furcht davor nicht zu nahe wagen.

Obwohl wir wußten, wir würden es mit häufigen Windstillen und widrigen Winden zu tun haben, wenn wir weiter unter der Küste und nicht auf das offene Meer führen, um vor den Wind zu kommen, und ferner eingedenk dessen, daß, wenn wir es jetzt nicht täten, wir kein Land mehr erreichen könnten, wenn wir es wollten, hielt es unser Kapitän für notwendig, den einen oder anderen Ort an Land anzulaufen, bevor wir jene Küste endgültig verließen. Wir wollten feststellen, ob wir auf dem Tauschwege unsere Versorgung an Lebensmitteln und anderen lebensnotwendigen Dingen verbessern könnten, auf daß

[1]Dieses war anscheinend das Schiff, das von Don Francisco de Zarate befehligt wurde. Seine sehr interessante Beschreibung von Drake und dem Leben auf der *Golden Hind* und die Kommentare von Pascual und Silva sind in den *Zusätzlichen Anmerkungen* S. 336 zu finden.

wir auf See nicht irgendeinen Mangel oder eine Not litten, obwohl wir bereits einen erheblichen Vorrat von guten Sachen an Bord hatten.

Deshalb war der nächste Hafen, in den wir am 15. April einliefen, Guatulco[1], das auf einer Breite von 15 Grad und 40 Minuten liegt. Diesen Namen hat es von den Spaniern bekommen, die es bewohnen. Wir nahmen mit den Einwohnern Verbindung auf, um uns mit vielen Dingen zu versorgen, die wir brauchten, hauptsächlich Brot usw. Nachdem wir uns jetzt, wie wir dachten, hinlänglich versorgt hatten, brachen wir vorläufig von der Küste Amerikas auf. Wir vergaßen jedoch nicht, bevor wir an Bord gingen, ein gewisses Gefäß (ungefähr von der Größe eines Scheffels) voller Goldreale, das wir in der Stadt gefunden hatten, und eine Goldkette und einigen anderen Schmuck mitzunehmen, die ein spanischer Herr auf unsere dringenden Bitten zurückgelassen hatte, als er aus der Stadt floh.

Am folgenden Tage, nämlich am 16. April, brachen wir von Guatulco auf und fuhren direkt auf das Meer hinaus und segelten 500 Seemeilen weit, um den Wind zu gewinnen. Von diesem Zeitpunkt bis zum 3. Juni segelten wir insgesamt 1400 Seemeilen, bis wir zum 42. Grad nördlicher Breite kamen. Dort erlebten wir in der folgenden Nacht einen solchen Umschlag von Hitze in äußerst schneidende Kälte, daß alle unsere Leute sich bitter darüber beklagten; einige von ihnen fühlten sich in ihrer Gesundheit beeinträchtigt. Das war nicht nur so in der Nacht, sondern auch am folgenden Tage war es zu unserer großen Verwunderung so eisig kalt wie in der Nacht zuvor. Die alles durchdringende Kälte hatte sich nicht geändert, die Taue unseres Schiffes waren steifgefroren, der Regen, der herniederfiel, war eine unnatürliche, erstarrte und gefrorene Substanz. Wir schienen eher in der

[1]Eine Beschreibung Drakes und seiner Plünderung Guatulcos findet sich in den *Zusätzlichen Anmerkungen* S. 338. »Er nahm achtundachtzig Mann aus Guatulco, darunter acht Jungen, gefangen. Unter den Gefangenen waren Franzosen, Schotten, Basken und Flamen.« Silva (Wagner, S. 348).

kalten als in der sonnenbegünstigten warmen Zone zu sein.

Dieser Kälteeinbruch war nicht einmalig oder zufällig, sondern scheint tatsächlich einen ganz gewöhnlichen Grund zu haben. Die Sonnenwärme kommt nicht gegen die Kälte an, die so stark wurde, als wir noch weitere 2 Grad weiter nach Norden segelten, daß sich unter unseren Männern, obwohl Seeleute doch einen guten Appetit haben, die Frage erhob, ob sie ihre Hände dazu verwenden sollten, ihren Hunger zu stillen oder sie lieber in den wärmenden Umhüllungen zu lassen, um sich vor der schneidenden Kälte zu schützen, die sie lähmte. Wir konnten es auch nicht unserer Empfindlichkeit zuschreiben, obwohl wir gerade aus sehr heißen Breiten kamen, wodurch wir möglicherweise die Kälte stärker empfanden; denn auch die unbelebten Dinge wurden ebenso in Mitleidenschaft gezogen wie wir selbst: Fleisch gefror sogleich, nachdem wir es vom Feuer genommen hatten, und unsere Taue und unser Takelwerk waren in wenigen Tagen so steifgefroren, daß die Arbeit, die sonst drei Männer leisten konnten, jetzt sechs Männer mit größter Anstrengung und äußerstem Bemühen kaum bewältigen konnten. Deshalb erfaßte unsere Leute eine plötzliche und große Entmutigung, und sie zeigten großes Mißfallen und große Zweifel, ob auf unserer Fahrt irgend etwas Sinnvolles erreicht werden könnte. Unser Kapitän jedoch ließ den Mut nicht sinken und flößte ihnen durch tröstende Reden über die göttliche Vorsehung und die Liebe Gottes zu seinen Geschöpfen, wie sie in der Heiligen Schrift geschildert wird, und auch durch seine Überredungskünste und sein eigenes Beispiel neuen Mut ein und bewog sie, sich wie Männer zu benehmen und eine kurze Zeit der Anstrengung durchzustehen, um den größeren Ruhm zu erringen; so daß jeder Mann willens und bereit war, das Äußerste zu leisten und das Beste aus der Reise zu machen.

In jenem Teil Amerikas erstreckt sich das Festland weiter nach Westen, als wir gedacht hatten, wir waren *ihm näher, als es uns bewußt war. Je näher wir dem Lande kamen, desto stärker verspürten wir die Kälte. Am 5. Tage des Juni wurden wir durch widrige Winde gezwungen, uns unter Land zu begeben, das wir erst da entdeckten, und Anker in einer ungeeigneten Bucht zu werfen. Die Bucht war dennoch der beste Ankerplatz, den wir im Augenblick finden konnten. Wir ankerten dort nicht gefahrlos, da es viele starke Böen und Windstöße gab. Wenn sie sich zeitweilig legten, folgte ihnen unmittelbar ein abscheulicher, dichter und stinkender Nebel, gegen den die See nichts auszurichten vermochte, bis Böen ihn wieder vertrieben. Diese kamen dann mit solcher Wucht und Gewalt, daß wir ihnen gegenüber machtlos waren.*

An diesem Platz war kein Bleiben für uns; und weiter nach Norden zu fahren verbot uns die grausame Kälte (die jetzt unsere Leute völlig entmutigt hatte). Die direkt gegen uns gerichteten Winde aber zwangen uns, sobald wir wieder unter Segel waren, auf Südkurs zu gehen, ob wir es wollten oder nicht.[1]

Vom 48. Breitengrad, bis zu dem wir gekommen waren, bis zum 38. Breitengrad stellten wir fest, daß das Land, an dessen Küste wir jetzt entlangfuhren, ziemlich flach und einigermaßen eben war. Obwohl es Juni war und die Sonne in ihrer höchsten Höhe stand, war jeder Hügel (und es gab viele, wenn sie auch nicht hoch waren) mit Schnee bedeckt.

Auf einer Breite von 38 Grad und 30 Minuten stießen wir auf einen geeigneten und guten Hafen[2] und warfen am 17. Juni Anker. Wir blieben bis zum 23. Tage des Juli dort.

[1]»Er segelte nordwärts, bis er zum 48. Grad nördlicher Breite kam, und stellte dabei fest, daß sich noch ein sehr großes Meer nach Norden erstreckte. Da er sich scheute, zuviel Zeit auf die Suche nach der Straße zu verwenden, kehrte er wieder um und segelte zurück. Er fuhr die Küste entlang so nahe dem Lande, wie er vermochte, bis er den 44. Grad erreichte und einen Hafen für sein Schiff fand, das er dort an Land setzte, um es zu überholen . . .« *Anonymous Narrative* (Wagner, S. 277). Die »Straße« muß die Nordwestpassage gewesen sein.

[2]Diese Breite von 38 Grad und 30 Minuten liegt etwas südlich von San Francisco, und eine Bucht dort trägt den Namen Drakes Bucht.

Obwohl es Hochsommer war und die Sonne ihren höchsten Stand erreicht hatte, erlebten wir doch ständig ähnliche scharfe Kälteeinbrüche wie zuvor. Hätten uns nicht notwendige Arbeiten manchmal zu großer Kraftanstrengung und regem Eifer getrieben, so hätten wir uns gerne damit zufriedengegeben, uns in unsere Winterkleidung einzuhüllen; ja, wenn es möglich gewesen wäre, wären wir gern in unseren Betten geblieben. In diesen ganzen vierzehn Tagen war es niemals so klar, daß wir den Stand der Sonne oder der Sterne messen konnten.

Wenn es auch ein wenig abwegig bei der Beschreibung der Geschichte dieser unserer Reise zu sein scheint, wollen wir, da sich hier eine so günstige Gelegenheit ergibt, ein wenig genauer die Gründe für die Fortdauer der strengen Kälte in jenen Teilen der Welt erforschen, ebenso auch die Wahrscheinlichkeit oder Unwahrscheinlichkeit, dort eine Durchfahrt zu finden. Wie schon vorher erwähnt, war es nicht die Empfindlichkeit unseres Körpers – wir kamen gerade aus den heißen Gegenden, wodurch unsere Poren geöffnet waren –, die uns so anfällig für die Kälte machte, die wir fühlten; in dieser Hinsicht wie in vielen anderen erfuhren wir, daß Gott uns ein fürsorglicher Vater und sorgender Arzt war. Uns fehlten keine äußeren Hilfen noch innere Tröstungen, um die Natur zu unterstützen, wäre sie bei uns verkümmert oder geschwächt gewesen. Auch fehlte uns nicht die große Erfahrung unseres Kapitäns, der oft genug selbst die Unbilden der heißen Regionen erfahren hatte und dessen Rat immer viel dazu beigetragen hatte, unsere Gemüter zu kühlen. Infolgedessen waren wir bei unserem Aufbruch aus den heißen Gegenden körperlich nicht wie Schwämme, sondern stark und kräftig, und obwohl wir aus dieser großen Hitze kamen, fähiger, die Kälte zu ertragen, als irgendwelche Stubenhocker es hätten sein können, die in ihren Federn liegen, bis sie zur See gehen, oder auch fähiger als solche Leute, deren Zähne in einem milden Klima beim Trinken eines kalten Getränkes am Kamin im Munde klappern.

Daß es nicht unsere Empfindlichkeit, sondern die außerordentliche Kälte war, die uns so unerträglich frieren ließ, mag man daran erkennen, daß die dortigen Eingeborenen (mit denen wir, wie berichtet werden soll, längere Zeit freundschaftliche Beziehungen unterhielten) nie große Hitze kennengelernt hatten. Ihnen waren das Land, die Luft und das Klima vertraut und die Gewöhnung an Kälte zur zweiten Natur geworden. Dennoch kamen sie zitternd in ihren warmen Pelzen zu uns und schmiegten sich eng aneinander, um sich gegenseitig ihre Körperwärme mitzuteilen. Sie suchten an windgeschützten Stellen Schutz, wenn es möglich war, und so oft sie nur konnten, verbargen sie sich mit unter unseren Gewändern, um sich so warm zu halten. Und wie häßlich und verunstaltet zeigte sich das Antlitz der Erde! Bäume ohne Blätter, und der Erdboden ohne Grün im Juni und Juli. Wie wir vielfältig beobachten konnten, wagten die armen Vögel es nicht, sich auch nur einmal aus ihrem Nest zu erheben, nachdem das erste Ei gelegt worden war, bis alle ausgebrütet waren und die Jungen eine gewisse natürliche Stärke entwickelt hatten und sich selbst helfen konnten. Nur die Entschädigung hat ihnen die Natur gewährt, daß ihre Körperwärme außerordentlich hoch ist, und so wächst das junge Tier mit größerer Geschwindigkeit und in kürzerer Zeit als anderswo heran.

Die Gründe für diese außerordentliche Kälte scheinen nicht so tief verborgen zu liegen, daß man sie nicht, zumindest teilweise, erraten kann. Der hauptsächlichste Grund ist unserer Meinung nach die gewaltige Ausdehnung des asiatischen und amerikanischen Kontinents, die (irgendwo nördlich der Stelle, an der wir uns befanden), wenn nicht zusammenstoßen, so doch einander sehr nahe zu kommen scheinen. Von ihren hohen und schneebedeckten Bergen entsandten die nördlichen und nordwestlichen Winde (die ständigen Besucher jener Küsten) ihre eisigen Nymphen, die die ganze Luft mit unerträglicher, beißender Kälte erfüllten und es der Sonne selbst auf der Höhe ihrer Macht nicht erlaubten, diese eisige Materie und diesen Schnee zum Schmelzen zu bringen. Die Nord- und

Nordwestwinde wehen hier ständig im Juni und Juli, im August und September ist es nur der Nordwind. Wir stellten das nicht nur aus eigener Erfahrung fest, sondern wurden in unserer Ansicht durch die ständigen Beobachtungen der Spanier voll und ganz bestätigt. Daher rührt die allgemeine Armut und Unfruchtbarkeit des Landes, daher kommt es, daß mitten im Sommer der Schnee kaum von den Schwellen der Häuser verschwindet und auf den Gipfeln niemals völlig abtaut; daher kommen diese dichten und alles verhüllenden Nebel, die sich immer mehr verstärken, je mehr man sich dem Pol nähert. In diesem Nebel ist ein blinder Lotse ebenso nützlich wie der beste sehende. Die Sonne versucht, ihre von der Natur gegebene Aufgabe zu erfüllen, indem sie den Dunst aufsteigen läßt und zwangsläufig dem Meer Feuchtigkeit im Überfluß entzieht, aber (aus den erwähnten Gründen) steht die schneidende Kälte diesem Bemühen der Sonne entgegen und zwingt sie, ihre Arbeit unvollendet zu lassen und, anstatt den Nebel aufsteigen zu lassen, ihn in der tiefsten Ebene zu belassen. Er wogt dann über dem Angesicht des Meeres und der Erde, als wäre er eine zweite See, die die Sonnenstrahlen unmöglich durchdringen können, wenn nicht gelegentlich die plötzliche Gewalt des Windes dazu beiträgt, den Nebel zu vertreiben und die Sonnenstrahlen durchbrechen zu lassen. Dieses geschieht jedoch sehr selten, und wenn es geschieht, dann währt es nicht lange. Einige unserer Seeleute auf dieser Reise waren früher schon einmal in Wardhouse[1] gewesen, das auf dem 72. Grad nördlicher Breite liegt. Sie bekräftigen jedoch, daß sie am Ende des Sommers, als sie von dort aufbrachen, nicht eine so bittere Kälte empfunden hatten wie jetzt in den heißesten Monaten des Juni und Juli.

Auch aus diesen Gründen vermuten wir, daß es entweder überhaupt keine Passage durch diese nördlichen Gebiete gibt (was höchst wahrscheinlich ist) oder, wenn es eine gibt, daß sie nicht schiffbar ist. Hinzu kommt, daß,

---

[1]Der Hafen Vardo in Norwegen

obwohl wir die Küste gründlich sogar bis zum 48. Breitengrad absuchten, wir doch feststellen mußten, daß das Land sich an keiner Stelle auch nur um einen Grad nach Osten ausdehnt, sondern fortwährend in nordöstlicher Richtung verläuft, als ob es sich direkt auf Asien hin erstrecke. Selbst in jenen Breiten, in denen wir einen frischen Wind hatten, der uns vorangetrieben hätte, wenn es eine Passage gegeben hätte, war das Meer sanft und ruhig, mit dem üblichen Auf und Ab der Dünung, was nicht der Fall gewesen wäre, hätte es dort eine Durchfahrt gegeben. Dadurch kamen wir mehr zu dem endgültigen Schluß als zu der Vermutung, daß es keine Durchfahrt gebe. Nun aber zur Rückfahrt.

Nachdem wir am nächsten Tage in dem vorher erwähnten Hafen vor Anker gegangen waren, zeigten sich uns die Bewohner des Landes und schickten einen ihrer Männer in großer Eile in einem Kanu zu uns. Als dieser nur ein wenig vom Ufer weg und noch eine große Strecke von unserem Schiff entfernt war, sprach er fortwährend zu uns, während er vorwärts ruderte. Schließlich machte er in geziemender Entfernung von uns halt und begann feierlich eine lange und langweilige Rede in seiner Art. Er gebrauchte dabei viele Gesten und Zeichen, bewegte seine Hände, wandte viele Male seinen Kopf und Körper, und nachdem er seine Rede beendet hatte, kehrte er mit allen Anzeichen der Verehrung und Unterwürfigkeit an das Ufer zurück. Kurz darauf kam er ein zweites Mal und verhielt sich genau so, und dann ein drittes Mal, wobei er (als ein Geschenk von den übrigen) ein Bündel Federn mitbrachte, die sehr den Federn der schwarzen Krähe ähnelten und sehr hübsch und kunstvoll auf einer Schnur aufgereiht und zu einem runden Bündel zusammengerafft waren. Sie waren sehr sauber und hübsch zurechtgeschnitten und jeweils auf dieselbe Länge gebracht worden und waren (wie wir später beobachteten) ein besonderes Kennzeichen, das diejenigen auf dem Haupte trugen, die die Leibwache ihres Königs bilden. Er brachte auch einen kleinen Korb mit, der aus Binsen gefertigt war und in dem sich ein Kraut befand, das sie dort Tabak nennen. Der Eingeborene hatte seine beiden Geschenke an eine kurze Rute gebunden und warf sie in unser Boot. Unser Kapitän wollte ihm sogleich eine Reihe von guten Dingen als Gegengaben überreichen, der Eingeborene aber konnte durch nichts dazu bewogen werden, sie anzunehmen, mit der Ausnahme eines Hutes, der vom Schiff in das Wasser geworfen wurde. Diesen fischte er auf (während er sich standhaft weigerte, irgend etwas anderes anzurühren, obwohl es ihm auf einem Tablett heruntergelassen wurde) und begab sich sogleich wieder auf die Rückfahrt. Danach konnte unser Boot nirgendwo hinrudern, ohne daß die Eingeborenen ihm mit Bewunderung folgten und uns wie Götter bewunderten.

Da unser Schiff auf See leck geworden war, ankerten wir am dritten darauffolgenden Tage, am 21., näher an der Küste, um es in Ordnung bringen zu können, nachdem wir es entladen hatten. Um jede Gefahr zu vermeiden, die unsere Sicherheit bedrohen könnte, setzte unser Kapitän zunächst seine Leute mit allen notwendigen Dingen an Land und ließ die Zelte und eine Befestigung zum Schutze unserer selbst und unserer Waren bauen. Wir wollten in dem Schutze dieser Befestigung in größerer Sicherheit (was immer auch käme) unsere Angelegenheiten regeln. Als die Einwohner des Landes unser Tun bemerkten, kamen sie eilig und in großen Scharen mit ihren Waffen zu uns herunter, wie es Männer tun, die in den Krieg ziehen, um ihr Land zu verteidigen, und hatten doch keinerlei feindliche Absicht oder den Wunsch, uns Schaden zuzufügen.

Als sie näher gekommen waren, blieben sie wie angewurzelt stehen, als sie Dinge erblickten, die sie nie zuvor gesehen und von denen sie auch nie gehört hatten. Sie waren eher geneigt, uns ehrfürchtig und ängstlich als Götter zu verehren, denn Krieg mit uns wie mit Sterblichen zu führen. Diese Tatsache, die sich zum Teil schon in jenem Augenblick zeigte, wurde später immer offensichtlicher und währte während der ganzen Zeit, die wir uns bei ihnen aufhielten. Bei jenem Male gaben wir ihnen durch Zeichen zu verstehen, ihre Bogen und Pfeile abzulegen, und sie taten es, wie es von ihnen gewünscht wurde, ebenso auch alle übrigen, die in immer größeren Gruppen zu ihnen stießen, so daß sich nach kurzer Zeit eine große Anzahl von Männern und Frauen versammelt hatte.

Um klar zu zeigen, daß der Frieden, den die Eingeborenen so bereitwillig suchten, ohne die Gefahr einer Verletzung von unserer Seite aufrechterhalten werden sollte, auf daß wir in größerer Sicherheit und Eile ruhig alle unsere Angelegenheiten in Ordnung bringen konnten, machten unser Kapitän und seine gesamte Mannschaft die größten Anstrengungen, die Eingeborenen bei guter Stimmung zu erhalten: sie schenkten jedem von ihnen freizügig gute und notwendige Dinge, um ihre Bedürfnisse zu befriedigen. Zugleich versuchten sie ihnen verständlich zu machen, daß wir keine Götter, sondern Menschen seien und auch gewisser Dinge bedurften, um unsere Blöße zu verhüllen. Wir lehrten sie, es ebenfalls zu tun, aßen und tranken auch in ihrer Gegenwart und gaben ihnen so zu verstehen, daß wir ohne diese Dinge nicht leben könnten und somit genauso Menschen wie sie seien.

Trotzdem konnte sie nichts überzeugen oder von der Meinung abbringen, die sie sich von uns gebildet hatten, nämlich, daß wir Götter seien.

Als Gegengabe für die Dinge, die sie von uns erhalten hatten, z. B. Hemden, Leinen und Tuche usw., schenkten sie unserem Kapitän und einigen Leuten unserer Mannschaft verschiedene Dinge, Federn, Netze, Pfeilköcher, die aus Rehfellen angefertigt waren, und die Tierhäute, die ihre Frauen auf dem Leibe trugen. Nachdem sie uns zur Genüge besucht und besehen hatten, begaben sie sich erfreut wieder zu ihren Häusern zurück. Diese Häuser sind rund und in die Erde eingegraben, vom oberen Rand der ausgehobenen Erde aus sind ringsherum Pfähle aufgestellt, die an ihrem oberen Ende zusammenlaufen, ähnlich den Turmspitzen unserer Kirchtürme. Diese Überdachungen sind mit Erde bedeckt, lassen kein Wasser durch und sind sehr warm. In den meisten Fällen hat die Tür gleichzeitig die Funktion eines Schornsteins, durch den der Rauch abzieht. In Form und Größe entspricht diese Tür der Springluke auf einem Schiff und ist leicht geneigt. Das Bett der Eingeborenen ist der harte Erdboden, auf den sie nur Binsen gestreut haben. Sie liegen im Kreise in ihren Häusern, das Feuer in der Mitte. Da ihre Häuser niedrig gewölbt, eng und rund sind, gibt das Feuer den Eingeborenen eine angenehme Wärme.

Die Männer gehen meistenteils nackt, die Frauen nehmen eine Art von Binsen, bearbeiten sie wie Hanf und machen sich daraus ein lockeres Gewand, das an der Taille eng anliegt und bis über ihre Hüften reicht und es ihnen somit ermöglicht, das zu bedecken, was nach den Geboten der Natur verhüllt werden sollte. Als Oberbekleidung tragen sie Hirschfelle, auf denen das Haar belassen ist. Sie sind ihren Männern sehr gehorsam und zu allen Diensten äußerst bereit. Von sich aus unternehmen sie nichts, ohne vorher die Zustimmung ihrer Männer eingeholt zu haben.

Als die Eingeborenen zu ihren Häusern zurückgekehrt waren, stimmten sie ein jämmerliches Weinen und Wehklagen an, das sich über längere Zeit erstreckte. Es war von einer solchen Lautstärke, daß wir es zu unserem Verwundern und Erstaunen sehr deutlich vernehmen konnten (obwohl wir ungefähr eine dreiviertel englische Meile von ihnen entfernt waren). Besonders die Frauen erhoben ihre Stimmen zu einem höchst elenden und traurigen Geschrei.

Trotz der demütigen Art und Weise, in der sie uns entgegentraten, und trotz ihres unterwürfigen Verhaltens uns gegenüber hielten wir es nicht für klug, ihnen zu sehr zu trauen. (Unsere frühere Erfahrung mit Ungläubigen ließ uns vor einem Gesinnungswandel oder einem Friedensbruch durch sie auf der Hut sein.) Deshalb stellten wir in aller Eile unsere Zelte auf und verschanzten uns hinter Steinwällen, um hinter diesen Befestigungen den Feind abwehren zu können (wenn er sich als ein solcher herausstellen sollte) und ihn daran zu hindern, uns zu überfallen. Nachdem wir diese Vorkehrungen schnell getroffen hatten, machten wir uns anschließend desto freudiger und sicherer an unsere sonstigen Aufgaben.

Nach Ablauf von zwei Tagen (während derer die Eingeborenen nicht wieder bei uns gewesen waren) versammelte sich eine große Menge von Männern, Frauen und Kindern. (Sie waren durch den Bericht derer herbeigelockt worden, die uns zuerst gesehen hatten. Diese hatten sich, wie es uns schien, in der Zwischenzeit überall in das Land begeben, um die Neuigkeit unserer Ankunft zu verbreiten.) Sie kamen nun ein zweites Mal zu uns und brachten wieder, wie sie es schon zuvor getan hatten, Federn und Säcke mit Tabak als Geschenk oder eher als Opfergabe, da sie der Überzeugung waren, daß wir Götter seien.

Als sie auf den Gipfel des Berges kamen, an dessen Fuße wir unser festes Lager aufgeschlagen hatten, blieben sie alle stehen. Einer der Eingeborenen (den sie zu ihrem Hauptsprecher ernannt hatten) ermüdete sowohl uns, seine Zuhörer, wie auch sich selbst durch eine lange und langweilige Ansprache. Die Rede begleitete er mit merkwürdigen und wilden Gesten, seine Stimme erhob sich zu der äußersten, von der Natur gegebenen Stärke und seine Worte fielen mit einer solchen rasenden Schnelligkeit, daß er kaum dazwischen Atem schöpfen konnte. Sobald er seine Rede beendet hatte, riefen alle übrigen »Oh«, wobei sie sich ehrerbietig (auf eine träumerische und langsame Art) verneigten. Damit wollten sie bekräftigen, daß alles, was er gesagt hatte, sehr wahr sei, und daß sie durch seinen Mund ihre Meinung zum Ausdruck gebracht hatten. Nachdem sie das getan hatten, legten die Männer ihre Bogen auf der Bergkuppe nieder, ließen dort auch ihre Frauen und Kinder zurück und kamen mit ihren Geschenken herunter. Sie benahmen sich so, als ob sie wirklich vor einem Gott erschienen und priesen sich glücklich, weil sie vor unseren Kapitän treten durften. Noch glücklicher waren sie jedoch, als sie sahen, daß er aus ihrer Hand die Gaben entgegennahm, die sie so bereitwillig überreichen

274

wollten; sie wähnten sich zweifellos Gott am nächsten, wenn sie neben unserem Kapitän sitzen oder stehen konnten. In der Zwischenzeit taten sich die Frauen, als wären sie verzweifelt, unnatürliche Gewalt an. Sie weinten und schrien herzzerreißend und rissen sich auf ungeheuerliche Art mit ihren Nägeln das Fleisch von den Wangen, so daß das Blut ihre Brüste hinunterlief. Außerdem entblößten sie ihren Oberkörper und rissen sich das einzige Bekleidungsstück vom Leibe, das sie zuvor angehabt hatten, und warfen sich dann – wobei sie ihre Brüste vor Schaden zu bewahren trachteten – mit Wucht auf den Erdboden, ohne darauf zu achten, ob er sauber oder weich war.

So warfen sie sich auf harte Steine, mit Knüppelholz bestandene Bodenunebenheiten, Baumstämme und stechende Büsche, oder was sonst herumlag, und wiederholten das wieder und wieder. Ja, selbst hochschwangere Frauen verübten diese Grausamkeit gegen sich selbst, einige 9- oder 10mal, andere bis zu 15- oder 16mal (bis sie ihre Kräfte verließen). Dieses Geschehen war für uns schrecklicher anzusehen und zu erdulden als für sie selbst (wie es schien). Nachdem (gegen unseren Willen) dieses blutige Opfer dargebracht worden war, begannen unser Kapitän und seine Mannschaft in Gegenwart der anwesenden Fremden zu beten. Wir erhoben unsere Augen und Hände gen Himmel und versuchten ihnen zu verstehen zu geben, daß der Gott, dem wir dienten und den sie anbeten sollten, über uns sei. Wir flehten zu Gott, wenn es ihm gefiele, auf irgendeine Weise ihre blinden Augen zu öffnen, so daß sie mit der Zeit sich Seiner Existenz bewußt würden, der des wahren und ewigen Gottes, und der Jesu Christi, den Er zur Errettung der Heiden gesandt hat. In der Zeit, in der die Gebete gesprochen, die Psalmen gesungen und einige Kapitel aus der Bibel gelesen wurden, saßen die Eingeborenen sehr aufmerksam da. Am Ende einer jeden Unterbrechung riefen sie wie mit einer Stimme »Oh« und nahmen großen Anteil an unseren geistlichen Übungen. Ja, an unserem Gesang der Psalmen hatten sie eine solche Freude, daß, wann immer auch sie zu uns kamen, ihre erste Bitte gewöhnlich ein »Gnaah« war, womit sie uns zum Singen bewegen wollten.

Unser Befehlshaber hatte sie mit verschiedenen Sachen beschenkt, die sie bei ihrem Weggang wieder zurückgaben. Keiner nahm irgend etwas mit sich, das er erhalten hatte; sie hielten sich durch die Tatsache, daß sie so freien Zugang zu uns gefunden hatten, für hinlänglich beschenkt und glücklich.

Nachdem sich nach Ablauf dreier weiterer Tage (die Neuigkeit noch weiter, und, wie es schien, bis tief in das Land hinein verbreitet hatte), versammelte sich eine so große Menge von Menschen, daß wir annehmen konnten, alle, die in erreichbarer Entfernung lebten, versammelt zu sehen. Unter ihnen war ihr König, ein Mann von stattlicher Gestalt und anmutiger Erscheinung, der von seiner Leibwache von etwa 100 großen und kriegerischen Männern begleitet wurde. Sie kamen an diesem Tage, nämlich dem 26. Juni, zu uns herunter, um uns zu besuchen.

Vor seiner Ankunft wurden zwei Botschafter oder Boten zu unserem Kapitän gesandt, um anzukündigen, daß ihr Hioh, d. h. ihr König, im Begriffe sei zu kommen. Bei der Überbringung der Botschaft sprach der eine mit einer sanften und leisen Stimme und flüsterte die Worte seinem Kollegen zu, der andere wiederholte das Gesagte Wort für Wort mit einer besser hörbaren Stimme. Ihre Proklamation (denn eine solche war es) dauerte etwa eine halbe Stunde. Nachdem sie diese beendet hatten, gaben sie unserem Kapitän durch Zeichen zu verstehen, er möge durch sie ihrem Hioh oder König etwas übersenden, als Zeichen, daß dessen Kommen in Frieden geschehen könne. Unser Kapitän kam bereitwillig ihrem Wunsche nach, und sie traten freudig und eilig den Rückweg zu ihrem Hioh an. Bald darauf erschien ihr König mit seinem ganzen Hofstaat (wobei er sein Auftreten so fürstlich wie möglich gestaltete).

Bei ihrem Näherkommen stießen sie ständig Schreie in der Art eines kräftigen Gesanges aus. In dem Maße, in dem sie näher kamen, bemühten sie sich mehr und mehr, sich mit einer gewissen Anmut und Feierlichkeit in allen ihren Gebärden zu bewegen.

Zunächst kam ein großer und stattlicher Mann, der dem König das königliche Zepter (das aus einer gewissen Art von schwarzem Holz gefertigt war und etwa eineinhalb Yard maß) vorantrug. An diesem Zepter hingen zwei Kronen, eine größere und eine kleinere, die an drei Ketten von wunderbarer Länge, oft doppelt geschlungen, befestigt waren, außerdem hing ein Sack mit dem Tabakkraut daran. Die Kronen waren gewirkt und höchst merkwürdig mit Federn verschiedener Farbe besetzt, die sehr kunstvoll verarbeitet waren. Die Ketten schienen aus einer Knochensubstanz zu sein, jedes Glied oder jeder Teil davon war sehr klein, dünn und glänzend poliert, durch die Mitte eines jeden Teiles war ein Loch gebohrt. Die Anzahl der Glieder, die eine Kette bilden, ist unterschiedlich. Diese Ketten genießen bei den Eingeborenen eine solche Wertschätzung, daß es nur wenigen Leuten erlaubt ist, sie zu tragen, und selbst denen, die sie tragen dürfen, ist es vorgeschrieben, wieviele sie tragen dürfen, einige zehn, andere zwölf, wieder andere zwanzig. So ist an der Anzahl der Ketten erkennbar, in welchem Ruf und welchen Ehren die Träger jeweils stehen.

Auf den Mann, der das Zepter trug, folgte der König selbst mit der ihn umgebenden Leibwache. Sein Kopfputz war ein gewirktes Haarnetz, das ähnlich wie die Kronen gefertigt war, sich aber in Form und Vollkommenheit der Arbeit von diesen unterschied. Über seinen Schultern hing ein Mantel, der aus Kaninchenfellen gearbeitet war und der ihm bis zur Taille reichte. Jeder Angehörige seiner Leibwache trug ebenfalls einen Umhang gleichen Zuschnittes, der aber aus anderen Fellen bestand. Einige hatten Haarnetze, die auch mit Federn besetzt oder mit einer Art Flaum bedeckt waren, der in dem Lande auf einem Kraut wächst, das sehr unserer Salatpflanze ähnelt. Dieser Flaum übertrifft jeden anderen in der Welt durch seine Feinheit und kann, wenn er auf ihre Haarnetze gelegt worden ist, von keinem Wind weggefegt werden. Diese Pflanze genießt bei ihnen eine solche Wertschätzung, daß ihr Flaum nur von Personen aus der Umgebung des Königs getragen werden darf. (Diesem Personenkreis ist es auch gestattet, als Ehrenzeichen einen Federschmuck auf dem Haupt zu tragen.) Der Samen dieser Pflanze darf nur als Opfergabe für die Götter verwandt werden. Nach den genannten Personen kam das gemeine Volk nackt, mit langem Haar, das am Hinterkopf zu einem Schopf zusammengebunden war und in das sie Federschmuck gesteckt hatten. Vorne in ihren Haaren trugen sie nur einzelne Federn wie Hörner, die jedermann nach eigenem Gutdünken angebracht hatte.

Eines allerdings konnte man bei ihnen allen bemerken, nämlich, daß jeder sein Gesicht angemalt hatte, die einen mit weißer, die anderen mit schwarzer, wieder andere mit weiteren Farben, und daß ein jeder Mann das eine oder andere als Geschenk trug. Das Ende des Zuges bestand aus Frauen und Kindern. Jede der Frauen trug vor ihrer Brust einen oder zwei runde Körbe, die mit verschiedenen Dingen gefüllt waren, mit Tabaksäcken, einer Wurzel, die sie petah nennen und aus der sie eine Art Mehl machen, das sie entweder zu Brot verbacken oder roh verzehren; gebratene Fische, ähnlich der Sardine, den Samen und das Kraut der vorher genannten Pflanze und dergleichen.

Ihre Körbe waren in der Form wie tiefe Schüsseln, und obwohl das Material, aus dem sie gefertigt waren, Binsen oder etwas ähnliches waren, waren sie doch so geschickt gearbeitet, daß die meisten wasserdicht waren. An ihren Rändern waren die Körbe mit Stücken der Perlmuschel verziert, und an einigen Stellen mit zwei oder drei Gliedern der vorher genannten Ketten. Das bedeutete, daß es Gefäße waren, die ganz und gar dem alleinigen Gebrauch der Götter gewidmet waren, die die Eingeborenen verehrten; und außerdem waren sie mit dem dichten Flaum roter Federn bedeckt, die sich in verschiedener Bearbeitung und Form darboten.

In der Zwischenzeit hatte unser Kapitän seine Männer zusammengezogen (um gegen alle möglichen Gefahren und Übel gefeit zu sein) und sich darauf vorbereitet, auf alle Fälle sicherzugehen, so daß wir jederzeit verteidigungsbereit seien, falls sich irgend etwas anders als erwartet oder vorausgesehen entwickeln sollte.

Unser Kapitän nahm innerhalb des befestigten Platzes Aufstellung, wo jedermann kampfbereit war, und nahm bei ihrem Näherkommen eine sehr kriegerische Haltung ein (wie er es auch immer sonst bei ihrem Kommen tat). Wären sie bittere Feinde gewesen, so wäre ihnen keine andere Möglichkeit geblieben, als in Furcht und Schrekken zu geraten und völlig entmutigt zu werden, irgend etwas gegen uns zu unternehmen, nachdem sie das gesehen hatten.

Als sie uns geschlossen etwas näher gekommen waren, entboten sie uns alle ihren Gruß, wobei sie allgemeines Stillschweigen bewahrten. Dann verkündete derjenige, der das Zepter vor dem König hertrug, das, was ihm von einem anderen vorgesagt wurde, den der König zu dieser Aufgabe bestimmt hatte. Er wiederholte mit einer gut hörbaren und männlichen Stimme das, was der andere ihm im geheimen zuflüsterte, und seine Rede oder Proklamation dauerte mindestens eine halbe Stunde. Am Ende derselben erfolgte ein gemeinsames Amen, das als Zeichen der Zustimmung von allen gesprochen wurde. Dann kam der König selbst mit der ganzen Schar der Männer und Frauen (nur die kleinen Kinder blieben zurück) weiter den Berg herunter, und dabei gruppierten sie sich wieder in derselben Reihenfolge wie zuvor.

Als sie zum Fuß des Berges und in die Nähe unserer Befestigung gekommen waren, stimmte der Zepterträger mit gelassenem Ausdruck und stolzer Haltung einen Gesang an und machte im Takt dazu gewisse Tanzbewegungen. Der König und seine Leibwache und alle anderen, die ihnen folgten, sangen und tanzten auf die gleiche Weise, mit Ausnahme der Frauen, die zwar tanzten, sonst aber schwiegen. Beim Tanzen bewegten sie sich vorwärts, und unser Kapitän, der ihr argloses Vorhaben begriff, gab den Befehl, sie ungehindert und unverzüglich in unsere Befestigungen zu lassen. In diesen setzten sie noch eine erhebliche Zeit ihren Gesang und ihren Tanz fort. Ihre Frauen folgten ihnen mit Trinkgefäßen in den Händen. Die Körper der Frauen waren wund, ihre Gesichter zerrissen, ihre Brüste und andere Teile ihres Körpers waren mit Blut besudelt, das aus den Wunden tropfte, die sie sich vor ihrem Kommen mit ihren Nägeln beigebracht hatten.

Nachdem die Eingeborenen genug hatten oder sich eher erschöpft fühlten, gaben sie unserem Kapitän durch Zeichen zu verstehen, er solle sich niedersetzen. Sowohl der König wie auch mehrere andere richteten verschiedene Reden an ihn, oder eher, wenn wir sie verstanden hätten, Bitten, er solle das Land und das Königreich in seinen Besitz nehmen und ihr Herr und König werden. Sie bedeuteten unserem Kapitän, daß sie ihm ihre Rechte und Besitztitel für das ganze Land übertragen und daß sie selbst und ihre Nachkommen seine Vasallen werden wollten. Um uns völlig zu überzeugen, daß das ihre ernsthafte Absicht und ihr Wille sei, fielen der König und alle anderen in einen freudigen Gesang und setzten unserem Kapitän mit allgemeiner Zustimmung und großer Ehrerbietung die Krone auf das Haupt, schmückten seinen Hals mit allen ihren Ketten und boten ihm viele Gaben dar, andere ehrten ihn mit der Anrede Hioh. Daran schloß sich (so schien es) ein Triumphgesang und ein Triumphtanz, weil sie nicht nur den Besuch der Götter erhalten hatten (denn für solche hielten sie uns weiterhin), sondern weil der größte und Hauptgott jetzt ihr Gott, König und Herr geworden war und sie die einzigen glücklichen und gesegneten Menschen auf der Welt waren.

Da uns all das so freizügig angeboten wurde, hielt es unser Kapitän nicht für sinnvoll, diese Dinge zurückzuweisen oder abzulehnen. Er wollte ihnen weder einen Anlaß zu Mißtrauen oder Abneigung geben (denn dieses war der einzige Ort, wo wir im Augenblick die Möglichkeit hatten, viele unserer Bedürfnisse zu decken), auch wußte er nicht, zu welchem guten Zweck Gott dieses hatte geschehen lassen, noch, welche Ehre und welchen Gewinn es für unser Land in der Folgezeit bringen könnte.

Deshalb nahm er im Namen und zu Nutzen Ihrer Allergnädigsten Majestät das Zepter, die Krone und die Königswürde des besagten Landes entgegen. Er wünschte nichts mehr, als daß es zu Nutz und Frommen Ihrer Majestät günstiger gelegen hätte, da es jetzt ihr eigen war, und daß die Reichtümer und Schätze dieses Landes (an denen es in den höher gelegenen Teilen Überfluß hat) zu Gewinn und Nutzen ihres Königreiches ebenso leicht befördert werden könnten, wie sie hier gewonnen werden konnten. Außerdem hätte er gewünscht, daß so fügsame und liebenswerte Leute, wie sie zu sein schienen, Mittel und Wege gehabt hätten, um ihren Gehorsam der Königin als einer Dienerin der Kirche Christi zu zeigen, und daß sie durch die Auslegung der Bibel zum rechten Glauben an einen wahren und ewigen Gott geführt werden könnten.

Nachdem die Feierlichkeiten der Aufgabe und Annahme der Königsherrschaft vollzogen waren, mischte sich das einfache Volk, Männer und Frauen, unter unsere Leute, während der König und seine Leibwache bei unserem Kapitän blieben. Die Eingeborenen nahmen jeden unserer Leute genau in Augenschein, und wenn sie jemand fanden, der ihnen besonders gut gefiel (das waren im allgemeinen die jüngsten von uns), so nahmen sie ihn in ihre Mitte und boten ihm ihre Opfergaben an. Dabei stießen sie jämmerliche Schreie und Seufzer aus, weinten und kratzten und rissen sich mit ihren Fingernägeln ihre Gesichter blutig. Nicht nur die Frauen taten das, nein, selbst alte Männer brüllten und schrien und waren ebenso gewalttätig gegen sich selbst wie die Frauen.

Wir seufzten in Gedanken, als wir sehen mußten, wie weit es der Macht des Satans gelang, diese harmlosen Seelen zu verführen, und bemühten uns mit allen Mitteln, indem wir ihnen unseren großen Widerwillen zeigten, und als das nichts nützte, indem wir ihre Hände festhielten, um sie von ihrem Wahn abzubringen. Wir erhoben unsere

281

Blicke und Hände gen Himmel und wiesen die Eingeborenen zu dem lebendigen Gott, dem sie dienen sollten. Sie waren aber so besessen von ihrem Götzendienst, daß keine Gewalt sie davon abhalten konnte. (Sobald sie ihre Hände wieder frei bewegen konnten, benahmen sie sich so gewalttätig wie zuvor.) Sie setzten ihre Anbetung solange fort, bis die Männer, die sie vergötzten, in ihre Zelte gehen mußten. Die Eingeborenen, die wie außer sich waren, versuchten, ihnen in zügelloser Wildheit zu folgen.

Nachdem mit der Zeit ihre Raserei sich ein wenig gelegt hatte, begannen die Eingeborenen, uns ihre Leiden und Krankheiten zu zeigen, die sie plagten. Einige von ihnen hatten chronische Leiden, verkümmerte Sehnen, alte Wunden und krebsartige Geschwüre, andere neuere Verletzungen und dergleichen. Auf sehr klägliche Weise suchten sie Hilfe und Heilung bei uns. Sie gaben uns durch Zeichen zu verstehen, daß, wenn wir nur auf ihre Wunden bliesen oder die kranken Stellen mit der Hand berührten, sie wieder genesen würden.

Wir konnten nichts anderes tun, als sie zu bemitleiden und nach Kräften versuchen, ihnen zu helfen. Wir flehten zu Gott (es möge Ihm gefallen, ihre Augen zu öffnen) und sie erkennen zu lassen, daß wir Menschen und keine Götter seien. Um ihre Krankheiten zu heilen, verwandten wir die üblichen Mittel, Lösungen, Pflaster und Salben, die am besten zur Bekämpfung ihrer Leiden geeignet waren (soweit wir das mit unserem geringen Wissen beurteilen konnten). Wir flehten Gott an, Er möge zu Seinem Ruhme geben, daß ihre Krankheiten durch diese Mittel geheilt würden.

Während der ganzen Zeit unserer Anwesenheit an jenem Orte gab es nur wenige Tage, an denen sie nicht bei uns waren, und in der Regel brachten sie uns jeden dritten Tag ihre Opfergaben, bis der Zeitpunkt kam, an dem sie endlich verstanden, daß wir uns darüber nicht freuten, sondern ungehalten waren. Daraufhin ließ ihr Eifer nach, und sie überbrachten uns zu unserer Freude eine Zeitlang keine Opfergaben mehr. Sie kamen jedoch weiterhin in großen Scharen zu uns und vergaßen dabei vielfach, sich mit Fleisch für ihren eigenen Lebensunterhalt zu versorgen, so daß unser Kapitän (den sie als ihren Vater ansahen) genötigt war, Vaterstelle bei ihnen zu vertreten und sie mit den Lebensmitteln zu versorgen, die wir für uns selbst vorgesehen hatten, z. B. Muscheln, Robben und dergleichen, womit die Eingeborenen überaus zufrieden waren. Da sie erkannt hatten, daß ihre Opfergaben uns mißfielen, suchten sie uns (weil sie nicht undankbar sein wollten) mit den Dingen zu entschädigen, die sie hatten. Sie zwangen uns diese auf, obwohl es doch notwendig gewesen wäre, daß sie sie behalten hätten.

Diese Eingeborenen sind ein umgängliches, freies und liebenswertes Volk, das Arglistigkeit oder Verrat nicht kennt. Sie gebrauchen Pfeil und Bogen (ihre einzigen Waffen, und beinahe ihr einziger Reichtum) sehr geschickt, aber sie richten mit ihnen keinen großen Schaden an, da diese so schwach sind, daß sie eher für Kinder als für Männer geeignet sind. Ihre Pfeile reichen nicht weit und haben auch keine große Durchschlagskraft. Das ist erstaunlich, denn die Männer haben gewöhnlich eine solche Körperkraft, daß ein Mann mit Leichtigkeit das auf dem Rücken tragen kann, was zwei oder drei unserer Leute kaum bewältigen könnten. Willfährig und mühelos tragen sie eine Last eine englische Meile bergauf und bergab. Sie können auch außerordentlich schnell und weit laufen und sind an diese Form der Bewegung so gewöhnt, daß sie selten gehen, sondern meistens laufen. Eine Tatsache beobachteten wir bei ihnen mit Bewunderung: Jedes Mal, wenn sie einen Fisch so nahe dem Ufer sahen, daß sie ihn, ohne zu schwimmen, erreichen konnten, fingen sie ihn eigentlich immer.

Nachdem wir alle unsere notwendigen Angelegenheiten gut zu Ende geführt hatten, unternahm unser Kapitän mit seinen Herren und vielen Leuten seiner Mannschaft einen Streifzug in das Land, um sich die Art des Wohnens der Eingeborenen anzuschauen und sich besser mit der Natur und den Gegebenheiten des Landes vertraut zu

Die Messingplatte, die 1936 an der Küste Kaliforniens in der Nähe von San Francisco gefunden wurde

machen. *Ihre Häuser waren alle so gebaut, wie wir es schon vorher beschrieben haben. Da jeweils viele von ihnen an einer Stelle standen, konnte man von verschiedenen Dörfern hier und dort sprechen. Wir stellten fest, daß das Inland sich erheblich von der Küste unterschied. Es war anmutig und fruchtbar und bot viele Dinge im Überfluß, die sich der Mensch nutzbar machen konnte. Es gab riesige Mengen eines sehr großen und fetten Hochwildes, das wir zu Tausenden sahen und das, wie wir vermuteten, zu einer Herde gehörte, außerdem eine noch größere Anzahl einer merkwürdigen Art von Kaninchen. Kopf und Körper dieser Kaninchen ähneln denen anderer Kaninchen, sind aber sehr klein, der Schwanz ist wie der einer Ratte außerordentlich lang, und die Füße wie die Pfoten eines Maulwurfs. Unter dem Kinn hat das Tier auf jeder Seite einen Sack, in dem es Fleisch aufbewahrt, wenn es seinen Bauch gefüllt hat, um damit entweder seine Jungen zu füttern oder sich selbst zu ernähren, wenn es seinen Bau nicht verlassen will. Die Eingeborenen essen diese Tiere und schätzen ihr Fell sehr, der Festtagsmantel des Königs ist daraus gefertigt.*

Unser Kapitän gab diesem Lande den Namen Albion, und zwar aus zwei Gründen: erstens wegen der weißen Ufer und Klippen, die man von See aus erblickt, und zweitens, damit es auch vom Namen her eine Verwandtschaft mit unserem Lande habe, das manchmal so genannt wird.

Bevor wir von dort abfuhren, ließ unser Kapitän eine Tafel zum Gedenken an unsere Anwesenheit dort errichten, auf der auch der Besitztitel unserer Königin und ihrer Nachfolger an diesem Königreich vermerkt war. Es war eine Messingplatte,[1] *die fest auf einen großen und starken Pfosten genagelt war.*

[1]Im Jahre 1936 wurde an der Küste Kaliforniens in der Nähe von San Francisco eine Messingplatte gefunden, auf die diese Beschreibung zutrifft. Sie wurde ausführlich in den Monographien, die von der California Historical Society (1953, 1962 – siehe Bibliographie) herausgegeben wurden, beschrieben und erörtert. Die Platte trägt die sehr grob eingravierte

Auf ihr waren der Name Ihrer Majestät, das Jahr und der Tag unserer Ankunft dort und die freiwillige Übergabe des Landes und Königreiches durch König und Volk an Ihre Majestät eingraviert; sie enthielt ferner das Abbild und Wappen Ihrer Majestät, in einem Sixpencestück gültiger Währung. Dieses Geldstück befand sich in einem Loch, das zu diesem Zweck in die Platte gebohrt worden war, darunter war der Name unseres Kapitäns eingraviert, usw. Die Spanier waren nie so weit nach Norden gelangt und hatten keinen Fuß in dieses Land gesetzt; die äußerste Grenze ihrer Entdeckungen lag viele Grade südlich dieser Stelle.

Als jetzt die Eingeborenen merkten, daß die Zeit unserer Abreise näherkam, schienen Sorge und Elend bei ihnen immer größer zu werden. Je sicherer sie unserer Abreise wurden, desto zweifelhafter schien es ihnen, was sie tun sollten. Wir konnten leicht erkennen, daß (ihre übergroße) Freude, mit der sie uns bei unserer Ankunft empfangen hatten, jetzt in ihrer übergroßen Trauer über unser Weggehen unterging. Sie verloren nicht nur ganz plötzlich alle Heiterkeit und Freude, ihre frohe Gemütsruhe, ihre Fähigkeit der angenehmen Rede, ihre körperliche Gewandtheit und ihre vertraute Fröhlichkeit sowie auch alle Lust an Vergnügen, die sie liebten, sondern mit Seufzen und Klagen, mit schwerem Herzen und betrübtem Sinn gaben sie schmerzerfüllte Laute und Stöhnen von sich und quälten sich mit bitteren Tränen und rangen ihre Hände voller Verzweiflung. Sie verweigerten jeden Trost und sahen sich als Ausgestoßene an, die von den Göttern im Stich gelassen wurden. Nichts, was wir sagen oder tun

Inschrift: Hiermit sei es allen Menschen kund; 17. Juni 1579. Durch die Gnade Gottes und im Namen Ihrer Majestät, der Königin Elisabeth von England und aller ihrer Nachfolger ergreife ich Besitz von diesem Königreich, dessen König und Volk aus freiem Willen ihr Besitzrecht an dem ganzen Land Ihrer Majestät übertragen haben und dem ich jetzt zur Kenntnis aller den Namen Neu-Albion gegeben habe. G. Francis Drake. Unter dieser Inschrift befindet sich ein Loch, in dem sich die Sixpencemünze befunden haben mag. Die Echtheit dieser Platte ist umstritten, aber die metallurgischen und die Indizienbeweise scheinen sehr positiv zu sein.

konnten, vermochte ihnen ihre schwere Last zu erleichtern oder sie ihrer Verzweiflung zu entreißen, in die sie, wie es ihnen schien, unsere Abfahrt stoßen würde.

Allein, da sie erkannten, daß sie die Freude unserer Gegenwart nicht länger haben konnten, sahen sie es (da sie uns tatsächlich für Götter hielten) als ihre Pflicht an, uns anzuflehen, in der Zeit unserer Abwesenheit an sie zu denken, und gaben uns durch Zeichen zu verstehen, daß sie uns in Zukunft wiedersehen wollten. Sie brachten uns heimlich ein Opfer dar und entzündeten es, bevor wir dessen gewahr wurden, und verbrannten darin eine Kette und ein Büschel Federn. Wir bemühten uns mit allen uns zur Verfügung stehenden Mitteln, sie davon zurückzuhalten, konnten uns aber nicht durchsetzen, bis wir zuletzt zu beten begannen und Psalmen sangen, wodurch sie sofort verlockt wurden, ihre Torheit zu vergessen, ihr Opfer unvollzogen und ihr Feuer ausgehen zu lassen. Sie ahmten alle unsere Bewegungen nach und erhoben ihre Augen und Hände gen Himmel, wie sie es uns tun sahen.

Am 23. Juli nahmen sie traurigen Abschied von uns, aber da sie unglücklich waren, uns aus den Augen zu verlieren, liefen sie sogleich zu den Bergkuppen hinauf, um uns, solange sie nur konnten, nachzublicken. Sie entzündeten vor sich und hinter sich und an ihren Seiten Feuer, in denen sie (so steht zu vermuten) Opfergaben anläßlich unserer Abfahrt verbrannten.

Nicht weit von unserem Ankerplatz entfernt lagen einige Inseln (wir nannten sie die St. Jakobinseln[1]), auf denen es große Mengen von Robben und Vögeln gibt. Zu einer dieser Inseln kamen wir am 24. Juli und fanden dort soviel Proviant, daß wir für eine Zeitlang reichlich versorgt waren. Am nächstfolgenden Tage, dem 25. Juli, fuhren wir wieder ab. Unser Kapitän zog jetzt in Betracht, daß die bittere Kälte nicht nur andauerte, sondern sich noch verstärkte, die Sonne sich noch weiter von uns entfernt hatte und der Wind weiterhin (wie er es zuerst

[1]Die Farallones-Inseln in der Höhe von San Francisco.

getan hatte) aus Nordwest blies und uns keine Hoffnung ließ, eine Durchfahrt durch diese nördlichen Regionen zu finden.[1]

Er hielt es deshalb für notwendig, keine Zeit zu verlieren, und richtete mit unserer Zustimmung seinen Kurs direkt auf die Molukken. 68 Tage lang sichteten wir kein Land und sahen nur den Himmel und die See. Wir setzten unsere Fahrt über den Ozean bis zum 30. September fort, an dem wir einige Inseln[2] sichteten, die etwa 8 Grad nördlich des Äquators liegen.

Sogleich nachdem sie uns entdeckt hatten, kamen von dort eine große Anzahl von Kanus, die je nach Größe vier, sechs, vierzehn oder sechzehn Mann an Bord hatten und die Kokosnüsse, Fische, Kartoffeln und andere Früchte geladen hatten. Ihre Kanus waren auf dieselbe Art gebaut wie die Kanus auf allen anderen Inseln der Molukken meistens auch, d. h. aus einem Baumstamm, der mit großer Kunstfertigkeit und großem Geschick ausgehöhlt und außen und innen so geglättet wird, daß das Kanu einen Glanz auf der Oberfläche hat, als sei es ein glänzend polierter Harnisch. Bug und Heck der Boote sind gleich, ein nach innen gebogener Halbkreis großer Höhe, der mit weißen und glänzenden Muscheln über und über bedeckt

[1] Die östliche Einfahrt in die vielgesuchte Nordwestpassage: »Unser Kapitän . . . war der Meinung, daß er sowohl bezüglich seiner persönlichen Verletzungen, die ihm durch die Spanier zugefügt worden waren, wie auch bezüglich der Mißachtung und der schändlichen Behandlung, die die Spanier unserem Land und seinem Monarchen hatten angedeihen lassen, hinlänglich befriedigt und gerächt worden sei . . . Er begann, sich Gedanken über den besten Rückreiseweg zu machen.« *Famous Voyage* (Hakluyt, XI, S. 118).
Drake »erzählte oft seinem Zeugen (Silva) und einigen Spaniern, die er gefangengenommen hatte, daß er den Rückweg durch die Straße ›de Bacallaos‹ (Stockfisch, d. h. die Nordwestpassage) nehmen wolle, zu deren Entdeckung er ausgefahren sei; andernfalls müsse er seine Rückreise über China antreten (d. h. über die Philippinen) . . . Er erzählte den Gefangenen, daß er im Auftrage der Königin, Ihrer Majestät, fahre, deren Befehle er ausführe und denen er gehorche . . . nämlich, die Welt zu umsegeln.« Silva (Nuttall, S. 317–318).
[2] Wahrscheinlich die Pelew-Inseln.

ist. Auf jeder Seite ihrer Kanus haben sie zwei hölzerne Ausleger, die etwa eineinhalb Yards lang sind oder auch kürzer oder länger, je nach dem Fassungsvermögen des Bootes. Am Ende jedes Auslegers war quer ein langes Rohr befestigt, das dazu dient, die Kanus vor dem Kentern zu bewahren, und auch dazu, sie gleichmäßig an beiden Seiten tragen zu können.

Die Eingeborenen haben die unteren Partien ihrer Ohren rund oder halbkreisförmig beschnitten. Die Ohrläppchen hängen sehr tief auf ihre Wangen herab, und die Eingeborenen hängen Dinge von beträchtlichem Gewicht daran. Die Fingernägel einiger dieser Leute waren einen Zoll lang, und ihre Zähne waren so schwarz wie Pech. Diese ihre Zahnfarbe erneuern sie immer wieder, indem sie häufig ein Kraut mit einer Art Pulver essen, das sie zu diesem Zweck in einem Rohr bei sich tragen. Nachdem die erste Welle dieser Kanus unser Schiff erreicht hatte (das zu der Zeit nur wenig Fahrt hatte, weil kaum ein Wind wehte), begannen die Eingeborenen ganz gegen ihre sonstige Art friedlich mit uns zu handeln. Sie boten uns sehr ordentlich eine Sache nach der anderen an und beabsichtigten somit (wie wir erkannten), uns in ein größeres Unheil hineinzuziehen. Sie gaben uns durch Zeichen zu verstehen, näher an die Küste heranzufahren, so daß sie (wenn möglich) sich desto leichter des Schiffes und unserer Mannschaft bemächtigen könnten. Ständig fuhren einige Boote weg und andere kamen, und wir konnten schnell durchschauen, wie die Art dieser Eingeborenen war: hatten sie einmal irgend etwas in ihren Händen, so zahlten sie nichts dafür, noch gaben sie etwas im Tausch, sondern dachten, daß alles, was sie in die Hand bekamen, das Ihre sei. Unverschämt erwarteten sie immer noch mehr zu bekommen, wollten sich aber von nichts trennen. Ja, als sie wegen ihres üblen Handelns von uns zurückgewiesen wurden und wir nichts mehr mit ihnen zu tun haben wollten, da sie uns so mitgespielt hatten, konnten sie sich nicht eher zufriedengeben, bevor sie nicht den Versuch gemacht hatten, sich zu rächen, weil

wir ihnen nicht alles, was sie haben wollten, ohne Gegenwert gaben. Sie hatten einen großen Vorrat an Steinen in
ihren Booten und ließen nun einen Steinhagel auf uns
herniedergehen. Unser Kapitän war weit davon entfernt,
Böses mit Bösem zu vergelten. Um ihnen aber zu zeigen,
daß er Macht genug hatte, ihnen zu schaden (wenn er es
wollte), ließ er eine große Kanone abfeuern, nicht um sie
zu treffen, sondern um sie zu erschrecken. Das hatte die
gewünschte Wirkung. Als sie den Donner der Kanone
hörten, sprangen sie alle aus ihren Kanus in das Wasser
und tauchten unter die Kiele ihrer Boote und blieben dort,
bis sich unser Schiff ein gutes Stück von ihnen entfernt
hatte. Dann kletterten sie alle geschwind wieder in ihre
Kanus und ruderten eiligst zum Ufer zurück.

Ungeachtet dieser Tatsache versuchten andere Eingeborene (die aber alle das gleiche im Schilde führten)
immer wieder, sich uns zu nähern. Als sie erkannten, daß
mit Gewalt nichts zu erreichen war, versuchten sie sich
den Anschein der Ehrlichkeit zu geben und vorzugeben,
mit uns Tauschhandel treiben zu wollen. Unter diesem
Vorwand stibitzten sie gerissen alles, was sie nur konnten.
Einer von ihnen mauste einen Degen und einige Messer
aus dem Gürtel einer unserer Leute, und als man in ihn
drang, diese Sachen wieder zurückzugeben, versuchte er
nur noch, sich weitere Dinge anzueignen. Wir konnten
diese unangenehmen Gesellen erst loswerden, als wir rauh
mit einigen verfuhren und sie in Angst und Schrecken
versetzten. Dann verließen wir diesen Platz, der allen
später dort Vorbeikommenden unter dem Namen »Insel
der Diebe« bekannt werden sollte.

Bis zum 3. Oktober wurden wir ständig von den Eingeborenen belästigt. Von da ab setzten wir unseren Kurs in
Sichtweite des Landes bis zum 16. des gleichen Monats
fort, an dem wir vier Inseln[1] erreichten, die 7 Grad und 5
Minuten nördlich des Äquators liegen. Wir fuhren längs
der Küsten dieser Inseln bis zum 21. Oktober, dann

[1]Die Philippinen, die damals spanischer Besitz waren.

gingen wir vor Anker und nahmen auf der größten von ihnen, die den Namen Mindanao trägt, Wasser auf.

Am 22. Oktober, als wir etwa sechs oder acht Seemeilen südlich von Mindanao[1] zwischen zwei Inseln hindurchfuhren, kamen zwei Kanus zu uns heraus, deren Besatzung gerne mit uns gesprochen hätte und wir mit ihr, aber es erhob sich ein solcher Wind, daß wir nach Süden von ihr abgetrieben wurden. Am 25. Oktober kamen wir an der Insel Talao vorbei, die auf einer Breite von 3 Grad und 40 Minuten liegt. Nördlich von ihr sahen wir drei oder vier andere Inseln; Teda, Selan, Saran (diese drei Namen wurden uns von einem Eingeborenen genannt), deren mittlere auf einer Breite von 3 Grad liegt. Wir fuhren an der vorletzten dieser Inseln vorbei und am ersten Tage des folgenden Monats an der Insel Suaro, die auf einer Breite von 1 Grad und 30 Minuten liegt, und sichteten am 3. November die Molukken, zu denen wir hinwollten.

Die Molukken bestehen aus vier gebirgigen Inseln, die die Namen Terenate, Tidore, Matchan und Batchan[2] tragen. Sie sind alle sehr fruchtbar und haben viel Zwiebelanbau, so daß wir uns zu billigem Preis reichlich mit Zwiebeln versorgen konnten. Östlich dieser Inseln liegt eine sehr große Insel, die den Namen Gillola[3] trägt.

Wir richteten unseren Kurs auf Tidore, aber als wir am 4. November an der Küste einer kleinen Insel entlangse-

[1]»Nachdem Drake die Pelew-Inseln verlassen hatte, scheint er an der St. Andrew- und Mariere-Insel vorbeigesegelt und zum südöstlichen Teil Mindanaos auf den Philippinen gekommen zu sein. Hier ging er anscheinend auf einer Breite von 7 Grad und 5 Minuten vor Anker. Dann segelte er acht Seemeilen weiter nach Sarangani und Batut, fuhr dann an den Siao- und Tagulanda-Inseln vorbei und erreichte Ternate, Tidor und Motir, die vor der Küste Dschilolos liegen. Es ist keineswegs einfach, die Route Drakes aus den Berichten zu rekonstruieren, da in ihnen Namen falsch geschrieben und Breitengrade falsch angegeben sind, aber die oben gemachten Angaben könnten in etwa richtig sein.« Sir Richard Carnac Temple in Penzer, S. LIII.
[2]Ternate, Tidor, Machan, Bachan.
[3]Dschilolo.

gelten, die dem König von Terenate[1] gehörte, fuhr sein Stellvertreter oder Vizekönig in aller Eile mit einem Kanu zu unserem Schiff und kam, ohne Furcht oder Zweifel an unseren guten Absichten zu hegen, sogleich zu uns an Bord. Bei einer Beratung mit unserem Kapitän bat er ihn dringend, auf jeden Fall Terenate und nicht Tidore anzulaufen, und versicherte ihm, daß sein König sich unendlich über sein Kommen freuen und alles für ihn tun würde, was er wolle und im angemessenen Rahmen alle seine Wünsche erfüllen würde. Aus diesem Grunde würde er, der Vizekönig, sich in dieser Nacht bei dem König aufhalten, um ihm die Neuigkeiten zu überbringen. Wenn unser Kapitän einmal mit dem König verhandelt hätte, würde er feststellen, daß dieser ein König sei, dessen Wort man Glauben schenken könne. Würde unser Kapitän dagegen mit den Portugiesen in Verhandlungen treten (die die Herren von Tidore waren), so würde er bemerken, daß sie nichts außer Betrug und Verrat kannten. Außerdem teilte der Vizekönig unserem Kapitän mit, daß sein König nichts mit uns zu tun haben wolle, wenn wir zunächst nach Tidore und dann nach Terenate führen, denn er sehe die Portugiesen als seine Feinde an. Auf Grund dieser Ausführungen beschloß unser Kapitän, Terenate anzulaufen, wo wir dann sehr früh am Morgen des nächsten Tages vor Anker gingen. Unser Kapitän schickte sogleich einen Boten zum König, der ihm einen Samtmantel als Geschenk und Zeichen überreichen sollte, daß wir in friedlicher Absicht kämen. Der Bote sollte weiter mitteilen, daß unser Kapitän nichts weiter brauche als Lebensmittel (die nach einer so langen Reise aufgebraucht seien) und daß er sie auf dem Handelswege und im Austausch von Waren (von denen unser Kapitän ein reichhaltiges Lager hatte) erstehen wolle. Unser Kapitän glaubte das um so eher fordern zu dürfen, einmal, weil es ohne böse Absicht von seiner

[1]Der König von Ternate war Sultan Babur. Zehn Jahre zuvor hatten die Portugiesen unter der Führung von Lopez de Mosquito seinen Vater ermordet. Aus Rache dafür hatte er sie aus Ternate vertrieben und griff ständig ihren Stützpunkt auf Tidor an.

Seite geschah, zum anderen, weil er von dem Vizekönig um seinen Besuch gebeten worden war und dieser ihm versichert hatte, er bekomme alle Dinge, deren er bedürfe.

Zunächst einmal begab sich der Vizekönig gemäß seinem Versprechen zum König und teilte ihm mit, wie mächtig unsere Fürstin sei und welch großem Königreich wir angehörten, was für brauchbare Dinge der König von uns bekommen könne, und zwar nicht nur jetzt, sondern auch späterhin auf dem Handelswege; ja, welche Ehre und welcher Nutzen es sein könne, mit einer so edlen und berühmten Fürstin, wie sie es war, der wir dienten, freundschaftlich verbunden zu sein, und welche Entmutigung es für die Portugiesen, seine Feinde, sein würde, das zu erfahren. Als der König das hörte, gefiel ihm alles so gut, daß, bevor unser Bote auch nur die Hälfte des Weges zurückgelegt hatte, er erneut den Vizekönig zusammen mit verschiedenen anderen Vornehmen und Räten zu unserem Kapitän schickte, um ihm in einer besonderen Botschaft mitzuteilen, er könne nicht nur alles haben, was er benötige, sondern er, der König, würde gerne freundschaftliche Beziehungen mit einer so berühmten Fürstin, wie es die unsrige sei, pflegen. Wenn es unserer Fürstin gut scheine, dieses Angebot anzunehmen, dann würde er den gesamten Handel und Warenaustausch dieser seiner Insel anderen, besonders den Portugiesen (von denen er nichts, es sei denn durch Gewalt, bekam), entziehen und sich ganz auf den Handel mit unserer Nation beschränken, wenn wir wollten. Als Unterpfand sende er unserem Kapitän sein Petschaft, er selbst komme in Kürze mit seinen Brüdern und Edelleuten in Booten oder Kanus zu unserem Schiff, um es dann in einen sicheren Hafen zu geleiten.

Während die Eingeborenen uns ihre Botschaft überbrachten, war unser Bote zum Hofe des Königs gelangt. Auf dem Wege dorthin waren ihm einige Edle entgegengekommen, die ihn jetzt höchst feierlich zu dem König geleiteten, von dem er sehr freundlich und gnädig begrüßt wurde. Nachdem er dem König seine Botschaft überbracht und sein Geschenk überreicht hatte, schien dieser sich dafür zu tadeln, daß er nicht früher persönlich zu unserem Kapitän geeilt war, um sich ihm vorzustellen; kam dieser doch von so weit her und von einer so großen Fürstin. Deshalb machte er sich sogleich zusammen mit den Großen seines Staates und mit seinen Räten in aller Eile auf den Weg, um diesen Fehler wiedergutzumachen.

Die Art und Weise seines Kommens, so fürstlich sie war, wirkte dennoch auf uns sehr merkwürdig und wunderbar. Sie diente nicht so sehr der Darstellung seiner eigenen fürstlichen und königlichen Würde (die groß war), sondern war eher eine Ehrung Ihrer Majestät, deren Untertanen wir waren. Wie sehr es ihm darum ging, wird das Folgende deutlich zeigen.

Vor seinem Kommen nämlich schickte er zuerst 3 große und breite Kanus, in denen die wichtigsten Persönlichkeiten seines Hofes saßen; alle in weißen Batist oder Kattun gekleidet. Über ihren Häuptern spannte sich von einem Ende des Kanus zum anderen ein Dach dünner und feiner Matten, die von einem Rohrgestell getragen wurden. Unter diesem Dache saß ein jeder in der Rangordnung, die sich aus seiner Würde ergab. Die ergrauten Köpfe vieler zeigten die Ehrerbietung, die ihnen gezollt wurde, und machten offensichtlich klar, daß der König bei seinen Staatsgeschäften sich auf den Rat eines ernsthaften und vorsichtigen Gremiums stützte. Außer ihnen sahen wir noch etliche andere, junge und anmutige Männer, die auch in Weiß gekleidet waren, aber mit augenscheinlichen Unterschieden. Sie hatten aber gemäß ihrem Rang die hinteren Plätze.

Die übrigen Leute in den Booten waren Soldaten, die in guter Ordnung auf beiden Seiten des Bootes Aufstellung genommen hatten. Noch mehr zur Außenseite hin saßen die Ruderer auf Galerien, von denen es jeweils drei auf beiden Seiten gab. Die Galerien ragten um etwa 3 bis 4 Yards über die Seiten des Bootes hinaus, eine jede im genauen Abstand niedriger als die andere. Auf jeder dieser Galerien gab es eine gleiche Anzahl von Bänken, auf denen die Ruderer saßen; jeweils etwa achtzig in einem Boot. Im Vorderteil eines jeden Bootes saßen zwei Männer. Der eine hatte eine Trommel, der andere ein Messingstück, worauf sie beide zugleich schlugen. Sie hielten eine genaue und angemessene Zeit zwischen jedem Schlag ein, nach dessen Klang die Ruderer ihren Schlag ausrichteten. Andererseits beendeten die Ruderer ihren Ruderschlag mit einem Gesang, der den anderen das Signal gab, wieder zu schlagen, so legten sie ihren Weg mit einer erstaunlichen Geschwindigkeit zurück. Auch waren ihre Boote nicht unbewaffnet oder bar jeder kriegerischen Ausrüstung, jedes hatte zumindest eine kleine gußeiserne Kanone mit einer Länge von etwa einem Yard, die auf einen Block montiert war, außerdem hatte jeder Mann, abgesehen von den Ruderern, sein Schwert, seinen Degen und seine Tartsche. Einige von ihnen hatten auch andere Waffen, Lanzen, leichte Musketen, Bogen und Pfeile und viele Wurfspieße.

Die Boote kamen in guter Ordnung auf unser Schiff zu und umfuhren es, eins nach dem anderen. Als sie an uns vorüberfuhren, erwiesen uns die Eingeborenen höchst feierlich eine Art Ehrenbezeugung, wobei die Ranghöchsten begannen. Sie verneigten sich mit ehrerbietigem Ausdruck bis zum Boden. Danach setzten sie unseren Boten wieder auf unser Schiff über und taten uns kund, daß ihr König (der persönlich kommen wollte) sie vorausgesandt habe, um unser Schiff zu einem besseren Ankerplatz zu geleiten. Sie baten uns, ihnen eine Trosse zu geben, damit sie uns den Dienst leisten konnten, den ihr König angeordnet hatte, nämlich unser Schiff zu dem vorgesehenen Platz zu schleppen.

Der König selbst kam bald darauf. Als er zusammen mit sechs würdigen und alten Weisen in seinem Boote näher kam, erwies er uns sogleich zusammen mit ihnen seine tiefe Ehrerbietung, und zwar weit demütiger, als man erwarten konnte. Der König war von stattlichem Wuchs, recht beleibt und von guter Gesundheit; sein Gesichtsausdruck war fürstlich und gütig. Er genoß unter den Seinen einen solchen Respekt, daß weder der bereits genannte Vizekönig von Mutir noch irgendeiner seiner Räte anders als kniend zu ihm zu sprechen wagten und sich nicht erhoben, bevor er es ihnen erlaubte.

Da das Kommen des Königs für unseren Kapitän ein Grund zur Freude war, empfingen wir ihn auf die bestmögliche Art, wie es seinem Rang entsprach. Unsere Kanonen wurden abgefeuert, außerdem eine Anzahl von Schüssen aus kleineren Feuerwaffen, dazwischen erklangen unsere Trompeten und andere Musikinstrumente, die mehr oder weniger laut waren. Der König war davon so entzückt, daß er darum bat, unsere Musikanten möchten in das Boot kommen. Er ließ sein Fahrzeug an dem Boot festmachen und sich so mindestens eine Stunde schleppen, wobei das Boot am Heck unseres Schiffes vertäut war. In dieser Zeit sandte ihm unser Kapitän Geschenke, um einmal die erwiesenen Aufmerksamkeiten zu vergelten, zum anderen, um das gute Einverständnis und die begonnene Freundschaft zu bekräftigen.

Während der König sich so in einem Paradies der Musik befand und das genoß, was ihm so sehr gefiel, erschien sein Bruder namens Moro mit gleicher Prachtentfaltung, ebenfalls von einer großen Anzahl von stattlichen Männern begleitet. Er zollte uns den gleichen Respekt, und nachdem er uns seine Huldigung erwiesen hatte, ordnete er sich achtern ein, bis wir vor Anker gingen. Unser Kapitän ließ seine höfliche Aufmerksamkeit nicht unerwidert, sondern beschenkte auch ihn reichlich, bevor wir abfuhren.[1]

Sobald wir vor Anker gegangen waren, bat der König, ihn zu entschuldigen, und entfernte sich. Er versprach uns, am nächsten Tage zu uns an Bord zu kommen; in der Zwischenzeit wolle er alles vorbereiten und uns die Lebensmittel schicken, die für unsere Versorgung notwendig und erforderlich seien.

[1]Der hier gegebene Bericht über den Besuch von Ternate sowie auch einige andere Stellen enthalten viele Einzelheiten, die nicht in der *Famous Voyage* stehen.

Entsprechend bekamen wir in jener Nacht und am darauffolgenden Morgen alles, was man dort einhandeln konnte, nämlich Reis in beachtlicher Menge, Hühner, Zuckerrohr, Rohzucker und Sirup, eine Frucht, die dort Figo heißt (Magellan nennt sie eine spannenlange Feige, aber sie ist nichts anderes als die Frucht, die die Spanier und Portugiesen Paradiesfeige nennen), Kokosnüsse und eine Art Mehl, das sie Sago nennen und das sie aus den Spitzen bestimmter Bäume machen. Es schmeckt wie Sauermilch, aber schmilzt im Mund wie Zucker. Die Eingeborenen machen daraus eine Art Kuchen, der sich mindestens zehn Jahre hält. Von diesem letztgenannten Artikel nahmen wir die größte Menge an Bord. Wir handelten auch einige Gewürznelken ein, von denen wir für wenig Geld mehr hätten haben können, als wir verstauen konnten. Unserem Kapitän war aber daran gelegen, wegen ihres aufdringlichen Geruchs nicht zuviel davon an Bord zu nehmen.

Zur festgesetzten Zeit erwartete unser Kapitän (der alles hatte in Ordnung bringen lassen, um den König geziemend zu empfangen) die Rückkehr desselben. Der König aber hielt weder die festgesetzte Zeit noch sein Versprechen ein, sondern sandte seinen Bruder, der ihn entschuldigte und unseren Kapitän bat, an Land zu kommen. Der königliche Bruder sollte in der Zwischenzeit als Unterpfand für seine sichere Rückkehr an Bord bleiben. Unser Kapitän wäre dazu bereit gewesen, hätte der König nicht zuerst sein Wort gebrochen. In Anbetracht dieser Tatsache entstand eine äußerste Abneigung gegen diesen Plan bei der gesamten Mannschaft, die um keinen Preis zustimmen wollte, daß sich unser Kapitän so in Gefahr begebe; zumal der Bruder des Königs in einer geheimen Besprechung mit unserem Kapitän in dessen Kabine gewisse Worte geäußert hatte, die einen erheblichen Verdacht böser Absicht aufkommen ließen. Da unser Kapitän entschlossen war, zu diesem Zeitpunkt nicht an Land zu gehen, akzeptierte er den Vizekönig als Geisel und sandte einige seiner Herren zu dem königlichen Hof, um den

Bruder des Königs zu geleiten und um dem König selbst eine besondere Botschaft zu überbringen.

Als unsere Herren in die Nähe der Burg gekommen waren, wurden sie von einem anderen Bruder des Königs und anderen Würdenträgern des Staates empfangen und mit großen Ehren zur Burg geleitet. In einem sehr großen und schönen Haus vor der Burg sahen sie eine große Menschenmenge, die sich versammelt hatte, schätzungsweise mindestens 1000. Die Bedeutendsten hatten ringsum im Hause Aufstellung genommen, abgestuft nach ihrem Rang und Ansehen; die restlichen Leute standen draußen.

Das Haus war viereckig und vollständig mit Tuch von verschiedener Farbe abgedeckt, recht ähnlich unseren üblichen Wandbehängen auf Bambusrahmen; die Seiten waren von der Erde bis zur Abdeckung offen. Ringsherum standen Sitzgelegenheiten. Es schien das Beratungshaus zu sein und gewöhnlich nicht für andere Zwecke gebraucht zu werden.

Auf der Seite des Hauses, die der Burg zugewandt war, stand der Thronstuhl. Unmittelbar darüber spannte sich ein sehr schöner und reich bestickter Baldachin, der nach allen Seiten weit ausschwang. Der Boden unter dem Thronstuhl war in einem Umkreis von 10 bis 12 Schritt mit gewirkten Teppichen bedeckt.

Während unsere Herren dort auf das Kommen des Königs warteten, der sich etwa eine halbe Stunde Zeit ließ, hatten sie die beste Gelegenheit, alle diese Dinge in Augenschein zu nehmen. Vor dem Eintreffen des Königs hatten dort bereits 60 edle, gesetzte und betagte Würdenträger Platz genommen, die alle Mitglieder des königlichen Staatsrates waren. An dem unteren Ende des Hauses saß eine große Anzahl von jüngeren Männern von angenehmem Äußeren. Außerhalb des Hauses auf der rechten Seite standen 4 ehrwürdige weißhaarige Männer, von oben bis unten in Rot gekleidet, die auf dem Haupte eine ähnliche Kopfbedeckung wie die Türken trugen. Diese nannten sie Römer oder Fremde; sie waren als ständige

Botschafter dort, um den Handel mit diesem Volk aufrechtzuerhalten. Als Botschafter gab es dort auch zwei Türken und einen Italiener; und schließich war da noch ein Spanier, der von dem König aus den Händen der Portugiesen befreit worden war, als er sich wieder dieser Insel bemächtigte, und der ihm jetzt als Soldat diente.

Schließlich kam der König von der Burg, gefolgt von 8 bis 10 weiteren ernsten Würdenträgern. Ein reich gestalteter Baldachin (der in der Mitte mit Goldreliefs geschmückt war) wurde über ihn gehalten; 12 Lanzenträger schritten, die Lanzenspitzen nach unten geneigt, zu seinem Schutze neben ihm her. Unsere Leute (in der Begleitung von Moro, dem Bruder des Königs) erhoben sich, um ihn zu begrüßen, und der König hieß sie gnädig willkommen und richtete das Wort an sie. Er war so, wie wir ihn zuvor beschrieben hatten; er sprach leise und zurückhaltend, hatte ein königliches Auftreten und war seiner Rasse nach ein Mohr. Seine Kleidung entsprach der seiner Landsleute, war aber weit prächtiger, wie es sein Rang und Stand verlangten. Von der Taille abwärts trug er ein sehr reiches goldgewirktes Gewand, seine Beine waren bloß, aber seine Füße bedeckte ein Paar Schuhe aus rotgefärbtem Ziegenleder. In seinen Kopfputz waren mehrere Goldringe, die 1 oder 1½ Zoll breit waren, sehr geschickt eingearbeitet, was dem Träger ein sehr schönes und fürstliches Aussehen gab und ein wenig an eine Krone erinnerte. Um seinen Hals trug er eine Kette aus reinem Gold, mit großen doppelten Gliedern. An seiner linken Hand steckten ein Diamant, ein Smaragd, ein Rubin und ein Türkis, 4 sehr schöne und vollkommene Edelsteine; an seiner rechten Hand trug er einen Ring mit einem sehr großen und makellosen Türkis und einen anderen Ring, auf dem viele kleinere Diamanten sehr kunstvoll gefaßt waren.

So ließ sich der König auf seinem Thronstuhl nieder, zu seiner Rechten ein Page mit einem sehr kostbaren Fächer (reich bestickt und mit Saphiren besetzt). Der Page wedelte dem König frische Luft zu, um diesen zu erfrischen, weil der Ort sehr heiß war; einmal wegen der

Sonnenwärme, zum anderen wegen der großen dort versammelten Menschenmenge. Nachdem unsere Herren ihre Botschaft überbracht und eine Antwort erhalten hatten, wurde ihnen gestattet, sich zu verabschieden. Sie wurden von einem der bedeutendsten Männer des königlichen Rates, den der König selbst mit dieser Aufgabe betraute, sicher zurückgeleitet.

Unsere Herren, die, so gut es ging, die Burg näher betrachteten, konnten nicht feststellen, daß sie ein sehr fester Platz war. Sie sahen dort nur zwei Kanonen, und diese waren zu dem Zeitpunkt nicht feuerbereit, weil sie nicht montiert waren. Diese wie auch alle weitere Ausrüstung ähnlicher Art haben die Eingeborenen von den Portugiesen, die auch die Burg selbst gebaut hatten, während sie jenen Ort und jene Insel beherrschten. Die Portugiesen hatten versucht, ein tyrannisches Regiment über dieses Volk zu führen (wie sie es andernorts getan hatten). Sie hatten sich nicht mit dem erreichten Zustand zufriedengegeben (sondern gedacht, ganze Arbeit zu leisten, indem sie kein Mitglied des königlichen Hauses am Leben ließen, das Anspruch auf den Thron stellen konnte). Grausam ermordeten sie den König selbst (den Vater des jetzigen Herrschers) und beabsichtigten, genauso mit allen seinen Söhnen zu verfahren. Diese Grausamkeit führte jedoch nicht zu einer Festigung, sondern zu einer Erschütterung ihrer unrechtmäßigen Herrschaft, so daß sie genötigt waren, den Ort und die ganze Insel zu verlassen, um ihr Leben zu retten, ohne irgendwelche Geräte, Munition oder anderes mitnehmen zu können.

Um den Mord an ihrem Vater zu rächen, hatten der gegenwärtige König und seine Brüder so zugeschlagen, daß die Portugiesen völlig von dieser Insel vertrieben wurden und zufrieden sein mußten, daß sie sich noch auf Tidore halten konnten. Während der 4 Jahre seiner Herrschaft hatte der König seinen Machtbereich ausgedehnt und war in dem Augenblick (wie uns versichert wurde) der Herr von etwa 100 umliegenden Inseln. Er bereitete seine Truppen darauf vor, den Portugiesen sogar ihre Herrschaft über Tidore streitig zu machen.

Die dortigen Einwohner sind Mohren, deren Religion[1] zum erheblichen Teil aus gewissen abergläubischen Beobachtungen des Neumondes und der Jahreszeiten besteht und die von ihren Anhängern ein äußerst strenges Fasten verlangt. Wir konnten in dieser Hinsicht Erfahrungen bei dem Vizekönig und seinem Gefolge sammeln, die sich den größten Teil unserer Zeit dort bei uns an Bord aufhielten. Während der vorgeschriebenen Zeit aßen und tranken sie am Tage nichts, nicht einmal eine Tasse kaltes Wasser (so eifrig sind sie in ihrer selbstauferlegten Anbetung), aber in der Nacht aßen sie dreimal, und das reichlich. Dieses Terenate liegt auf einer nördlichen Breite von 27 Minuten.

Während wir im Hafen von Terenate vor Anker lagen, kam außer den Eingeborenen ein anderer, stattlicher Herr zu uns, der von seinem Dolmetscher begleitet wurde, um unser Schiff zu besichtigen und sich mit unserem Kapitän zu beraten. Er war sehr nach unserer Art gekleidet, sehr elegant und höfisch, sein Auftreten war achtunggebietend und sein Benehmen das taktvollste, das wir je gesehen hatten. Er erzählte uns, daß er auf jenen Inseln nur ein Fremder sei, seine Heimat sei die Provinz Paghia in China. Sein Name sei Pausaos und er entstamme der Familie der Hombu[2]. 11 Mitglieder dieser Familie hätten in ununterbrochener Folge 200 Jahre lang regiert. König Bonog, nach dem Tode seines älteren Bruders (der durch einen Sturz vom Pferde ums Leben kam) der rechtmäßige Erbe ganz Chinas, sei der 12. dieses Stammes. Er sei 22 Jahre alt, seine Mutter lebe noch, er habe eine Frau und mit ihr einen Sohn. Der König werde von allen seinen Untertanen sehr geliebt und hoch in Ehren gehalten und lebe in Frieden ohne jede Furcht vor einem feindlichen Einfall. Die Glücksgötter hätten es jedoch nicht zugelassen, daß er, unser Besucher, seinen Anteil an dem Glück habe, das sein

[1] Islam

[2] »Wahrscheinlich Hung-Woo, das Haupt der Ming-Dynastie, der A. D. 1368 regierte.« Vaux

König und sein Land genössen, so sehr er es auch
wünschte.

Er sei eines Kapitalverbrechens angeklagt worden, dessen er zwar nicht schuldig gewesen sei, für das er aber
nicht den Beweis seiner Unschuld hatte antreten können.
Er wußte, daß die peremptorische Justiz Chinas unwider-
ruflich war, wenn er den Spruch der Richter abwartete. Er
richtete deshalb das Bittgesuch an seinen König, er möge
seinen Prozeß Gottes Vorsehung und Urteil überlassen
und ihm gestatten, unter folgender Bedingung auf Reisen
zu gehen: Brächte er nicht eine so wertvolle Information
von seiner Reise zurück, wie sie Seine Majestät nie gehabt
habe, eine Information, die höchst erfahrenswert und
ehrenvoll für China sei, so werde er für immer im Exil
bleiben oder den Tod erleiden, wenn er es je wagen sollte,
wieder den Fuß in sein Land zu setzen. Er sei aber sicher,
daß Gott im Himmel ihm bei dem Beweis seiner Unschuld
beistehen werde.

Der König sei seiner Bitte nachgekommen, und jetzt
befinde er sich schon 3 Jahre lang im Ausland. Er sei
gerade eben von Tidor gekommen (wo er sich 3 Monate
aufgehalten habe), um den englischen Kapitän kennenzu-
lernen, von dem er so merkwürdige Dinge gehört habe
und von dem er (so es Gott gefalle) die Kenntnisse erhalten
wolle, die ihm den Weg zu einer Rückkehr in sein Land
ebnen könnten. Er bat deshalb ernsthaft unseren Kapitän,
ihm den Grund und die Art und Weise zu nennen, auf die
er den weiten Weg von England hierher zurückgelegt
habe, wie auch die vielfältigen Begebenheiten, die sich auf
dem Wege zugetragen hatten.

Unser Kapitän befriedigte jeden Teil dieses Wunsches,
und der Fremde lauschte mit großer Aufmerksamkeit und
großem Entzücken seiner Rede. Da der Fremde über ein
ausgezeichnetes Gedächtnis verfügte (und außerdem über
genug Erfindungsgabe, um dem Gedächtnis nachzuhel-
fen), merkte er sich alles gut und dankte von tiefstem
Herzen Gott, der ihn so unerwartet von so bewundernswerten Dingen in Kenntnis setzte. Dann suchte er unseren

Kapitän auf überzeugende und dringende Art zu überreden, in seiner Heimat Station zu machen, bevor er sich weiter westwärts begebe, und fügte hinzu, daß das für ihn, unseren Kapitän, höchst angenehm, ehrenvoll und vorteilhaft wäre. Er würde dadurch das älteste, mächtigste und reichste Königreich der Welt kennenlernen und eine Vorstellung davon mit nach Hause nehmen. Unser Besucher nahm hier die Gelegenheit wahr, von der Zahl und Größe der Provinzen zu berichten und von den wertvollen Erzeugnissen und den guten Dingen, die sie hervorbringen. Er berichtete weiter von der Anzahl, der Pracht und dem Reichtum der Städte seines Landes, von ihrem Reichtum an Menschen, Versorgungsgütern und Waffen und von allen Arten notwendiger und erfreulicher Dinge, die sie in sich bargen; dabei erwähnte er besonders Artillerie und schweres Geschütz (bei uns in Europa die späte Erfindung eines Schwindelmönchs[1]). Er erzählte ferner, daß es in Suntien (das von manchen Quinzai genannt wird) und das die größte Stadt ganz Chinas sei, Messingkanonen aller Kaliber gebe (die zum Zielen viel leichter seitwärts gerichtet werden konnten als unsere und die so treffsicher waren, daß man mit ihnen einen Schilling treffen konnte), und das schon seit über 2000 Jahren. Es gebe noch viele andere sehenswerte Dinge, die unser Kapitän (wenn er den Versuch machen wolle), kennenlernen könne, und zwar besser, als seine Erzählung es ihm vermitteln könne. Die bald aufkommenden Winde würden unseren Kapitän genau dort hinbringen, und er, unser Besucher, würde ihn auf der ganzen Reise begleiten. Er schätze sich schon glücklich, uns lediglich gesehen und mit uns gesprochen zu haben; der Bericht dieses Ereignisses könne vielleicht schon hinreichen, in seinem Lande wieder zu Ehren zu kommen. Wenn er aber unseren Kapitän dazu bewegen könne, mit ihm dort hinzugehen, so zweifle er nicht daran,

[1]Der Mönch Roger Bacon (1214?–1294) war der erste in England, der Schießpulver herstellte, und dessen Erfindung wurde ihm zugeschrieben. Schießpulver war von den Chinesen erfunden und von den Arabern nach Europa gebracht worden.

daß das für ihn einen großen Vorteil bedeuten und ihm Ehre bei seinem König einbringen werde. Trotz aller seiner Bemühungen konnte er unseren Kapitän nicht überreden, und so schied unser Besucher von uns, traurig darüber, daß seiner Bitte nicht entsprochen wurde, aber doch außerordentlich froh über das, was er in Erfahrung gebracht hatte.

Nachdem wir all das, was der Ort uns an Versorgung bot, an Bord genommen hatten, setzten wir am 9. November die Segel. Da wir in Betracht zogen, daß wir lange nicht dazu gekommen waren, klar Schiff zu machen, daß unser Schiff und unsere Wasserbehälter in sehr schlechtem Zustand waren und verschiedene andere Dinge dringend in Ordnung gebracht werden mußten, war unsere nächste Sorge, einen Ort zu finden, wo wir uns sicher eine Zeitlang aufhalten konnten, um die notwendigen Reparaturen vornehmen zu können. Die Kalmen, die vor dem Aufkommen der Winde (die noch nicht erwartet wurden) fast ununterbrochen herrschen, ließen uns zu dem Schluß kommen, daß jetzt die am besten geeignete Zeit sei.

Nachdem wir diesen Beschluß gefaßt hatten, segelten wir bis zum 14. November weiter. An jenem Tage erreichten wir eine kleine Insel (südlich von Celebes), die auf 1 Grad 40 Minuten südlicher Breite liegt. Da sie keinerlei Einwohner hatte, hofften wir sehr, dort einen ruhigen Aufenthalt zu haben. Wir gingen vor Anker und stellten fest, daß der Ort für unsere Zwecke sehr geeignet war. (Es fehlte dort nichts, dessen wir bedurften, mit der Ausnahme von Wasser, das wir von einer anderen, etwas weiter südlich gelegenen Insel holen mußten.) Wir blieben dort insgesamt 26 Tage.

Als erstes schlugen wir unsere Zelte am Ufer auf und verschanzten uns, so gut wir konnten, um gegen einen möglichen Angriff der Bewohner einer größeren Insel, die nicht weit entfernt westlich von uns lag, gewappnet zu sein. Nachdem wir diese Maßnahme für unsere Sicherheit getroffen hatten, brachten wir unsere Sachen an Land und bauten eine Schmiede auf, um notwendige Eisenteile für unser Schiff herzustellen und unsere eisernen Faßreifen zu reparieren, da unsere Fässer auseinanderzufallen drohten. Da unsere Schmiedekohle schon lange zuvor aufgebraucht worden war, wurde der Befehl erteilt, Holzkohle zu brennen, um unseren Bedarf wieder zu decken.

Wir machten klar Schiff und erledigten alle anderen notwendigen Arbeiten zu unserer Zufriedenheit. Der Ort versorgte uns nicht nur mit allem Lebensnotwendigen (das wir bis dahin nicht gehabt hatten), sondern bot uns auch eine wunderbare Gelegenheit, uns von unserer Erschöpfung zu erholen. Die angenehmen Bedingungen und die ausgezeichnete Ernährung, die wir dort fanden, brachten es mit sich, daß aus den kranken, schwachen und bresthaften Männern (die viele von uns waren, bevor wir dorthin kamen) in kurzer Zeit starke, kräftige und gesunde Menschen wurden. Außerdem erlebten wir seltene Beispiele von Gottes wunderbarer Weisheit an vielen ungewöhnlichen und bewundernswerten Geschöpfen, die wir dort sahen.

Die gesamte Insel ist vollständig bewaldet, die Bäume sind größtenteils dick und hoch, sehr gerade gewachsen und haben nur in der eigentlichen Krone Äste. Die Blätter dieser Bäume sind unserem Ginster in England nicht unähnlich. Unter diesen Bäumen sahen wir Nacht für Nacht einen endlosen Schwarm von feurigleuchtenden Würmern durch die Luft fliegen, deren Körper (die nicht größer als die einer gewöhnlichen Fliege sind) prächtig aussehen und soviel Licht ausstrahlen, als ob jeder Zweig eines jeden Baumes das Firmament sei. Weiterhin möchten wir von einem anderen, fast ähnlich merkwürdigen Geschöpf berichten, das wir dort sahen. Es gab dort eine unzählige Menge von Fledermäusen, die genauso groß oder größer als ausgewachsene Hühner sind. Sie fliegen mit erstaunlicher Geschwindigkeit, aber ihr Flug ist nur sehr kurz, und wenn sie landen, hängen sie kopfüber an den Zweigen.

Noch dürfen wir, ohne undankbar zu sein, vergessen, von der gewaltigen Menge einer gewissen Krebsart zu sprechen *(die für uns von großem Nutzen war), die von einer solchen Größe war, daß ein Krebs ausreichte, um bei einem Essen vier hungrige Männer zu sättigen. Sie hatten ein sehr gutes und stärkendes Fleisch. Diese Krebse trugen (wie wir bemerkten) besonders dazu bei, daß wir wieder gesünder wurden.*

Soweit wir feststellen konnten, waren die Krebse keine See-, sondern Landbewohner. Sie errichten sich einen Bau wie die Kaninchen oder graben sich große und ausgedehnte Höhlen unter den Wurzeln der größten und gewaltigsten Bäume, wo sie in Scharen zusammen wohnen. Von gleicher Art und Gattung fanden wir an anderen Stellen der Insel Celebes andere, die, als wir uns ihnen näherten, aus Mangel an anderen Zufluchtsorten die Bäume hinaufkletterten, um sich zu verstecken. Um sie zu fangen, waren wir gezwungen, hinter ihnen her zu klettern – was wir taten, um sie auf jeden Fall zu bekommen; diese Insel nannten wir Krebsinsel[1].

Nachdem wir alles erledigt hatten und es keine zwingenden Gründe mehr gab, länger an diesem Ort zu verweilen, traf unser Kapitän alle Vorbereitungen, um die erste Brise oder den ersten Wind, den wir erwarteten,

[1] »... Sie fuhren zu einer Insel, die 4 Grad Nord liegt, und da diese unbewohnt war, konnten sie dort nichts anderes als Wasser, Brennmaterial und Krebse finden. Wegen widriger Winde blieben sie dort einen und einen halben Monat. Dort setzten sie die zwei Neger (den einen hatten sie in Paita, den anderen in Guatulco gefangengenommen) und die Negerin Maria ab, damit sie eine Siedlung gründeten, und ließen ihnen Reis, Saatgut und die nötigen Brennmaterialien. Von dort fuhren sie zu einer Insel namens Java...« John Drake, *First Declaration* (Nuttall, S. 32).
»Drake ließ auf der Insel die zwei Neger... und ebenso die Negerdirne Maria zurück. Sie, die auf dem Schiff empfangen hatte und jetzt hochschwanger war, wurde auf dieser Insel, die Drake nach einem der Neger Insel Francisco nannte, ausgesetzt.«
»Dort stritt Drake mit William Legge und nahm dabei die Gelegenheit wahr, diesem einen Goldklumpen von 29 Unzen wegzunehmen. Aber da Drake der Angelegenheit einen ehrsamen Anstrich gebe wollte, verlangte er einen Meißel und markierte das Gold und sagte, er werde es Legge bei ihrer Rückkehr nach England zurückgeben bzw. Legges Frau bei der Ankunft in England den Gegenwert erstatten.« *Anonymous Narrative* (Wagner, S. 281).

sofort zu nutzen. Am Vortage hatten wir uns auf der Nachbarinsel mit frischem Wasser versorgt und hatten Holzvorräte an Bord genommen; am 12. Dezember stachen wir in See und gingen auf westlichen Kurs. Am 16. Dezember sichteten wir die Insel Celebes oder Sillebis, aber da der Wind ungünstig stand und wir uns zwischen vielen Inseln befanden, uns auch zahlreichen anderen Schwierigkeiten und Gefahren gegenübersahen und schließlich in eine tiefe Bucht geraten waren, aus der wir drei Tage lang nicht hinauskamen, konnten wir bei allen Anstrengungen nicht den Norden von Celebes erreichen oder unseren Kurs weiter nach Westen fortsetzen, sondern waren gezwungen, auf Südkurs zu gehen. Wir mußten feststellen, daß auch dieser Kurs schwierig und sehr gefährlich war, und zwar wegen der vielen Untiefen, die es überall zwischen den Inseln gab. Man kann sagen, daß wir bei unserer ganzen Fahrt von England bis dorthin niemals mehr Schwierigkeiten gehabt hatten, flott zu bleiben und nicht auf Grund zu laufen. So waren wir gezwungen, bis zum 9. Januar (1580) mit außerordentlicher Sorgfalt und Umsicht zu kreuzen. Zu jenem Zeitpunkt nahmen wir an, daß wir endlich eine freie Durchfahrt gefunden hatten. Das in unserer Sicht befindliche Land wich offensichtlich nach Westen zurück, der Wind verstärkte sich und wehte, ganz nach unserem Wunsche, mit erheblicher Stärke.

Doch siehe, plötzlich, als wir es am wenigsten vermuteten und kein Anzeichen einer drohenden Gefahr zu bemerken war und wir mit vollen Segeln weiterfuhren, zu Beginn der ersten Nachtwache des besagten Tages, lief unser Schiff plötzlich auf eine heimtückische Untiefe[1]. Es schien für uns keine andere Aussicht zu bestehen, als dort mit dem Schiff den Untergang zu erleiden, denn offensichtlich gab es keine Möglichkeit, daß irgend etwas gerettet werden könne oder irgend jemand mit dem Leben davonkommen könne.

[1] »Das Mulapatiariff in der Nähe der Pelinginsel im Malaiischen Archipel, am 9. Januar 1580.« Penzer, S. 87.

Das unerwartete Eintreten einer solchen außerordentlichen Gefahr bewog uns sogleich, uns umzuschauen, aber je mehr wir es taten, desto geringer wurde unsere Hoffnung, jemals wieder flott zu werden. In jenem Augenblick bewegte nichts anderes unsere Herzen als der Gedanke an einen baldigen Tod, der unmittelbar bevorstand und uns dazu veranlaßte, uns in die verzeihenden Hände unseres gnädigen Gottes zu begeben. Deshalb fielen wir alle auf unsere Knie nieder und beteten gemeinsam zu dem Weltenlenker und flehten Ihn, den Allmächtigen, an, im Namen Seines Sohnes, Jesu Christi, uns gnädig zu sein; und so, als legten wir unsere Nacken zur Hinrichtung auf den Block, bereiteten wir uns darauf vor, daß uns jede Minute der tödliche Schlag ereilen könne.

Obwohl wir nichts anderes als den sofortigen Tod erwarteten, ermutigte uns doch unser Kapitän, Gott nicht in Versuchung zu führen, indem wir irgend etwas unversucht ließen, was er uns ermöglichte. Nachdem wir zu Ende gebetet hatten, wobei er uns ermahnte, besondere Sorge dem Wesentlicheren, nämlich der Seele, zukommen zu lassen, spendete er uns mannigfaltigen Trost bezüglich der Freuden des jenseitigen Lebens, in das wir bald eingehen würden. Er ermahnte uns, uns anzustrengen, und ging dabei mit seinem eigenen Beispiel voran. Zunächst wurde die Pumpe in Gang gesetzt und das Schiff leergepumpt. Dabei stellten wir fest, daß sich unsere Lecks nicht vergrößert hatten. Obwohl das noch keine Hoffnung auf Rettung bedeutete, gab es uns doch einen gewissen Aufschub insofern, als wir sicher sein konnten, daß der Schiffsrumpf unzerstört geblieben war. Wir sahen das wahrlich als ein Zeichen von Gottes Vorsehung an, da kein noch so starkes Gebilde aus Holz und Eisen einen so heftigen und gewaltsamen Aufprall hätte aushalten können wie unser Schiff, als es unter vollen Segeln auf den Felsen auflief, es sei denn, es wurde durch die Hand Gottes beschützt.

Unser nächstes Bemühen war, einen guten Ankergrund nach See zu finden (von wo aus wir uns dann herausziehen wollten). Mit diesem Unterfangen versuchte uns unser Kapitän zu beruhigen und uns zu zeigen, daß es noch eine gewisse Hoffnung gab freizukommen. Er selbst übernahm die Aufgabe des Lotsen, aber selbst eine Bootslänge vom Schiff entfernt stellte er fest, daß das Lot keinen Grund erreichte. Somit wurde die zaghafte Hoffnung, die wir gerade geschöpft hatten, wieder zunichte gemacht. Ja, unser Elend schien noch größer geworden zu sein, hatten wir zunächst nichts anderes als unser baldiges Ende erwartet, so mußten wir jetzt einem langsamen Tode entgegensehen, der sicher der fürchterlichere war. Eine Tatsache war für uns alle günstig, nämlich, daß die meisten unserer Männer nicht den Ernst der Lage erkannten. Hätten sie es getan, so wären sie wahrscheinlich so entmutigt worden, daß sie in ihrer Niedergeschlagenheit unfähig gewesen wären, einen Ausweg zu suchen. Unser Kapitän und einige wenige andere, die die Situation richtig beurteilen konnten, verschleierten dieselbe und hielten aufmunternde Reden und versuchten, die übrigen zu ermutigen.

Eine Zeitlang schien es eine klare Tatsache zu sein, daß unser Schiff so fest aufgelaufen war, daß es sich nicht bewegen konnte. Daraus folgte zwangsläufig, daß wir entweder dort auf dem Schiffe bleiben mußten, oder, wenn wir es verließen, uns in einen armseligen und hilflosen Zustand begeben würden, um einen anderen Aufenthalts- und Zufluchtsort zu finden. Jede der beiden Möglichkeiten schien schlimmer als tausend Tode.

Was das Schiff anging, so konnte es uns den Trost geben, daß es bereits dort auf den harten und beklemmenden Felsen lag und wir genau wußten, daß es ständig sein baldiges Ende erwartete, sobald die See und die Stürme kommen würden. Diese würden die Vollstrecker des harten Urteils sein, das durch den Ratschluß des ewigen Richters über es verhängt worden war. Der Allmächtige hatte es in unlösbare Fesseln in ein sehr enges Gefängnis gelegt, wo es auf sein Schicksal wartete. Wenn wir auf dem Schiffe blieben, mußten wir mit ihm untergehen;

entkäme aber irgendeiner von uns zufällig aus bislang nicht vorstellbaren Gründen, so würde seine Rettung zwangsläufig endloses Elend bedeuten, so daß es für ihn besser sein würde, zusammen mit den anderen untergegangen zu sein, als ohne sie und allein in einem fremden Land zu leben. Ein solches Dasein wäre (bestenfalls) ein einsames Leben unter wilden Tieren wie ein Vogel in den Bergen ohne jede Bequemlichkeit gewesen, oder aber unter wilden, heidnischen Menschen in unerträglicher Knechtschaft für Leib und Seele.

Selbst gesetzt den Fall, der Tag des Unterganges unseres Schiffes käme später, als es zu erwarten war oder möglich schien – unser Schiff hatte schon mehr erlitten, als irdische Dinge im allgemeinen überstehen können –, so würde unser Verweilen auf dem Schiff dennoch von keinem Nutzen für uns sein, sondern unser Elend und unsere Sorgen nur vergrößern. Da nicht viele Vorräte und Lebensmittel an Bord waren – sie langten nur für einige wenige Tage, und irgendeine Hoffnung auf Ergänzung, und sei es nur auf einen Becher kalten Wassers, gab es nicht –, mußte es zwangsläufig dazu kommen, daß wir (wie Kinder im Mutterleib) dazu getrieben wurden, unser Fleisch von unseren eigenen Armen zu essen, da wir uns von unseren Vorräten nicht länger versorgen konnten. Wie schrecklich dies gewesen wäre, kann sich ein jeder leicht vorstellen.

Und hätten wir das Schiff verlassen, woher hätten wir irgend etwas bekommen sollen? Nein, das schien genauso sinnlos wie die zuvor geschilderten Möglichkeiten. Unser Beiboot war nicht imstande, auf einmal auch nur 20 Personen sicher zu befördern, und wir waren insgesamt 58. Das am nächsten gelegene Land war sechs Seemeilen von uns entfernt, und der Wind blies direkt von der Küste gegen uns. Und wenn wir es so machten, daß wir zunächst einige an Land setzten und dann die übrigen holten, so gab es dort doch keinen Ort, der unbewohnt war, so daß die ersten, die an Land gingen, in die Hände des Feindes fallen würden, und nach und nach die anderen. Falls wir dem

Schwert entgehen konnten, würde unser Leben noch schlimmer als der Tod sein, nicht nur wegen unserer jammervollen Gefangenschaft und unseres körperlichen Elends, sondern vor allem im Hinblick auf unsere Freiheit als Christen. Wir wären aller Möglichkeiten beraubt, dem wahren Gott zu dienen, und würden in der ständigen Betrübnis über den schrecklichen Unglauben und den teuflischen Götzendienst der Heiden leben.

Die Erkenntnis unseres offenkundigen Elends hätte uns bis ins Innerste erschüttert, wenn uns der Glaube an Gott nicht aufrechterhalten hätte. In jener Nacht erwarteten wir sehnsüchtig den kommenden Tag. Wir verbrachten die Zeit mit Gebeten und anderen geistlichen Übungen und trösteten uns damit und erhoben unsere Herzen. Wir bemühten uns darum, uns demütig in die Hand Gottes zu begeben und uns vollständig Seinem Willen zu unterwerfen.

Als der Tag endlich hereinbrach und es beinahe Flut war, dankten wir Gott, daß er uns bislang beschützt hatte, und baten Ihn unter Tränen, unsere erneuten Bemühungen zu segnen. Dann versuchten wir wiederum, eine Stelle zu finden, wo unser Anker Halt finden könnte, was vorher vergebens war. Aber dieser zweite Versuch erwies sich als ebenso fruchtlos wie der erste und ließ uns keine andere Möglichkeit, als Zuflucht zu Gebet und Tränen zu nehmen. Wir erkannten, daß es unmöglich war, daß jemals menschliche Voraussicht, Klugheit, Geschicklichkeit oder Kraft unser Schiff befreien könnten; nur der Herr konnte das durch ein Wunder bewirken.

Deshalb wurde sogleich der Antrag gestellt und einstimmig angenommen, unser Schicksal allein Gott zu überlassen und uns Ihm völlig in die Hand zu geben, auf daß Er uns verderbe oder errette, wie es Seiner göttlichen Weisheit am besten gefalle. Um unseren Glauben zu stärken und die Einsicht in Gottes Gnade durch Christus einsichtiger zu machen, hörten wir eine Predigt und feierten mit Brot und Wein das heilige Abendmahl unseres Erlösers.

Nachdem wir das heilige Mahl empfangen und andere anschließende gottesdienstliche Handlungen beendet hatten, unternahmen wir, um nichts unversucht zu lassen, etwas, was wir noch nicht getan hatten, nämlich unser Schiff zu leichtern, indem wir einen Teil der Dinge an Bord in die See warfen. Da wir guten Willens an diese Arbeit gingen, war sie in kurzer Zeit erledigt. Selbst die Sachen, die wir, wie auch jeder andere in unserer Lage, für notwendig gehalten hatten, schienen uns jetzt nur verachtenswert zu sein. Ja, wir gingen sogar soweit, daß weder die Munition für unsere Verteidigung noch die Nahrungsmittel zur Erhaltung unseres Lebens Gnade vor unseren Augen fanden, sondern alles ging, wie es kam, über Bord. Wir waren sicher, daß, wenn es Gott gefalle, uns aus der verzweifelten Lage zu erretten, in der wir uns befanden, Er uns auch vor unseren Feinden beschützen und es nicht zulassen würde, daß wir Hungers stürben. Aber als alles getan war, war es nicht unseren Bemühungen, sondern allein der Hand Gottes zu verdanken, daß unser Schiff wieder freikam. Er war es allein, der uns aus den Klauen des Todes errettete; Er war es allein, der zu uns sagte »Kehrt wieder, Menschenkinder«; Er war es allein, der uns wieder die Freiheit schenkte und uns die Sicherheit wiedergab, nachdem wir volle zwanzig Stunden in der beschriebenen elenden Lage gewesen waren: Seinem ruhmreichen Namen sei ewiger Dank.

Die Art und Weise, wie wir freikamen (und eine Beschreibung hiervon wird sicher besonders erwartet), war folgendermaßen: Die Stelle, auf die wir aufgelaufen waren, war eine Felsenspalte, und wir saßen backbords fest. Bei Ebbe war das Wasser steuerbords nur etwa sechs Fuß tief, dabei gab es selbst in geringer Entfernung von dieser Stelle, wie berichtet, keinen Grund. Während der ganzen Zeit, die wir dort festlagen, wehte ein ziemlich steifer Wind gegen unsere Breitseite und hielt das Schiff aufrecht.

Es gefiel Gott, zu Beginn der Tide, als das Wasser fast seinen tiefsten Stand erreicht hatte, den heftigen Wind schwächer werden zu lassen; woraufhin unser Schiff, das dreizehn Fuß Wasser brauchte, um fahren zu können, und zu der Zeit an einer Seite nicht mehr als etwa sieben Fuß hatte, seine Stütze auf der anderen Seite verlor, die es so lange aufrechterhalten hatte, und über die Seite weg in tiefes Wasser fiel, dadurch den Kiel freibekam und uns zu glücklichen Menschen machte.

Diese Untiefe ist mindestens drei oder vier Seemeilen lang und liegt auf 2 Grad südlicher Breite weniger 3 oder 4 Minuten. Der Tag unserer Rettung war der 10. Januar (1580)[1].

Von allen Gefahren, in die wir auf unserer ganzen Reise gerieten, war dies die größte, aber nicht die letzte, wie aus dem Folgenden hervorgehen wird. Lange Zeit konnten wir weder von dem Gedanken und der Furcht des Erlebten freikommen noch einen geeigneten Ankerplatz finden. Fortwährend wurden wir zwischen den vielen Inseln und Sandbänken (die in unendlicher Zahl überall im Süden von Celebes liegen) hin- und hergeworfen, bis zum achten Tage des folgenden Monats.

Am 12. Januar mußten wir wegen des Sturmes alle unsere Segel reffen und warfen auf einer Breite von 3 Grad und 30 Minuten auf einer Untiefe Anker, da wir die möglichen Gefahren fürchteten. Nachdem wir weiter nach Süden gefahren waren, warfen wir am 14. Januar bei einer Insel, die auf einer Breite von 4 Grad und 6 Minuten liegt, von neuem Anker und verbrachten dort einen Tag, um Wasser und Holz aufzunehmen. Danach hatten wir viele Tage lang schlechtes Wetter, westliche Winde und gefährliche Untiefen, so daß wir diese Küste von Sillebis (Celebes) äußerst leid wurden und es für das beste hielten, in Richtung Timor zu segeln. Das südlichste Kap von Sillebis liegt auf einer südlichen Breite von 5 Grad.

[1]»Wir saßen von acht Uhr abends bis vier Uhr nachmittags des folgenden Tages fest.« *Famous Voyage.* Der obige Bericht gibt eine große Menge von Einzelheiten, die sich nicht in der *Famous Voyage* finden.
Bezüglich eines Berichtes über die »Exkommunikation« Fletchers durch Drake siehe *Zusätzliche Anmerkungen* S. 340.

Aber wir konnten nicht leicht von der Küste von Sillebis freikommen. Am 20. Januar waren wir gezwungen, eine kleine Insel nicht weit von jenem Kap anzulaufen. Als wir dort unser Boot ein gutes Stück vorausgesandt hatten, um nach einem Ort Ausschau zu halten, an dem wir ankern konnten, gerieten wir plötzlich in keine geringen Gefahren. Es erhob sich ein äußerst heftiger, ja unerträglicher Südweststurm gegen uns, der uns (die wir uns auf der Leeseite zwischen sehr gefährlichen und versteckten Untiefen befanden) das Äußerste befürchten ließ, nicht nur den Untergang unseres Bootes und unserer Männer, sondern auch unseren eigenen, den unseres Schiffes und unserer Habseligkeiten, oder für diejenigen, die Gott verschonen sollte, die Gefangenschaft in der Hand der Ungläubigen. Dieses Unglück hätte durch keine Kraftanstrengung vermieden werden können, hätte nicht die gnädige Güte Gottes (die wütenden Elemente, denen wir ausgesetzt waren, zur Ruhe gebracht und) unsere sofortige Rettung gebracht. Durch Seine unaussprechliche Gnade kehrten auch unsere Männer und unser Boot unerwartet und sicher zurück.

Wir segelten weg, so schnell wir konnten, und setzten unsere Fahrt bis zum 26. Tage (26. Januar) fort. Dann gerieten wir in einen sehr starken West- und Westsüdweststurm, so daß wir bis zum Ablauf jenes Monats kein Segel mehr setzen konnten.

Am 1. Februar erblickten wir sehr hoch aufragendes Land, das wohl bewohnt zu sein schien. Wir hätten uns gern um Hilfe dort hingewandt, aber das Wetter war so schlecht, daß wir keinen Hafen finden konnten und uns fürchteten, uns zu nahe zwischen die vielen Gefahren zu wagen, die vor der Küste lauerten. Am dritten Tage sahen wir auch eine kleine Insel, aber da wir keinerlei Segel setzen, sondern nur beigedreht liegen konnten, trieb uns der Sturm von dort hinweg, und wir konnten sie nicht erreichen. Am 6. Februar kamen fünf Inseln in Sicht, eine östlich, die vier anderen westlich von uns, eine immer größer als die andere. Bei der größten gingen wir vor

315

Anker und nahmen am nächsten Tag Wasser und Holz an Bord.

Nachdem wir von dort wieder abgefahren waren, sichteten wir am 8. Februar zwei Kanus, die uns anscheinend schon zuvor erspäht hatten und deren Besatzung bereitwillig auf uns zuruderte. Sie sprach mit uns und bewog uns, unter ihrer Führung zu ihrer nicht weit entfernt liegenden Stadt Barativa zu fahren, die auf einer südlichen Breite von 7 Grad und 13 Minuten liegt.

Die Eingeborenen sind Heiden von schöner und anmutiger Gestalt und höflichem Verhalten, sehr aufrichtig in ihrer Art und aufmerksam zu Fremden. Wir machten diese Erfahrung sehr nachdrücklich, denn sie zeigten sich sehr froh über unser Kommen und waren freudig bereit, unsere Bedürfnisse zu befriedigen und uns mit allem zu versorgen, was ihr Land hervorbrachte. Außer einer Kopfbedeckung und einem Schurz gehen die Männer alle nackt, ein jeder hat das eine oder andere an seinen Ohren hängen. Die Frauen sind von der Taille bis zu den Füßen bekleidet, auf ihren nackten Armen tragen sie Armreifen in großer Anzahl. Manche haben mindestens neun an jedem Arm; die meisten sind aus Horn oder Messing gearbeitet, der leichteste mochte (nach unserer Schätzung) 2 Unzen wiegen.

Bei diesen Leuten ist Leintuch (aus dem sie Turbane für ihre Köpfe machen und Gürtel, die sie um ihre Hüften schlingen) die beste Ware, die höchste Wertschätzung genießt. Sie sind auch von Glasperlen (die sie in ihrer Sprache saleta nennen) und von anderen ähnlichen Nichtigkeiten entzückt.

Ihre Insel ist sowohl reich als auch fruchtbar; reich an Gold, Silber, Kupfer, Zinn, Schwefel und anderen Bodenschätzen. Sie sind nicht nur Meister in der Gewinnung, sondern auch in der Bearbeitung dieser Metalle, die sie kunstvoll formen und gestalten, wie es ihnen am besten gefällt. Ihre Früchte sind ebenfalls vielfältig und verschiedenartig, es gibt bei ihnen Muskatnuß, Ingwer, Pfeffer, Zitronen, Gurken, Kokosnüsse, Feigen, Sago und viele andere Früchte. Eine davon, die in Größe, Form und Aussehen ziemlich an die Beere des Lorbeerbaumes erinnert, genossen wir in erheblichen Mengen. Diese Frucht ist hart, aber angenehm im Geschmack, wenn man sie kocht, wird sie weich und bietet ein ergiebiges und angenehmes Mahl. Von allen diesen Früchten erhielten wir soviel wir wollten, um unseren Bedarf zu decken. So bewahrheitete sich das alte Sprichwort: »Nach Sturm kommt Ruhe, nach Krieg Frieden, nach Knappheit Fülle« (so groß war Gottes Güte uns gegenüber). Mit Ausnahme von Terenate hatten wir auf unserer ganzen Reise seit unserer Abfahrt aus unserem Lande keinen Ort gefunden, wo wir größere Annehmlichkeiten und Erholung hatten als an diesem. Wir verbrachten dort zwei Tage, um uns auszuruhen und mit allem Notwendigen zu versehen, und brachen am 10. Februar von dort auf.

Als wir am Morgen des 12. Februar eine Breite von 8 Grad und 4 Minuten erreicht hatten, erblickten wir südlich von uns eine grüne Insel, bald darauf zwei weitere Inseln in derselben Himmelsrichtung, außerdem noch eine weitere große im Norden. Sie schienen alle bewohnt zu sein, aber da bei uns weder der Wunsch noch die Notwendigkeit bestand, sie zu besuchen, fuhren wir an ihnen vorbei. Am 14. Februar sahen wir einige andere, ziemlich große Inseln, und am 16. Februar fuhren wir zwischen vier oder fünf weiteren großen Inseln hindurch, die auf einer Breite von 9 Grad und 40 Minuten lagen.

Am 18. Februar warfen wir bei einer kleinen Insel Anker. Wir nahmen dort Holz auf, weitere Versorgung, sieht man von zwei Schildkröten ab, gab es dort nicht. Am folgenden Tage fuhren wir wieder weiter.

Am 22. Februar sichteten wir steuerbords drei Inseln, die auf einer Breite von 10 Grad und einigen Minuten lagen.

Danach fuhren wir, ohne haltzumachen oder irgend etwas Bemerkenswertes zu erleben, bis zum Morgen des 9. März weiter, an dem wir auf südlicher Breite von 8 Grad und 20 Minuten zum Teil sehr hohes Land sichteten. Wir gingen dort in jener Nacht vor Anker. Am nächsten Tag segelten wir weiter in Richtung Norden näher der Küste zu und gingen dann wiederum vor Anker.

Am 11. März nahmen wir Trinkwasser an Bord und sandten dann unser Boot zum Ufer, um mit den Eingeborenen Handel zu treiben. Am selben Tag fuhren wir unser Schiff zu einem Ankerplatz, der näher zur Siedlung der Eingeborenen lag, und verbrachten dort die Nacht. Am nächsten Tage schickte unser Kapitän seinen Abgesandten an Land, um dem dortigen König Leinen- und Wolltuche sowie Seidenstoffe zu überreichen. Der König nahm diese Gaben freudig und dankbar an und ließ uns Reis, Kokosnüsse, Hühner und andere Lebensmittel als Gegengeschenke überreichen. Wir stellten fest, daß dieses die Insel Java war, deren mittlerer Teil 7 Grad und 20 Minuten südlich des Äquators liegt.

Am 13. März ging unser Kapitän selbst mit vielen seiner Herren und anderen Leuten an Land und erfreute den König (von dem er freudig und liebenswürdig empfangen wurde) mit Musik. Er führte den König auch in den Gebrauch der Feuerwaffen ein, indem er unsere Männer mit ihren Piken und anderen Waffen vor ihm exerzieren ließ. Wir wurden bewirtet, wie wir es nur wünschten, und schließlich mit dem Versprechen entlassen, daß uns in Kürze weitere Lebensmittel geschickt würden.

Auf dieser Insel gibt es einen König, aber viele Unter- oder Kleinkönige, die sie Rajas nennen und die in großer Vertrautheit und Freundschaft miteinander leben. Am 14. Tage (März) erhielten wir Lebensmittel von zweien dieser Unterkönige, und am darauffolgenden Tage, nämlich am 15. März, kamen drei dieser Unterkönige zu uns an Bord, um unser Schiff und seine militärische Ausrüstung zu besichtigen. Sie waren hocherfreut über das, was sie sahen, und über die Bewirtung, die wir ihnen gaben. Nachdem sie, wie es schien, bei ihrer Rückkehr berichtet hatten, was sie gesehen hatten, kam am nächsten Tage Raja Donan, der König des ganzen Landes, zu uns an Bord und brachte Lebensmittel zu unserer Versorgung mit. Es

Die letzte Seite des Inventarverzeichnisses der Schätze, die die Golden Hind zum Tower in London gebracht hatte, mit Drakes Unterschrift gab nur wenige Tage, an denen uns nicht einer oder mehrere dieser Kleinkönige besuchten, so daß uns die Namen von vielen von ihnen vertraut wurden, zum Beispiel Raja Pataiara, Raja Cabocapalla, Raja Manghango, Raja Boccabarra und Raja Timbanton. Unser Kapitän bewirtete sie immer auf die bestmögliche Weise und zeigte ihnen alle Einrichtungen unseres Schiffes, unsere Kanonen und unsere Waffen und Ausrüstungsgegenstände, und erklärte ihnen den Zweck, dem sie dienten. Er führte ihnen auch unsere Musik vor und alles andere, mit dem er ihnen Freude machen konnte, worüber sie außerordentlich entzückt und voller Bewunderung waren.

An einem der letzten Tage, nämlich am 21. März, kam Raja Donan zu uns an Bord. In Erwiderung der Musik, die wir ihm vorgespielt hatten, ließ er unseren Kapitän die Musik seines Landes hören. Obwohl diese sich für unsere Ohren sehr merkwürdig anhörte, war ihr Klang doch angenehm und entzückend. An demselben Tage ließ der König einen Ochsen an den Strand bringen und an uns liefern. Dafür erhielt der König zu seiner großen Zufriedenheit von unserem Kapitän verschiedene sehr kostbare Seidenstoffe, die er sehr hochschätzte.

Obwohl die häufigen Empfänge und die Bewirtung uns erheblich daran hinderten, unsere Angelegenheiten schnell zu erledigen, und uns längere Zeit bei den Eingeborenen verbringen ließ, fanden wir doch dort alle denkbare Hilfe, so daß wir unseren Aufenthalt zu unserer vollen Zufriedenheit abschließen konnten. Das Allerwichtigste, was wir dort (neben der Versorgung mit Lebensmitteln) erledigten, war das Trimmen und Säubern unseres Schiffes. Wegen der langen Reise war es so mit einer Muschelart bewachsen, daß es bei seiner Fahrt erheblich behindert wurde und sich viel schwerer segeln ließ.

Das Volk (wie auch seine Könige) ist liebenswert, aufrichtig und gerecht. Wir handelten bei ihnen Hühner, Ziegen, Kokosnüsse, Feigen und andere Lebensmittel ein, die sie uns in solcher Fülle anboten, daß wir unser Schiff bis oben hätten laden können, wenn wir es gewollt hätten.

Wir verabschiedeten uns von den Eingeborenen und segelten am 26. März los und fuhren mit Kurs Westsüdwest direkt auf das Kap der Guten Hoffnung oder Bon Espérance[1] zu. Wir setzten unsere Fahrt fort, ohne etwas anderes als das Meer und den Himmel zu sehen, bis wir am 21. Mai Land sichteten, und zwar einen Teil des Festlandes von Afrika, das an einigen Stellen sehr gebirgig war und auf einer Breite von 31 Grad und 30 Minuten lag.

Wir fuhren bis zum 15. Juni an der Küste entlang. An diesem Tage, an dem sehr schönes Wetter war und ein südöstlicher Wind wehte, fuhren wir so nahe in Sichtweite des Kaps vorbei, daß wir mit unseren Kanonen das Land hätten beschießen können.

Am 15. Juli kamen wir in der Höhe des Rio de Sesto wieder in Landnähe, wo wir viele Neger in ihren Booten fischen sahen. Zwei von ihnen kamen sehr nahe zu uns heran, aber wir waren nicht willens, haltzumachen oder mit ihnen zu sprechen oder zu handeln.

Am 22. Tage des gleichen Monats erreichten wir Sierra Leone[2] und verbrachten zwei Tage an der Mündung des

[1]»Sie hielten Kurs Südwest auf das Kap der Guten Hoffnung zu. Nachdem sie ihr Trinkwasser verbraucht hatten, fuhren sie in eine große Bucht im Westen . . . Als sie dort schon lange Zeit verbracht und kein Wasser gefunden hatten, waren sie gezwungen, wieder in See zu stechen. Sie litten sehr unter dem Mangel an Wasser und schwebten in Gefahr, Durstes zu sterben, wurden aber durch 6 oder 7 Tonnen Regenwasser gerettet und kamen so zum größten Teil mit dem Leben davon. Sie setzten dann ihren Nordwestkurs fort, bis sie den Rio Grande, einen Fluß an der Küste Guineas, erreichten. Dort gingen sie an Land und versorgten sich reichlich mit Zitronen und anderen Früchten und sahen auch drei Elefanten und hörten die Stimmen verschiedener anderer wilder Tiere . . . Sie nahmen dort Trinkwasser auf und setzten dann die Segel . . .« Anonymous Narrative (Wagner, S. 285).

[2]»Beim Kap der Guten Hoffnung hatten sie nur noch drei Fässer mit Wasser und ein halbes mit Wein für neunundfünfzig Mann an Bord – einer war gestorben. Als sie in der Höhe von Sierra Leone Land sichteten, war alles Wasser an Bord ausgeteilt worden, und es war für jeweils drei Mann nicht mehr als eine halbe Pinte übrig. Wären sie noch zwei oder drei Tage länger unterwegs gewesen, dann wären sie vor Durst gestorben.« John Drake, First Declaration (Nuttall, S. 33).

Tagoine damit, Trinkwasser aufzunehmen, dann stachen wir wieder in See. Dort aßen wir auch Austern und viele Zitronen, die uns sehr erfrischten.

Am 15. August befanden wir uns bei nordöstlichem Wind unter dem Wendekreis des Krebses 50 Seemeilen von Land entfernt.

Am 22. September waren wir auf der Höhe der Kanarischen Inseln. Am 26. September (der nach der genauen und ordentlichen Rechnung derer, die zu Hause in einem Ort oder in einem Land geblieben waren, ein Montag war, aber nach unserer Berechnung ein Tag des Herrn oder Sonntag) kamen wir frohen Sinnes und dankbaren Herzens in Plymouth[1] an, dem Ausgangsort unserer Fahrt. Wir waren 2 Jahre, 10 Monate und einige Tage unterwegs gewesen und hatten einen tiefen Einblick in die Wunder des Herrn bekommen, viele erstaunliche Dinge entdeckt, viele merkwürdige Abenteuer durchstanden, waren vielen Gefahren entgangen, hatten viele Schwierigkeiten überwunden bei dieser Umseglung des Erdballs und waren rund um die Welt gekommen, wie wir es berichtet haben.

> Soli rerum maximarum Effectori,
> Soli totius mundi Gubernatori,
> Soli suorum Conservatori,
> Soli Deo sit semper Gloria.

FINIS

[1] »Als sie Plymouth erreichten, erkundigten sie sich bei einigen Fischern, wie sich die Königin befinde, und erfuhren, daß sie bei guter Gesundheit sei, daß aber die Pest in Plymouth wüte. So gingen sie nicht an Land, sondern Drakes Frau und der Bürgermeister der Hafenstadt kamen zu ihnen an Bord. Drake sandte einen Boten zur Königin, die in London war . . . Die Königin schickte ihm die Nachricht, daß er an den Hof kommen und ihr einige Kostproben seiner Reise mitbringen solle und daß er nichts zu fürchten habe. Auf diese Mitteilung hin begab er sich auf dem Landwege an den Hof und nahm einige mit Gold und Silber beladene Pferde mit. Den Rest der Mannschaft ließ er in Plymouth unter dem Befehl eines seiner Offiziere zurück.« John Drake, *Second Declaration* (Nuttall, S. 54). Die Schätze wurden unter der Obhut eines örtlichen Beamten, Edmund Tremayne, in Saltash Castle eingelagert.

ZUSÄTZLICHE ANMERKUNGEN zur »Weltumseglung«

Seite 195, Zeile 19. Prisennahme des portugiesischen Schiffes. Drake und Doughty.

»Ein Schiff aus Portugal, das mit hervorragenden Portweinen und kanarischen Weinen, mit Woll- und Leinentuchen, Seiden- und Samtstoffen und vielen anderen guten Waren beladen war, die uns so zustatten kamen, daß diese Prise der Höhepunkt unserer Reise war, die wir sonst wegen der Knappheit unserer Versorgung hätten abbrechen müssen. Als Kapitän sandte unser Befehlshaber einen gewissen Thomas Doughty, einen Herrn, auf dieses Schiff. Bald nach Antritt seines Kommandos wurde Doughty von John Brewer, Edward Bright und einigen ihrer Freunde beschuldigt und angeklagt, für seinen eigenen (privaten) Gebrauch einige Sachen von großem Wert gestohlen und so die Reise sabotiert zu haben. Er sollte deshalb nicht länger in seiner Vertrauensstellung belassen werden, da er sonst den Gewinn der Reise zunichte machen und die Mannschaft ihrer Erwartungen und Ihre Majestät und die anderen wagemutigen Herren ihres Profits berauben und sich selbst auf Kosten aller anderen bereichern würde. Auf Grund dieser Botschaft begab sich unser Befehlshaber eiligst an Bord der Prise, um die Angelegenheit zu untersuchen. Unser Kapitän fand bei Doughty einige Paare portugiesischer Handschuhe, einige wenige Münzen einer fremdartigen Währung und einen kleinen Ring. Alle diese Sachen hatte einer der Portugiesen Doughty aus einer Truhe gegeben, womit er sich Vorteile erhoffte, und alle diese Dinge, die bei Doughty gefunden wurden, waren nicht der Rede wert. Doughty hatte sie nicht gestohlen, sondern sie waren ihm im Beisein aller überreicht und von ihm entgegengenommen worden. Aus Klugheit enthob ihn unser Befehlshaber seines Kommandos, sandte ihn aber als seinen Stellvertreter für die Zeit seiner Abwesenheit auf das Flaggschiff. Seinen Bruder Thomas Drake ernannte er an Stelle von Thomas Doughty zum Kapitän der Prise. Drake selbst blieb an Bord jenes Schiffes, bis er sich der Portugiesen entledigt hatte. In der Zwischenzeit hielt man den besagten Thomas Doughty, der sich an Bord des Flaggschiffes befand, für zu herrisch.

Er überschritt seine Befugnisse und maßte sich eine zu große Kommandogewalt an, so daß diejenigen, die ihn ohnehin schon nicht ausstehen konnten, die Gelegenheit wahrnahmen und sich ein zweites Mal über ihn beklagten. Zu ihrer großen Zufriedenheit wurde das schnellstens zur Kenntnis genommen. Die Portugiesen waren in der Zwischenzeit mit den notwendigen Lebensmitteln in einer Pinasse ausgesetzt worden und waren glücklich darüber, mit dem Leben davongekommen zu sein. Der Befehlshaber kam jetzt an Bord des Flaggschiffes und entfernte auf die zweite Klage hin den besagten Thomas Doughty aus seiner Stellung und setzte ihn in äußerster Ungnade auf dem Schnellsegler gefangen.« Fletcher (Penzer S. 97–98); vergleiche Cooke, S. 223.

»Der Sinn der Rede des Thomas Doughty«, die er hielt, als er an Bord der *Pelican* ging, ist in dem Harleian-Manuskript 6221, Folio 7, des Britischen Museums aufgezeichnet, in dem es folgendermaßen heißt: »Meine Herren . . . Ich habe Ihnen etwas von dem Befehlshaber mitzuteilen . . . es hat zwischen Ihnen große Unstimmigkeiten, Zank und Streit gegeben . . . bei jedem von Ihnen hat Unsicherheit darüber bestanden, wem zu gehorchen sei, weil es viele gab, die Herren sein wollten . . . Deshalb hat der Befehlshaber mich, als seinen Freund, dem er vertraut, gesandt, um an seiner Statt das Kommando zu führen . . . Und . . . da der Befehlshaber seine Kommandogewalt von Ihrer Hoheit, der Königlichen Majestät, und Ihrem Kronrat empfangen hat, eine Gewalt, wie sie kaum jemals zuvor einem Untertanen übertragen worden ist – nach seinem Gutdünken Gesetzesbrecher mit dem Tode oder auf andere Arten zu bestrafen –, so hat er dieselbe Gewalt auf mich übertragen . . . um gegen die Missetäter vorzugehen . . .« Das vollständige Manuskript findet sich bei Corbett I, S. 223–224, und bei Penzer, S. 168–169.

»Wir hatten jetzt die Portugiesen, die auf dem Schiff gewesen waren, freigelassen . . . und behielten nur einen von ihrer Mannschaft in unseren Diensten, einen gewissen Sylvester, ihren Lotsen. Er war ein Mann, der sowohl Brasilien wie auch Indien auf dieser Seite des Landes (der Ostküste Amerikas) viel bereist hatte. Als er hörte, daß unsere Reise in die . . . Südsee ging, war er gern bereit, mit uns zu fahren.« Fletcher (Penzer, S. 99). »Sylvester« war Nuño da Silva, der bei Drake blieb, bis dieser ihn am 13. April 1579 in

Guatulco an Land setzte. Ihm wurde später wegen Ketzerei von der Inquisition in Mexiko der Prozeß gemacht. Dokumente über den Prozeß und die Reise einschließlich seines Logbuches sind bei Nuttall, S. 245–399 zu finden.

Die Prisennahme des portugiesischen Schiffes, der *Santa Maria*, die von Drake in *Mary* umgetauft wurde, war die erste Kriegshandlung der Expedition. Die Portugiesen sicherten sich später eine gewisse Entschädigung, und als der Fall vor dem englischen Admiralitätsgericht verhandelt wurde, machte John Winter, der Kapitän der *Elisabeth*, mit der das portugiesische Schiff gekapert wurde, die folgende Aussage: ». . . der besagte Drake . . . nahm die Weine und das Schiff zur besseren Versorgung seiner selbst und seiner Mannschaft, da er sich auf einer langen Reise von zwei Jahren befand, wie er sagte . . . ich versichere feierlich, daß die Kaperung des Schiffes gänzlich gegen meinen Willen geschah. Ich konnte sie jedoch nicht verhindern noch ihr widersprechen, denn ich hatte dort keine Befehlsgewalt. So mußte ich mich verhalten, wie es dem besagten Drake gefiel. Er verfuhr nach Lust und Laune mit mir, während ich um mein Leben bangte. Hätte ich ihm zuwidergehandelt oder ihn an seinem Tun irgendwie gehindert, so hätte er mich mit dem Tode bestraft . . .« Nuttall, S. 383–392. Diese Aussage sollte man mit Vorsicht hinnehmen, da Winter offensichtlich versuchte, sich selbst zu entlasten, aber zumindest muß er angenommen haben, daß seine Verteidigung mit großer Wahrscheinlichkeit von dem Gericht ernst genommen wurde. Winters Bericht über die Reise findet sich auf den Seiten 379 ff.

Seite 221, Zeile 11. Doughtys Prozeß und Hinrichtung.

»Nachdem diese blutige Tragödie geschehen war – die Tötung von Oliver, dem Geschützmeister, und die von Winter durch die ›Riesen‹ – folgte eine andere, noch betrüblichere. Ich nenne sie noch betrüblicher, weil sie bei unseren eigenen Leuten begann, von ihnen ersonnen worden war und bei ihnen endete. Jetzt ging es um Thomas Doughty, unseren Landsmann – nicht um Riesen, sondern um Christen, es ging um uns. Den Ursprung der Abneigung gegen ihn möge man in der Geschichte nachlesen, die die Prisennahme des portugiesischen Schiffes bei den Kapverdischen Inseln behandelt. Dort findet man auch, von wem und weswegen er angeklagt wurde (siehe oben). Aber jetzt wurde er wegen gefährlicherer Angelegenheiten von größerem Gewicht von denselben Leuten angeklagt, und zwar wegen Aussagen, die er ihnen gegenüber in England im Garten des Kapitäns in Plymouth lange vor unserer Abreise gemacht hatte. Es wäre die Pflicht und Schuldigkeit dieser Leute gewesen, sie zu jener Zeit offen zur Sprache zu bringen und sie nicht so lange im Verborgenen zu lassen. Ich weiß nicht, wie weit es der Wahrheit entsprach, wessen sie ihn unter Eid beschuldigten, ich weiß nur, daß er es bei seinem Seelenheil auf das Äußerste bestritt, als er das Abendmahl erhielt, ebenso auch in der Stunde und dem Augenblick seines Todes, und versicherte, daß er unschuldig der Dinge sei, deren man ihn angeklagt und verurteilt habe und für die er nun den Tod erleide. Der Wahrheit gemäß muß ich Zeugnis von den göttlichen Gaben ablegen, die ich bei ihm feststellte in der Zeit, in der wir miteinander bekannt waren, und besonders in dem Zeitraum seiner Leiden und Sorgen, bis er seinen Geist aufgab ... Für einen Mann seiner Zeit waren seine Fähigkeiten einzigartig und hervorragend für einen Mann seines Alters. Er war ein überzeugender Redner, ein bedeutsamer Philosoph, hatte gute Kenntnisse der griechischen und erhebliche der hebräischen Sprache, war ein zufriedenstellender Sekretär einer hochgestellten Persönlichkeit von Adel, ein anerkannter Soldat in Irland und stand nicht vielen im Studium des Rechts seiner Zeit nach ... Die eingehende Beschäftigung mit dem Wort Gottes war ihm ein Anliegen, der tägliche Gottesdienst eine Selbstverständlichkeit ...«

»Als er tot war, wurde er in der Nähe der Gräber derer bestattet, die vor ihm dahingegangen waren. Auf ihre Gräber setzte ich einen Stein und ritzte darin ihre Namen ein ...« Fletcher (Penzer, S. 124–125)

»Doughty war oft mit der Frau von Francis Drake intim gewesen, und als er betrunken war, brüstete er sich damit vor ihm. Später erkannte er seinen Fehler und fürchtete Drakes Rache. Deshalb versuchte er mit allen Mitteln, Drake ins Verderben zu stürzen, fiel aber in seine eigene Grube. Er wurde des Hochverrats angeklagt, weil er gesagt hatte, daß man die Mitglieder des Staatsrates bestechen könne.« Richard Madox, lateinischer Eintrag in seinem persönlichen Tagebuch (Fenton, S. 164), übersetzt von Professor E. G. R. Taylor. Das mag völlig gegenstandsloser Klatsch sein.

Seite 227, Zeile 12. Fletchers Predigt in Port Julian.

Als Drake seine Mannschaft am 11. August an Land musterte, »bot Master Fletcher sich an, eine Predigt zu halten«. Drake schob ihn jedoch zur Seite und sagte: »Heute muß ich selbst predigen.« Fletcher war einige Tage später an der Reihe und zeichnete seine Predigt ziemlich unzusammenhängend in seinen Notizen auf: »Als jetzt die Zeit unserer Abreise näher kam, wurde ich darum gebeten, eine allgemeine Abendmahlsfeier abzuhalten und einige notwendige Lehren über die Liebe und die Christenpflicht zu verkündigen, die oft hatten wiederholt werden müssen, um bei uns wirksam zu werden. Der Herr schenkte mir seine Gnade, und ich ermahnte in meiner Predigt unsere Leute zur Reue. Ein jeder Mann fühlte die Schuld seines eigenen Gewissens, auf daß nicht unsere Hoffnung auf Glück sich im Australischen Meer, das auch das Pazifische genannt wird, in Sorge und Not verwandle und wir nicht statt Frieden Krieg fänden. Auch dort konnte uns Gott genau so wie an anderen Orten zur Rechenschaft ziehen, um unsere Sünden zu bestrafen. Was tatsächlich geschah, mag der Leser den Teilen der Geschichte entnehmen, die nun folgen werden.

Dieser Gottesdienst endete mit einem Gebet für Ihre Allergnädigste Majestät, ihren ehrenwerten Staatsrat, die Kirche und das englische Reich. Dann wurden Psalmen gesungen und Gott für seine große und einzigartige Gnade, die er uns immer wieder geschenkt hatte, gedankt. Dann brachen wir von Bloody Island und Port Julian auf und nahmen mit nur drei Schiffen Kurs auf den erhofften Wasserweg. Die drei Schiffe waren die *Pelican*, das Flaggschiff, die *Elisabeth*, das zweite Flaggschiff, und die Bark *Marigold*, auf der Edward Bright, ein Schiffszimmermann, neu ernannter Kapitän war.« Fletcher (Penzer, S. 127–128).

Seite 236, Zeile 8. Kapitän Winters Heimfahrt.

»Am 7. Oktober kamen wir in eine sehr gefährliche Bucht, in der es viele Felsen gab. Dort verloren wir Kapitän Drake in derselben Nacht aus den Augen. Am folgenden Tage . . . segelten wir wieder in die Wasserstraße und ankerten dort zwei Tage lang in einer offenen Bucht und entzündeten große Feuer am Ufer, um sicherzustellen, daß Drake uns fände, wenn er wieder in die Wasserstraße einführe. Danach fuhren wir in einen Sund, wo wir uns drei Wochen lang aufhielten und wo . . . der größte Teil unserer Leute, die wegen der langen Wachen, der Feuchtigkeit, Kälte und schlechten Ernährung sehr krank geworden waren . . . sich in sehr kurzer Zeit wunderbar erholten . . . Am 1. November verließen wir diesen Hafen und gaben auf Kapitän Winters Drängen unsere Weiterfahrt auf (was arg gegen den Willen der Matrosen war). Winter gab vor, er befinde sich in einer Zwangslage, sowohl was seine Fahrt nach Peru betreffe wie auch in Hinblick auf Drakes Sicherheit. So fuhren wir durch die Wasserstraße zurück . . .« Cliffe (Hakluyt, XI. S. 159). Ein sehr unterschiedlicher Bericht über die Rückkehr der *Elisabeth* findet sich in John Winters *Report*, S. 239, und bei Cooke, S. 238.

Verlust der Pinasse und Peter Carders Abenteuer.

Carders Bericht über seine Abenteuer (Purchas, XVI, S. 136–146) sollte hier erwähnt werden, obwohl er erst neun Jahre später geschrieben wurde:

»Am 8. Oktober verloren wir die *Elisabeth* aus den Augen . . . Bald darauf . . . befahl unser Kapitän, . . . unsere kleine Pinasse oder Schaluppe mit acht Leuten (unter denen ich mich befand) zu bemannen . . . Die Besatzung dieser Pinasse bekam den Befehl, auf jeden Fall auf die *Elisabeth* zu warten. Wir hatten nur Lebensmittel für einen Tag bei uns und auch keine Karte und keinen Kompaß, nur unsere acht Ruder. In der Nacht verloren wir durch schlechtes Wetter unser Schiff plötzlich aus den Augen, und obwohl unser Schiff uns und wir unser Schiff vierzehn Tage lang suchten, fanden wir uns niemals wieder. Wie dem auch sei, zwei Tage, nachdem wir unser Schiff verloren hatten, erreichten wir das Ufer und versorgten uns mit Muscheln, Austern, Krebsen und eßbaren Wurzeln . . .«

Er fährt mit seiner Beschreibung ihrer Rückfahrt durch die Wasserstraße fort. In der Nähe des Rio de la Plata wurden vier Mann der Besatzung von Eingeborenen gefangengenommen, zwei weitere wurden getötet. Dann erlitt die Pinasse Schiffbruch, und der siebente Mann starb. Carder, der jetzt allein übriggeblieben war, marschierte an der Küste entlang nach Norden. Er lebte einige Monate lang bei einem Kannibalenstamm und ergab sich dann portugiesischen Kolonisten. Einer dieser Kolonisten, ein englischer Doktor, wurde sein Freund. Schließlich erreichte Carder neun Jahre nach seiner Abfahrt England wieder. Er schließt seinen Bericht: »Meine seltsamen Abenteuer gelangten zu Ohren des ehrenwerten Lord Charles Howard, des Großadmirals von England. Er unter-

richtete eiligst Ihre Königliche Majestät davon und verschaffte mir
eine Audienz bei ihr im Whitehall-Palast. Dort geruhte sie, eine
gute Stunde mit mir über meine Reisen zu sprechen, unter anderem
über die Hinrichtung von Mr. Doughty. Dann schenkte sie mir 22
Goldmünzen und befahl meinem Herrn, mich entsprechend zu
berücksichtigen, danach wurde ich gnädigst entlassen . . .« Sechs
oder sieben Jahre nach Drakes Rückkehr war die Königin noch
immer an Doughtys Hinrichtung interessiert und fühlte sich vermutlich bei dem Gedanken daran nicht wohl.

Seite 249, Zeile 19. Die Plünderung von Valparaiso.

». . . sie kehrten wieder nach (Valparaiso, dem Hafen von)
Santiago zurück, um das spanische Schiff zu kapern – sie waren
nämlich an diesem Ort vorbeigefahren, ohne sich dessen bewußt zu
sein –, und als sie dort hinkamen, fanden sie das besagte Schiff mit
einer Besatzung von drei Negern und acht Spaniern. Die Leute auf
dem Schiff dachten, Drake und seine Männer seien Spanier, und
begrüßten sie mit Trommelwirbel und stellten einen großen Krug
mit Chilewein als Willkommenstrunk bereit. Aber nachdem Drake
mit seinen Männern das Schiff geentert hatte, schlug einer von
Drakes Leuten, ein Mann namens Tom Moone, dem spanischen
Lotsen mit der Faust in das Gesicht und sagte (auf spanisch):
»Nieder mit dir, du Hund.« Die armen Spanier waren zu Tode
erschrocken und flüchteten in den Laderaum des Schiffes, mit
Ausnahme von einem, der am Heck des Schiffes über Bord sprang,
ans Ufer schwamm und die Leute in der Stadt warnte. Nachdem
Drake die Spanier unter Deck eingesperrt hatte, nahm er das
Beiboot des spanischen Schiffes und sein eigenes, bemannte beide
mit seinen Leuten und setzte zur Stadt Santiago über. Nachdem er
an acht bis neun kleineren Häusern vorbeigekommen war . . .
stellte er fest, daß alle Einwohner geflohen waren. Er plünderte die
Häuser aus und ließ ein Lagerhaus aufbrechen, in dem er Chilewein
fand . . . In der Stadt stieß er auch auf eine Kapelle, die er
ausplünderte. Er nahm dort einen silbernen Kelch und zwei silberne
Gefäße und die Altardecke. Alle diese Gegenstände gab er Mr.
Fletcher, seinem Prediger. Später setzte er die gesamte Besatzung
des spanischen Schiffes an Land, außer einem gewissen John
Grego, einem gebürtigen Griechen, den er als Lotsen mit sich nahm,
damit er ihn in den Hafen von Lima brächte. Drake nahm das

spanische Schiff mit. An Bord dieses Schiffes fand er große Vorräte an chilenischem Wein und etwa vierhundert Pfund Gold aus Valdivia . . . von wo das beste Gold aus Peru kommt.« *Anonymous Narrative* (Wagner, S. 265–66). Diese Angaben werden im wesentlichen von Gamboa bestätigt. (Nuttall, S. 65–66)

»Es ist ungewiß, was die Angabe von 400 Pfund . . . bedeutet, ob das Pfund zu zwölf oder zu sechzehn Unzen zu rechnen ist, aber auf jeden Fall würde der Wert 37 000 Dukaten erheblich überschreiten.« Wagner, S. 266.

Seite 256, Zeile 9. In Arica und Chulé.

»Sie segelten die ganze Nacht und gelangten zum Hafen von Arica, wo sie zwei Schiffe vorfanden. Das eine, in dem sie 33 Silberbarren erbeuteten, gehörte Felipe Corço, das andere, auf dem sie kein Silber fanden und das sie in Brand setzten, Jorje Diaz. Die Einwohner des benachbarten Dorfes wurden durch die Sturmglokken zusammengerufen und griffen zu den Waffen. Das englische Schiff gab einige Schüsse auf das Dorf ab. Während der Nacht ertönten Trompeten, auch hörte man den Klang anderer Musikinstrumente, die an Bord gespielt wurden.« Gamboa (Nuttall, S. 68).

»Ein englischer Seemann setzte das andere (Schiff) entgegen dem Wunsche des Kapitäns (Drake) in Brand.« John Drake, *Second Declaration (Nuttall, S. 46).*

Das Silber aus den berühmten Bergwerken von Potosi wurde über Arica ausgeführt. In *Anonymous Narrative* heißt es, es seien 57 Barren gewesen.

»Am Morgen griffen sie drei Fischerboote auf. In einem dieser Boote schickten sie drei Spanier, die sie in Chile gefangengenommen hatten, sowie 10 oder 12 Indianer an Land. Die drei Spanier fuhren in dem Fischerboot die Küste entlang und warnten alle. So erreichte die Warnung auch den Hafen von Chulé, wo das Schiff des Bernal Bueno vor Anker lag, das eine Ladung von 500 Barren Gold Seiner Majestät an Bord hatte, das für Lima bestimmt war. Diese Goldbarren wurden sofort entladen und vergraben und entgingen somit dem Schicksal, geraubt zu werden. Bald darauf kamen die Engländer mit ihren zwei Schiffen und ihrer Barkasse. Da sie kein Silber fanden, segelten sie wieder davon und nahmen Bernal Buenos Schiff und *La Capitana* mit, die sie auf hoher See ihrem Schicksal überließen.« Gamboa (Nuttall, S. 69).

Lord Howard of Effingham, Großadmiral von England

Seite 257, Zeile 1. In Callao; und: Drakes Behandlung seiner Gefangenen.

Callao war und ist der Hafen von Lima, der Hauptstadt von Peru. Der spanische Kartograph, Seemann und Historiker Pedro Sarmiento de Gamboa, der in Lima war, schrieb einen Bericht über die Taten Drakes und die vergeblichen spanischen Versuche, ihn gefangenzunehmen oder abzuwehren.

»Am Freitag, dem 13. Februar 1578 (nach dem neuen Kalender) erreichte zwischen zehn Uhr und Mitternacht ein Schiff englischer Korsaren mit einer Pinasse und einem Boot den Hafen Callao von Lima. Die Korsaren fuhren zwischen den Schiffen hindurch, die dort vor Anker lagen, und erkundigten sich nach dem Schiff des Miguel Angel, weil sie in Erfahrung gebracht hatten, daß es viele Silberbarren geladen hatte. Als sie es enterten, stellten sie jedoch fest, daß es nicht die Reichtümer an Bord hatte, die sie sich erhofft hatten, weil das Silber noch nicht verladen worden war. Sie fuhren dann mit der Pinasse und dem anderen Boot von Schiff zu Schiff. Sie kappten die Ankertaue von sieben der dort liegenden neun Schiffe, damit sie trieben und ihnen nicht folgen konnten.

Als sie zu dem Schiff des Alonso Rodriguez Baptista (Patagalana) kamen, das gerade mit einer Ladung kastilischer Stoffe von Panama gekommen war, enterten sie es, wobei sie viele Pfeile auf die Besatzung und den Lotsen abschossen. Der besagte Alonso Rodriguez wurde durch einen Pfeilschuß verwundet, ein Engländer soll getötet worden sein. Die Engländer erbeuteten das Schiff mit seiner ganzen Ladung und schleppten es mit ihrem Schiff, ihrer Pinasse und dem anderen Boot ab. Hinter der vor dem Hafen liegenden Insel setzten sie die Segel und fuhren in Richtung Nordwest. Sie konnten das in aller Sicherheit tun, weil die Küstenbewohner, die ihren Überfall erlebt hatten, keine Eile hatten, die Nachricht davon an den Vizekönig weiterzugeben.«

Gamboa schreibt weiter, wie die Spanier ihre Streitkräfte mobilisierten und eiligst zwei Schiffe bemannten, die die Verfolgung aufnahmen. Drake sandte seine Gefangenen in dem gekaperten Schiff zurück, »setzte seine Großmarssegel« und fuhr gemächlich von dannen. Die Verfolger erfuhren von den freigelassenen Gefangenen, daß Drake schwere Artillerie hatte. Sie hatten keine und auch keine Lebensmittel, und »viele Herren waren seekrank und

332

nicht in der Lage, aufrecht zu stehen, geschweige denn zu kämpfen«. So gaben sie die Verfolgung auf. Gamboa (Nuttall, S. 59–64).

Gamboa nahm an dieser Verfolgung teil. Die Spanier stellten dann eine »sorgfältig ausgerüstete Flotte« zusammen, die Drake nicht einholen konnte. Gamboa und andere drangen darauf, daß sie den Golf von Panama überqueren sollten, um Drake an der Küste Nicaraguas abzufangen. Dies geschah jedoch nicht. Es hätte Erfolg haben können. Gamboa (Nuttall, S. 70–71).

»Wenn man die Zeugenaussagen von fünf Männern, die von Sarmiento aufgezeichnet worden sind, zu dem folgenden Beweismaterial hinzufügt, das auf den Aussagen von fünfzehn Gefangenen und der eidlichen Aussage von Juan Pascual beruht . . . ist klar zu erkennen, daß die Beweiskette vollständig ist und Augenzeugenberichte über die Kaperung eines jeden Schiffes oder Bootes durch Drake im Pazifik liefert. Das Zeugnis von zwanzig Gefangenen, das hier zusammengefaßt wird, enthüllt, daß entgegen falscher Anschuldigungen, die böswillig erfunden und später in Umlauf gebracht worden sind, der einzige Mann, der während der Kaperung eines Schiffes durch Drake ums Leben kam, der Engländer war, der im Callao von Lima von den spanischen Seeleuten des Schiffes von Panama, das Alonso Baptista Patagalana gehörte, getötet wurde.« (Nuttall, S. 134–135). Abgesehen von der Tatsache, daß Drake seine Gefangenen ausplünderte, behandelte er sie gewöhnlich freundlich und höflich, oft zu ihrer Überraschung und Erleichterung. Dies ist desto bemerkenswerter, weil er gewußt haben muß, daß die Spanier ihn im Falle der Gefangennahme wahrscheinlich lebend verbrannt hätten, so wie sie es mit Robert Barrett getan hatten.

Seite 261, Zeilen 1/6. Kaperung des Schiffes aus Guayaquil und des Schatzschiffes, der *Cacafuego.*

Das Schiff aus Guayaquil gehörte Benito Diaz Bravo, und nach der eidlichen Aussage des Schiffsschreibers Francisco Jacome raubten die »Korsaren« alles Gold, das es an Bord hatte und das einen Wert von achtzehn- bis zwanzigtausend Pesos hatte . . . außerdem viel Ausrüstung und andere Dinge. Die Engländer nahmen zu Unrecht an, Jacome verstecke irgendwo Gold. Um ihn dazu zu bringen, ihnen zu sagen, wo es sei, »legten sie ihm einen Strick um den Hals, als ob sie ihn richtig hängen wollten, und warfen ihn dann in die See, aus der sie ihn mit der Barkasse wieder fischten«. Da er weiterhin keine Aussage machte, ließen sie ihn frei und brachten ihn auf sein Schiff zurück. (Nuttall, S. 150–151). Das mag der Mann gewesen sein, von dem Silva einfach schreibt, er sei gehängt worden. (Hakluyt, XI, 144).

Cacafuego, Hitzkopf. Der eigentliche Name des Schiffes war *Nuestra Señora de la Concepción,* Muttergottes zur unbefleckten Empfängnis. Siehe eidliche Aussage des Schiffseigners und Kapitäns, San Juan de Anton (Nuttall, S. 164).

»Unser Befehlshaber versprach uns, daß derjenige, der zuerst das spanische Schiff entdeckte, für diese gute Nachricht seine Goldkette bekäme. Der Zufall wollte es, daß John Drake (Francis Drakes junger Vetter und Page) das Schiff gegen drei Uhr erspähte, als er in den Mastkorb stieg . . . *Famous Voyage* (Hakluyt, XI, 110). Da die *Golden Hind* ständig aufholte und Drake nicht vor Einbruch der Dämmerung das spanische Schiff erreichen wollte, auch nicht den Verdacht der Spanier erwecken wollte, indem er die Segel reffte, ließ er viele Taue und Matratzen auswerfen, die die Galeone hinderten, zu schnell zu segeln.« John Drake, *Second Narrative* (Nuttall, S. 48).

»Gegen neun Uhr abends legte sich das englische Schiff in den Kurs des Schiffes von San Juan und kam sofort längsseits. San Juan grüßte, aber der Korsar erwiderte den Gruß nicht. In dem Glauben, es handele sich um ein Schiff aus Chile, auf dem Meuterei ausgebrochen sei, kam Kapitän de Anton an die Reling. Zu dem Zeitpunkt waren die Engländer bereits dabei, sein Schiff zu entern, wobei sie riefen: ›Engländer! Streicht die Segel!‹ Jemand rief: ›Streicht die Segel, Mr. Juan de Anton, tut Ihr es nicht, so seht Euch vor, denn dann werdet Ihr versenkt werden.‹

San Juan antwortete: ›Welches England ist es (das mir Befehl gibt) die Segel zu streichen? Kommt an Bord und holt selbst (die Segel) ein!‹ Als die Engländer das hörten, ertönte eine Pfeife aus ihrem Schiff und dann eine Trompete. Dann wurde eine Salve aus etwa sechzig Hakenbüchsen abgefeuert, darauf folgte ein Pfeilhagel, der das Schiff traf. Kanonenkugeln, die aus einem sehr schweren Geschütz abgefeuert wurden, trafen den Kreuzmast, der mit seinem Lateinsegel ins Meer fiel. Danach feuerten die Engländer eine andere großkalibrige Kanone ab und riefen wieder,

›Streicht die Segel!‹ Gleichzeitig kam eine Pinasse längsseits, und etwa vierzig Bogenschützen kletterten die Wanten hoch und enterten San Juan de Antons Schiff, während an der gegenüberliegenden Seite das englische Schiff festmachte. Auf diese Art und Weise zwangen sie das Schiff des San Juan, sich zu ergeben... sie ergriffen San Juan und brachten ihn auf das englische Schiff, wo er den Korsaren Francis Drake sah, der seinen Helm und seine Rüstung ablegte. Francis Drake umarmte ihn und sagte: ›Habt Geduld, so ist der Kriegsbrauch‹, und befahl sofort, ihn in der Kabine des Afterschiffes einzusperren, wo ihn zwölf Mann bewachen sollten. (Es ist vermutet worden, daß de Anton ein Engländer gewesen sei, sein spanischer Name stehe für St. John von Hampton-Southampton.)

Am nächsten Morgen begab sich der Korsar zum Frühstück auf San Juans Schiff. In der Zwischenzeit hatte er seinem Obermaat den Befehl gegeben, seinen Tisch für San Juan de Anton so vorzubereiten, als sei er für ihn selbst. Drake untersuchte die Schätze, die sich an Bord des spanischen Schiffes befanden, und kehrte am Nachmittag auf sein eigenes Schiff zurück... er segelte mit günstigem Wind... nach Nordwesten auf dem Wege nach Nicaragua... Während der ersten drei Tage, an denen gutes Wetter herrschte, ließ er mit der Pinasse das ganze Silber von San Juans Schiff auf sein eigenes schaffen. Während dieser Zeit hielt er die Spanier, die sich auf dem gekaperten Schiff befunden hatten, auf seinem Flaggschiff gefangen... Das erbeutete Silber belief sich auf 362 000 Pesos in Barren, Realen und Gold. Davon gehörten 106 000 Seiner Majestät und der Rest Privatleuten... mit dem, was sonst noch an Bord war, belief sich die Gesamtsumme auf mehr als 400 000 Pesos... Der Gesamtwert des Goldes und des Silbers, das dieser englische Korsar im Pazifik, in dem Hafen von Valparaiso... (und auf der *Cacafuego*) erbeutete, belief sich auf 447 000 Pesos, umgerechnet den Wert des Porzellans, des Gold- und Silberschmuckes, der Edelsteine und Perlen sowie Stoffe und Lebensmittel. Der an den Schiffen angerichtete Schaden... ist einstimmig auf weitere 100 000 Pesos geschätzt worden.« Anton, *Testimony* (Nuttall, S. 156–163).

¡Eine offizielle spanische Aufstellung über Drakes Beute, die der

Königin durch den spanischen Botschafter, Bernadino Mendoza, überreicht wurde, findet sich bei Nuttall (S. 411–414).

Eine Fassung von Antons Bericht gibt an, daß »der Engländer sehr von seinen Leuten gefürchtet wurde und daß er eine Leibwache hatte«. (Siehe Wagner, S. 360–368 und Taylor I, S. 146.) Zarate berichtet, daß Drakes Leute »ihn verehrten«. Siehe *Zusätzliche Anmerkungen*, S. 337 unten.

Seite 263, Zeile 12. Das Leben auf der *Golden Hind.*

Das Schiff, das Drake am 4. April vor der Küste Guatemalas kaperte, stand unter dem Kommando von Don Francisco de Zarate, einem Aristokraten und Vetter des Herzogs von Medina. Drake behandelte Zarate mit ausgesuchter Höflichkeit. Zarate trug das rote emaillierte Kreuz des Ordens des Hl. Jakob, das Emblem militärischer Tapferkeit. Drake gestattete ihm, diesen Orden und seine reiche Kleidung zu behalten, wofür ihm Zarate aus Dankbarkeit den »Falken aus Gold« schenkte, der zuvor beschrieben wurde (Nuttall, S. 199–200). Zarate, der fünfundfünfzig Stunden auf der *Golden Hind* verbrachte, schrieb folgendes in einem Brief an den Vizekönig, Martin Henriquez: (Drake fragte) »ob ich Eure Exzellenz kenne. Ich sagte ›ja‹. – ›Befindet sich auf diesem Schiff irgendeiner seiner Angehörigen oder irgend etwas von seiner persönlichen Habe?‹ – ›Nein‹ – ›Nun, mehr als über alles Gold und Silber Westindiens würde ich mich freuen, ihm zu begegnen. Dann würdet Ihr sehen, wie das Wort von Ehrenmännern gehalten werden sollte . . .‹« (Diese Worte beziehen sich auf den Verrat des Vizekönigs in San Juan de Ulua.)

»Der Befehlshaber der Engländer ist . . . der gleiche Mann, der vor etwa fünf Jahren den Hafen von Nombre de Dios einnahm. Er heißt Francisco Drake, ist ungefähr 35 Jahre alt, untersetzt, trägt einen blonden Bart und ist einer der größten Seeleute, die das Meer befahren, sowohl als Navigator wie auch als Kommandant. Sein Schiff ist ein perfekter Segler. Es ist mit einhundert Matrosen (eine Überschätzung) bemannt, alle im waffenfähigen Alter und alle im Kriegsdienst geübt, wie es alte Soldaten nur sein können. Jeder verwendet besondere Sorgfalt darauf, seine Hakenbüchse sauberzuhalten. Drake behandelt seine Leute mit Güte, und sie begegnen ihm mit Achtung. Er hat neun bis zehn Kavaliere mit sich, jüngere Söhne englischer Adliger. Diese bilden einen Teil seines Rates, den er auch wegen der belanglosesten Sache zusammenruft, obwohl er keinen Rat annimmt. Aber es freut ihn zu hören, was sie sagen, danach gibt er dann seine Befehle. Er hat keinen Günstling.

Die vorher genannten Herren sitzen an seinem Tisch, wie auch ein portugiesischer Lotse ... der in der ganzen Zeit, die ich an Bord war, nicht ein Wort sprach. Seine Mahlzeiten nimmt Drake von Silbergeschirr mit Goldrand und vergoldeten Girlanden ein, die sein Wappen tragen. Er trägt alle mögliche Zier und verwendet parfümiertes Wasser. Er sagte, daß er viel davon von der Königin erhalten habe ...

Er diniert und soupiert zur Musik von Saiteninstrumenten ... Ich erfuhr, daß alle Männer, die ihn begleiten, Sold bekommen. Als unser Schiff geplündert wurde, wagte es keiner, irgend etwas ohne seine Befehle zu nehmen. Er ist seinen Leuten gegenüber sehr gütig, bestraft aber den geringsten Fehler. Er hat auch Maler bei sich, die ihm in genauen Farben Bilder von der Küste liefern. Dieses betrübte mich am meisten, denn jede Sache ist so natürlich dargestellt, daß keiner, der sich nach diesen Zeichnungen orientiert, in die Irre fahren kann ... (Siehe Schluß dieser Notiz.) Er zeigte mir die Vollmachten, die er von seiner Königin erhalten hatte und die er bei sich trug ... Es gelang mir, mich zu erkundigen, ob der Befehlshaber wohlgelitten sei, und alle seine Leute sagten, daß sie ihn verehrten.« Zarate (Nuttall, S. 203–209 und Penzer, S. 218–220). Aber Anton sagte, daß Drakes Leute ihn »sehr fürchteten«, siehe S. 336 oben; und Juan Pascal (siehe unten) berichtet, daß »alle seine Leute vor ihm zitterten und sich bis zur Erde vor ihm verneigten« (Nuttall, S. 339). »Francis Drake erwies Don Francisco große Gunst und gab ihm als Unterkunft seine Kajüte im Heck des Schiffes. Er nahm Don Francisco eine Negerin namens Maria und den Lotsen seines Schiffes weg.« John Drake, First Declaration (Nuttall, S. 31).

»Drake nahm von diesem Schiff einen Lotsen, der ihn zu dem Hafen Guatulco bringen sollte, und auch eine hübsche Negerdirne namens Maria mit sich, die später von dem Kapitän und seinen Piraten geschwängert wurde.« Anonymous Narrative (Wagner, S. 271). Zum Schicksal dieser Negerin vergleiche man die oberste Fußnote, Seite 307. Die Verwendung des Wortes »Piraten« spiegelt die Meinung einer Anzahl von elisabethanischen Zeitgenossen wider, daß Drake ein Pirat war.

Der Lotse war Juan Pascual, den Drake »manchmal in Eisen und manchmal ungefesselt« mit sich führte. Dieser sollte ihm zeigen, wo Wasser war. In Guatulco ließ Drake ihn frei. Pascual bezeugte eidlich, »daß jeden Tag, bevor sie sich zum Mittag- oder Abendessen niedersetzten, Drake einen Tisch ohne Decke oder Tischtuch herausbringen ließ. Er holte ein sehr großes Buch hervor, kniete barhäuptig nieder und las aus dem besagten Buch in seiner Sprache vor. Alle anderen Engländer . . . saßen auch ohne Kopfbedeckung da und respondierten. Einige hielten Bücher in der Hand, die wie Bibeln aussahen, und lasen in diesen. Der besagte Nuño da Silva saß auch barhäuptig neben den anderen und las in einem Buch, das einer Bibel glich . . . manchmal predigte einer der Engländer, den alle anderen sehr zu achten schienen (vermutlich Fletcher) auf Englisch. Alle hörten ihm aufmerksam zu.« Pascual, *Testimony* (Nuttall, S. 325–326). Die Zeichnungen, die Zarate erwähnt, stammen von Drake und seinem jungen Vetter John Drake (der 16? war) und ihm als Page diente. »Francis Drake hatte ein Buch, in das er seine nautischen Beobachtungen eintrug und in dem er Vögel, Bäume und Seelöwen skizzierte. Er ist ein begabter Zeichner und hat einen Jungen bei sich . . ., der ein großer Maler ist. Wenn sie beide sich in seiner Kabine einschlossen, malten sie immer.« Silva, *Deposition* (Nuttall, S. 303). Höchstwahrscheinlich übergab Drake dieses Buch der Königin, siehe 175. Über die bemerkenswerten Abenteuer des John Drake informiere man sich bei Nuttall, S. 18–23, und bei Fenton.

Seite 264, Zeile 5. In Guatulco und: Eine Beschreibung Drakes.

»(Drake) segelte plötzlich in den (Hafen) von Guatulco. Die Bewohner der Stadt dachten, daß er ein Spanier sei. Plötzlich ließ er sein Boot zu Wasser und sandte 20 Mann an Land, denn er wußte von seinem Lotsen, daß nicht mehr als 17 Spanier in der Stadt waren. An Land begaben sich Drakes Leute, die wohlbewaffnet waren, zum Stadthaus, wo sie einen Richter vorfanden, der mit zwei anderen Beamten über drei Neger zu Gericht saß, die angeklagt waren, die Einäscherung der Stadt geplant zu haben. Drake brachte die Angeklagten und die Richter zusammen an Bord seines Schiffes. Einen der Gefangenen, der in der Heimat bleiben wollte, setzte er wieder an Land. Dieser Neger floh in die Wälder, um sein Leben zu retten. Die anderen beiden Neger behielt Drake lange Zeit bei sich . . . (Drake) zwang den Oberrichter, ein Schreiben in die Stadt zu schicken, das allen Bewohnern befahl, diese zu meiden, damit er (Drake) Trinkwasser aufnehmen und die Stadt plündern könne. Die Spanier richteten sich sofort nach dieser Anweisung.« *Anonymous Narrative* (Wagner, S. 272).

»Zeugenaussage über den Korsaren, der am Ostermontag gegen elf Uhr vormittags in den Hafen von Guatulco eindrang, gemacht von denen, die er gefangennahm und heute, am Dienstag, freiließ . . . Er ist ein Mann von mittlerer Größe mit einem roten, ins Blonde gehenden Bart und dreißig Jahre alt. Er heißt Francisco Drac und ist Engländer. Er prahlt sehr damit, ein Vetter von Juan Acines (John Hawkins) zu sein und mit diesem in San Juan de Ulua gewesen zu sein. Er brach an dem Tage von England auf, an dem der Komet erschien, der auch hier in Neuspanien gesehen wurde . . . Er sagt, daß er während der Fahrt vierzig große und kleine Schiffe gekapert habe, und nur vier Schiffe, denen er begegnet sei, seien ihm entkommen . . . Das Schiff ist mit Silberbarren und einer großen Menge Gold, mit Juwelen und wertvollem Schmuck, mit Seidenstoffen und Leinen und anderen Gegenständen von großem Wert beladen. Alle diese Dinge zeigte er auf großprotzige Art den besagten Gefangenen . . .

Als die Gefangenen Drake baten, ihnen einen Teil ihres Eigentums, das er ihnen weggenommen hatte, wiederzugeben, setzte er eine arrogante Miene auf und gab ihnen durch Zeichen zu verstehen, daß er sie hängen lassen würde, wenn sie so weitersprächen. Nach dieser Warnung, das Thema noch weiter zu berühren, verhielten sie sich schweigend.

Er führt einen portugiesischen Lotsen mit sich, der sehr geschickt ist. Es scheint, daß er derjenige ist, der diese Flotte lenkt und leitet. Der Portugiese spricht die englische Sprache so, als sei es seine eigene, und er ist der Augapfel des englischen Befehlshabers.

Francis Drake hat eine so hohe Meinung von sich als Seemann und Gelehrtem, daß er ihnen sagte, es gebe keinen auf der ganzen Welt, der die Kunst der Navigation besser verstehe als er. Nach dem, was die Gefangenen während ihrer zweitägigen Gefangenschaft sahen, kamen sie zu dem Urteil, daß er ein guter Seemann sein müsse. Er erzählte ihnen auch, daß er seit seiner Abfahrt aus seinem Lande siebentausend Seemeilen gesegelt sei und daß er noch einmal so viel werde segeln müssen, um wieder an seinen Ausgangspunkt zu kommen . . . Voller Anmaßung sagte er auch seinen Gefangenen, daß sie von Glück reden könnten, daß keiner seiner Leute getötet worden sei. Wäre nämlich auch nur ein einziger seiner Männer getötet worden, so hätte er keinen einzigen der hier Anwesenden am Leben gelassen und hätte den Hafen gebrandschatzt und zerstört . . .« Gaspar de Vargas, Bürgermeister von Guatulco, an den Vizekönig Martin Enriquez (Nuttall, S. 238–240).

Silva wurde am 13. April 1579 in Guatulco an Land gesetzt. Später wurde er von der Inquisition der Ketzerei angeklagt und gefoltert. Im *Anonymous Narrative* steht, daß der arme Mann sich sehr dagegen gewehrt habe, den Spaniern als Opfer überlassen zu werden.

Drakes Männer plünderten die Stadt, und in einer beschworenen Aussage schildert der Hafenmeister von Guatulco, wie die Engländer aus der Kirche die silbernen Kelche, reichbestickte Meßgewänder und Wandteppiche »und fünf Altardecken raubten. Letztere trugen sie um ihre Schultern geschlungen fort und verwandten sie dazu, sich den Schweiß aus dem Gesicht zu wischen. Auch ein Meßbuch . . . und ein Gefäß, in dem die ungeweihten Hostien aufbewahrt wurden, nahmen sie mit. Die Engländer nahmen alle Hostien heraus, zerbrachen sie in Stücke und zertrampelten sie unter den Füßen . . . sie zertrümmerten ein Standbild der Heiligen Jungfrau, Gottvaters und des Heiligen Geistes . . . sie raubten alle Wertgegenstände (aus dem Hause des Zeugen) . . . und erbeuteten insgesamt etwa siebentausend Pesos in Realen, Silber, Gold und Kleidung. Die Heiligenbilder, die über dem Bett des Zeugen hingen oder auf seinem Schreibtisch standen, wurden auch zerstört. Der Hochbootsmann des englischen Schiffes nahm ein Kruzifix . . . schlug es gegen einen Tisch und zerbrach es . . . und sagte: ›Ihr solltet wahrscheinlich betrübt sein, denn ihr seid keine Christen, sondern Götzendiener, die Stöcke und Steine anbeten.‹ Der Zeuge kennt nicht den Namen dieses Hochbootsmannes, der klein war, einen spärlichen blonden Bart trug und ein pockennarbiges Gesicht hatte.« Francisco Gomez Rengifo (Nuttall, S. 352–353).

Seite 314. Die Exkommunikation Fletchers.

»Während sie auf diesem Felsen festsaßen und dachten, sie würden dort alle umkommen, hielt ihnen Mr. Fletcher, ihr Pfarrer, eine Predigt, danach empfingen sie alle das heilige Abendmahl. Dann versöhnte sich jeder Dieb mit seinem Diebsgenossen und erwartete den Tod, da es unmöglich schien, der gegenwärtigen Gefahr zu entrinnen, bis dann, wie vorher beschrieben, das Schiff vom Felsen freikam und wieder schwamm . . . Es sei vermerkt, daß Drake Fletcher kurze Zeit, nachdem sie von dem Felsen freigekommen waren, auf die folgende Art und Weise exkommunizierte: Er ließ ihn mit einem (Wort fehlt) und einer Krampe, die in die Luke der Back geschlagen war, an einem Bein festschließen. Dann rief er die gesamte Mannschaft zusammen, setzte sich mit übergeschlagenen Beinen auf eine Kiste und sagte, während er ein Paar Überschuhe in der Hand hielt: ›Francis Fletcher, ich stoße dich hiermit aus der Kirche Gottes aus und entziehe dir alle ihre Wohltaten und Gnadenerweise und übergebe dich dem Teufel und seinen höllischen Mächten.‹ Dann verbot er Fletcher unter Androhung der Todesstrafe, jemals wieder vor den Mast zu kommen, sollte er es tun, so würde er ihn hängen lassen. Dann ließ Drake eine kurze Inschrift anfertigen und sie an Fletchers Arm binden. Es war Fletcher verboten, diese abzunehmen, täte er es, so sollte er gehängt werden. Die Inschrift lautete: ›Francis Fletcher, du falschester Schurke, der lebt‹.« *Anonymous Narrative* (Wagner, S. 282). Diese Ausführung trägt offensichtlich Merkmale eines Augenzeugenberichtes. Es ist wahrscheinlich, daß Fletcher angesichts des sicher zu erwartenden Todes sehr offen geredet und gesagt hatte, daß sie von Gott zu Recht wegen der Hinrichtung Doughtys und ihrer Handlungen an der südamerikanischen Küste gestraft wurden.

3. DARSTELLUNG DER REISE[1] von JOHN COOKE

(John Cooke segelte auf der Elisabeth. *Weiteres ist nicht über ihn bekannt. Die* Weltumseglung *fußt teilweise auf diesem Bericht, der sorgfältig redigiert wurde.) Das Manuskript trägt den Titel* »Für Francis Drake, Ritter, Sohn des Sir Edmund Drake, Pfarrer von Upchurch in Kent. Anno Domini 1577«.

Am 16. November des oben genannten Jahres brachen Francis Drake, John Winter und Thomas Doughty als Gleichberechtigte und Freunde mit einer Flotte von fünf Schiffen und einer Besatzung von 164 Leuten, die aus Herren und Matrosen bestand, von Plymouth auf. Drake hatte vorgegeben, die Reise führe nach Alexandria, und hatte für dieses Ziel auch seine Leute angeheuert. Da jedoch widrige Winde aufkamen, war er gezwungen, sich am nächsten Morgen mit seiner Flotte in den Hafen von Falmouth in Cornwall zu begeben, wo sich ein so schrecklicher Sturm erhob, wie ihn keiner von uns jemals mit ähnlicher Stärke erlebt hatte. Der Sturm war in der Tat so heftig, daß alle unsere Schiffe leicht hätten Schiffbruch erleiden können; er endete nicht, ohne sich sehr nachteilig und hinderlich auf unsere vorgesehene Reise auszuwirken. Unser Flaggschiff, die Pelican, *mußte zu ihrer Sicherheit den Mast kappen, und die* Marigold *strandete nicht nur und wurde dabei erheblich beschädigt, sondern mußte auch noch ihren Mast kappen. Zur Behebung dieser Schäden waren wir gezwungen, uns wieder nach Plymouth zu begeben. Dort erfaßte Kapitän Drake ein großer Unmut, und er fand Gelegenheit, mit einem gewissen James Stydye einen Streit zu beginnen. Dieser hatte sich große Mühe gegeben, die Schiffe mit gutem Proviant zu versorgen und auch alle anderen für eine solche Reise notwendigen Dinge zu besorgen. Ungeachtet dieser seiner*

---

[1]Der Bericht wird hier mit freundlicher Genehmigung des Verlages Charles J. Sawyer abgedruckt aus *The World Encompassed and Analogous Contemporary Documents*, herausgegeben von N. M. Penzer (Argonaut Press, 1926).

Bemühungen und der von ihm geleisteten guten Dienste entließ ihn Drake und ließ ihn nicht an der Reise teilnehmen.

So brachen wir am 13. Dezember erneut von Plymouth auf und gingen auf südlichen Kurs. Am 25. Dezember erreichten wir Kap Cantin an der Küste der Berberei, an der wir bis zum 28. Dezember entlangfuhren. An diesem Tage stießen wir auf eine Insel namens Mogador, die eine Meile vom Festland entfernt liegt. Zwischen dem Festland und der besagten Insel fanden wir einen sehr guten und sicheren Hafen, in dem wir ohne Gefahr ankern konnten. Auf dieser Insel ließ unser Befehlshaber (wie wir ihn jetzt nannten) eine Pinasse zusammenbauen. Die Einzelteile für vier solcher Boote hatte er aus England mitgenommen.

Während wir diese Arbeiten ausführten, traf es sich, daß einige Bewohner des Landes an das Ufer kamen und uns die Parlamentärsfahne zeigten. Als unser Befehlshaber sie sah, sandte er sein Beiboot an das Ufer, um zu erfahren, was sie wünschten. Die Eingeborenen wollten gerne an Bord kommen; so ließen unsere Leute einen Mann von uns als Geisel am Ufer zurück und brachten zwei von ihnen an Bord. Sie gaben unserem Befehlshaber durch Zeichen zu verstehen, daß sie uns am nächsten Tage einigen Proviant bringen würden; Schafe, Kapaune, Hühner und anderes. Unser Befehlshaber schenkte ihnen einige Leintücher, Schuhe und einen Wurfspieß. Die Eingeborenen nahmen diese Geschenke dankbar in Empfang und brachen dann auf. Am nächsten Morgen kamen sie wieder wie am Vortage zum Ufer und unser Befehlshaber schickte wiederum sein Boot. Einer unserer Männer sprang übereifrig aus dem Boot ans Ufer und wollte die Eingeborenen freundlich begrüßen. Sie aber ergriffen ihn gewaltsam, setzten ihm einen Dolch an die Kehle, um jeden Widerstand auszuschalten, legten ihn auf ein Pferd und schafften ihn weg.

Nachdem wir unsere Pinasse zusammengesetzt hatten, brachen wir am letzten Dezember von dort auf. Wir fuhren dann weiter die Küste entlang und entdeckten – unseren

343

Erwartungen entsprechend – einige spanische Fischerschmacken, die wir jagten und von denen wir drei kaperten. Dann segelten wir weiter und erbeuteten drei Kara-
vellen. Am 17. Januar erreichten wir Kap Blanc. Dort
stießen wir auf ein Schiff, das vor dem Kap vor Anker lag
und von seiner ganzen Mannschaft mit Ausnahme von
zwei einfachen Matrosen verlassen war. Wir schleppten
das Schiff weiter in den Hafen und blieben dort vier Tage
lang. In dieser Zeit exerzierte Kapitän Thomas Doughty,
der in dieser Hinsicht immer sehr sorgfältig und bemüht
war, mit seinen Soldaten und bereitete sie für den Kampf
vor, auf daß sie im Ernstfalle nicht ungeübt seien.
Doughty zeigte damit, daß er als guter Soldat sich bewußt
war, wie wichtig ständige Übung für den Soldaten ist.
Nachdem wir dort die Dinge an Bord genommen hatten,
die wir brauchten und die die armen Fischer uns geben
konnten, und wir bei diesen armen Fischerleuten unsere
kleine Bark, die Benedikte, gelassen und dafür eine ihrer
Schmacken, ein Schiff von etwa 11 Tonnen, mitgenommen und alles erledigt hatten, segelten wir am 22. Januar
von diesem Hafen los. Wir nahmen eine portugiesische
Karavelle mit, die von den Kapverdischen Inseln Salz
holen sollte, das in großen Mengen auf einer dieser Inseln
gewonnen wird. Der Kapitän oder Lotse des portugiesischen Schiffes unterrichtete unseren Befehlshaber davon,
daß auf einer dieser Inseln, die den Namen Mayo trägt,
sich ein großes Lager von getrocknetem Ziegenfleisch
befinde, das die wenigen ständigen Bewohner jährlich für
die dort anlegenden Schiffe des Königs bereithielten, die
entweder nach seinem Land Brasilien oder anderswohin
führen.

Wir erreichten diese Insel am 27. Januar, aber die
Einwohner wollten um keinen Preis mit uns einen Handel
abschließen, da ihnen das durch königlichen Erlaß und
durch das Gesetz ihres Landes verboten war. Um die Insel
in Augenschein zu nehmen und die Möglichkeiten der
Verproviantierung zu untersuchen, sandte unser Befehlshaber am nächsten Tage 70 Mann unter Führung und

Leitung von Kapitän Winter und Kapitän Doughty, der bei solchen Angelegenheiten immer recht geschickt war, an Land. So marschierten wir zu der größten Ansiedlung dieser Insel, über deren Lage wir von den Portugiesen informiert worden waren. Nachdem wir drei Meilen marschiert waren, kamen wir kurz vor Tagesanbruch vor dem Ort an und verweilten dort ein wenig, um es Tag werden zu lassen. Als es hell wurde, stellten wir fest, daß die Einwohner weggegangen oder geflohen waren.

Wir bemerkten, daß diese Gegend fruchtbarer war als die sonstige Insel, weil sie gedüngt worden war. Wir gönnten uns hier eine kleine Erfrischung und aßen die sehr süßen und reifen Trauben, die die fruchtbare Erde uns zu dieser Jahreszeit schenkte. Wir genossen dort auch eine Art von Frucht, die den Namen Kokosnuß trägt. Da sie gemeinhin nicht bei uns in England bekannt ist, habe ich es für gut gehalten, sie genauer zu beschreiben. Der Baum, an dem sie wächst, hat keine Blätter oder Zweige. An der obersten Spitze der Krone wächst die Frucht in Büscheln ganz nahe am Stamm des Baumes. Jede einzelne Frucht ist so groß wie der Kopf eines Mannes. Nimmt man die äußerste Schale ab, die voller Fäden oder Sehnen ist, wie ich sie nennen will, so kommt man zu einer harten Schale, die eine Flüssigkeit enthält; manchmal eine Pinte und manchmal ein Quart, einige weniger. In dieser Schale, die reichlich einen halben Zoll dick ist, findet man eine Art von harter Substanz, die sehr weiß ist und genau so gut und süß wie Mandeln schmeckt. In dieser wiederum findet sich eine klare Flüssigkeit, die nicht nur wohlschmeckend und süß ist, sondern auch höchst erfrischend. Als wir weitermarschierten, erblickten wir eine große Anzahl lebender Ziegen. Diese Tiere waren von den Eingeborenen weggejagt worden, so daß sich keine von uns erlegen ließen. Ich muß noch ferner erwähnen, daß die Leute für uns dort einiges altes, getrocknetes Ziegenfleisch hingelegt hatten, das aber so widerwärtig aussah und von dem es nur so wenig gab, daß wir es voll Verachtung liegenließen.

Bei unserer Rückkehr beschloß unser Befehlshaber, von dieser Insel abzufahren. Wir blieben nur noch die folgende Nacht dort und segelten am nächsten Morgen los. Am 30. Januar erreichten wir eine andere Insel, die St. Iago heißt. Als wir an ihr außer Reichweite ihrer Kanonen vorüberfuhren, wurden drei Kanonenschüsse auf uns abgefeuert, die uns alle verfehlten. In der Nähe dieser Insel stießen wir auf zwei Schiffe unter Segeln. Auf das eine machten wir Jagd und enterten es mit Hilfe unseres Beibootes, ohne daß die Besatzung Widerstand leistete. Diese gute Prise schenkte uns einen reichlichen Vorrat an Getränken, besonders für die, die sowieso keine Not litten. Diejenigen aber, die ehrlich waren, waren genötigt, die Regentropfen zu beobachten, wenn keine Bitte half, ihren Durst mit anderen Mitteln zu stillen.

Bei dieser Gelegenheit zeigte sich unser Befehlshaber als nicht so streng, wie es jeder von ihm gedacht hatte. Weder verletzte noch schlug er die armen Leute (obwohl er sie ein wenig am Geldbeutel kniff), noch beraubte er sie gänzlich aller lebensnotwendigen Dinge. Er hielt nur den portugiesischen Lotsen bei sich zurück. Der übrigen Mannschaft gab er seine Pinasse, versah sie mit einem Faß Wein und einigem Proviant, ließ ihr die notwendige Bekleidung und erlaubte ihr, loszusegeln. Aber sicher brauchten sie keinen Tag (?) für die Zahlung, wenn ich bedenke, daß ihr ganzes Eigentum in unseren Händen zurückblieb.

Nachdem Kapitän Drake sich an den erbeuteten Schätzen sattgesehen hatte, übergab er die Prise der Obhut seines guten und besonderen Freundes Kapitän Thomas Doughty. Drake bat Doughty, auf jeden Fall dafür zu sorgen, daß strenge Disziplin eingehalten wurde; wer dagegen verstieße, sollte ihm ohne Ansehen der Person gemeldet werden. Es ergab sich so, daß Kapitän Drake einen Bruder hatte (nicht gerade der Allerklügste unter der Christenheit), den er zusammen mit mehreren anderen auf die besagte Prise schickte. Dieser Thomas Drake, dem der Sinn mehr nach Beute als nach Ehre und Ansehen stand, war der erste und einzige, der den Befehl seines Bruders, des Befehlshabers, nicht befolgte. In Auflehnung gegen das strenge Verbot erbrach er nicht nur die Truhe, sondern bemächtigte sich auch ihres Inhaltes, so daß Kapitän Doughty keine andere Möglichkeit sah, vor dem Befehlshaber zu bestehen, als ihm die ganze Angelegenheit zu enthüllen. Zunächst jedoch rief Kapitän Doughty Thomas Drake zu sich und wies ihn auf die große Torheit seines Verhaltens hin. Thomas Drake mußte sein Vergehen zugeben und bat Kapitän Doughty, milde zu ihm zu sein und es nicht dem Befehlshaber zu sagen. Um es kurz zu machen, Doughty sagte Thomas Drake, daß er die Angelegenheit nicht für sich behalten könne, aber dem Befehlshaber so wohlwollend wie möglich darüber berichten wolle. Als nun der Befehlshaber das nächste Mal an Bord der Prise kam, berichtete Kapitän Doughty ihm über diese Affäre. Der Befehlshaber geriet sofort in Wut, fluchte fürchterlich und schien sich erstaunt zu fragen, was Thomas Doughty beabsichtige, wenn er so von Drakes Bruder redete. Drake tat so, als sei er sicher, daß Doughty weitergehende Absichten damit verbinde und daß er ihm an seine Ehre wolle, was er (beim Leben Gottes, wie er schwor) nicht dulden könne oder wolle. Von dieser Zeit an schien Groll und Haß zwischen den beiden von Tag zu Tag zu wachsen, zum größten Erstaunen der klügsten Leute der Mannschaft, obwohl einige ihm das frühere Wohlwollen und die Freundschaft des Befehlshabers neideten und andere, wie ich meine, im Zweifel darüber waren, ob seine Macht so weit reichte, daß er sein Ansehen in seinem Lande vergrößern konnte. Dann wurde Kapitän Doughty wieder auf der Pelican eingesetzt; der Groll und Haß zwischen den beiden steigerte sich immer mehr und erreichte ein so großes Ausmaß, daß jeder Mann mit entsprechendem Urteilsvermögen wahrlich denken mußte, daß die Zuneigung, die Drake Doughty in England geschenkt hatte, mehr in bloßen Worten als in herzlichem Wohlwollen und freundlicher Zuneigung bestanden hatte.

Es kam so, daß Kapitän Doughty sich sehr unterwürfig zeigen mußte, und nicht nur er selbst, sondern auch seine Freunde. Besonders Leonard Vicary, ein Herr und sehr guter Freund Kapitän Doughtys, bemühte sich sehr, bei Drake ein gutes Wort für Kapitän Doughty einzulegen und ihn darum zu bitten, Doughty wieder freundlich gesinnt zu sein. Am Ende gab Drake diesen Bitten nach und gab nach außen hin vor, ihm zu vergeben und alles zu vergessen, was geschehen war. Er beließ Doughty weiterhin auf der Pelican, und die Mannschaft glaubte, er habe von Drake die Befehlsgewalt eines Kapitäns. Ich will jetzt einen Augenblick dabei verweilen, aufzuzeigen, wie Drake täglich Material gegen Doughty sammelte und bei jedermann nachforschte, um belastende Aussagen gegen ihn zu bekommen.

Nachdem wir die vorher erwähnten Portugiesen losgeworden waren, bewegten wir uns auf den Äquator zu. Drei Wochen lang waren wir in den Kalmen, hatten in dieser Zeit aber doch einige große Stürme und gräßliche Gewitter durchzustehen. Fische gab es dort reichlich, z. B. Delphine und Bonitos und andere große Fische. Wir sahen dort auch große Mengen von fliegenden Fischen. Diese wurden von den schlauen und eifrigen Delphinen und Bonitos gejagt und auch von einem großen Vogel, der über dem Wasser stand und auf Beute lauerte. So von Gegnern von allen Seiten verfolgt, fielen die fliegenden Fische etliche Male auf unser Schiff, von wo sie sich nicht wieder erheben konnten, da ihre Flügel ausgetrocknet waren. Sind diese nämlich einmal trocken, so können sie nicht mehr fliegen. Dieser Fisch ist so groß wie eine Sardine, seine Flügel sind so lang wie sein Körper.

Nachdem wir Anfang Februar von den Kapverdischen Inseln losgefahren waren, sichteten wir kein Land, bis wir am 6. April an die Küste Brasiliens gelangten. Man möge hören, was in der Zwischenzeit geschah. Kapitän Drake, der nicht müde wurde, Belastungsmaterial gegen Kapitän Doughty zu suchen, fand schließlich folgende Gelegenheit, ihn zu erniedrigen, sei es mit Absicht oder nicht. Es begab sich, daß John Brewer, der Trompeter, an Bord der Pelican ging. Da er lange abwesend gewesen war, nahm ihn die Mannschaft auf die Schultern und warf ihn in die Luft. Auch Kapitän Doughty machte dabei mit und sagte »Kamerad John, auch meine Hand sei mit dabei, obwohl sie unter den anderen wenig wiegt«. So legte er seine Hand an Johns Gesäß, und als der Trompeter das merkte, begann er Stein und Bein zu fluchen und der Mannschaft zuzurufen, man möge ihn loslassen, denn »nicht alle (sagte er), die hier sind, sind die Freunde des Befehlshabers«. Dann wandte er sich an Kapitän Doughty und sagte zu ihm (wie er mir selbst bald darauf auf der Prise erzählte): »Bei der Kreuzigung Christi, Doughty, was denkst du dir dabei, so vertraulich mit mir umzugehen, du, der du nicht der Freund des Befehlshabers bist?« Doughty antwortete ihm: »Was, Kamerad John, bewegt dich dazu, mir gegenüber diese Worte zu gebrauchen, der ich ein so guter und treuer Freund des Befehlshabers wie nur irgendeiner in der ganzen Flotte bin? Ich möchte den sehen, der das Gegenteil sagt. Aber steht die Sache so, nun denn, Kamerad John, dann bitte ich dich, laß mich leben, bis wir nach England kommen.« John Brewer, der sogleich wieder an Bord der Prise ging, sprach nicht lange mit dem Befehlshaber, bis das Boot anlegte und sich nicht lange aufhielt, sondern sofort Kapitän Doughty zu der Prise brachte. Kapitän Drake, der mitten im Gottesdienst war, hörte, wie das Boot am Schiff anlegte und stand auf. Kapitän Doughty war im Begriff, auf das Schiff zu kommen, als der Befehlshaber sagte: »Bleibt dort, Thomas Doughty, denn ich muß Euch an einen anderen Ort schicken«. Er befahl den Matrosen, Doughty zu dem Schnellsegler zu rudern und dort an Bord zu schaffen, da das, wie er ihm sagte, für ihn ein geeigneterer Ort sei als der, von dem er komme. Obwohl Kapitän Doughty alles versuchte, um mit dem Befehlshaber zu sprechen, gab dieser ihm keine Gelegenheit, sich Gehör zu verschaffen.

So erreichten wir, wie ich schon zuvor erwähnte, am 6. April die Küste Brasiliens. Am 7. April geriet in einem gewaltigen Gewittersturm unsere Schmacke, die jetzt den Namen Xpofere trug (d. h. Christopher), außer Sicht. Unsere Schiffe fanden sie jedoch am 11. Tage wieder, weil der Befehlshaber sich große Mühe gab und seine Schiffe weit gefächert fahren und suchen ließ und weil alle dicht unter der Küste fuhren und immer in Sichtweite waren. Das Kap, an dem wir unsere Schmacke wiederfanden, nannte unser Befehlshaber Kap Joy, dort nahmen auch alle unsere Schiffe Wasser auf. Dann lichteten wir die Anker und fuhren ein Stück weiter, um dann wieder zwischen einer Felsenbank und dem Festland Halt zu machen, wo wir sicher liegen konnten, da der Felsen die Gewalt der Wellen brach. Auf diesem Felsen töteten wir einige Robben, um unseren Proviant aufzubessern, aber nicht so sehr viele, da es sie dort nicht in den Mengen gab, wie wir sie später antrafen. Dort fuhren wir in einen großen Süßwasserfluß ein, der den Namen Rio de la Plata trägt, bis zu einer Tiefe von 5, 4 und 3 Faden, wo wir vom Schiff aus Süßwasser aufnahmen, da unser Befehlshaber nicht, wie er erwartet hatte, einen Hafen finden konnte; dann gingen wir wieder in See.

Dort verloren wir unseren Schnellsegler aus den Augen, auf dem sich Kapitän Doughty befand. Solange Doughty abwesend war, wurde unser Befehlshaber nicht müde, über ihn herzuziehen. Er nannte ihn einen Zauberer und Hexer, und jedesmal, wenn wir schlechtes Wetter hatten, pflegte Drake zu sagen, daß Thomas Doughty es verursacht habe, und daß es aus Tom Doughtys Zauberkiste komme. Er versicherte das mit vielen Eiden, mit denen er nicht sparsam umging, da sie ihn nichts kosteten. Am 12. Mai ging unser Befehlshaber in dem Beiboot der Elisabeth an Land. Dort erhob sich plötzlich ein solcher Sturm und ein solches Ungewitter, daß alle darin umgekommen wären, wenn die Marigold nicht auf die Küste zugesegelt wäre und das Boot aufgenommen hätte. Die Männer im Boot hatten nämlich die Schiffe aus den Augen verloren und wurden durch die Macht des gewaltigen Sturmes seewärts getrieben. Dieses Gebiet nannte unser Befehlshaber das Kap der Guten Hoffnung. Es liegt auf einer Breite von 47 Grad und 4 Minuten, gerechnet von der Äquinoktiallinie nach Süden. Dort war bei diesem großen Sturm die Prise gezwungen, den Anker zu lichten und zu ihrer Sicherheit in See zu stechen und war dann nicht mehr in der Lage, den Anschluß an die Flotte zu finden. So segelte die Prise am 13. Mai los, die anderen Schiffe folgten am nächsten Tage, die Marigold blieb noch mit dem Beiboot der Elisabeth am Kap.

Dort erblickte unser Befehlshaber einige Bewohner des Landes, die bis auf einen losen Überwurf aus Tierhäuten und eine Art Turban nackt waren. Unser Befehlshaber zeigte ihnen durch Hochhalten einer weißen Fahne, daß unsere Absichten friedlich seien, sie gaben mit Kopf und Körper durch Zeichen und Gesten zu verstehen, daß sie uns freundlich gesonnen seien. So gab es eine Art von Gespräch zwischen uns und ihnen, aber der eine konnte den anderen nicht verstehen, und sie wollten sich auch nicht unseren Männern nähern. Am nächsten Tage ging unser Befehlshaber wieder an derselben Stelle an Land. Obwohl er keinen der Eingeborenen erblicken konnte, fand er am Ufer einige gerade getötete Wildvögel, die, wie für uns bestimmt, auf einem Haufen lagen, Strauße und einige Seevögel. Alle diese Vögel nahm der Befehlshaber mit sich, dann lichtete er Anker und stach in See, wo er zu der übrigen Flotte mit Ausnahme der Prise stieß. Danach sandte der Befehlshaber seine Schiffe in verschiedene Richtungen aus, einige sollten erneut nach der Prise suchen, andere an der Küste nach einem Hafen. Als er selbst sich auf der Suche nach der Prise befand, sichtete er am 17. Mai zufällig den Schnellsegler, die Marigold und die Schmacke. Sie signalisierten uns, daß sie einen sicheren Hafen gefunden hatten, in den wir alle am Pfingstsonntag, dem 18. Mai, einliefen.

Es darf hier nicht vergessen werden, wie schlecht Kapitän Thomas Doughty und einige andere Herren in der Zeit ihrer Abwesenheit von der Flotte von üblen und neidischen Leuten, von Seeleuten und ihresgleichen, be-

handelt wurden, besonders aber Kapitän Doughty, den
die, die der Befehlshaber immer seine guten Freunde
nannte, nicht müde wurden, in Mißkredit zu bringen. Der
Kapitän verließ die Back, wo Kapitän Doughty und die
anderen Herren speisten, und setzte sich unter die Matrosen, wobei er darauf achtete, daß seine Kost reichlich war.
Wie schlecht die Herren mit ihrem Essen fuhren, davon
kann jeder erzählen, wenn er heimkommt (es sei denn, er
will sich selbst Lügen strafen). Als Kapitän Doughty sah,
daß er und ein gewisser Herr Chester, den Drake zum
Kommandanten des Schnellseglers ernannt hatte, so
schlecht behandelt wurden, sagte er zu Chester: »Ich
wundere mich, Herr Chester, daß Sie es hinnehmen, von
ihm so behandelt zu werden, wenn man berücksichtigt,
daß Sie von dem Befehlshaber hier zum Kommandanten
ernannt worden sind«, und wandte sich dann an den
Kapitän und sagte ihm, er zeige zuviel Parteilichkeit, wenn
man an die Nahrungsmittelknappheit denke, unter der sie
litten. Es sei gegen alle Vernunft, daß er und seine Leute so
reichlich zu essen hätten und andere dabei seien zu
verhungern. Daraufhin begann der Kapitän zu toben und
zu fluchen, daß solche Schurken wie er froh sein müßten,
die Ruderpflöcke zu essen, wenn sie sie bekämen. Kapitän
Doughty antwortete ihm daraufhin erneut, daß es die
Vernunft gebiete, daß er genau so gut wie die anderen
behandelt werde, da auch er seinen Anteil in dem Unternehmen habe. »Du hast einen Anteil an diesem Unternehmen«, sagte der Kapitän, »ich gebe nicht einen Deut für
Dich oder Deinen Anteil, und wenn Du nach Hause
kommst, um Dich Deines Anteils zu erfreuen, so will ich
gehenkt werden.« (Wie ich mich erinnere, hat er sein
Versprechen gehalten.) Dann gab noch ein Wort das
andere, und wie ich gehört habe, kam es noch zu einigen
Schlägen zwischen ihnen, worauf dann der Kapitän zu
Doughty sagte: »Du, du willst mehr zu essen haben, du
kannst froh sein, wenn wir nicht dem Befehlshaber begegnen, und sollst eher das essen, was von meinem Hintern
auf die Ankerhand fällt.« Darauf wandte sich der Kapitän

Doughty an Kapitän Chester und sagte zu ihm: »Kapitän Chester, laßt es nicht zu, daß wir so von diesen Schurken behandelt werden, gebt nichts von der Befehlsgewalt ab, die der Befehlshaber Euch übertragen hat, wenn Ihr wollt, legen wir das Schwert wieder in Eure Hand, und Ihr sollt das Kommando haben.« Ich kann mich dafür verbürgen, daß all dieses der Wahrheit entspricht, denn es gab zwei oder drei, die diese Angaben beschworen, wie auch einige . . . (Fehler im Manuskript).

Bevor er (Drake) von dem vorher erwähnten Hafen losfuhr, ließ er den Schnellsegler längsseits der Pelican anlegen und nahm alle Lebensmittelvorräte und alles andere von Wert zu sich an Bord. Dann ließ er den Schnellsegler an Land setzen und in Brand stecken, um so die Eisenteile entfernen zu können. Als das geschah, kamen einige Einwohner des Landes, die bis auf einen Lendenschurz aus Tierfell nackt waren, zum Ufer herunter. Sie hatten etwas um ihr Haupt geschlungen und sich ihr Gesicht mit verschiedenen Farben bemalt. Einige trugen so etwas wie Hörner auf dem Kopf, jeder hatte seinen Bogen, der eine Elle lang war, und einige Pfeile. Die Eingeborenen waren sehr flink, gewandt und schnell und schienen im Kriegshandwerk nicht unerfahren zu sein, wie man aus der Aufstellung ihrer wenigen Männer ersehen konnte. Diese Leute wollten lange nichts aus unseren Händen entgegennehmen; doch schließlich, als unser Befehlshaber bei ihnen an Land war, tanzten die Eingeborenen nach ihrer Sitte um ihn herum, und als er allein mit dem Rücken zu ihnen stand, sprang einer von ihnen plötzlich auf ihn zu und riß ihm die Mütze mit der goldenen Litze vom Kopf, entfernte sich eilends ein wenig von ihm und teilte seine Beute mit einem Stammesgenossen, wobei einer die Mütze, der andere das Goldband bekam. Nachdem unser Befehlshaber zwei Eingeborene oder (. . .) kampfunfähig gemacht hatte, lief er den anderen nach, um sie zu fassen, die sich aber nicht von der Stelle rührten, bis er ihnen näherkam, dann allerdings flohen.

Nach diesen Geschehnissen wurde Kapitän Doughty, der den Schnellsegler hatte verlassen müssen, vorerst auf der Pelican *festgehalten.* Er wurde weiterhin schlechtgemacht, zum Beispiel wurde gesagt, daß das böseste Wort, das von seinem Munde kam, sogleich wie ein Eid geglaubt werden müsse. Der Befehlshaber schlug ihn nicht nur, sondern befahl auch, ihn an den Mast zu binden, wofür der Kapitän des Schnellseglers, sein alter Feind, eine kleine Bestechungssumme erhielt. Dies geschah, als die beiden Schiffe längsseits einander lagen. Dann wurde Kapitän Doughty in die Schmacke geschafft, was sehr gegen seinen Willen erfolgte. Er sagte nämlich, er wisse, daß dort Leute seien, die nach seinem Leben trachteten, wie z. B. der Kapitän des Schnellseglers und einige andere arge und unredliche Männer. Aber ob Doughty dorthin wollte oder nicht, er mußte es. Drake schwor, er würde ihn anderenfalls mit der Talje herunterlassen und befahl, dieselbe bereitzumachen. So ging Thomas zusammen mit seinem Bruder John Doughty an Bord der Schmacke. Es ist noch, unter anderen, ein Ereignis zu erwähnen, das auf der Insel geschah, vor der wir den Schnellsegler aufgaben (und über das ich glaubwürdig informiert worden bin). Als wir eben dabei waren, aufzubrechen und den Anker zu lichten und die letzten Leute vom Ufer an Bord kommen wollten, gab es da einen Thomas Cuttle, der früher Kapitän der Pelican gewesen war. Im Augenblick des Aufbruches sprach der Befehlshaber mit dem besagten Mann, als dieser sich plötzlich in wilder Wut erhob und drohte, er werde zum Festland hinübergehen. Zwischen der Insel und dem Festland war das Wasser seicht, so marschierte er mit seiner Büchse auf dem Rücken mitten in das Wasser hinein und stieß die folgenden Worte aus: »Nun, meine Herren, ich stehe vor einer schweren Entscheidung, denn ich will diesen Herrn (Doughty) nicht einer Tat anklagen – Gott sei mein Zeuge –, von der ich weiß, daß er sie nicht begangen hat. Was immer auch aus mir wird, ihr alle seid meine Zeugen, daß ich nie etwas anderes von ihm gewußt habe, als daß er der Freund des

Befehlshabers ist. Ehe ich diese harte Behandlung durch den Befehlshaber erdulde, will ich mich lieber in die Hände der Kannibalen begeben, und ich bitte euch alle, betet für mich.« Nach diesem Zwischenfall begaben sich unsere Mannschaften zu den Schiffen, und nachdem sie alle fort waren, feuerte Cuttle seine Büchse ab, um, wie er später gestand, die Bewohner des Landes anzulocken, die jedoch nicht kamen. Unser Befehlshaber, der der Meinung war, Cuttle wolle an Bord kommen, sandte sein Boot zum Ufer. Es gelang der Besatzung dieses Bootes, Cuttle zu überreden, an Bord zu kommen, danach brachen wir von diesem Hafen auf. Es ist noch zu erwähnen, daß wir dort Trinkwasser und Proviant an Bord genommen hatten, dieser bestand aus Wildvögeln, von denen wir so viele auf einer felsigen Insel vorfanden, daß wir zwei- bis dreihundert innerhalb einer Stunde erlegen konnten.

Sofort nach unserer Abfahrt verloren wir unsere Schmacke aus den Augen. Drei bis vier Tage konnten wir sie nicht wiederfinden, aber als sie wieder zu uns gestoßen war, gab sie der Befehlshaber in der Nähe oder vor dem Kap der Guten Hoffnung, von dem vorher die Rede war, auf. Immer, wenn wir in schlechtes Wetter gerieten, dachte unser Befehlshaber, daß Thomas Doughty der Grund dafür sei. Dort, wo er die Schmacke aufgab, war er erneut mit den Einwohnern des Landes zusammengekommen. Er hatte ihnen einige Kleinigkeiten geschenkt und dafür von einem von ihnen ein Geschenk erhalten, das, soweit ich sehen konnte, aus Fischgräten hergestellt worden war, die in runde Plättchen geschnitten und sehr kunstvoll mit Frauenhaar verarbeitet waren. Am 19. Juni gegen Abend erblickten wir (zu unserer großen Erleichterung) die Prise in der Höhe von Port St. Julian, das auf einer südlichen Breite von 49 Grad und 30 Minuten liegt.

Aber zunächst muß ich, weil es sich aufdrängt, etwas über die beklagenswerten Nöte des Kapitäns Doughty berichten, die sich durch tyrannische Maßnahmen täglich vergrößerten, und obwohl die meisten Leute, besonders diejenigen, die anständig waren, seine Lage bedauerten, *wagten sie doch nicht, es außer ihren besten Freunden irgend jemandem offen zu sagen.*

Nachdem Kapitän Drake die Schmacke aufgegeben hatte, kam er selbst an Bord der Elisabeth, rief die gesamte Mannschaft zusammen und teilte ihr mit, daß er im Begriffe sei, zwei üble Menschen zu ihr zu schicken. Sie seien so schlecht, daß er nicht wisse, wie er sie bei sich behalten und die Reise mit ihnen überstehen solle. Diese beiden seien, sagte er, »Thomas Doughty, der ein Zauberer, ein aufrührerischer und sehr schlechter und liederlicher Mensch ist, und sein Bruder, der jüngere Doughty, der ein Hexer, Giftmischer und ein so schlechter Kerl ist, wie ihn die Welt sich nur vorstellen kann. Ich weiß nicht, woher der jüngere Doughty kommt, aber ich glaube, vom Teufel.« Drake warnte die Mannschaft davor, mit den beiden zu sprechen oder sich zu ihnen zu gesellen; täte es jemand, so würde er diesen als seinen Feind ansehen, ja mehr noch, als Gegner dieser Reise. Er verlangte, man solle sorgfältig darauf achten, daß sie nicht schrieben oder läsen, und dann erläuterte er ihnen, welchen Reichtum auch noch der schlechteste Mann in der Flotte durch diese Reise gewinnen würde und niemals wieder zur See gehen müßte, sondern in der Lage sein würde, in England wie ein richtiger Herr zu leben. Er fuhr fort: »Ihr werdet sehen, daß wir soviel Gold bekommen werden, wie diese Schiffe Holz haben, und wenn ich diese Reise beendet habe, werde ich einen vier Tage für euch gefangenhalten, meine Herren, damit ihr seinen Anteil der Beute an euch nehmen könnt.« Mit verschiedenen ähnlichen Schmähreden gegen Doughty verließ Drake das Schiff. Bald darauf sandte er den besagten Thomas Doughty und dessen Bruder an Bord der Elisabeth und verbot ihnen unter Androhung der Todesstrafe, einen Buchstaben zu Papier zu bringen oder etwas zu lesen, es sei denn, jeder könne es verstehen und sehen.[1] Sie wurden auch bald darauf entsprechend behandelt, denn die Männer wagten nicht, mit ihnen zu sprechen

---

[1] Um sicherzugehen, daß das Lesen und Schreiben nicht Zauberwerk sei.

(obwohl sie es vielleicht gern getan hätten). Und wie
Doughtys Lage die schlechteste auf dem Schiff war, so
war es auch seine Unterbringung. Obwohl er mit dem
Bootsmann des Schiffes eine Vereinbarung getroffen und
einen Kajütenplatz bekommen hatte, der sich an einem
Gott weiß unbequemen Ort befand, mußte er sich ver-
pflichten, dem Bootsmann für diesen Platz in England drei
Pfund zu zahlen. Die Folge für diesen Burschen war
jedoch, daß er seine Stelle verlor, weil er Doughty so
freundlich behandelt hatte, und in tiefe Ungnade fiel.

Nachdem wir, wie ich vorher berichtet habe, unsere
Prise wiedergefunden hatten, gingen wir am nächsten
Tage, dem 20. Juni, in einem sehr guten Hafen vor Anker,
der wahrscheinlich derselbe war, den Magellan Port St.
Julian genannt hatte. Dort fanden nämlich unsere Männer
auf dem Festland einen Galgen, an dem Magellan unserer
Vermutung nach Hinrichtungen vorgenommen hatte. Am
22. Juni ging unser Befehlshaber in Begleitung von John
Thomas, Robert Winterhey, dem Geschützmeister Oliver,
John Brewer, Thomas Flood und Thomas Drake an Land.
Als sie weiter in das Land eindrangen, versuchten zwei
oder drei der Bewohner des Landes, sie am Weitermarsch
zu hindern, aber unsere Leute ließen sich nicht aufhalten.
Robert Winterhey hielt einen Bogen und Pfeile in den
Händen und wollte zum Spaß einen Pfeil abschießen. Als
er den Bogen spannte, riß die Sehne. Die Eingeborenen
nahmen das als eine Kriegserklärung, ergriffen die Gelegenheit und schossen ihre Pfeile auf unsere Leute ab, die
sie in die Flucht schlugen. Dabei töteten sie zwei unserer
Männer, nämlich unseren Geschützmeister und den besagten Winterhey. Die Eingeborenen hatten nur ihre
Pfeile und Bogen, die unsere Männer nicht ernstgenom-
men hatten; dagegen hatten unsere Leute zwei Flinten,
einen Bogen und Pfeile, ihre Schwerter und Schilde. Man
sollte also den Feind nie zu gering einschätzen, wie
schwach auch immer seine Streitmacht scheinen mag.

Auf dieser Insel in Port St. Julian geschahen viele
Dinge, von denen ich meine, daß Gott nicht will, daß sie im

Die Explosion auf der San Salvador. *Nach einem Stich von J. Pine aus der*

18. Jahrhundert

Verborgenen bleiben, besonders, da sie auf einen Mord hinausliefen. Dort versprühte Drake all sein Gift gegen Thomas Doughty, dort fand sein verhüllter Haß ein Ende, nicht durch höfliche oder freundliche Versöhnung, sondern durch ein höchst tyrannisches Blutvergießen. Denn Drake war niemals ruhig, solange Doughty lebte, ein Mann, der ihn an Klugheit und Rechtschaffenheit so weit übertraf wie Drake alle anderen an Tyrannei. Die Welt hatte nie zuvor ein ähnliches Geschehen gesehen, denn hier ermordete er den, der, wäre Drake in sich gegangen, ihm ein sicherer und standhafterer Freund gewesen wäre, als es Pythias dem Damon[1] gewesen ist. Ich denke, die folgenden Zeilen werden das beweisen und zeigen.

Am letzten Tage des Juni setzte sich der Befehlshaber zu Gericht (nachdem er vorher die gesamte Mannschaft hatte an Land bringen lassen). John Thomas hatte er neben sich gesetzt. Dieser öffnete ein Bündel von Papieren, die zusammengerollt waren und in denen mehrere Punkte standen, die Drake dem Kapitän Thomas Doughty vortrug, bevor sie verlesen wurden. Doughty war mehr wie ein Gefangener als wie ein Herr, den man zu einer ehrenhaften Unterredung bittet, herangeschafft worden. Drake begann seine Rede mit den folgenden Worten: »Thomas Doughty, Du hast auf mannigfache Art und Weise versucht, mich so sehr Du kannst in schlechten Ruf zu bringen, dieses Unternehmen stärkstens zu behindern und scheitern zu lassen. Außerdem gibt es andere schwerwiegende Punkte, derer ich Dich anzuklagen habe. Kannst Du Deine Unschuld beweisen, so werden Du und ich gute Freunde sein; wenn nicht, so hast Du den Tod verdient.« Kapitän Doughty antwortete, daß es nicht stimme, daß er jemals eine Schurkerei gegen den Befehlshaber begangen habe. »Wer«, sagte Drake, »wird Dir den Prozeß machen?« – »Nun, mein guter Befehlshaber«, erwiderte Doughty, »laßt mich leben und in mein Land zurückgelangen, und mit mir wird nach den Gesetzen

[1] Zwei Freunde aus der griechischen Sage, deren Freundschaft füreinander sprichwörtlich war.

Ihrer Majestät verfahren werden.« – »Nein, Thomas Doughty«, sagte hierauf Drake, »ich will hier die Geschworenen zusammenrufen, die weiter den Punkten nachgehen sollen, derer ich Dich anklage.« – »Nun, Befehlshaber, ich hoffe, Euer königliches Patent ist gut.« – »Ich garantiere Dir, daß mein Patent umfassend genug ist«, antwortete Drake. »Ich bitte Euch, laßt es uns dann sehen«, sagte Doughty, »es ist notwendig, daß es hier vorgelegt wird.« – »Nun«, sagte Drake, »Du sollst es nicht sehen[1]. Aber, meine Herren, dieser Kerl schwätzt zuviel, bindet seine Arme, damit ich meines Lebens sicher bin. Meine Herren, Ihr, die Ihr meine guten Freunde seid, Thomas Hood, Gregory, Ihr dort, meine Herren, bindet ihn.« So nahmen sie ihn und banden ihm seine Arme auf den Rücken. Dann erhob Drake verschiedene wütende Anschuldigungen gegen Thomas Doughty und klagte ihn unter anderem an, daß er es gewesen sei, der seiner Meinung nach den Lord Essex[2] vergiftet habe. Doughty versicherte dagegen, daß er Drake dem Lord in Irland vorgestellt habe, worauf Drake sagte: »Du hast mich dem Lord vorgestellt? Seht, meine Herren, wie weit er geht, um mich in Mißkredit zu bringen. Dieser Kerl stand nie hoch im Ansehen des Lords, ich denke, er kam nie auch nur in dessen Nähe, denn obwohl ich täglich mit dem Lord

[1] Es scheint unbegreiflich, daß Drake sein Patent nicht gezeigt hätte, wenn er eins gehabt hätte. Man beachte auch die noch weniger überzeugende Ausflucht auf Seite 364/65. Die einzige unabhängige Zeugenaussage scheint die eines der spanischen Gefangenen Drakes, Francisco de Zarate, zu sein, der angibt, daß Drake ihm »das Patent zeigte, das er von ihr (der Königin) erhalten hatte und das er bei sich trug«. (Nutall, S. 209). Aber es gibt keinen Beweis dafür, daß Zarate Englisch lesen konnte. Drake mag ihm den Anteilschein der Königin, der sie als »Mitträger« des Unternehmens auswies und wahrscheinlich ihr Siegel trug, gezeigt haben.

[2] Es wird gesagt, Doughty habe durch falsche Berichte einen Bruch zwischen Essex und dessen Rivalen, Leicester, herbeigeführt, der durch Erklärungen und Entschuldigungen wieder beigelegt wurde. Essex entließ Doughty. Essex starb 1576. Als Leicester 1578 Essex' Witwe bigamisch heiratete, entstanden Gerüchte, er hätte Essex vergiftet und Doughty als Werkzeug dazu gebraucht.

zusammen war, sah ich ihn nicht öfter als einmal, und das war lange nach meiner Unterhaltung mit dem Lord.«

Dann wurde schließlich eine Jury einberufen, deren Vorsitzender Kapitän John Winter war. John Thomas verlas der versammelten Mannschaft die Anklagepunkte und wiederholte sie noch einmal, wohl in der Befürchtung, die Männer könnten sie sich nicht gut genug gemerkt haben. Alles waren Worte der Unfreundlichkeit, aus Wut geboren, und Doughty stellte sie gar nicht erst in Abrede. Schließlich aber ergriff ein gewisser Edward Bright das Wort, ein Mann, über dessen Ehrenhaftigkeit ich mich nicht auslassen will, und sagte: »Ja, Doughty, wir haben noch eine andere Sache, die dir ein wenig mehr zu schaffen machen wird, sie wird, glaube ich, dich ins Innerste treffen.« – »Ich bitte dich, Ned Bright«, antwortete Doughty, »schone mich nicht, aber klage mich keiner Sache an, die nicht der Wahrheit entspricht.« Dann las John Thomas weiter und brachte den letzten Punkt der Anklage vor, der zugleich das Ganze beschloß, und zwar, daß Thomas Doughty zu Edward Bright in Kapitän Drakes Garten gesagt haben solle, daß Ihre Königliche Majestät und der Kronrat bestechlich seien. Dann sagte Bright mit erhobenem Finger: »Was sagst du dazu, Kerl?« – »Nun, Ned Bright«, erwiderte Kapitän Doughty, »was bewegt dich dazu, mich so zu belügen? Du weißt, daß eine solche Vertraulichkeit nie zwischen dir und mir bestanden hat, aber es mag sein, daß ich gesagt habe, daß man uns besser willkommen heißen würde, wenn wir Gold nach Hause brächten; aber das ist mehr, als ich mich erinnern kann.«

Im weiteren Gespräch ergab es sich dann, daß Kapitän Doughty sagte, daß der Lordschatzkanzler von dem geheimen Plan der Reise Kenntnis gehabt habe. »Nein, das hatte er nicht«, sagte Kapitän Drake. Doughty antwortete, er habe doch davon gewußt. »Wie«? fragte Kapitän Drake. »Er hatte es von mir erfahren«, antwortete Kapitän Doughty. »Schaut, meine Herren, was dieser Kerl getan hat«, sagte Drake. »Möge Gott alle diese Verrätereien zur

362

Kenntnis nehmen. Ihre Majestät hatte mir den besonderen Befehl gegeben, daß vor allem der Lordschatzkanzler nichts von diesem Unternehmen erfahren sollte, und man sehe nun, wie Doughty sich selbst verraten hat.« So wurde dieses ein besonderer Punkt der Anklage, der ihn den Hals kosten sollte, und Drake schien über seinen sich daraus ergebenden Vorteil sehr erfreut zu sein. Dann bot Kapitän Doughty ihm an, alles zu unterzeichnen, was da geschrieben war, oder auch alles andere, was noch niedergeschrieben würde,wenn Drake ihn am Leben ließe und ihm gestattete, sich in England für diese Anschuldigungen zu verantworten. Drake sagte: »Laß erst diese Männer herausfinden, ob du schuldig bist oder nicht, dann werden wir weiter über die Angelegenheit sprechen.« Nachdem alle Geschworenen John Thomas den Eid nachgesprochen hatten, übergab Drake die Anklageschrift, wie ich sie nennen will, Kapitän John Winter, der der Vorsitzende dieser Untersuchung war.

Dann sagte Herr Leonard Vicary, ein treuer und ergebener Freund Kapitän Doughtys, zu Drake: »Befehlshaber, das ist kein Gesetz und keine Gerechtigkeit, die Ihr übt.« Drake antwortete: »Ich habe es nicht mit euch geriebenen Anwälten zu tun, und das Gesetz kümmert mich nicht, aber ich weiß, was ich tun werde.« – »Nun«, sagte Herr Vicary, der einer der Geschworenen war, »ich weiß nicht, ob wir über Leben und Tod entscheiden können.« – »Herr Vicary«, erwiderte darauf Drake, »ihr habt nicht über Leben und Tod zu entscheiden, laßt mich allein das tun, ihr habt nur festzustellen, ob Doughty sich dieser Punkte der Anklage, die gegen ihn erhoben werden, schuldig gemacht hat oder nicht.« – »Nun denn«, sagte darauf Herr Vicary, »dann geht es, hoffe ich, nicht um Leben oder Tod.« – »Nein, nein, Herr Vicary«, sagte Drake.

So versammelten sich die Geschworenen und kamen zu dem Schluß, daß alle Punkte der Anklage der Wahrheit entsprachen, d. h. mit Ausnahme der einen Beschuldigung, die Edward Bright gegen Doughty erhoben hatte. Es wurde von einigen der Geschworenen bezweifelt, ob die alleinige Aussage Brights ausreichend sei, um daraufhin ein Menschenleben zu vernichten, und es zeugte wahrlich nicht von der Aufrichtigkeit eines Menschen, einen Ausspruch mit Schweigen zu übergehen, der angeblich in England gemacht worden war, und ihn jetzt und hier zur Sprache zu bringen, wo der Wille Gesetz war und die Vernunft schwieg. Ein Ehrenmann hätte eine solche Sache nicht verschwiegen, so mußten Zweifel an seinem Verhalten entstehen. Aber um es kurz zu machen, die Mehrzahl war der Meinung, Bright sei ein sehr verläßlicher Mann; dann wurde das Urteil gefällt und der Befehlshaber unterrichtet, daß einige Zweifel an der Aufrichtigkeit Brights geäußert hätten. »Was«, sagte Drake, »ich kann beschwören, daß das, was Ned Bright gesagt hat, völlig der Wahrheit entspricht.« (Jedoch schon zwei Wochen später hatte sich zwischen Bright und Drake eine solche Spannung entwickelt, daß letzterer sich bedroht zu fühlen schien, denn er entfernte den besagten Bright von der Pelican und schickte ihn auf die Marigold und sagte, daß er sicher sein und Bright deshalb weit genug von sich fort haben wolle.)

Nachdem Drake so das gewünschte Urteil bekommen hatte, erhob er sich und ging auf das Ufer zu. Er befahl der gesamten Mannschaft, mit Ausnahme von Kapitän Thomas Doughty und dessen Bruder, mit ihm zu kommen. Dort öffnete er ein Bündel Briefe und Schriftstücke, schaute seine Leute an und sagte: »Um Gottes Willen! Ich habe etwas in meiner Kabine vergessen, was ich ganz besonders bei mir haben sollte« (als ob er dort sein Patent vergessen hätte). Aber ob er nun sein Patent vergessen hatte oder nicht, er vergaß sich selbst, als er all dies veranlaßte, ohne sein Patent zu zeigen, falls er wirklich eines hatte. Ich denke wahrhaftig, er hätte es auch noch dem letzten zeigen sollen, wenn er es gehabt hätte. Aber Drake legte hier zunächst Briefe vor, die (wie er sagte) Kapitän Hawkins an den Lord of Essex geschrieben hatte, um ihn, Drake, einzuführen; zweitens zeigte er Dankesbriefe des Lord of Essex an Kapitän Hawkins, in denen

Essex zum Ausdruck brachte, wie erfreut er über die geleisteten Dienste gewesen sei und wie sehr sie ihm gefallen hatten. Dann verlas Drake Briefe, in denen der Lord of Essex ihn dem Minister Walsingham empfahl; dann zeigte Drake Briefe, die Herr Hatton an ihn gerichtet hatte und in denen er Drake seine Leute John Thomas und John Brewer empfahl und deren gute Dienste für die Reise anbot. Schließlich verlas Drake den Anteilschein Ihrer Majestät über tausend Kronen. (Ich wunderte mich sehr, daß so viele edle und vornehme Herren ihre Briefe in seinen Händen gelassen hatten, auf daß er sie hier zur Steigerung seines Ansehens zeigen könnte.)

Nachdem er all das getan hatte, fuhr er mit seiner Rede fort. »Meine Herren«, sagte er, »ihr mögt feststellen, ob dieser Kerl versucht hat, meinen Ruf zu ruinieren oder nicht und ob er damit etwas anderes wollte, als diese Reise zum Mißerfolg werden zu lassen, indem er mich erst um meinen guten Namen und Ruf bringen wollte und dann um mein Leben. Wenn ich dessen beraubt wäre, was würdet ihr tun? Ihr wäret gezwungen, gegenseitig euer Blut zu trinken und euch wieder auf die Heimreise zu begeben und wäret nicht in der Lage, den Weg dorthin zu finden. Und weiter, meine Herren, überlegt, was für eine großartige Reise wir zu machen im Begriffe stehen, wie sie nie zuvor von England aus gemacht worden ist. Mit diesem Unternehmen wird der Niedrigste in dieser Flotte ein Herr werden, und wenn dieses Unternehmen nicht ein Erfolg werden sollte, wofür ich keine Möglichkeit sehe, solange dieser Mensch am Leben ist, was für eine Schmach wäre es, nicht nur für unser Land, sondern besonders für uns, das möge der Einfachste hier unter uns bedenken. Deshalb, meine Herren, mögen diejenigen, die denken, dieser Mann habe den Tod verdient, mit mir die Hand heben, diejenigen, die entgegengesetzter Meinung sind, mögen es unterlassen.«

Daraufhin erhoben verschiedene, die Doughty sein früheres Glück neideten, ihre Hand, andere wiederum wagten aus Furcht vor Drakes Härte nicht, ihre Hand

unten zu lassen, obwohl es gegen ihre Überzeugung ging,
wieder andere erhoben Hände und Herzen zu Gott und
flehten ihn an, er möge sie von diesem harten und grausamen Tyrannen befreien. Nach dieser Abstimmung nahm
Drake wieder seinen früheren Richterstuhl ein und verkündete, daß Doughty ein Kind des Todes sei, und
versprach ihm zugleich, er würde ihn zu einem Kind
Gottes machen. Drake führte ferner aus, daß, wenn
irgend jemand zwischen diesem Augenblick und dem
nächsten Morgen eine Möglichkeit fände, Doughtys Leben zu retten, er es ihn hören lassen möge, und daß er
selbst nach einer Möglichkeit zur Gewährleistung seiner
eigenen Sicherheit suche. »Nun, Befehlshaber«, sagte
Doughty, »da ich sehe, daß es dazu gekommen ist, daß Ihr
mich aus dem Wege räumen wollt, bitte ich Euch, nehmt
mich mit nach Peru und setzt mich dort an Land.« –
»Gewiß nicht, Kapitän Doughty, ich kann es Ihrer Majestät gegenüber nicht verantworten, so etwas zu tun. Aber
wie gesagt, Thomas Doughty, wenn irgendeiner mir dafür
bürgen kann, daß ich vor Euch sicher bin und es übernimmt, Euch in Gewahrsam zu halten, dann werden wir
sehen, was sich tun läßt.« Kapitän Doughty schaute dann
Kapitän Winter an und sagte zu ihm: »Kapitän Winter,
wollt Ihr so gut sein und das für mich machen?« Daraufhin sagte Kapitän Winter zu Kapitän Drake, daß er
(Drake) nichts für seine Sicherheit zu befürchten habe;
Winter werde Drake für seine Sicherheit bürgen, wenn er
ihm Doughty in Gewahrsam gebe. Drake sagte dann nach
einer kleinen Pause: »Seht, meine Herren, wir müssen es
so machen: wir müssen Doughty unter Deck festnageln
und uns auf die Rückreise begeben, ohne unsere Reise zu
beenden; wenn Ihr das wollt, dann sagt es.« Darauf rief
eine Bande verzweifelter Bankrotteure, die zu Hause nur
von dem lebten, was durch den Schweiß anderer erworben
worden war: »Gott verhüte das, guter Befehlshaber!«
Dieser Meinung wurde aufmerksam Gehör geschenkt,
einem feurigen Pferd braucht man nicht die Sporen zu
geben. So befahl Drake Kapitän Doughty, sich auf den

Tod vorzubereiten. Nachdem Drake Doughty einen Tag
Aufschub gegeben hatte, um alle Angelegenheiten in
Ordnung zu bringen, erhob er sich und ging von dannen,
wobei er versprach, nicht aufhören zu wollen, zu Gott zu
beten, er möge ihm einen Weg zeigen, wie er Doughty
retten könne. Er hatte jedoch so oft zuvor geschworen, daß
er ihn hängen würde, daß ich denke, er meinte es mit
dieser Aussage nicht sonderlich ernst.

So verbrachte Kapitän Doughty diese Nacht, den nächsten Tag und die darauffolgende Nacht im Gebet, abgesehen von einigen kurzen Unterbrechungen, die er dazu
verwandte, um seine weltlichen Angelegenheiten in eine
gewisse Ordnung zu bringen. Er verteilte die Habe, die er
bei sich hatte, an die Leute, von denen er meinte, daß sie
ihm wohlgesonnen seien. Am 2. Tage des Juli wurde ihm
befohlen, sich zum Sterben fertigzumachen. Dann bat
Kapitän Doughty, der ein fröhlicheres Verhalten zur
Schau trug, als er es je in seinem Leben getan hatte, wie
jemand, der das Leben völlig verachtet, Drake, das
Abendmahl empfangen zu dürfen, bevor er sterbe. Das
wurde ihm nicht nur gewährt, sondern Drake selbst bot
ihm auch an, mit ihm zusammen zum Tische des Herrn zu
gehen. Kapitän Doughty dankte ihm herzlich dafür und
nannte ihn niemals anders als »mein guter Kapitän«.

Kapitän Drake bot ihm zugleich an, die Todesart zu
wählen, die er wünschte. Doughty erwiderte, da er ein
Herr sei, wolle er enthauptet werden; diese Todesart sei
seiner Meinung nach die annehmbarste, da er ja nun
einmal sterben müsse. Ich hörte tatsächlich, daß Kapitän
Drake ihm anbot, wenn er es wolle, ihn mit einer Kanone
zu erschießen, und Drake selbst würde es tun, damit er
(Doughty) von den Händen eines Gentleman stürbe.
Schließlich empfingen sie gemeinsam das Abendmahl, zu
dem Doughty, wie ich mich selbst vergewisserte, so reinen
Herzens wie nur irgendein Unschuldiger auf der Welt
ging und wo er sein ganzes Gottvertrauen zeigte. Er zeigte
sich so mutig in dieser äußersten Not, daß man sich
darüber nur erstaunen konnte. Er schien den Sieg über den

Tod davongetragen zu haben, und an diesem ganzen Tage vor seinem Tode änderte sich kein Jota in seiner Haltung, die so ruhig und fest blieb, als habe er nur eine Botschaft an einen Edelmann zu überbringen.

Nachdem Doughty und Drake das Abendmahl empfangen hatten, fand ein Festmahl statt, so gut es an dem Orte ging, und die beiden tafelten zusammen. In dieser Zeit wurde die Hinrichtungsstätte vorbereitet. Nach dem Mahl sagte Doughty, der die Angelegenheit nicht länger aufschieben wollte, dem Befehlshaber, er sei bereit, sobald es Drake passe, bitte ihn aber, einige Worte mit ihm allein wechseln zu dürfen. Daraufhin sprachen die beiden einige Minuten lang unter vier Augen, dann wurde Doughty zur Hinrichtungsstätte geführt, wo er sich genau so tapfer zeigte wie die ganze Zeit zuvor. Er kniete dort nieder und betete zuerst für Ihre Königliche Majestät von England, seine Herrin, dann bat er Gott um ein glückliches Gelingen dieser Reise und darum, daß sie sich zum Gewinn für sein Land entwickeln möge. Er schloß auch verschiedene seiner guten Freunde in sein Gebet ein, besonders Sir William Winter, und bat Kapitän John Winter, diesem guten Edelmann seine letzten Grüße zu übermitteln. Alles das tat er in einer so fröhlichen Haltung, als ob er sich auf dem Wege zu einem großen Festmahl befinde, das, so glaube ich, Gott seiner Meinung nach für ihn bereitet hatte.

Schließlich wandte er sich an den Befehlshaber und sagte zu ihm: »Nun wahrlich, ich kann wie Sir Thomas Nore sagen, daß derjenige, der meinen Kopf abschlägt, sich wenig Ehre einhandeln wird, mein Hals ist nämlich so kurz.« Dann wandte er sich um und schaute die gesamte Mannschaft an und bat alle, ihm zu vergeben, besonders diejenigen, die sich um seinetwillen Unannehmlichkeiten eingehandelt hatten, so Thomas Cuttle, Hugh Smith und einige andere. Daraufhin bat Smith ihn, in Gegenwart des Befehlshabers zu sagen, ob sie jemals eine Absprache miteinander getroffen hätten, die zum Nachteil oder Schaden Drakes gewesen wäre. Doughty schwor, daß weder

Smith noch irgendein anderer Mann jemals mit ihm irgendwelche verräterischen Handlungen gegen den Befehlshaber unternommen hätten, noch daß er selbst irgendeinen schurkischen Gedanken gegen den Befehlshaber gehegt hätte. Dann bat Doughty Drake , Hugh Smith wieder gut zu sein und ihm um seinetwillen zu verzeihen. Der Befehlshaber sagte daraufhin: »Nun, Smith, um Kapitän Doughtys Willen und auf sein Bitten hin vergebe ich dir, aber bei Gott, ich war entschlossen, dich mit den Ohren an den Pranger zu nageln und dir die Ohren abschneiden zu lassen; also werde jetzt ein ehrenhafter Mann.« Dann umarmte Kapitän Doughty den Befehlshaber, wobei er ihn seinen guten Kapitän nannte, verabschiedete sich von ihm und der ganzen Mannschaft und legte sein Haupt auf den Block. Nachdem es abgeschlagen worden war, ließ Drake es haßerfüllt emporheben und der ganzen Mannschaft zeigen und sagte: »Seht, das ist das Ende von Verrätern.«

Nachdem diese Angelegenheit beendigt und Doughty beerdigt war, schwor Drake bei Gott vor der versammelten Mannschaft, daß jeder, der nur den achten Teil von dem begehe, was Doughty begangen habe, des Todes sein würde. Auch versicherte er feierlich und schwor beim Leben Gottes und beim heiligen Sakrament, das er an diesem Tage empfangen hatte, daß ohne Ansehen der Person jeder Mann in der Flotte, der einen Streit beginne, seine Hand verlieren solle. Am nächsten Tage aber ging Kapitän Doughtys jüngerer Bruder einsam und traurig einher, sowohl in Gedanken an den noch frischen Tod seines Bruders wie auch angesichts der ihn selbst unmittelbar bedrohenden Gefahr, wie das folgende Ereignis zeigen mag. Zu ihm kam da auf einmal Edward Bright, der maßgeblich den Tod seines Bruders, des Kapitäns Doughty, verursacht hatte und sagte zu ihm: »Um der Leiden Christi willen, du Schuft, was hast du über meine Frau gesagt«, und schlug ihn zugleich mit seinem Lineal, um einen Streit hervorzurufen und auch des jüngeren Doughtys Ende herbeizuführen. Jener sagte: »Ned Bright, du siehst, in welchem Zustand ich mich befinde, ich bitte dich, laß mich zufrieden.« Gleichzeitig fing er den Schlag mit seinem Arm auf, wobei das Lineal zerbrach. Bright, der sehr wütend zu sein schien, schleuderte ihm den Teil, den er noch in der Hand hielt, in das Gesicht. Die Splitter drangen einen Zoll tief in sein Gesicht ein, woraufhin Doughty sofort zum Befehlshaber ging, um über Bright Klage zu führen. Ohne seines am Vortage gegebenen Schwures zu gedenken, sagte Drake: »John Doughty, du wirst dich in England an Ned Bright rächen können, aber ich wage zu sagen, dein Bruder hat Lügen über Brights Frau erzählt, als er sagte, sie habe einen schlechten Ruf in Cambridge«. Somit konnte ein jeder sehen, wie wenig Ehrlichkeit galt, und ein Blinder hätte das bevorstehende böse Ende der Reise absehen können, denn wie kann Gott eine Herrschaft gedeihen lassen, in der es keine Gerechtigkeit gibt, sondern nur äußerste Tyrannei oder größte Parteilichkeit?

Nach allen diesen Ereignissen gab Drake der gesamten Mannschaft den Befehl, sich am nächstfolgenden Sonntag zum Abendmahl bereitzuhalten. Er sagte, daß er wünsche, daß die alten Streitigkeiten zwischen allen begraben würden; wer von diesem Zeitpunkt an irgendeine vergangene Sache gegen irgendjemanden hervorholen würde, hätte eine so schwere Strafe zu erwarten, daß sie für die ganze Flotte ein abschreckendes Beispiel sein werde. (Es hätte vielleicht so sein können, wenn er nicht selbst zuerst dagegen gehandelt hätte.) Er befahl auch, daß jeder Mann bei Herrn Fletcher beichte. Wenn Herr Fletcher jedem einen so freundlichen und heilsamen Rat gab wie mir, war er zweifellos ein guter Pfarrer. Ich ging zu ihm und hegte einen Groll gegen einen Mann in der Flotte, wollte das aber aus Furcht vor der herrschenden Tyrannei nicht zugeben und sagte deshalb zu ihm: »Herr Fletcher, ich würde nur sehr ungern am Sonntag das Abendmahl empfangen, weil mein Gewissen es nicht zuläßt.« – »Warum?« fragte Herr Fletcher. »Weil ich einen Groll gegen jemanden hege und es deshalb vor meinem Gewissen nicht verantworten kann.« – »Richtet sich dieser Groll gegen jemanden in der Flotte?« Ich antwortete ihm: »Nein.« »Nun denn«, antwortete er, »ich stehe dafür ein, daß du mit gutem Gewissen zum Abendmahl gehen kannst.« Wahrlich, bis zu diesem Zeitpunkt hatte ich gedacht, daß derselbe Gott dort herrsche, den wir in England verehren. Doch soll dieser Herr Fletcher predigen, was er will, ich bin völlig überzeugt davon, daß wir niemals unsere Heimat wiedergesehen hätten, wenn wir nicht an denselben Gott geglaubt hätten, den wir hier verehren.

Wie wir dort in jener Zeit unter der Kälte des strengen Winters litten und unter der äußerst kargen Kost, das mag die Krankheit zeigen, die sich zu jener Zeit unter unseren Leuten auszubreiten begann und länger anhielt. Der Befehlshaber erwies mir die unendliche Güte, mich für zwei Wochen oder ein wenig mehr an Land zu setzen. Ich hatte nur mein Wams und mein Beinkleid, keinen Übermantel oder irgend ein anderes Bekleidungsstück, um mich warm zu halten, und mußte damit jede Nacht auf der kalten Erde liegen. Als ich einmal längsseits des Schiffes kam, um mir wärmere Bekleidung zu holen, gestattete man mir nicht, an Bord zu kommen, um sie zu holen, noch durfte eines der Besatzungsmitglieder sie mir geben. Ich weiß nicht, warum, aber ich hörte Herrn Doughty besser von ihm sprechen, als er es je um jemanden verdiente; ich verdanke ihm jedoch viel, denn er härtete mich sehr gegen solche Beschwernisse ab. So konnte ich ihm diesmal mit Gottes Hilfe keck trotzen, denn er konnte mich durch die Kälte nicht umbringen, und ich hoffe zu erleben, wie er später seine wohlverdiente Strafe erhalten wird.

Am 11. August befahl Drake wiederum der Mannschaft, an Land zu gehen, weil er ihr etwas Wichtiges zu sagen hätte. Die Mannschaft wurde also an Land gesetzt und wartete auf sein Kommen. Sobald Drake an das Ufer gekommen war, betrat er ein Zelt, dessen eine Seite offen stand, damit die Mannschaft besser sehen und hören konnte, was vor sich ging. Drake rief Kapitän Winter auf

371

seine eine und John Thomas auf seine andere Seite. Drakes Diener legte ein großes Buch vor ihn hin, zugleich machte Herr Fletcher den Vorschlag, eine Predigt zu halten. Drake sagte: »Nein, gemach, Herr Fletcher, heute muß ich selbst predigen, obwohl ich dafür nur wenig Begabung habe. Ist die ganze Mannschaft hier versammelt, ja oder nein?« Es kam die Antwort, daß alle da seien. Dann befahl er der Mannschaft eines jeden Schiffes, sich geschlossen aufzustellen, was auch geschah. Er begann dann: »Meine Herren, ich bin ein sehr schlechter Redner, denn Gelehrsamkeit war nicht Teil meiner Erziehung, aber was ich hier sagen werde, möge sich ein jeder gut merken und aufschreiben, denn ich werde nichts sagen, was ich nicht in England und selbst vor Ihrer Majestät verantworten kann, und ich habe es hier bereits schriftlich niedergelegt.« Doch ob es, wie er sagte, in dem Buch stand, weiß ich nicht; aber dem Sinn und den Worten nach lautete es etwa folgendermaßen:

»Es ist so, meine Herren, daß wir sehr weit von unserem Lande und unseren Freunden entfernt sind. Wir sind von allen Seiten von unseren Feinden umgeben, deshalb hat ein einziger Mann eine große Bedeutung für uns, denn wir können keinen neuen bekommen, selbst wenn wir tausend Pfund für ihn böten. Deshalb müssen wir diese Unstimmigkeiten und diese Zwietracht, die zwischen uns entstanden sind, überwinden, denn bei Gott, es raubt mir den Verstand, daran zu denken. Hier gibt es einen Streit zwischen den Matrosen und den Herren, dort Ärger zwischen den Herren und den Matrosen, daß es mich schon ganz wahnsinnig macht, davon zu hören. Aber, meine Herren, ich muß es abstellen, denn ich muß dafür sorgen, daß der Herr mit dem Matrosen und der Matrose mit dem Herrn an einem Strang zieht. Laßt uns alle als eine Gemeinschaft auftreten und dem Feind keine Gelegenheit geben, über unsere Schwäche und unser Zerwürfnis zu jubeln. Ich möchte den kennen, der bei diesem Werk nicht seine Hand mit anlegt, und ich weiß, daß es einen solchen hier unter uns nicht gibt. Da die Herren im

Interesse der Befehlsgewalt auf dieser Reise eine wichtige Rolle spielen, habe ich sie mitgenommen, aus diesem und noch anderem Grunde: und obwohl ich weiß, daß Matrosen die neidischsten Leute der Welt sind und sehr ungebärdig, wenn sie keinen Druck fühlen, könnte ich doch nicht ohne sie auskommen. Wenn jemand unter uns ist, der gerne den Heimweg antreten möchte, so möge er es mich hören lassen. Hier ist die Marigold, ein Schiff, das ich entbehren kann. Ich will es so gut wie möglich für alle, die zurückkehren wollen, mit Begleitbriefen und allem anderen ausstatten. Aber sie sollen sich auch wirklich auf die Heimreise begeben, denn wenn sie mir irgendwo im Wege stehen, werde ich sie vernichten. Ihr sollt bis morgen Zeit haben, über diese Angelegenheit nachzudenken, denn wahrhaftig, ich muß deutlich mit euch sein. Ich habe dieses Unternehmen in Angriff genommen, von dem ich nicht weiß, wie in aller Welt ich es durchstehen werde, es überschreitet meine Kraft, es hat mir sogar schon den Verstand geraubt, daran zu denken.«

So ergab es sich, daß keiner die Rückreise antreten wollte, sie alle wollten mit ihm das Los teilen. »Nun denn, meine Herren«, sagte Drake, »kommt Ihr alle guten Willens mit oder nicht?« Sie antworteten, daß sie alle freiwillig mitkämen. »Auf wessen Hände, meine Herren, schaut Ihr, wenn es darum geht, Euren Lohn zu empfangen?« – »Auf die Euren«, erwiderten sie. »Wie meint Ihr, bleibt Ihr des Lohnes wegen oder um mir beizustehen?« – »Um Euch beizustehen«, erwiderten darauf die Mannschaften, »denn wir wissen nicht«, sagten einige, »welchen Lohn wir fordern sollen.«

Dann befahl Drake sogleich dem Proviantmeister der Elizabeth, die Schlüssel abzuliefern, was jener tat. Danach wandte sich Drake an Kapitän Winter und sagte: »Kapitän Winter, ich enthebe Euch hiermit Eures Postens als Kapitän der Elizabeth und Euch, John Thomas, des der Marigold, und Ihr, Thomas Hood, seid nicht länger Steuermann der Pelican, Ihr, William Markham, der der

Elizabeth und Ihr, Nicholas Antony, der der Marigold, kurzum, ich enthebe hiermit alle Offiziere aller ihrer Ämter.« Daraufhin fragten ihn Kapitän Winter und John Thomas, was ihn dazu bewogen habe, sie ihrer Ämter zu entbinden. Er fragte zurück, ob sie ihm irgendeinen Grund nennen könnten, warum er es nicht tun sollte. Er befahl ihnen, sich zufriedenzugeben, gebot Schweigen und sagte: »Ihr seht hier die große Verwirrung, in die wir geraten sind, obwohl jemand bereits seine verdiente Todesstrafe erhalten hat, der, Gott möge mein Zeuge sein, mir so nahe war wie meine Hand, wie ihr alle wißt. Ihr saht schließlich, wie er sich selbst verriet und sein verräterisches Tun enthüllte, da er zu sehr der Einzigartigkeit seines Verstandes vertraute und unbeabsichtigt zu weit ging. Seht, was Gott hier getan hat, hatte doch Ihre Majestät befohlen, daß besonders der Lordschatzkanzler nichts von dieser Reise erfahren sollte, und bedenkt dann, daß dieser Mann selbst erklärte, er habe den Lordschatzkanzler davon in Kenntnis gesetzt. Aber so wahrlich, meine Herren, wie ich ein Gentleman bin, verspreche ich, daß kein weiterer sterben soll, ich will an keinen mehr Hand anlegen, obwohl es hier einige gibt, die den Tod genau so sehr verdient haben wie er.« Drake beschuldigte dann einen gewissen Worrall, der dort anwesend war, sein Fall sei schwerwiegender als der Doughtys. Worrall war in Doughtys Prozeß einer der Spießgesellen Drakes gewesen; jetzt erniedrigte er sich vor Drake auf den Knien und bat, Drake möge ihm wieder sein Wohlwollen schenken. »Nun gut«, sagte Drake, «du und ich, werden diese Angelegenheit später noch eingehend besprechen.«

Dann beschuldigte Drake einen gewissen John Audly böser Taten gegen ihn, eröffnete aber kein Verfahren, sondern sagte, er werde mit Audly allein nach dem Essen sprechen. »Es gibt hier weiter einige Männer, meine Herren, die keine andere Möglichkeit sehen, mich in Mißkredit zu bringen, als zu sagen und zu behaupten, ich sei von Herrn Hatton auf diese Reise geschickt worden, andere, von Sir William Winter, andere wiederum, von Kapitän Hawkins, aber die das sagen, sind eine Gesellschaft von Dummköpfen, die keinen anderen Gesprächsstoff haben. Meine Herren, ich muß Euch sagen, daß ich die vorher Genannten als meine guten Freunde verehre, aber wenn behauptet wird, sie hätten diese Reise veranlaßt oder finanziert, so kann ich euch sagen, daß es nicht so war, sondern sich die Sache folgendermaßen verhielt: Der Lord of Essex schickte an den Minister Walsingham Empfehlungsschreiben, in denen er mich über Gebühr lobte, aber vielleicht hatte ich Lob von ihm verdient. In seinen Briefen führte er aus, daß er mich für einen geeigneten Mann halte, gegen die Spanier anzutreten, weil ich Praxis und Erfahrung in dieser Angelegenheit habe. Daraufhin kam der Minister Walsingham zu mir, um sich mit mir zu beraten. Walsingham erläuterte mir, daß Ihre Majestät verschiedene Kränkungen von dem König von Spanien erfahren habe, für die sie gerne Rache nehmen wolle. Zugleich zeigte er mir einen Plan«, sagte Drake, »und wollte mich bewegen zu unterschreiben und anzumerken, wo der spanische König meiner Meinung nach am schwersten zu treffen sei«. Ich sagte ihm darauf, was ich davon hielt, weigerte mich aber, irgendetwas zu unterzeichnen und führte aus, daß Ihre Majestät sterblich sei. Wenn es Gott gefalle, Ihre Majestät abzuberufen, könne es geschehen, daß ein Fürst an die Regierung komme, der mit dem König von Spanien verbündet sei, und dann würde ein Schriftstück aus meiner Hand Zeugnis wider mich ablegen. Sehr bald danach ließ mich Minister Walsingham eines Abends an den Hof kommen; ich wurde aber an diesem Abend nicht mehr von Ihrer Majestät empfangen, da es schon so spät war. Aber am nächsten Morgen wurde ich ihr vorgestellt, und sie begrüßte mich mit diesen oder ähnlichen Worten (so sagte er: »Drake, es ist so, daß ich mich gerne an dem König von Spanien für verschiedene Kränkungen, die ich von ihm erfahren habe, rächen würde.« Sie führte weiter aus, daß er der einzige Mann sei, der das unternehmen könne, und erbat zugleich seinen Rat. Drake sagte Ihrer Majestät, daß nur wenig in Spanien auszurichten sei, und daß der einzige Weg, den König von Spanien zu treffen, ein Schlag gegen Westindien sei.

Dann wies er mit vielen weiteren Worten ein Dokument über die Beteiligung Ihrer Majestät an dieser Reise mit tausend Kronen vor. Er hatte schon vorher gesagt, daß Ihre Majestät ihm diesen Betrag zur Deckung seiner Unkosten gegeben hätte. Er zeigte auch den Anteilschein von Herrn Hatton und verschiedene Kreditbriefe auf seinen Namen, die er aber nicht aus den Händen gab. Drake sagte ferner, daß Ihre Majestät bei ihrer Krone geschworen habe, daß jeder ihrer Untertanen, der dem König von Spanien Nachricht von diesem Unternehmen zukommen lasse – eine Befürchtung, die nur allzu begründet war – den Kopf verlieren solle. »Und jetzt, meine Herren«, fuhr Drake fort, »wollen wir bedenken, was wir getan haben. Wir haben jetzt drei mächtige Fürsten gegeneinander aufgehetzt, Ihre Majestät und die Könige von Spanien und Portugal, und wenn dieses Unternehmen nicht zu einem guten Erfolg führt, werden wir nicht nur Gegenstand der Verachtung und des Spottes unserer Feinde sein, sondern auch auf ewig ein großer Schandfleck für unser Land, und welch ein Triumph wäre es für Spanien und Portugal! Nie wieder würde etwas Ähnliches unternommen werden.«

Drake beendete seine Rede damit, daß er jeden wieder in seine frühere Stellung einsetzte. Er versprach der Mannschaft, daß ein jeder auf seine Kosten kommen werde, und wenn er sein ganzes Eigentum verkaufen müßte. Drake fuhr fort: »Ich kann es mit gutem Grund versprechen und bin in der Lage, es einzuhalten, denn ich habe einigen Besitz in England, außerdem habe ich soviel in dieses Unternehmen investiert wie drei der größten Teilhaber. Und wenn es sich so ergeben sollte, daß ich nicht mehr zurückkehre, so wird Ihre Majestät jedem Mann seinen Lohn zahlen, und wenn ihr sagt, ihr dient mir, so will ich euch nicht Dank sagen, denn es ist nur Ihre Majestät, der ihr dient, und diese Reise ist nur ihr Werk.« Er forderte alle Männer auf, sich wie Freunde zueinander zu verhalten und befahl ihnen dann, an ihre Arbeit zu gehen.

Am 17. August verließ unser Befehlshaber diesen Hafen, aber ein oder zwei Tage vor seiner Abfahrt kam er an Bord der Elisabeth und fluchte heftig, ich weiß nicht aus welchem Anlaß, daß er dreißig Angehörige der Flotte, die es verdient hätten, hängen lassen würde. Bei dieser Gelegenheit beschuldigte er Worrall wiederum, daß dessen Fall schlimmer als der Doughtys sei und daß er es um der Leiden Christi willen verdient hätte, gehängt zu werden. »Und, Kapitän Winter«, sagte Drake weiter, »wo ist Euer Diener Ulysses? Bei Gott, wenn er mein Diener wäre, würde ich ihm die Ohren abschneiden, ja, um der Leiden Christi willen würde ich ihn hängen lassen.« Aber warum, weiß ich wahrhaftig nicht.

Am 21. August fuhren wir in die Wasserstraße ein, die die Magellanstraße genannt wird. Am 28. August kamen wir zu einer Insel, wo wir eine große Menge von Vögeln antrafen, die nicht fliegen konnten und die die Größe von Gänsen hatten. In weniger als einem Tag töteten wir über dreitausend dieser Vögel und versorgten uns, wie wir meinten, ausreichend mit ihnen. Die Straße des Magellan ist in ihrer ganzen Länge an den Ufern reich an Trinkwasser und Holz und an beiden Seiten von hohen Gebirgen umgeben. An manchen Stellen ist sie eine Meile breit, an manchen zwei, an anderen drei oder vier.

Am 6. September gelangten wir in den Pazifik, wo wir in der ganzen Zeit, die wir dort waren, nichts anderes als widrige, äußerst heftige Stürme und tobende Ungewitter hatten. Am letzten September verloren wir die Marigold und am 8. Oktober das Schiff unseres Befehlshabers aus den Augen. Wir selbst gingen in der Straße vor Anker und blieben dort bis zum 1. November. Für unsere Rückreise

wird dann, so denke ich, unser Kapitän Winter Rede
stehen, der diese Gefahr auf sich nahm.

JOHN COOKE
Für Francis Drake, Knight, Sohn des
Sir¹-Drake, Pfarrer von Upchurch in Kent.

¹Sir-Drake – »Sir« wurde manchmal als Höflichkeitsanrede für Geistliche
verwandt.

4. BERICHT ÜBER DIE REISE von JOHN WINTER, 2. Juni 1579[1]

(Diesen Bericht schrieb der Seefahrer für seinen Vater, Sir William Winter, zu jener Zeit Verantwortlicher für den Schiffsbau und das Artilleriewesen, und für seinen Onkel, George Winter, den königlichen Sekretär für die Marine. Diese beiden reichten den Bericht an Lord Burghley weiter, der ihm den Titel »Reise des Herrn (–) Winter mit Herrn Drake zur Magellanstraße im Juni 1579« gab.

1. (19. September) Als ich zunächst in großer Eile mit einem Schiff und der entsprechenden Ausrüstung, die der Größe und Länge eines solchen Unternehmens entsprach, aus London kam und dachte, alles vorbereitet zu finden, fand ich im Gegensatz zu meinen Erwartungen alles unvorbereitet. Die Schiffe waren nicht getakelt, nicht mit Ballast versehen und ohne Lebensmittel.[2]

2. Nachdem wir am 15. November von Plymouth losgefahren waren, zwangen uns widrige Winde, Falmouth anzulaufen, wo die Pelican und die Marigold auf Grund liefen und leck wurden. Die Mannschaften beider Schiffe waren gezwungen, die Masten zu kappen. Zur Behebung dieser Schäden mußten wir wieder nach Plymouth zurück.

3. Am 13. Dezember brachen wir von Plymouth auf und erreichten am 27. des gleichen Monats eine Insel namens Mogador. Dort blieben wir fünf Tage, um eine unserer Pinassen zusammenzubauen.

[1]Dieses Manuskript wurde 1929 zusammen mit dem Expeditionsplan (siehe S.153 oben) von der verstorbenen Professorin E. G. R. Taylor im Britischen Museum entdeckt. (B.M. *Lansdowne MSS.* 100, No. 2). Frau Taylor transkribierte sie und modernisierte dabei die Schreibweise usw.; sie ließ sie in »More Light on Drake, 1577–80« in *The Mariner's Mirror*, Band 16, (April 1930), S. 134–151, abdrucken. Sie werden hier mit freundlicher Genehmigung des Herausgebers und der Gesellschaft für Nautische Forschung wiedergegeben. Die Numerierung der Absätze stammt von Frau Prof. Taylor.

[2]Der Stil des Dokumentes läßt vermuten, daß es sich hier um eine kurze Zusammenfassung des Logbuches handelt. Taylor (EGRT).

4. Am 8. Januar erreichte ich Kap de Garr (Guer). Dort befahl mir Francis Drake, mich in die Pinasse zu begeben, mit der wir drei Schmacken (portugiesische Fischerboote) kaperten, mit deren Ladung wir unseren Proviant aufbesserten.

5. Am 16. Januar kamen wir zu Kap Blanko (Blanco), wo wir Halt machten, um die Schmacken wieder freizugeben, die wir am Kap de Garr gekapert hatten.

6. Am 28. Januar kamen wir zu den Kapverdischen Inseln, um dort ein besseres Geschäft zu machen, denn die Fischer hatten sich nicht sehr gelohnt, und um Wasser aufzunehmen, was wir seit unserer Abreise von England nicht mehr getan hatten und auch dort nicht bequem tun konnten.

7. Dort brachte Francis Drake mit der Pelican eine sehr lohnende Prise auf, die neben anderen brauchbaren Sachen Brot und Wein an Bord hatte. Unter normalen Bedingungen hätte seine Mannschaft viel Gutes davon gehabt, die Unannehmlichkeiten, die durch diese Prise verursacht wurden, lasse ich der Kürze halber aus.

8. Am 2. Februar fuhr ich von dort los und erreichte am 6. April auf einer südlichen Breite von 31,5 Grad die Küste Brasiliens.

9. Am 14. April kamen wir zu einem Kap, das wir Kap Joy nannten. Drei oder vier Seemeilen südlich dieses Kaps gerieten wir in große Gefahr und hatten einen großen Sturm zu überstehen. Wir lagen so tief in der Bucht, daß wir unter Land bleiben mußten. Wir hätten den Sturm nicht überstanden, wenn er länger angedauert hätte, denn unsere Schiffe wurden sehr stark abgetrieben; die Pelican hatte nur noch vier Faden unter dem Kiel, und die Elisabeth trieb dwars der Klüse der Marigold. Wir wären dort alle umgekommen, wenn Gott nicht der Gewalt des Sturmes Einhalt geboten hätte. Die Mannschaft der Marigold hatte mit einer Trosse, die ich ihr mit meinem Boot geschickt hatte, alle Kabel und Taue festgezurrt, als sie sich plötzlich so drehte, daß sie nur noch zwei Faden locker

lassen konnte. Wir gerieten so nahe aneinander, daß der Bugspriet fast unsere Spiere berührte.[1]

10. Wir kamen zu einer Felseninsel voller Robben, von denen wir so viele töteten, wie wir nur konnten. Diese Robben boten der Mannschaft eine willkommene Abwechslung des Speisezettels.

11. Am 10. Mai erreichten wir auf einer Breite von 47 (Grad) Land. Dort gerieten wir ebenfalls in große Gefahr, als wir an der flachen, windabgekehrten Küste ankerten. Ich mußte es tun, denn Mr. Drake hatte sich mit seinem Boot an Land begeben, denn wenn ich den Anker gelichtet hätte, hätten die anderen Schiffe es ebenfalls getan, und das hätte sehr gefährlich für Mr. Drake werden können. So blieb ich dort trotz des Sturmes liegen und schickte die Marigold aus, um Drake zu suchen, indem ich ihr den Befehl gab, loszufahren und in Landnähe nach dem Boot zu suchen, was sie tat. Sie hatte viel Glück und fand ihn, was eine große Freude für die gesamte Mannschaft war, denn alle hatten die Männer, die sich in dem Boot befanden, für verloren gehalten.[2]

12. Die Prise lichtete dort Anker und fuhr los. Wir verloren sie dann aus den Augen, bis wir sie auf einer Breite von 49 (Grad) und 49 Minuten wiederfanden.

13. Auf einer Breite von 47,5 Grad trennten sich Mr. Drake und ich; er fuhr nach Norden, ich nach Süden. Er fand auf seiner Fahrt den Schnellsegler wieder, der am Rio de la Plata außer Sicht geraten war. Drake kam in eine Bucht, wo es Robben und Trinkwasser gab. Dort entledigte er sich des Schnellseglers, dessen ganzen Proviant er an Bord seines Schiffes nahm. Dort schlug er Thomas Doutie (Doughty) und ließ ihn an den Großmast binden[3] (20. Mai).

14. Hier sah ich zum ersten Male die Leute, die man Riesen nennt, was tatsächlich überhaupt nicht stimmt,

[1] Über diesen Sturm wird anderswo nicht berichtet. EGRT.
[2] Aus diesem Bericht scheint hervorzugehen, daß John Winter der stellvertretende Befehlshaber der Flotte war. EGRT.
[3] Diese Angabe wird durch John Cookes Bericht bestätigt.

obwohl man es glauben könnte, wenn man weit weg von ihnen ist, denn ihre Stimmen sind gewaltig. Sechs oder sieben von uns gingen los, um sie, die eine Meile von uns weg waren, näher in Augenschein zu nehmen, denn wir wollten einen wahrheitsgemäßen Bericht darüber geben, was es für Leute waren. Diejenigen, die wir von nahem sahen, schienen eher Teufel als Menschen zu sein.

15. 3. Juni. Nachdem wir von dort abgefahren waren, wurden wir durch widrige Winde bis zum 47. (Breitengrad) zurückgetrieben, wo Mr. Drake die Schmacke aufgab. Dort ließ er Mr. Thomas Doughty und dessen Bruder an Bord der Elisabeth schaffen und verbot ihnen unter Androhung der Todesstrafe, in einer anderen Sprache als Englisch zu schreiben oder zu lesen. Jeder, der mit Doughty Beziehungen aufnähme, würde von Drake als Gegner des Unternehmens angesehen werden.

16. Am 20. Juni liefen wir in Port St. Julian ein. Dort geriet die Pelican in große Gefahr, und die Steuerstange der Elisabeth zerbrach. Zwei unserer Leute, die mit Mr. Drake an Land gegangen waren, wurden dort von drei Eingeborenen getötet.

17. Hier ließ Mr. Drake Mr. Thomas Doughty hinrichten. Vorher hatte sich Drake an die Mannschaft gewandt und erklärt, daß ein jeder, der eine Möglichkeit zur Rettung Mr. Doughtys wisse, gehört werden solle. Daraufhin bot ich mich an, Doughty an Bord der Elisabeth zu nehmen und für seine Sicherheit die Verantwortung zu übernehmen. Drake wollte jedoch dieses Angebot nicht annehmen und sagte, wenn er Doughty am Leben ließe, so könne er das nicht vor Ihrer Majestät verantworten, wenn er nach England zurückkomme. Er hielt auch andere Reden, die ich der Kürze halber übergehen will.

18. In Port St. Julian verbrannte Drake die Prise, die er bei den Kapverdischen Inseln gekapert hatte. Am 17. Tage des August brachen wir von dort auf.

19. Am 20. Tage dieses Monats fuhren wir in der Nacht in die Magellanstraße ein. Mitten in dieser Straße stießen wir auf eine Insel mit Seevögeln, die überreichlich auf ihr

lebten. *Wir töteten dort so viele von ihnen, daß sie sieben Wochen lang für 140[1] Mann als Proviant ausreichten.*

20. Nach langen Anstrengungen und Mühen gelangten wir am 6. September in den Pazifik, wo wir 32 Tage lang[2] ungünstige Winde und heftige Stürme hatten.

21. Am 30. September geriet die Marigold *auf einer Breite von 57 Grad außer Sicht. Jene Nacht war die stürmischste Nacht, die wir in jenem verheerenden Wetter erlebten. Die meisten unserer Leute erkrankten an dem Übel, von dem Magellan berichtet hatte[3], so daß wir unter fünfzig Kranken kaum fünf Gesunde hatten.*

22. Am 7. Oktober sichteten wir das Festland und waren ihm am Morgen so nahe, daß wir die Brandung hören, nicht aber das Ufer sehen konnten, da es so neblig und stürmisch war.

23. Später ankerte Mr. Drake in einer tiefen, gefährlichen Bucht. Sein Schiff verlor Trosse und Anker, und er ließ sich von uns herausschleppen. Das war das Äußerste, was wir tun konnten; dann lagen beide Schiffe beigedreht, das von Mr. Drake eine Seemeile achtern südlich von uns. Kurz vor Einbruch der Nacht rief ich den Steuermann in meine Kabine und zeigte ihm die achtern liegende Pelican, *die man wegen des Nebels und des scheußlichen Wetters nur hin und wieder sehen konnte, und befahl ihm, besonders gut darauf achtzugeben, daß wir sie nicht aus den Augen verlören.*

24. Am Morgen des nächsten Tages befanden wir uns in unmittelbarer Nähe einer Vielzahl von Felsenklippen, die wir unter großer Gefahr umsegeln mußten, sonst hätten wir auf das Festland zufahren müssen. Danach fuhren wir an der Küste entlang zum nördlichsten Teil der Magellanstraße und gerieten zwischen eine Anzahl halb versunkener und zersplitterter Felsen, zwischen denen wir sicher

---

[1]Das deutet auf 140 Mann als Besatzung der Flotte zu jenem Zeitpunkt hin: nur die *Pelican,* die *Elisabeth* und die *Marigold* waren geblieben. EGRT.

[2]d. h. bis zum 8. Oktober. EGRT.

[3]Offensichtlich Skorbut. EGRT.

umgekommen wären, hätte Gott uns nicht plötzlich klare-
res Wetter beschieden. So entkamen wir der Gefahr und
durchquerten die Magellanstraße.

25. Dann wollte der Steuermann an der Stelle anlegen,
an der Mr. Drake zuletzt Trinkwasser[1] aufgenommen
hatte, aber ich wollte es nicht. Am 8. Tage nachts ankerten
wir in der Einfahrt zu der Straße. Wir taten das aus zwei
Gründen, einmal wollte ich Mr. Drake sehen, wenn er
einfuhr, zum anderen sollte er unsere Feuer sehen, die ich
anzünden und die ganze Nacht brennen ließ, damit er uns
sehe und wisse, daß wir in Sicherheit seien.

26. Am 10. Oktober ging ich an Land und bestieg einen
hohen Berg, den höchsten in der ganzen Magellanstraße.
Auf dessen Gipfel ritzte ich den Namen Ihrer Majestät ein,
und wir alle dankten Gott dafür, daß er uns aus der großen
Gefahr gerettet hatte. Wir fanden dort Steine, die wie Gold
glitzernde Bestandteile enthielten; die gleichen glitzern-
den Punkte sahen wir im Sand. Wir schöpften daraus die
Hoffnung, daß es dort irgendwelche Metalle gäbe.

27. Wir wurden aus diesem Hafen abgetrieben, wobei
wir unseren Anker verloren, und hätten auch leicht unser
Schiff verlieren können, alles durch die Ungeschicklich-
keit des Steuermannes. Von dort brachte ich das Schiff
gegen den Willen des Steuermannes und des Maates in
einen sehr guten Hafen, wo wir 22 Tage verbrachten und
weiter auf Mr. Drake und ein Umschlagen des Windes
warteten.

28. Nachdem wir nun fast die Hoffnung auf ein Umschlagen des Windes und auf ein glückliches Wiedersehen
mit Mr. Drake aufgegeben hatten – es sei denn, er befände
sich leewärts von uns – überredete ich meinen Steuermann
und einige meiner Mannschaft, nach den Molukken[2] zu
fahren. Um meine Erzählungen über eine solche Reise zu
bekräftigen, las ich ihnen aus Magellans Reise vor, und
was sie da hörten, schien ihnen gut zu gefallen.

[1] d. h. weit innerhalb der Straße. EGRT.
[2] Winter übernimmt jetzt selbständig das Kommando. EGRT.

29. Daraufhin nahm ich am 1. November gegen drei Uhr Kurs auf die Insel der Gänse[1], da alle unsere Vorräte an diesen Vögeln aufgebraucht waren und diese Reise[2] nicht ohne einen umfassenden Vorrat an einem Hauptnahrungsmittel durchzuführen war. Am 3. Tage (des November) kamen wir zu der Insel der Gänse.

30. Am 6. Tage fuhren wir bei günstigem Wind von dort[3] ab; der Wind hielt drei oder vier Stunden an. Am 8. Tage rief ich meine gesamte Mannschaft zusammen und gab ihr meinen Entschluß bekannt, nach den östlichen Teilen[4] der Welt zu segeln, und verwandte meine größtmögliche Überredungskunst. Ich schwor ihnen bei der Bibel, daß Mr. Drake mir gesagt hätte, als ich das letzte Mal bei ihm an Bord war, er würde dorthin fahren.

31. Aber es war alles vergebens, denn der Steuermann haßte diesen Gedanken und sagte, er würde sich eher über Bord stürzen als einer solchen Reise zustimmen. Durch solche Reden und geheime Versprechen, die er den Leuten machte, erzeugte er eine allgemeine Abneigung gegen die Reise. Manchmal wünschte er sich, eher in Rochester ausgepeitscht zu werden. Er sagte, Mr. Drake habe ihn für die Fahrt nach Alexandria angeheuert, aber wenn er gewußt hätte, daß das hier Alexandria sei, hätte er sich eher in England hängen lassen, als auf diese Reise[5] zu kommen.

32. Es war hoffnungslos, mich auf die beabsichtigte Reise[6] zu begeben, wie es auch aussichtslos war, Mr. Drake wiederzufinden. Ich verzweifelte an den widrigen Winden, die uns nicht nach Peru fahren ließen. (Der Wind wehte zwischen dem 20. Juni und dem 20. August ständig

[1] d. h. Pinguine. Siehe Absatz 19 EGRT.

[2] d. h. zu den Molukken. EGRT.

[3] d. h. westwärts. EGRT.

[4] Wir würden sagen, der Ferne Osten, die Gewürzinseln und sonstige dort liegende Gebiete. EGRT.

[5] Ein sehr unterschiedlicher Bericht findet sich bei Cliffe in den *Zusätzlichen Anmerkungen.*

[6] Zu den Molukken. EGRT.

Francis Drake kaperte die Rosario. *Nach einem Stich von J. Pine au*

dem 18. Jahrhundert

von Westsüdwest und Nord, dann vom 20. August bis zum 11. November von Nordwest und West und änderte nicht seine Richtung, bis wir zum 40. Breitengrad gelangten.) Da es, wie ich vorher ausführte, keine Hoffnung auf einen günstigen Wind gab, ging ich am 11. November auf Heimatkurs, solange mir noch das Nötigste zur Verfügung stand. Ich hatte nicht mehr Proviant, um mich länger dort aufzuhalten, und ich wußte nicht, wo ich neuen aufnehmen sollte, es sei denn, ich wäre zu den Molukken gefahren.

33. Es gibt noch viele weitere Gründe, die eine allgemeine Abneigung gegen die Reise entstehen ließen, Gründe, deren Glaubhaftigkeit ich nachdrücklich unter Beweis zu stellen versucht habe. Diese Gründe füge ich meinem eigenen Bericht und allem, was geschehen ist, hinzu.

34. In der Hoffnung auf Gott, der mir immer in aller Not geholfen hat, zweifle ich nicht daran, daß meine Rückkehr von Ihrer Majestät gnädig aufgenommen wird, daß sie günstig für mein Land sein und meinem Namen nicht schaden wird. Sollte sich das Gegenteil erweisen, so wäre mein Leben sinnlos, und es wäre ein trauriges Wiedersehen mit Euch, die ich am meisten liebe. So bete ich zu Gott, er möge Euch beide[1] bewahren, und schließe demütigst. Geschrieben am 2. Juni 1579[2].

[1]Sir William und George Winter. EGRT.
[2]Der Tag seiner Ankunft im Hafen. EGRT.

5. DRAKES HEIMKEHR

Francis Drake kehrte von seiner dreijährigen Reise um die Welt nicht nur als sehr reicher Mann, sondern auch als ein Nationalheld zurück, und sein Ruhm verbreitete sich über ganz Europa. Er hatte eine Großtat als Führer, Seemann und Navigator vollbracht; er hatte den verhaßten Spaniern an ihren eigenen pazifischen Küsten Trotz geboten und sie ausgeplündert; er hatte Handelsbeziehungen mit den fast sagenhaften Gewürzinseln hergestellt, und viele meinten, daß er »die Ehre der Engländer« erheblich gesteigert habe. Außerdem – allerdings wurden diese Tatsachen nicht veröffentlicht – hatte er herausgefunden, daß die *Terra Australis Incognita,* wenn es sie gab, nicht dort lag, wo die bekannte Karte des Ortelius sie angab, und weiterhin, daß der Atlantische und der Pazifische Ozean nicht weit südlich der Magellanstraße ineinander übergehen. »Drake«, sagt Camden auf S. 246, »kam mit ungeheuren Reichtümern nach England zurück, noch größer und strahlender aber war sein Ruhm.« Er ist seit damals ein Held der nationalen Folklore geblieben, der große Robin Hood der Meere.

Es gab zwangsläufig auch abweichende Meinungen. Camden berichtet, daß »er Schuld auf sich geladen habe . . . durch die von ihm veranlaßte Hinrichtung Doughtys und dadurch, daß er den portugiesischen Lotsen (Nuño da Silva), den er vor Afrika gefangengenommen hatte, der Willkür der Spanier überließ . . . und daß er sehr unmenschlich ein Neger- oder Mohrenmädchen, das auf seinem Schiff geschwängert worden war, auf einer Insel aussetzte«. »Es gab andere«, führt Stow auf S. 807 aus, »die alle möglichen Schandtaten Drakes und seiner Männer erfanden und verbreiteten und ihn den Meisterdieb der unbekannten Welt nannten . . .« Einige hatten sehr nachdrücklich das Gefühl, daß seine Taten Schande über ihr Land gebracht hatten. Einige waren einfach neidisch. Die reichen und mächtigen Londoner Kaufleute, die mit Spanien Handel trieben, hegten die stärksten Befürchtungen, daß die Spanier Vergeltungsmaßnahmen ergreifen könnten und das englische Personal in Spanien gefangensetzen und die englischen Lagerhäuser und Schiffe beschlagnahmen würden. Sie wollten, daß Drake bestraft und seine Beute zurückgegeben würde, und wandten sich mit einer entsprechenden Bittschrift an Burghley. »Nichts ärgerte Sir Francis Drake mehr«, schreibt Camden, »als die Erfahrung, daß die Adligen und Großen des Hofes (unter ihnen Burghley) das Gold und Silber zurückwiesen, das er ihnen als Geschenk anbot, so, als habe er es gesetzwidrig erworben. Das Volk jedoch bejubelte und bewunderte ihn.« – »Sein Name und sein Ruhm wurden allerorts bewundert«, schreibt Stow auf S. 809, »die Leute schwärmten täglich in den Straßen aus, um ihn zu Gesicht zu bekommen ... Bücher und Lieder wurden zu seinem Lob veröffentlicht ...« Diese Schmeichelei und die Gnade der Königin machten ihn noch prahlerischer und ausschweifender, noch angeberischer und anmaßender als je zuvor, so daß viele »der besseren Leute« ihn scharf ablehnten.

Bald nach der Rückkehr erhob John Doughty eine Klage gegen Drake vor dem Grafschaftsgericht und klagte ihn an, seinen Bruder ermordet zu haben. Drake suchte eine Entscheidung des Oberhofgerichts herbeizuführen, daß dies Gericht hierfür nicht zuständig sei, aber der Oberrichter entschied, daß Doughty berechtigt sei, die Klage zu erheben. Dennoch wurde das Verfahren auf geheimnisvolle Weise eingestellt. Da Doughty ein Prozeß verweigert wurde, verbreitete er wilde Gerüchte, schrieb einen verleumderischen Brief und wurde schließlich angeklagt, sich mit einem spanischen Spion verschworen zu haben, um Drake ermorden zu lassen. Er wurde ohne Prozeß ins Gefängnis geworfen. Nach sechzehn Monaten reichte er eine Bittschrift ein, man möge ihm entweder den Prozeß machen oder ihn freilassen. Diese Bittschrift wurde von irgend jemandem abgelehnt, und von Doughty hörte man nie mehr etwas. Das Gerücht lief um, daß ein Prozeß ein Staatsgeheimnis enthüllt hätte. Aber es mag einfach so gewesen sein, daß Drake einflußreich genug war, um alle rechtlichen Schritte unterdrücken zu lassen.

Auf jeden Fall stand Drake zu hoch in der Gunst der Königin und in seiner eigenen Eitelkeit, um sich von all dem sehr stören zu lassen. Zweifellos konnte die Königin ihn fallen lassen und hätte es auch getan, wenn es zu dem Zeitpunkt ihrem politischen Taktieren gedient hätte, und Drake muß das gewußt haben; aber es gefiel der Königin, genau entgegengesetzt zu handeln. Sie erteilte ihm wiederholt Audienzen und befahl, die *Golden Hind* nach Deptford in der Nähe von Greenwich bringen zu lassen. Am 4. April 1581 gab Drake ihr zu Ehren ein großartiges Festessen an Bord; anschließend schlug sie ihn zum Ritter. Das war eine sehr passende offene Herausforderung Spaniens, und da sie zu der Zeit Frankreich gegen Spanien ausspielte, schloß sie Frankreich mit dieser Geste ein. Sie nahm die feierliche Handlung nicht selbst vor. Sie war in eine verfehlte politische Werbung um den französischen Duc d'Alençon verwickelt, und dessen Gesandter, der Sieur de Marchaumont, war anwesend. Die Königin überreichte ihm ihr vergoldetes Schwert, und er vollzog die feierliche Handlung. Das war einer der dramatischsten Augenblicke der englischen Geschichte.

Der Wert der erbeuteten Schätze war allein Drake bekannt, und er hielt ihn geheim, wie die Königin es ihm strengstens befohlen hatte. Die Aufstellungen, die zu jener Zeit gemacht wurden, sind offensichtlich unvollständig. Lewes Roberts gibt in seinem Buch *The Merchant's Map Of Commerce,* das 1638 veröffentlicht wurde, an, daß Drakes Reise »ihm und den Kaufleuten von London, seinen Partnern und den am Unternehmen Beteiligten . . . nach Abzug aller Unkosten – und ich habe das, von Drake unterschrieben, selbst gesehen – £ 47 für ein Pfund erbrachte, so daß derjenige, der sich an dem Unternehmen beteiligt hatte, für £ 100 £ 4700 erhielt«. Zweifellos nahmen die Königin und Drake sich große Teile der Beute, und Leicester, Hatton und Walsingham, die Drake gegen Burghley und andere im Staatsrat unterstützten, wurden auch reichlich belohnt. Es ist nicht bekannt, wieviel an die »wagemutigen Abenteurer« ging, die die Reise auf der *Golden Hind* mitgemacht hatten, aber die übrige Mannschaft erhielt £ 8000 und forderte mehr, was sie auch erhalten haben mag (Lewis Gibbs, S. 117). Der wahrscheinliche Wert der Beute und die Unstimmigkeiten, zu denen sie Anlaß gab, sind im einzelnen bei Wagner, Kapitel XI, und bei Lewis Gibbs im *Silver Circle,* S. 114–120 erörtert.

Während die Beute in offizielle und private Hände rann, ging ein langwieriger, jahrelanger Streit in einem Labyrinth von persönlichen, finanziellen und politischen Schikanen vor sich. Der spanische Botschafter in London, Bernardino de Mendoza, forderte Zurückerstattung, aber die Königin machte mit ihrem üblichen erstaunlichen Geschick Ausflüchte und zog die Angelegenheit hin, und Philipp war nicht darauf vorbereitet, seine Forderungen zu erzwingen, indem er den Krieg erklärte oder das sehr wertvolle Eigentum der englischen Kaufleute in Spanien konfiszierte.

In der Zwischenzeit verschwendete nach den Berichten Mendozas Drake mehr als irgendein anderer in England, aber er verschwendete gewiß nicht sein ganzes großes Vermögen. Er kaufte für £ 3400 von den Grenvilles den Besitz Buckland Abbey[1] in Devonshire, die Königin gestattete ihm die Führung eines Wappens, und Drake ließ sich nach bester englischer Tradition als Landedelmann nieder.

Die Königin gab den Befehl, die *Golden Hind* zur »immerwährenden Erinnerung« in Deptford zu bewahren, und einige Jahre lang war auch das Schiff eine der Sehenswürdigkeiten Londons und wurde von Tausenden besucht. Aber bald wurde es so vernachlässigt, daß 1599 ein Schweizer Besucher, Thomas Platter, feststellte, daß das Schiff »morsch« sei und »dabei sei, in Stücke zu zerfallen«; 1619 notierte der Sekretär des venezianischen Botschafters, daß die Überreste des Schiffes »genau so wie die gebleichten Rippen und der Schädel eines toten Pferdes aussähen«. Die letzten Überreste wurden 1662 beseitigt, aber die Erinnerung an dieses Schiff, die nur von dem Gedenken an Nelsons *Victory* übertroffen wird, ist für immer in die langen Annalen der englischen Seegeschichte eingegangen.

---

[1] Er blieb bis 1951 im Besitz der Familie Drake. Dann wurde er vom National Trust übernommen und in ein Drake-Museum umgewandelt.

EPILOG: DIE SPÄTEREN REISEN

»Der vom Glück begünstigte Drake« festigte seine Stellung in London und Devonshire. 1581 wurde er Bürgermeister von Plymouth und leitete Arbeiten ein, um die Stadt mit Wasser zu versorgen. 1584 wurde er Parlamentsmitglied für Bossiney in Nord-Cornwall und spielte eine sehr aktive Rolle im Unterhaus. 1583 starb seine erste Frau, Mary Newman, die Tochter eines Seemanns, und zwei Jahre später heiratete er, der nun berühmt und reich war, Elizabeth Sydenham, die schöne, junge Erbin von Sir Somerset Sydenham aus Combe Sydenham in Somerset.

Inzwischen wuchs die Spannung zwischen England und Spanien ständig. Nach der Exkommunikation Elisabeths gab es von Spanien unterstützte katholische Komplotte, die Königin zu ermorden und sie durch die katholische Thronerbin Maria, die Königin der Schotten, zu ersetzen. In den spanischen Niederlanden wurden die Aufrührer, die nur unzulänglich von englischen Freiwilligen unterstützt wurden, von dem fähigen neuen spanischen Oberbefehlshaber, dem Herzog von Parma, geschlagen. Trotz der langen Feindschaft zwischen den beiden Ländern unterstützte Philipp in Frankreich insgeheim die katholische Partei der Geusen gegen die Hugenotten. Die spanische Armee war die mächtigste Europas, und mit der Annektion Portugals im Jahre 1580 wurden auch die beiden mächtigsten Flotten vereinigt. Die wachsende religiöse Erbitterung wurde durch diese Tatsachen und durch die Plünderungen Drakes und anderer englischer, französischer und holländischer protestantischer Seeleute noch erhöht. Es wurde klar, daß England das Hauptbollwerk des Protestantismus in Europa war, und von 1584 an wurde ein Krieg unvermeidlich. Viele Engländer, durch Drakes Unternehmungen sehr ermutigt, waren bereit, diesen Krieg willkommen zu heißen. In der Zwischenzeit ließ John Hawkins, der zum Schatzmeister der königlichen Flotte ernannt worden war, die Schiffe wieder instand setzen, bei denen eine Wiederinstandsetzung lohnte, und neue, hochseetüchtige Kriegsgaleonen von dem Typ bauen, der nach seiner, Drakes und anderer Leute Erfahrung gebraucht wurde.

In den 80er Jahren des 16. Jahrhunderts läßt sich ein großer Aufschwung englischer Unternehmungen zur See feststellen, aber

Wahrscheinlich die Ark Royal, Lord Howards späteres Flaggschiff

es gab keinen strategischen Plan und keine Kontrolle. Drake und andere erfahrene Seeleute konnten erkennen, daß die spanische Macht in Europa geschwächt würde, wenn der Strom der Edelmetalle aus Westindien unterbrochen werden könnte, aber Elisabeth hatte weder das Verständnis noch die Seemacht oder das Geld, um das zu organisieren. Der Krieg blieb ein unerklärter, freibeuterischer Krieg, an dem die Königin sich beteiligte, indem sie gelegentlich einige Schiffe stellte oder einige hundert Pfund gab. Sie war genauso eifrig wie irgendein Londoner Kaufmann, der die Freibeuterei zu seinem Geschäft machte, darauf bedacht, einen Gewinn zu erzielen, denn die Einkünfte der Krone waren für die Regierungsgeschäfte unzureichend; aber die Königin war auch genauso bereit, die Führer einer jeden Unternehmung fallen zu lassen, wenn es ihr aus politischen Gründen notwendig erschien. Bis die Armada zum Angriff aufbrach, klammerte sie sich an die Hoffnung auf Frieden. Auch Philipp klammerte sich an diese Hoffnung, solange er nur konnte, aber 1585 war er zum Krieg entschlossen. In jenem Jahre konfiszierte er alle englischen Schiffe, die sich in spanischen Häfen befanden, und setzte ihre Mannschaften gefangen. Eine Ausnahme bildete ein »großes Schiff aus London«, das mutig die spanische Entermannschaft abwehrte und mit einem erbeuteten Befehl Philipps entkam, aus dem hervorging, daß er die Invasion Englands plante.

Elisabeth autorisierte dann offiziell ein Unternehmen, das bereits ausgerüstet war, zum Schlag gegen Spanisch-Westindien auszuholen. Drake erhielt im Auftrage der Königin den Oberbefehl, seine Tage als auf sich selbst gestellter Freibeuter waren vorbei. Von nun an und in Zukunft segelte er als ein Befehlshaber der Flotte.

Die Flotte stach im September 1585 von Plymouth aus in See – eine außergewöhnlich starke Streitmacht von fünfundzwanzig oder mehr Schiffen und Pinassen und etwa 2300 Soldaten unter dem Befehl des fähigen Christopher Carleill, des Schwiegersohnes von Walsingham. Es gelang ihnen nicht, die spanische Schatzflotte abzufangen, aber sie überfielen die galizische Küste, plünderten Santiago auf den Kapverdischen Inseln und brannten es nieder und segelten in die Karibik. Durch hervorragende kombinierte Operationen nahmen sie Santo Domingo und Cartagena und plünderten sie, machten aber weniger Beute und erhielten weniger Lösegeld, als sie erwartet hatten. Sie beabsichtigten wahrscheinlich, Panama und Havanna zu plündern und möglicherweise einen befestigten Stützpunkt in der Karibik anzulegen, aber ihre Streitmacht wurde durch ein tödliches Fieber, das sie sich auf den Kapverdischen Inseln zugezogen hatte, dezimiert, und sie verloren sehr schnell viele Leute. Nachdem sie eine kleine spanische Festung in Florida zerstört hatten, fuhren sie nach Virginia. Die ersten englischen Siedler, die kurz zuvor dort von Raleigh »angesetzt« worden waren, baten Drake, sie mit nach Hause zu nehmen, was er auch tat. Das geschah kurz bevor Grenville mit Verstärkung dort eintraf.

Drake erreichte Plymouth im Juli 1586. Etwa 750 Mann waren, vorwiegend an Erkrankungen, gestorben, und die »wagemutigen Kaufleute« mußten einen Nettoverlust von fünfundzwanzig Prozent hinnehmen. Aber der Beutezug hatte die spanische Moral und das spanische Ansehen ernsthaft getroffen und die Englands erheblich gesteigert.

Dieses Unternehmen Drakes, die Aufdeckung des Babington-Komplottes zur Ermordung Elisabeths – in das Spanien und Maria, die Königin der Schotten, verwickelt waren – und die Hinrichtung Marias im Jahre 1587, all dies brachte den Krieg immer näher. Jedoch noch entscheidender war die Landung einer englischen Armee unter Leicester 1585 in den Niederlanden, denn diese waren das Handelszentrum des nördlichen Europa und für die Wirtschaft Spaniens fast so wichtig wie das spanische Kolonialreich in Amerika, außerdem war dieses Land die gegebene Basis für eine Invasion der Spanier in England.

Es wurde eine Expedition ausgerüstet, die Philipps Vorbereitungen zunichte machen sollte. Drake erhielt das Kommando, William Borough, ein erfahrener Marineoffizier, war sein Stellvertreter.

Die Königin stellte vier der neuen Kriegsschiffe, die John Hawkins hatte bauen lassen – die *Elisabeth Bonaventure,* Drakes Flaggschiff beim Überfall auf Westindien, das er jetzt wieder wählte, die *Golden Lion,* auf der Borough das Kommando führte, die *Dreadnought* und die *Rainbow.* Sie gehörten alle in die Klasse der Vier- bis Fünfhunderttonner und waren schwer bestückt. Die acht Schiffe, die von Londoner Kaufleuten gestellt wurden, waren kaum weniger kampfkräftig. Der Großadmiral stellte ein Schiff, und Drake und andere vier weitere. Das Unternehmen wurde wie üblich von einem zu diesem Anlaß gegründeten Konsortium finanziert, und jeder der Beteiligten erwartete einen Gewinn.

Am 2. April verließ Drake Plymouth und nahm Kurs auf den großen Hafen von Cadiz, wo sich, wie bekanntgeworden war, viele Schiffe versammelt hatten. Drake überrumpelte die Spanier, ohne den üblichen Kriegsrat abzuhalten. Er fuhr sogleich mit der *Elisabeth Bonaventure* in den Hafen ein, gefolgt von den anderen Schiffen seiner Flotte. Die einzigen spanischen Kriegsschiffe, die einsatzbereit waren, waren die Galeeren, die von den englischen Kanonen leicht niedergekämpft wurden. Der Hafen war fast ohne Verteidigung, und viele Schiffe waren ungetakelt und ohne Mannschaft. Die Engländer plünderten, verbrannten und versenkten fast ungehindert die spanischen Schiffe.

Am nächsten Tage führte Drake mit seiner Bark die Pinassen in den oberen Hafen, wo die Engländer weiterhin plünderten und brandschatzten, und zwar nicht nur viele kleine Schiffe, sondern besonders auch eine große Kriegsgaleone, die dem Marquis von Santa Cruz gehörte. Dieser war der designierte Befehlshaber der Armada, sollte aber bald darauf sterben. Sein Nachfolger wurde der Herzog von Medina Sidonia. Als die Engländer von dannen segelten, hatten sie etwa dreißig Schiffe versenkt, verbrannt oder gekapert; Drakes Schätzung belief sich auf siebenunddreißig.

Dann segelten sie westwärts zum Kap St. Vincent, einem strategischen Punkt zur Verhinderung jeder Ansammlung von Schiffen, und nahmen Sagres ein, um einen Stützpunkt an der Küste zur Wasseraufnahme und für Reparaturen zu haben. Borough mißbilligte diese Maßnahme und die Risiken, die Drake, wenn auch erfolgreich, in Cadiz eingegangen war. Er machte Einwände gegenüber Drake, der, arrogant wie eh und je, ihn sofort auf dessen eigenem Schiff, der *Golden Lion,* gefangensetzte. Als Boroughs Mannschaft meuterte und ihn wieder auf seinen Posten stellte, verließ er die Flotte. Daraufhin stellte Drake Borough in Abwesenheit vor ein Kriegsgericht und verurteilte ihn wegen Meuterei und Desertion zum Tode. Aber im Gegensatz zu Doughty war Borough Drake gewachsen, und nach Abschluß der Reise retteten einflußreiche Freunde in London Borough.

Die Flotte zerstörte viele Fischerschmacken und Küstenfahrer, die Faßdauben für die Wasserfässer wie auch andere Versorgungsgüter heranschafften, deren Verlust für die Armada unersetzlich war. Nach zehn Tagen jedoch erfuhr Drake, daß ein großes Handelsschiff aus Westindien sich nähere. Er konnte einer Gelegenheit zur Plünderung nie widerstehen und mußte außerdem an die Königin und die anderen Teilhaber des Unternehmens denken. Er segelte sogleich nach den Azoren, wo er das große Handelsschiff abfing und kaperte. Es stellte sich heraus, daß es die *San Felipe* war, das persönliche Eigentum des spanischen Königs, und eine Ladung im Werte von £ 114.000 an Bord hatte. Die Reise hatte sich »gelohnt«, und Drake brachte die *San Felipe* am 26. Juni 1587 nach Plymouth. »Und hier muß nebenbei bemerkt werden«, führt Hakluyt aus, »daß die Prisennahme dieses Handelsschiffes zwei außerordentliche Wirkungen in England hatte, erstens, daß es anderen zeigte, daß diese großen Handelsschiffe nicht so riesig waren, als daß sie nicht gekapert werden konnten . . . und zweitens machte es die Engländer allgemein mit den Einzelheiten der außerordentlichen Reichtümer Westindiens vertraut.« Noch wichtiger jedoch war, daß Drake »den Bart des Königs von Spanien angesengt hatte«, wie er sagte, und das »Unternehmen England« bis zum folgenden Jahr verzögert hatte, hauptsächlich deswegen, weil die starke spanische Flotte, die ihn vergeblich drei Monate lang verfolgte, durch das Wetter so mitgenommen war, daß sie neu ausgerüstet werden mußte.

Drake sah den Angriff immer als beste Form der Verteidigung an, und er und andere schlugen weitere Unternehmungen gegen Spanien vor, aber alle Versuche wurden durch ungünstige Wetterbedingungen zunichte gemacht. Der Oberbefehl zur See war Lord Howard of Effingham übertragen worden, dem erblichen Großadmiral Englands, eine unvermeidliche, aber kluge Wahl. Drakes unerreichtes Ansehen verlieh ihm einen hohen Anspruch, aber seine Anmaßung, seine Gereiztheit und seine Selbstsüchtigkeit schieden ihn aus der Liste der Bewerber aus. Man konnte von solchen Männern wie Frobisher, Grenville und Borough nicht erwarten, daß sie ihm gehorchten, ebenfalls nicht von den Adligen, die mit ihren Schiffen zur Flotte stießen. Drake wurde zum Vizeadmiral ernannt. Howard wählte die *Ark Royal* zu seinem Flaggschiff, Drake die *Revenge* (später die *Revenge* Grenvilles). Diese beiden waren die tüchtigsten Kriegsgaleonen, die Hawkins hatte bauen lassen.

Am Freitagabend, dem 19. Juli 1588 (nach dem alten Kalender) segelte eine Pinasse in die Bucht von Plymouth und brachte die Nachricht, daß die Armada in den Kanal eingefahren sei. Bald flammten die Signalfeuer auf allen Hügeln auf, bis jede Grafschaft Englands in Alarmbereitschaft gesetzt worden war. Drake mag oder mag nicht Kegel gespielt haben, aber er war bestimmt zusammen mit Lord Howard in Plymouth. Auch die meisten englischen Schiffe lagen dort. Der Wind wehte von Westen, und sie konnten nicht aus der Bucht auslaufen. Während der Nacht jedoch wurden sie mit der Warpleine verholt und sammelten sich windwärts von der Armada, was ein feines Stück Seemannskunst war. Diese Tatsache hatte zusammen mit einem ständigen Südwestwind entscheidende Bedeutung, denn die englischen Schiffe blieben windwärts und konnten angreifen und sich wieder zurückziehen, wann sie wollten, während die Schlacht im ganzen Kanal tobte. Sehr früh vermerkte Medina Sidonia in seinem Logbuch: »Ihre Schiffe sind so schnell und so flink, daß die Engländer alles damit machen können, was sie wollen.« Später sagte er: »Entern ist die einzige Art, wie wir einen Sieg davontragen können.«

Er hätte sicherlich den Sieg davongetragen, denn an Bord seiner Schiffe gab es ein dutzendmal so viele Soldaten wie an Bord der englischen Schiffe. Die Spanier waren gut darauf vorbereitet, eine Schlacht nach den militärischen Gesichtspunkten des Mittelalters zu schlagen. Aber die flinken Engländer, die in der Lage waren, Abstand zu halten, waren entschlossen, nach neuen Maßstäben zu kämpfen, Schiff gegen Schiff, wobei sie sich auf ihre weitreichenden Kanonen verließen, um die feindlichen Schiffe zu versenken oder manövrierunfähig zu machen. Auch war die englische Artillerie treffsicherer als die spanische. Die Engländer stellten jedoch fest, daß ihre Kanonen – Feldschlangen, die 17pfündige Kugeln abschossen – nicht die spanischen Schiffskörper durchschlagen konnten, wenn sie nicht auf eine so nahe Entfernung gingen, daß sie sich selbst auf gefährlichste Weise den nicht so weit tragenden, aber schwereren spanischen Kanonen aussetzten. In den zehntägigen Kämpfen im Kanal wurde nicht ein einziges englisches Schiff geentert oder ein einziges spanisches Schiff durch Artilleriefeuer kampfunfähig gemacht. Es war ein völliger Stillstand, und die Armada fuhr majestätisch mit der Geschwindigkeit des langsam-

Der Herzog von Medina Sidonia (nach 1610)

sten Transportschiffes weiter, in strenger, eng geschlossener Formation, eine große schwimmende Festung, die die Engländer ständig angriffen, aber nicht ernsthaft beschädigen konnten.

Die beiden Flotten waren ziemlich gleichwertige Gegner. Die Spanier verfügten über etwa 63 Galeonen und andere große Schiffe; 4 Galeassen und 32 kleinere Schiffe, außerdem über Versorgungs- und Lazarettschiffe, über rund 19 000 Soldaten, 8000 Seeleute und Sklaven. (Pedro de Valdes sagte den Engländern nach seiner Gefangennahme, daß die Spanier ungefähr 100 Schiffe, 40 andere Fahrzeuge und 29 000 Mann hätten, Parma weitere 36 000.) Die Engländer hatten etwa 62 Galeonen und große Schiffe, 43 kleine Schiffe, ungefähr 1500 Soldaten und 14 000 Matrosen. Die spanischen Schiffe sahen größer aus, weil die englischen Schiffe niedrigere Aufbauten und eine schlankere Form hatten, die ihnen größere Geschwindigkeit beim Manövrieren gab und es ihnen ermöglichte, näher am Wind zu segeln. Es gab wahrscheinlich keine spanischen Schiffe, die so gut waren wie die Galeonen, die Hawkins hatte bauen lassen. Es war durchaus angemessen, daß er während der Schlacht auf der *Ark Royal* von Howard geadelt wurde. Auf beiden Seiten waren die wenigen königlichen Schiffe der harte Kern der Flotten. Die anderen großen Schiffe gehörten Freibeutern oder waren der Privatbesitz von Kaufleuten – entweder mit Freiwilligen oder zum Dienst Gezwungenen. Die englische Disziplin war lax und die englischen Befehlshaber waren Amateure, denn bisher war noch nie eine Seeschlacht in diesem Ausmaß geschlagen worden, aber keiner Seite mangelte es an Mut und seemännischer Tüchtigkeit.

Gemäß den strengen Befehlen, die Philipp Medina Sidonia gegeben hatte, hatte die Armada nur ein Ziel – mit Parma zusammenzutreffen und dessen Armee über den Kanal zu geleiten. Da die Armada die Meerenge mit geringen Verlusten – acht Schiffen, keines infolge von Feindeinwirkung – erreicht hatte, als sie am Sonnabend, dem 28. Juli abends auf der Reede von Calais vor Anker ging, hatten die Spanier soweit ihr Ziel erreicht. Dennoch war der Invasionsplan bereits hoffnungslos. Es war Parma nicht nur mißlungen, genügend Barken heranzuschaffen, um seine Soldaten zur englischen Küste zu transportieren, er wurde auch völlig von den Schnellseglern der holländischen See-Geusen blockiert, die die seichten Küstengewässer kontrollierten, durch die er hindurch mußte und in die die Armada nicht einfahren konnte. Parma erkannte diese Gegebenheit, Medina Sidonia und Howard nicht.

Außerdem neigte sich jetzt die Waage zu Ungunsten der Armada. Die spanischen Schiffe ankerten gefährlich an der zur Küste gelegenen Leeseite und sahen sich windwärts der gesamten englischen Flotte gegenüber – einer Flotte, die jetzt größer als die der Spanier war, da jetzt noch der starke Verband zu ihr gestoßen war, der den Schutz der Meerenge übernommen hatte. Noch entscheidender war die Tatsache, daß beide Seiten ihr Pulver und Blei fast verschossen hatten, aber während Howard Nachschub von England erhielt, konnte Medina Sidonia keinen bekommen.

In jener Nacht schickten die Engländer acht große Brander mit dem Wind auf die Spanier los. Die Spanier kappten ihre Ankertaue und flohen in Panik.

Am nächsten Morgen befand sich die spanische Flotte in einem chaotischen Durcheinander, und ihre Kanonen verstummten. Die Engländer, die immer noch windwärts lagen, feuerten, wie es ihnen gefiel, mitten in die Spanier hinein und beschossen sie den ganzen Tag lang direkt mit ihren Kanonen und Feldschlangen. Nur eine Galeone wurde versenkt und drei große Schiffe liefen auf Grund, aber viele andere wurden leck und halb manövrierunfähig geschossen, und die spanischen Besatzungen erlitten schreckliche Verluste. Die Spanier hatten genug. Nachdem sie am nächsten Tage nur knapp den flämischen Untiefen entkamen, segelten sie nordwärts und begaben sich auf jene schreckliche Reise rund um Schottland und Irland, auf der so viele Menschen umkamen und so viele Schiffe verlorengingen. Howard fürchtete, daß die Spanier wiederkommen könnten, und verfolgte sie bis nördlich von Berwick, bis der Proviant für seine Flotte fast ausgegangen war. Am 8. August 1588 schrieb Drake der Königin von der *Revenge.* »Am letzten Freitag trennten wir uns nach reiflicher Überlegung so hoch im Norden von der Armee Spaniens, daß sie weder England noch Schottland gefährlich werden konnte . . .«

Kein englisches Schiff war verlorengegangen. Die Verluste im Kampf beliefen sich auf gerade hundert Mann. Aber von dem Zeitpunkt der Mobilmachung in Plymouth, als Nahrungsmittelvergiftung und Fieber, wahrscheinlich Typhus, ihren Zoll zu fordern begannen, müssen die Todesfälle aus Krankheitsgründen in die Tausende gegangen sein, und nach dem militärischen Unternehmen lagen die Männer sterbend in den Straßen von Harwich, Margate und Broadstairs.

Es gibt keinen befriedigenden zeitgenössischen Bericht über die Niederlage der Armada. Die Umrisse sind klar, aber die Einzelheiten sind vage und verworren, ebenso wie Drakes Anteil an diesem Unternehmen, abgesehen von einem zweifelhaften Geschehen.

Zu Beginn der Schlacht im Kanal, in der Nacht vom 21. zum 22. Juli, gab Howard Drake den Befehl, die englische Flotte in das Kielwasser der Armada zu führen, wobei er eine Hecklaterne brennen lassen sollte, damit ihm die übrigen Schiffe der Flotte folgen konnten. In der Dunkelheit löschte Drake seine Laterne, drehte und kaperte eine große Galeone, die er höchstwahrscheinlich am Vortage hilflos hatte treiben sehen. Sie war durch einen Zusammenstoß mit einem anderen spanischen Schiff manövrierunfähig geworden, aber Howard hatte den Befehl gegeben, sich nicht um sie zu kümmern, da er befürchtete, die englische Schlachtordnung in Unordnung zu bringen. Die Galeone war die *Nuestra Señora del Rosario,* das Flaggschiff des andalusischen Geschwaders und ihres berühmten Befehlshabers, Pedro de Valdes.

Drakes Spürsinn für Beute hatte ihn nicht getrogen, dieses Schiff war die lohnendste Prise, die während des ganzen Unternehmens gemacht wurde. Inzwischen war Howard versehentlich einer spanischen Laterne gefolgt und fand sich bei Tagesanbruch zusammen mit zwei anderen Schiffen fast ganz von spanischen Schiffen umgeben, während seine eigene Flotte weit zerstreut hinter ihm lag.

Drake stellte die Angelegenheit so dar, daß er in der Dunkelheit Schiffe habe vorbeifahren sehen, geglaubt habe, es seien Spanier, die versuchten, windwärts zu gelangen, dann aber festgestellt habe, es handele sich um deutsche Kauffahrteischiffe; danach sei er zufällig auf die *Rosario* gestoßen. Keiner kann sagen, ob das wahr war. Offensichtlich akzeptierte Howard diese Entschuldigung, denn er erhob keine Klage gegen Drake.

Sir Francis Drake. Das Juwelenportrait, *wahrscheinlich gemalt von Marcus Gheeraerts 1591*

Abgesehen von diesem Ereignis gibt es kein Anzeichen dafür, daß Drake nicht loyal mit Howard zusammenarbeitete oder daß Howard es versäumte, sich mit seinem Vizeadmiral zu beraten, dem er den ehrenvollen Posten als Vorhut gab. Man konnte sich bei Drake gewiß darauf verlassen, daß er jede Gelegenheit ergreifen würde, ein spanisches Schiff anzugreifen. Es war fast mit Gewißheit Drake, der die *Gran Grifon* zusammenschoß, als sie sich weit hinter der Armada in der Höhe der Isle of Wight befand, es waren Drake und sein Geschwader, die fast die ganze Armada auf die tödlichen Riffe von Owers abdrängten. Er opferte zwei seiner eigenen Schiffe und verwandte sie als Brander, und als Vizeadmiral von England führte er am nächsten Tage den großen Angriff bei Gravelines an, der zum endgültigen Sieg über den Feind führte.

Die Armada war geschlagen. Es würde keine Invasion in England und keine spanisch-katholische Vorherrschaft über das westliche Europa geben. Aber die englischen Seefahrer fürchteten einen zweiten Versuch einer Invasion. Die spanische Macht war nicht gebrochen, nur gedemütigt, und mehr als die Hälfte der Schiffe der Armada hatten, wenn auch schwer beschädigt, Santander, San Sebastian und andere spanische Häfen erreicht. Es gab eine offensichtliche Notwendigkeit und Gelegenheit, diese Schiffe zu zerstören, solange sie noch praktisch wehrlos waren, indem man im größeren Maßstabe Drakes Überfall auf Cadiz wiederholte. Bis zum Dezember 1588 war eine »Gegenarmada« fast bereit; eine gemeinsame Operation unter dem Oberbefehl von Drake und Sir John Norris (oder Norreys). Letzterer hatte sich als Soldat in Frankreich, Irland und den Niederlanden ausgezeichnet.

Unglücklicherweise setzte man der Operation ein zweites Ziel. Seit Philipp 1580 Portugal annektiert hatte, hatte Don Antonio, der portugiesische Prinz, der den Thron beanspruchte, militärische Hilfe von England und Frankreich zu erhalten versucht. Er hatte stets behauptet, daß sein Volk sich erheben werde, wenn er an der Spitze einer Armee zurückkehre. Elisabeth und Burghley hegten Zweifel daran. Drake scheint davon überzeugt gewesen zu sein, und er wurde wärmstens von einer einflußreichen Kriegspartei unterstützt, deren Führer der neueste Favorit der Königin, der junge, eigensinnige Earl of Essex war. Die Früchte des Erfolges wären sehr lohnend gewesen; ein Bündnis mit einem befreiten Portugal, gewinnbringende Handelskonzessionen in Ostindien und ein langbegehrter Flottenstützpunkt auf den Azoren, von dem aus die spanischen Schatzflotten leicht abzufangen wären.

Elisabeth erteilte dem Unternehmen ihre Genehmigung und gab Drake und Norris den nachdrücklichen Befehl, zuerst die spanischen Kriegsschiffe zu vernichten und dann eine Insel der Azoren zu erobern; Lissabon sollte unbehelligt bleiben. Aber Elisabeth war entsetzt über die beispiellosen Kosten des Kampfes gegen die Armada und beinahe bankrott und wollte nicht die gesamten Kosten tragen. Sie willigte ein, sich mit £ 20 000 zu beteiligen und sechs Schiffe der königlichen Flotte zu stellen, darunter die *Revenge*, die Drake wiederum zu seinem Flaggschiff erkor, außerdem wollte sie Belagerungsartillerie stellen, die sie dann doch nicht beschaffte, und Proviant für drei Monate. Drake und Norris beteiligten sich mit jeweils £ 20 000 und stellten, zusammen mit ihren Freunden, zwanzig Schiffe. Der Rest mußte durch ein Konsortium von »wagemutigen Kaufleuten« aufgebracht werden, und somit kam ein drittes Ziel hinzu, das Beutemachen. Nichts anderes würde den »Teilhabern« Gewinn erbringen oder ihnen auch nur den Einsatz wiederbringen.

Es war ein mächtiges Unternehmen, zumindest dem Anschein nach – es bestand aus etwa achtzig Schiffen und 20 000 Mann. Schlechte Wetterbedingungen und Schwierigkeiten, eine Abteilung alter, erfahrener englischer Soldaten aus den Niederlanden herbeizuholen, verzögerten die Abfahrt bis zum April 1589. In der Zwischenzeit stiegen die Kosten in verheerendem Maße, und der Glanz der Namen der beiden Führer lockte hunderte von Freiwilligen nach Plymouth. Viele dieser Freiwilligen waren unerwünschte Elemente, die an nichts anderem als an Beute interessiert waren. Sie wurden unklugerweise genommen, so daß die Schiffe überfüllt und unzulänglich mit Proviant und Waffen versehen waren. Keiner wußte, wieviel Mann an diesem Unternehmen teilnahmen.

Im Kanal requirierten sie etwa sechzig holländische Schnellsegler, die bald wieder das Weite suchten. Die englische Flotte segelte direkt nach Coruña. In dem dortigen Hafen lag ein Schiff der Armada, das die Spanier sofort verbrannten. Die Engländer besetzten die Unterstadt, die dann Schauplatz einer wilden Orgie der Trunkenheit und der Plünderung war. Die Engländer konnten die

Zitadelle nicht einnehmen und fuhren nach völlig vergeudeten zwei Wochen wieder ab, nachdem sie sich Typhus und Ruhr zugezogen hatten. Inzwischen hatten die Spanier Vorbereitungen getroffen, um ihre Häfen, besonders Lissabon, zu verteidigen.

Drake unternahm keinen Versuch, die Schiffe der Armada in Santander und in anderen Häfen zu zerstören, sondern segelte direkt nach Tagus weiter. Seine Männer starben zu Hunderten.

Sie faßten den Entschluß, am 16. Mai 1589 Truppen bei Peniche, einem Küstenort einige vierzig Meilen nördlich von Lissabon, an Land zu setzen, während Drake seine Schiffe in den Hafen von Lissabon fahren und die Stadt von Süden her angreifen sollte. Der Earl of Essex hatte dem Wunsche der Königin getrotzt und sich jetzt dem Unternehmen angeschlossen, das damit nicht mehr ihre Gunst besaß, und führte mutig die Landung an. Die Männer starben oder desertierten in großer Zahl, und die Armee brauchte sieben Tage, um zu der Stadt zu marschieren, wo sie dann die Befestigungen wohlverteidigt vorfand. Die Engländer hatten keine Artillerie, und nur sehr wenige Portugiesen schlossen sich ihnen an. Sie hatten die Verbindung mit Drake verloren, der nicht in den Hafen von Lissabon einlief, obwohl er versprochen hatte, es zu tun, und diese Tatsache nahm dem unglücklichen Abenteuer jegliche Hoffnung auf Erfolg, den es hätte haben können. Nach einem nutzlosen zweiwöchigen Kampf, der nur einige unbedeutende Siege gebracht hatte, waren Proviant und Munition der Armee beinahe erschöpft. Die Engländer zogen sich nach Cascaes zurück, wohin Drake am 22. Mai mit seinen Schiffen gefahren war. Dort schifften sich die Truppen wieder ein, und am 8. Juni segelte die Flotte von dannen. Die Engländer hatten sich keine Gegenleistung für den demütigenden Fehlschlag eingehandelt, außer der Aufbringung von sechzig oder mehr Versorgungsschiffen, gerade rechtzeitig, um das Unternehmen vor dem Hungertode zu bewahren.

Es gab dann scharfe Meinungsverschiedenheiten darüber, was als nächstes getan werden sollte. In Cascaes hatten sie eine zornige Depesche der Königin erhalten, und es war ihnen klar, daß nur die Einnahme einer Insel der Azoren, das zweite Ziel der Königin, sie besänftigen könnte. Aber wie sie sagten, verhinderten widrige Winde die Ausführung dieses Zieles, und nachdem sie den Hafen von Vigo geplündert hatten, löste sich das Unternehmen auf, und die Schiffe begaben sich auf den Heimweg. Tausende der Männer, wahrscheinlich 11 000, waren vorwiegend an Krankheiten gestorben, das gesamte investierte Kapital war verlorengegangen, und alle drei Ziele des Unternehmens waren vollständig fehlgeschlagen. Der Ärger der Königin über Norris kühlte sich bis 1590 hinreichend ab, so daß sie ihn wieder in ihren Dienst nahm, aber es dauerte fünf Jahre, bis Drake wieder ein Kommando erhielt.

Es gibt keine eindeutige Erklärung für Drakes Verhalten, das völlig anders als gewohnt war im Vergleich zu dem kühnen und strahlenden Opportunismus, der ihn so oft zum Erfolg getragen hatte, wie auch zwei Jahre zuvor in Cadiz. Selbst sein Instinkt zum Aufspüren von Beute war verlorengegangen. Von Anbeginn an scheint das Unternehmen zu viel für ihn gewesen zu sein. Er hatte niemals zuvor eine so große Flotte befehligt, und weder er noch Norris hatten Verwaltungserfahrung oder -fähigkeiten. Obwohl es keinen Beweis dafür gibt, ist die einfachste Erklärung, daß Alter und schlechte Gesundheit seine Energie untergraben hatten. Was auch immer der Grund gewesen sein mag, er verpaßte eine einzigartige Gelegenheit, die spanische Seemacht entscheidend zu schwächen, und er diskreditierte sich selbst und die Politik, die er so nachdrücklich unterstützt hatte, nämlich England zu verteidigen, indem man die Spanier an ihrer eigenen Küste angriff.

In den nächstfolgenden Jahren war Drake als Parlamentsmitglied tätig und als Mitglied verschiedener Ausschüsse; als Bürgermeister von Plymouth überwachte er die Anlage neuer Befestigungen und eines neuen Wasserversorgungssystems. 1590 gründeten er und Sir John Hawkins die Chetham-Stiftung, einen Fonds für kriegsbeschädigte Seeleute. Diese überließ man sonst normalerweise dem Hungertode oder gab ihnen bestenfalls die Genehmigung zum Betteln. Diese Stiftung, eine beitragspflichtige Altersversorgung, führte zur Gründung des Greenwich Hospitals.

Elisabeth mag ihm bereits 1592 teilweise vergeben haben, als er ihr den Bericht über seinen sehr erfolgreichen Überfall auf die Landenge von Panama in den Jahren 1572–73 widmete und möglicherweise überreichte ... Dieser Bericht wurde 1626 von seinem Neffen unter dem Titel *Der unsterbliche Sir Francis Drake* veröffentlicht und ist vollständig in diesem Buch abgedruckt.

In der Zwischenzeit war Elisabeth wieder zu ihrer beliebten

Die Abtei Buckland *heute. Sie war Francis Drakes Wohnsitz und blieb bis 1951 im*

Besitz der Familie

Politik zurückgekehrt, jede offene Auseinandersetzung mit Spanien zu vermeiden; diese Haltung gab Philipp die so dringend benötigte Atempause. In Zukunft überließ es Elisabeth den Freibeutern, den Seekrieg einzeln und ohne strategische Zusammenarbeit zu führen, während sie Geld und Soldaten zur Unterstützung der Holländer gegen die Spanier schickte und den französischen Hugenotten in ihrem Bürgerkrieg gegen die katholischen Ligisten half, die wiederum von Philipp unterstützt wurden.

Der Vorschlag von Sir John Hawkins, eine ständige Blockade der iberischen Häfen mit Schiffen der königlichen Flotte zu errichten, ließ sich nicht verwirklichen, und Versuche, den spanischen Schatzschiffen aufzulauern, erwiesen sich als ständig schwieriger, da Philipp schnelle, gut bewaffnete Fregatten bauen ließ, die die Schatzflotten eskortierten. Dennoch war es die Blütezeit der englischen Freibeuter, die von Cumberland, Raleigh und anderen angeführt wurden. Ihre Unternehmungen brachten nicht nur sofortigen Gewinn, sondern auch einen langfristigen Vorteil für die englischen Unternehmungen zur See. »Mit erbeuteten Waren im Werte von £ 100 000 bis £ 200 000 jährlich, abgesehen von den Gewinnen aus offiziellen und halboffiziellen Unternehmungen, vergrößerte sich der Umfang des flüssigen Kapitals schnell. In die Hände der Kaufleute, die am meisten im Freibeutergeschäft investierten, floß auch der größere Teil der Beute, und die großen Londoner Handelsherren, die sich mit Freibeuterei befaßten, meistens Männer, die vor 1585 den iberischen Handel in der Hand gehabt hatten, gehörten zu den führenden Köpfen des sich entwickelnden Überseehandels. Sie erschlossen die Handelsbeziehungen mit Brasilien, Westafrika und dem Mittelmeer und bald auch mit Ostindien, der Karibik und Nordamerika.«[1]

Drake muß großes Verlangen danach gehabt haben, sich an diesen Unternehmungen zu beteiligen. Es war seine einzige Hoffnung, seinen Ruf und die Gunst der Königin wiederzugewinnen. Schließlich kam die Gelegenheit, er und Hawkins erhielten den gemeinsamen Oberbefehl über ein Unternehmen gegen Westindien. Keiner weiß, warum man sie beide gemeinsam beauftragte,

---

[1] K. R. Andrews: *Drake's Voyages*, S. 155. Siehe auch *Elizabethan Privateering 1583–1603* von demselben Verfasser.

es muß für alle beide sehr unangenehm gewesen sein. Der ursprüngliche Plan bestand darin, Panama einzunehmen – ein alter Traum Drakes – und es vielleicht ständig besetzt zu halten, was unmöglich gewesen wäre; vielleicht es so lange zu halten, wie es möglich war, um die Schatz-Route zu unterbrechen. Vorbereitungen wurden in der zweiten Jahreshälfte von 1594 getroffen, und Monate gingen über Streitigkeiten zwischen den Befehlshabern und der Königin verloren, wie die Ziele der Reise aussehen und wer die Reise finanzieren sollte – Streitigkeiten, die durch den spanischen Überfall auf Cornwall im Juli 1595 und durch Berichte geplanter spanischer Einfälle in Irland und England noch verwickelter wurden. Dann kam die Meldung über eine Gelegenheit, der weder die Königin noch Drake widerstehen konnten. Eine havarierte Galeone, die Edelmetalle im Werte von zwei Millionen Dukaten an Bord hatte, lag hilflos im Hafen von Puerto Rico. Die Aufbringung dieser Galeone wurde jetzt das erste Ziel, die Einnahme Panamas das zweite. In der Zwischenzeit hatten Philipps Spione ihn gut über alles unterrichtet, so daß er eine Warnung nach Westindien schikken konnte.

Schließlich lief die Expedition am 28. August 1595 von Plymouth aus. Es war ein gewaltiges Unternehmen, noch gewaltiger als das von 1585. Es bestand aus sechs der besten Kriegsschiffe der Königin, einundzwanzig wohlbewaffneten Kauffahrteischiffen, fünfzehnhundert Matrosen und eintausend Soldaten – wovon einige unausgebildete Rekruten waren –, die unter dem Kommando eines fähigen Generalobersten, Sir Thomas Baskerville, standen. Aber tatsächlich waren es zwei Flotten, eine unter dem Oberbefehl von Drake, die andere unter dem von Hawkins, und die beiden Befehlshaber waren sich hoffnungslos unsympathisch. Hawkins, der dreiundsechzig war, war »alt und vorsichtig«, schrieb Thomas Mayarde, ein Offizier der Flotte. »Er ging alle Dinge so schwerfällig an, daß sich alles schon erledigt hatte, bevor er sich nur rührte.« Drake war mit etwas über fünfzig nach elisabethanischen Maßstäben schon alt, offensichtlich über den Höhepunkt seines Tatendranges hinaus und reizbarer denn je. Als sie Kap St. Vincent erreichten, »war ihr Innerstes in Aufruhr«, und sie stritten sich öffentlich im Rat der Offiziere. Hawkins wollte direkt nach Puerto Rico segeln, und wenn das geschehen wäre, wäre die Galeone wahrscheinlich

413

gekapert worden, Drake wollte Las Palmas auf den Kanarischen Inseln plündern, teilweise auch, um Proviant für seine Hälfte der Flotte zu bekommen, die er zu stark bemannt und unzureichend versorgt hatte. Drake setzte sich durch.

Der Angriff auf Las Palmas scheiterte, und gefangengenommene Engländer informierten die Spanier, daß Puerto Rico das nächste Angriffsziel sei. Eine sogleich losgeschickte Warnung kam dort eine Woche vor der englischen Flotte an, die Guadaloupe am 30. Oktober erreicht hatte und dort und auf den Jungferninseln weitere Zeit verschwendete. Drake scheint angenommen zu haben, daß alle spanischen Niederlassungen so schlecht verteidigt seien, wie sie es 1585 gewesen waren, aber er hatte den Spaniern damals eine Lehre erteilt. Jetzt waren sie besser vorbereitet, denn Philipp hatte ihre Befestigungsanlagen aus- und eine neue Flotte aufbauen lassen. Als die englische Flotte in Sichtweite von Puerto Rico kam, waren die Schätze in der stärksten Festung sicher eingelagert, die Hafeneinfahrt war durch versenkte Schiffe und einen Hafenbaum fast gesperrt worden, und die Verteidigung, verstärkt durch die rechtzeitige Ankunft von fünf Fregatten, war in voller Alarmbereitschaft. An jenem Tage, dem 12. November 1595, starb Sir John Hawkins, überzeugt davon, daß »die Reise zum Scheitern verurteilt sei« – ein trauriges Ende einer großen und schlecht belohnten Laufbahn.

Drake, der jetzt das gesamte Kommando übernahm, organisierte mutige Angriffe auf den Hafen. Am zwölften versuchte die gesamte Flotte einzulaufen, wurde aber bald von den Küstenbatterien zurückgetrieben. Drakes Stuhl wurde unter ihm in der Kabine weggeschossen. Am nächsten Tage machten nach Einbruch der Dunkelheit etwa fünfundzwanzig kleine Boote und Pinassen einen Angriff, es kam zu einem verzweifelten Ringen, in dem die englischen und spanischen Verluste hoch waren, und wieder trieben die spanischen Kanonen die Angreifer zurück. Am folgenden Tage verhinderten die Spanier den Versuch der Engländer, mit der Flotte in den Hafen einzulaufen, indem sie ein Schiff in der schmalen Durchfahrt versenkten, die sie offengelassen hatten. Drake mußte die Niederlage eingestehen und segelte von dannen. Die Einnahme von Panama wurde jetzt das Hauptziel, und so segelte Drake zum spanischen kolonialen Festland. Krankheiten forderten inzwischen ihren üblichen Tribut unter seinen Leuten, und die Moral muß ständig schlechter geworden sein, während die Spanier ihre Verteidigungsbemühungen verstärkten, und trotzdem vergeudete Drake weitere Zeit. Er verbrachte neun Tage mit der Plünderung und Zerstörung von Rio de la Hacha – wo er einen guten Fang Perlen machte – und Santa Marta. Er segelte dann an Cartagena vorbei, das jetzt zu stark befestigt war, als daß er es hätte angreifen können, und fuhr schließlich auf die Landenge von Panama zu, nahm Nombre de Dios ein und brannte es nieder. Aber hier wie auch überall sonst waren alle Wertsachen versteckt worden.

Am 29. Dezember wurden etwa siebenhundert Mann unter dem Befehl von Baskerville an Land gesetzt, um Panama zu erobern. Drake plante, ihnen auf dem Chagresfluß zu folgen, wenn ihr Unternehmen zum Erfolg geführt hatte. Der Weg war »sehr eng, sehr sumpfig und feucht«, schrieb einer, der dabeigewesen war. »Der Marsch war der beschwerlichste, den Engländer je zurückgelegt haben.« Sie gerieten in einem tiefen Hohlweg in einen Hinterhalt, der erst am Vortage gelegt worden war, und wurden bei schweren Verlusten in die Flucht geschlagen. Die Spanier selbst sagten, daß Drake Panama hätte einnehmen können, wenn er nicht so saumselig gewesen wäre. So war die Niederlage endgültig. »Seit unserer Rückkehr von Panama zeigte Drakes Antlitz weder Freude noch Heiterkeit«, führt Mayarde aus. »Aber zu dieser Zeit begann er zu kränkeln.«

Nachdem die Flotte die hungrigen und erschöpften Überlebenden des Marsches an Bord genommen hatte, segelte sie auf der Suche nach Beute nach Nicaragua, aber schlechtes Wetter hielt sie zwei Wochen lang auf. In dieser Zeit verbreitete sich unter der Mannschaft eine tödliche Fieberepidemie. Drake erkrankte an Fieber und Ruhr, und als die Flotte wieder Kurs nach Osten nahm, lag er im Sterben. In seinem Todeskampf stieß er Worte aus, die niemand aufzeichnen wollte, wahrscheinlich ein Schwall übelster Seemannsausdrücke. Unter äußerster Anstrengung stand er auf und befahl, ihm die Rüstung anzulegen, damit er »wie ein Soldat« sterben könne. Dann, am 28. Januar 1596, starb er. Sein Leichnam wurde in einen Bleisarg gelegt, und in der Bucht von Nombre de Dios der See übergeben. »Die Trompeten ertönten auf traurige Weise und drückten die Wehklage über diesen großen Verlust aus, und alle Kanonen der Flotte wurden abgefeuert, wie es der Brauch bei allen feierlichen Leichenbegängnissen auf See ist.«

Unter dem Oberbefehl von Baskerville segelte die Flotte heimwärts und verteidigte sich erfolgreich gegen eine überlegene spanische Flotte, die von Spanien ausgesandt worden war, um die Engländer zu vernichten. Auf dem Atlantik gerieten die englischen Schiffe auseinander und erreichten England im April und Mai. Sie brachten keinen Trost für die Königin, die »Teilhaber« und die Nation mit.

Drakes alles überbietende Katastrophe zerstörte nicht seine Legende. Sie blieb ungetrübt – die Legende von dem wagemutigen Freibeuter, der der Macht Spaniens Trotz geboten und die Fahne St. Georgs um die Welt getragen hatte.

AUSGEWÄHLTE BIBLIOGRAPHIE
(Literatur- und Quellenverzeichnis)

Der folgende Literatur- und Quellennachweis basiert auf der Bibliographie der englischen Originalausgabe des vorliegenden Buches (London 1972). Da die dortige Zusammenstellung die Quellenverhältnisse und die Diskussion in der Sekundärliteratur sehr genau dokumentiert, wurden die wichtigsten Angaben hier übernommen, obgleich es sich durchwegs um englischsprachige Publikationen handelt. Die detaillierten Kommentare des Herausgebers zu den einzelnen Titeln wurden allerdings auf das notwendige Minimum reduziert. – Die durch Fettdruck hervorgehobenen Stichworte stellen den Bezug zu den verschiedenen Hinweisen in dem vorliegenden Buch her.

I. ALLGEMEINES

1. *Primärliteratur*

CAMDEN, WILLIAM *Annales, the true and royal history of the famous Empress Elizabeth.* Translated by A. Darcie (1625). (CAMDEN)

HAKLUYT, RICHARD *The principal navigations, voyages and discoveries of the Englisch nation.* First edition, 1 vol., folio (1589). Facsimile reprint, edited with an introduction by D. B. Quinn and R. A. Skelton, and an extensive new index by A. Quinn. Hakluyt Society, Extra Series, XXXIX 2 vols. (1965).

The principal navigations, voyages, traffics and discoveries of the English nation. Much enlarged second edition, 3 vols. (1598, 1599, 1600). Die Standardausgabe, auf die sich alle Hinweise zu dem vorliegenden Buch beziehen, ist die der Hakluyt Society, 12 vols. (1903–5). (HAKLUYT) – Die Ausgabe in Everyman's Library, 8 vols. (1907, Neuauflage 1962), bringt zum größten Teil den Text der Ausgabe der Hakluyt Society.

Voyages and Documents. Selected, with an introduction and a glossary, index etc., by Janet Hampden (1958, Neuauflagen 1963, 1965).

The Tudor Venturers, a selection of the Voyages, edited, with introduction, notes and glossary, by John Hampden (1970).

HAWKINS, SIR RICHARD *The Observations of Sir Richard Hawkins, Knight, in his Voyage to the South Sea, Anno Domini 1593* (1622). Edited, with valuable introduction, notes and appendices by James A. Williamson (1933). (HAWKINS)

HUME, M. A. S., *A Calendar of letters and state papers relating to English affairs preserved principally in the Archives of Simancas 1558–1603* (1892–9). *'The Spanish Calendar'.* (SPAN. CAL.)

MONSON, WILLIAM *Naval Tracts,* ed. M. Oppenheim. Navy Records Society, 22, 23, 43, 45, 47 (1902–14).

PURCHAS, SAMUEL, *Hakluytiss Posthumus or Purchas his Pilgrims.* 4 vols. (1625). Hakluyt Society, Extra Series, XIV–XXXIII (20 vols., 1905–7). (PURCHAS)

QUINN, D. B., *The Roanoke Voyages, 1584–90.* Hakluyt Society, Second Series, CIV, CV, 2 vols. (1955).

STOW, JOHN *The Annals or general chronicle of England begun first by Master John Stow, and after him continued and augmented . . . . to the end of this present year 1614, by Edmond Howes, gentleman.* Folio (1615). (STOW)

2. Sekundärliteratur

ANDREWS, KENNETH R. *Drake's Voyages.* (1967).

– *Elizabethan Privateering.* (1964).

BOXER, C. R. *The Portuguese Sea-borne Empire, 1415–1825* (1969).

BRADFORD, ERNLE *Drake* (1965).

BOYNTON, L. *The Elizabethan Militia* (1966).

CIPOLLA, CARLO M. *Guns and Sails in the early phase of European expansion 1400–1700* (1966).

CONNELL-SMITH, GORDON *Forerunners of Drake.* A study of English trade with Spain in the early Tudor period (1954).

CORBETT, SIR JULIAN *Drake and the Tudor Navy,* 2 vols. (1898). (CORBETT)

CRUICKSHANK, C. G. *Elizabeth's Army,* Second enlarged edition (1966).

CRONE, G. R. *The Discovery of America* (1969).

– *Maps and their Makers* (1929).

CUNNINGTON, WILLETT C. and PHILLIS *Handbook of English Costume in the Sixteenth Century* (1954).

DEACON, RICHARD *John Dee, Scientist, Geographer, Astrologer and Secret Agent to Elizabeth I* (1968).

ELIOTT-DRAKE, Lady *The Family and Heirs of Sir Francis Drake*, 2 vols. (1911). (ELIOTT-DRAKE)

FROUDE, J. A. *English Seamen in the Sixteenth Century* (1895).

GILL, CRISPIN *Plymouth, a New History* (Newton Abbot, 1967).

HOSKINS, W. G. *Devon* (1954).

JACK-HINTON, COLIN *The Search for the Island of Solomon, 1567–1838* (1969).

KEEVIL, J. J. *Medicine and the Navy, 1200–1900,* Vol. I, *1200–1649 (1957)*. *(KEEVIL)*

LEWIS, MICHAEL *The Hawkins Dynasty* (1970).

LLOYD, CHRISTOPHER *The British Seaman, 1200–1860.* (1968).
– *Sir Francis Drake* (1957).

MASON, A. E. W. *Sir Francis Drake* (1941).

NEALE, SIR JOHN E. *Queen Elizabeth I* (1934).

NEWTON, ARTHUR PERCIVAL *European Nations in the West Indies, 1493–1688* (1933).

OPPENHEIM, M. *A History of the Administration of the Royal Navy and of Merchant Shipping in Relation to the Navy from 1509 to 1660* . . . (1896). (OPPENHEIM) (Neudruck 1961).
– Introduction to *The Naval Tracts of Sir William Monson* (Navy Records Society, 1902).
– *The Maritime History of Devon.* With an introduction by Professor W. E. Minchinton (1968).

PARRY, J. H. *The Spanish Seaborne Empire* (1966).

PRESTAGE, EDGAR *The Portuguese Pioneers* (1966).

READ, CONYERS *Lord Burghley and Queen Elizabeth* (1960).
– *Mr. Secretary Cecil and Queen Elizabeth* (1955).
– *Mr. Secretary Walsingham and the policy of Queen Elizabeth*, 3 vols. (1925).

RICHMOND, HERBERT *The Navy as an instrument of policy, 1558–1627.* Ed. E. A. Hughes (Cambridge, 1953).

ROBINSON, GREGORY 'A forgotten life of Sir Francis Drake', *Mariner's Mirror*, Vol. VII (January 1921). The life is in G. W. Anderson, *Captain Cook's Voyages, etc.* (1784).

ROWSE, A. L. *The Expansion of Elizabethan England* (1955).
– *Sir Richard Grenville of the* 'REVENGE' (1937).
– *Tudor Cornwall* (1941).
TAYLOR, E. G. R. *The Haven-finding Art.* A history of navigation from Odysseus to Captain Cook (1958).
– *Tudor Geography 1485–1583* (1930).
– *Late Tudor and Early Stuart Geography, 1583–1650* (1934).
WATERS, DAVID W. *The Art of Navigation in England in Elizabethan and Early Stuart times (1958).*
– 'Limes, lemons and scurvy in Elizabethan and early Stuart times', *Mariner's Mirror,* Vol. LXI (May 1955).
WERNHAM, R. B. *Before the Armada.* The growth of English foreign policy, 1485–1588 (1966).
WILLIAMS, NORMAN LLOYD *Sir Walter Raleigh* (1962).
WILLIAMSON, JAMES A. *The Age of Drake,* fifth Edition (1966).
– *Sir Francis Drake* (1951).
– *Hawkins of Plymouth.* Revised edition (1969).
– *Sir John Hawkins, the Time and the Man* (1927).

II. DIE SCHLACHT VON SAN JUAN

1. *Primärliteratur*
ANONYM (? Valentine Virde *or* Green; or George Fitzwilliam) B. M. Cotton MS. Otho E. VIII. ff. 17–41b. Printed by Dr. James A. Williamson in 1926. (COTTON MS.)
BARRETT, ROBERT Master of the *Jesus of Lübeck, Deposition made before the Mayor of Vera Cruz and the Viceroy.* An account of the voyage and the battle. In Wright I, pp. 153–160.
ENRIQUEZ, MARTIN Viceroy of New Spain, *Account of the battle of San Juan.* In Wright I.
HAWKINS, JOHN *A true declaration of the troublesome voyage of M. John Hawkins to the parts of Guinea and the West Indies in the years of Our Lord 1567 and 1568, (1569).*
HORTOP, JOB *The rare travails of Job Hortop, an Englishman,* 1591. Reprinted in Hakluyt, IX, 445. Facsimile reprint, ed. G. R. G. Conway (Mexico City, 1928). (HORTOP)

MARKHAM, C. R. (editor) *The Hawkins' Voyages*. Second Edition. Hakluyt Society, First Series, LVII (1877).

PHILIPS, MILES *A Discourse written by one Miles Philips one of the Company put on Shore northward of Panuco in the West Indies by M. John Hawkins, 1568 . . .*

WRIGHT, IRENE A. (editor) *Spanish Documents concerning English Voyages to the Caribbean 1527–1568*. Hakluyt Society, Second Series, LXII (1928). (WRIGHT)

2. *Sekundärliteratur*

LEWIS, MICHAEL 'The Guns of the *Jesus of Lübeck'*. *Mariners' Mirror*, Vol. 22 (July 1936). 'Fresh light on San Juan de Ulua,' *Mariners' Mirror*, Vol. XXIII (July 1937).

UNWIN, RAYNER *The Defeat of John Hawkins*. A biography of his third slaving voyage (1960).

III. DRAKES ÜBERFALL AUF PANAMA, 1572–73

1. *Primärliteratur*

NICHOLS, PHILIP and others. *Sir Francis Drake Revived* (1626). In Wright II, in *Sir Francis Drake's raid on the treasure-trains,* ed. Janet and John Hampden, (1954).

VAZ, LOPEZ *The first voyage attempted and set forth by the expert and valiant captain M. Francis Drake himself . . . to Nombre de Dios and Darien about the year 1572 . . . by one Lopez Vaz, a Portugal . . .* Hakluyt, X, 75.

WRIGHT, I. A. (ed) *Documents concerning English voyages to the Spanish Main, 1569–1580*. Hakluyt Society, Second Series, LXXI (1932). (WRIGHT II)

IV. DIE REISE UM DIE WELT, 1577–80

1. *Primärliteratur*

ANONYM *A discourse of Sir Francis Drake's journey and exploits after he had passed ye straits of Magellan into Mare de Sur and through the rest of his voyage afterward till he arrived in*

England. 1580 anno. B. M. Harleian MS. No. 280. fo. 23. Wagner, p. 264. (ANONYMOUS NARRATIVE)

ANONYM *The course which Sir Francis Drake held from the haven of Guatulco in the South Sea . . . to the north-west of California as far as fortythree degrees and his return . . . to thirty-eight degrees; where . . . he landed and . . . took possession thereof in the behalf of Her Majesty and named it Nova Albion.* Hakluyt, IX, 319.

ANONYM *The famous voyage of Sir Francis Drake into the South Sea and therehence about the whole globe of the earth, begun in the year 1577.* Hakluyt, XI, p. 101. (FAMOUS VOYAGE)

ANTON, SAN JUAN DE Testimony, and Deposition. Nuttall, pp. 155–175. (ANTON)

BLUNDEVILLE, THOMAS *M. Blundeville his Exercises* (1594).

CLIFFE, EDWARD *The voyage of M. John Winter into the South Sea . . . in consort with M. Francis Drake . . .* Hakluyt, XI, p. 148. (CLIFFE)

COOKE, JOHN Narrative. B. M. Harleian MS. 540. fo. 93. (COOKE)

DRAKE, SIR FRANCIS *The World Encompassed by Sir Francis Drake* (1628).

DRAKE, JOHN *First and Second Accounts* of the voyage round the world, given to the Spanish authorities after his capture, following Fenton's expedition of 1582–83. Nuttall, pp. 18–56. (JOHN DRAKE)

FLETCHER, FRANCIS (Chaplain on the *Golden Hind) Notes on the Voyage.* British Museum: Slane MS. No. 61. (FLETCHER)

GAMBOA, PEDRO SARMIENTO DE *Account of what the corsair Francisco did . . . on the coasts of Chile and Peru, as well as the measures the Viceroy Don Francisco de Toledo adopted against him.* Nuttall, pp. 57–88. Wagner, pp. 385–395. (GAMBOA)

NUTTALL, ZELIA *New Light on Drake.* A collection of documents relating to his voyage of circumnavigation 1577–1580. Hakluyt Society, Second Series, No. XXXIV (1914). (NUTTALL)

PASCUAL, JUAN (Sailor) Testimony, Nuttall, pp. 323–327. (PASCUAL)

PENZER, N. M. (editor) *The World Encompassed* and analogous contemporary documents concerning Sir Francis Drake's circumnavigation of the world. (1926). (PENZER)

RENGIFO, FRANCISCO GOMEZ Deposition. Nuttall, pp. 350–359. (RENGIFO)

SILVA, NUÑO DA. *Log of the voyage, January 19, 1578 (sic) to April 13, 1579* (Old Style). Nuttall, pp. 272–294. Wagner, pp. 342–346. Hakluyt, XI, 133 Nuttall, pp. 296–309. Wagner, pp. 338–349. (SILVA)

TAYLOR, E. G. R. 'The missing draft project of Drake's voyage of 1577–80'. Facsimiles from B. M. Cotton MS. Otho E. VIII. ff. 8–9, *Geographical Journal,* Vol. LXXV (January 1930).

– 'Hondius's portraits of Drake and Cavendish', *Geographical Journal,* Vol. LXXV (January 1930).

– 'More light on Drake, 1577–80', *Mariner's Mirror* (April 1930). This prints for the first time John Winter's Report, June 2nd, 1579. (TAYLOR)

– (editor) *The Troublesome Voyage of Captain Edward Fenton 1582–1583.* Hakluyt Society, Second Series, CXIII (1959). (FENTON)

VARGAS, GASPAR DE Testimony Concerning the Corsair . . . Nuttall, pp. 238–241. (VARGAS)

VAUX, W. S. W. *The World Encompassed by Sir Francis Drake.* – Hakluyt Society, First Series, XVI (1855). (VAUX)

WAGNER, HENRY R. *Sir Francis Drake's Voyage around the world: its aims and achievements.* (San Francisco, 1926). (WAGNER)

WINTER, JOHN. *A declaration made by me John Winter* of a ship taken by Francis Drake, Captain and General of five ships and barks bound for the parts of America for discovery and other causes of trade . . . (1579). B. M. Lansdowne MS. 115. ff. 175–176. Nuttall, pp. 383–92.

– *Report [to Sir William and George Winter], June 2nd, 1579.* Landsdowne MS. 100, No. 2, in Taylor I. (WINTER)

ZARATE, FRANCISCO DE *Letter to the Viceroy Enriquez.* Nuttall, pp. 199–210. Eliott-Drake, I. pp. 36–41. Wagner, pp. 373–377. (ZARATE)

2. Sekundärliteratur

ANDREWS, K. R. 'The aims of Drake's expedition, 1577–1580.'

American Historical Review, Vol. LXXIII, No. 3 (New York, February 1968).

CALIFORNIA HISTORICAL SOCIETY 'Drake's plate of brass; evidence of his visit to California in 1579' (1937).

A. L. Chickering, *California Historical Society Quarterly* (September 1937).

CALLENDER, GEOFFREY 'Drake and his detractors', *Mariner's Mirror,* Vol. VII (March, April, May 1921).

GIBBS, LEWIS *The Silver Circle* (1963).

NAISH, F. C. PRIDEAUX 'The mystery of the tonnage and dimensions of the *Pelican – Golden Hind', Mariner's Mirror,* Vol. XXXIV (January 1948).

– 'The identification of the Ashmolean model'. *Mariner's Mirror,* Vol. XXXVI (April 1950).

NANCE, R. MORTON 'The Little Ship of the Ashmolean', *Mariner's Mirror,* Vol. XXIV (1938).

ROBINSON, GREGORY 'The Trial and death of Thomas Doughty', *Mariner's Mirror* (September 1921).

– 'The evidence about the *Golden Hind'. Mariner's Mirror,* Vol. XXXV (January 1949).

SENIOR, W. 'Drake at the suit of John Doughty'. *Mariner's Mirror* (October 1921).

STARR, WALTER A. 'Drake landed in San Francisco Bay in 1579. The testimony of the Plate of Brass', *California Historical Society Quarterly,* Vol. XLI, No. 3 (September 1962).

TAYLOR, E. G. R. John Dee, 'Drake and the Straits of Anian'. *Mariner's Mirror* (April 1929).

Bildquellen

Ashmolean Museum, Oxford; Bancroft Library, University of California; Bibliothèque Nationale; the Trustees of the British Museum; the City Museum and Art Gallery, Plymouth; the Duchess of Medina Sidonia; Magdalene College, Cambridge; the Mansell Collection; the National Maritime Museum, Greenwich; the National Portrait Gallery; the Rare Books Division, The New York Public Library, Astor, Lenox & Tilden Foundation; the Public Records Office.

NORTH-WEST
PASSAGE

Cancer

Equator

Capricorn

New Albion
(San Francisco)

Mogado

Cape Verde Is

Sierra Leon

Panama

Lima

Arica

Coquimbo

Santiago

Rio de la Plata

Port St Julian

Strait of Magellan

Tierra del Fuego

T E R R A   A U S T R A